云南文库

学术名家文丛

桑耀华学术文选

桑耀华　著

云南大学出版社

云南人民出版社

作者简介

桑耀华，1931 年生，云南洱源人。云南省社会科学院民族学所研究员。1958 年毕业于云南大学历史系民族史专业，并分配到云南省少数民族社会史研究所工作。从事过民族调查并在边疆民族地区的农村工作多年。1978 年归队。著有《德昂族简史》（主要撰稿人）、《德昂族》《茶水清清话德昂》，主编《德昂族文化大观》，调查编辑《景颇族原始宗教资料》《阿昌族原始宗教资料》两卷（载入《中国各民族原始宗教资料集成》，中国社科出版社）。论文有《论古代滇文化的民族属性》《滇民族消失之路探索》《论哀牢》《茫蛮和金齿族属试论》《金齿国盛衰简论》《古代滇人与佤崩民族关系试探》《论近代景颇族社会的半部落半封建性质》《部落释义补正》《景颇族山官问题初论》《景颇族的原始宗教与两个文明建设》等。其中，《茫蛮和金齿族属试论》获云南省 1979—1989 年社会科学优秀成果三等奖。有学者著文说"茫蛮为佤德语支先民的观点已成为一家之说"，在评论德昂族的历史研究方面说"已在很多问题上取得了突破性进展"。《论哀牢》一文已载入中国社科院文献信息中心《坚持科学发展观构建和谐社会》第三卷。《论古代滇文化的民族属性》由第三届中国教育家大会组委会选供代表参考。

总　序

中共云南省委书记　李纪恒

　　"盖文章，经国之大业，不朽之盛事。"一部承载责任与使命的好作品，必将是一部千古不朽的立言典范，也必将是一部历久弥新的传世教科书。千百年来特别是明代以来，许多贤人君子和名人大家在广袤的云岭大地耕耘、思考和写作，留下了闪光的足迹和丰厚的作品，足以飨及后进，启迪晚辈。在搜集、遴选和整理云南明代以来学术大家、学术名家著作的基础上，由云南宣传部门牵头推出了《云南文库》，这一丛书的面世诚为云南学术研究和出版界之盛事。

　　编纂《云南文库》是传承云南地域文明、提高云南文化自觉的有益尝试。"七彩云南"这片神奇的土地孕育了对中国乃至世界文明都有重要影响的古人类，造就了云南文化的丰厚积淀，从而构成了博大精深的云南文化艺术宝库。作为中华文化圈、印度文化圈和东南亚文化圈的交汇地，云南自古以来都不缺乏学贯中西的大师和博古通今的大家，从来都不缺乏魅力四射的光辉著作和壮美奇绝的文化遗存。其中，许多学术作品都凝聚了深邃的思想和超凡的智慧，体现了鲜明的地域特色和民族特色，彰显了有云南自身特点的知识谱系和学术传统。今天，我们将历史长河中的明珠拾起，用心记载云南学术史上的灿烂篇章，正是为了守护云南优秀的地域文化，为了汲取进一步繁荣发展云南哲学社会科学的养分和动力，进而筑牢云南文化自信的根基。

编纂《云南文库》是树立云南文化品牌、增强云南文化影响力的重要举措。云南文化是中华文化的有机组成部分，其悠久的历史文化、多彩的民族文化、独特的生态文化、包容的宗教文化，已经成为文化百花园中一枝流光溢彩、香飘四海的奇葩。千百年来，云南学者中英奇瑰伟之士以及众多寓居云南的外省学者念兹在兹，深植于云南沃土，扎根于传统文化，不懈探索、勤奋撰述，留下了一批经得住历史和实践检验的珍贵成果。特别是抗战时期，随着西南联合大学和相关研究机构的到来，昆明一时风云际会，云集了大批我国现代学术史上开宗立派的学术大师和著名专家，云南成为当时中国学术中心之一，诞生了大批学术经典。新中国成立后，云南学术研究取得很大进展，研究队伍空前壮大，学科建设卓有成效，学术成果日益丰硕，推出了一批享誉国内外的学术精品。近年来，《云南史料丛刊》《云南丛书》等一批历史文献和地方文献丛书相继刊印，云南文化的影响力和竞争力不断增强。今天，我们隆重推出《云南文库》，就是要为更多的人了解云南、熟悉云南、研究云南搭建一个平台和载体，为云南的经济社会发展、文化建设、文史学术研究等提供有益的历史借鉴，为在更广领域传播云南文化、打造云南品牌、增强云南软实力创造更好条件。

编纂《云南文库》是保障人民群众的基本文化权益的有效途径。文化建设的根本就是要用健康高雅的艺术、用智慧明辨的思想、用善良温厚的德行启迪人、引导人。编纂《云南文库》一个重要目的是丰富人民群众的精神文化生活、增进人民群众的幸福感。此次收入《云南文库》的著作，涉及哲学、历史、文学、语言、艺术、民族、宗教、政治、军事、外交等诸多方面，包含着丰富的自然、社会和人生哲理知识，体现了高度的人文关怀。阅读这些著作，有助于培育读者自尊自信、理性平和、积极向上的心态，有助于引导人们去发现、享用、珍惜世界和人生之美，能使大众的精神世界得以滋养和美化、人格得以陶冶和熏陶、心灵得以安顿和抚慰、情感得以丰富和升华，从而更好地满足人民群众多层次、多方面、多样性的审美需求。

　　编纂《云南文库》是推动云南跨越发展的必然要求。云南早在1996年就提出了建设"民族文化大省"的目标，是全国最早提出建设民族文化大省的省份之一。2000年，我省正式确立了"建设绿色经济强省、民族文化大省和中国连接东南亚南亚的国际大通道"的三大目标，把文化事业和文化产业的发展纳入了全省经济社会发展战略的范畴。2009年召开的中共云南省委八届八次全委会，作出了把云南建设成为"绿色经济强省、民族文化强省、中国面向西南开放的桥头堡"的重大决策，把云南文化建设推向了一个新的阶段。2011年11月，云南省第九次党代会进一步明确了科学发展、和谐发展、跨越发展的发展主题，要求更加自觉、更加主动地推动文化大发展大繁荣。当前，云南人民正豪情满怀地沿着建设民族文化强省的道路阔步前行，具有云南特色的文化模式已经也必将进一步焕发动人而耀眼的光芒。我们将以打造《云南文库》等一批社科品牌和文化精品为契机，继承优良传统，发挥优势，突出特色，以面向现代化、面向世界、面向未来的宏大眼光，锐意进取，积极开展学术研究，努力创造出无愧于时代、无愧于人民、无愧于历史的优秀学术成果和文化产品，更好地弘扬以高远、开放、包容的高原情怀和坚定、担当、务实的大山品质为主要内容的云南精神。

《云南文库》最终得以发行，首先是众位先贤心血和智慧的结晶。在此，我们要对创造了云南学术精品并因此而为中华文化做出杰出贡献的学者们表示崇高的敬意！在《云南文库》的编纂过程中，相关编纂单位、出版单位和参加整理的学者，以高度的责任感和使命感，兢兢业业地做好编校和出版工作，正是有了他们的辛勤劳动和精心工作，才有如今的翰墨流芳。在此，我要诚恳地道一声，大家辛苦了！《云南文库》从构想走向现实，离不开众多读者和社会各界人士的支持，我也一并向你们表示诚挚的谢意！同时，衷心希望同志们一如既往地为云南文化建设献智献策，欢迎更多的同仁志士参与到云南文化建设的伟大事业中来！

谨为序。

目 录
Contents

滇　昆明

茫人　金齿

哀牢 濮越

景颇 阿昌

滇　昆明

论古代滇文化的民族属性

本文所说的古滇文化，主要是指秦汉时期滇池区域一个被称作"滇"的集团为首的各民族共同创造的滇国的文化。

据《史记·西南夷列传》载："西南夷君长以什数，夜郎最大；其西靡、莫之属以什数。滇最大。"可知"滇"是靡、莫这两个族群中势力最大的一个集团。由于该集团的政治、经济、军事力量最强，是当地的统治者。他们在秦汉时期建立了国家。《列传》又称它为"滇大国"。汉武帝曾封其首领为滇王，并赐"滇王金印"。但这个国家由于很快消失，故在其后的 2000 余年里，人们几乎不了解它曾创造了独具民族特色的高度发展的青铜文化。

云南省博物馆从 1955—1960 年在晋宁石寨山滇王室墓葬群进行过四次发掘，共清理了墓葬 50 座，出土文物 4800 余件，其中就有"滇王金印"。1972 年云南省博物馆又发掘了江川李家山墓地，共清理墓葬 27 座，出土文物 1700 余件。1991—1992 年又清理墓葬 58 座，出土文物 2000 余件。这些考古发现，使这个淹没 2000 余年的文明古国重新展现出来。秦汉时云南这个青铜文化发展程度最高、影响深远的古滇文化又引起人们的广泛注意，但是滇池区域青铜文化是哪些民族创造的呢？学术界有多种观点。

有专家认为："今著称晋宁文化中的主要民族为靡莫，或者为濮，则不如称之为滇，似乎更为有据。"① 但是"滇"仅为靡莫族群中较大的一个集团，而且它与后世居住在滇池区域的民族有哪些渊源关系这个问题没

---

① 冯汉骥：《云南晋宁石寨山出土文物的族属问题试探》，《考古》1961 年第 9 期。

有解决，因此，许多专家学者又纷纷提出自己的观点，主要有以下几种：一种观点认为古代滇人系氐羌族系，而以彝族、白族说较普遍；① 第二种观点认为滇人属于百越族系的一支；② 第三种则认为属于南方民族中的濮人，但对濮人也是各有主张，有的认为滇濮为"越"，有的认为濮为"羌"，就持濮人为单一族群者，也未明确阐明它与南亚语系民族的关系。③ 笔者认为古滇文化是以孟人（南亚语系民族）为首创造的，同时包含着较多的氐羌文化和一些百越文化的因子。下面就这个问题作些论述。

一、从古莽之国说起

《列子》周穆王篇载："西极之南隅有国焉，不知境界之所接，名古莽之国。"岑仲勉先生认为"《列子》的传说当在庄蹻入滇之前，云南不是汉族势力范围，则昆明族当日所在地域，战国前称为'西极之南隅'是恰当不过的"。同时，他还对一些古语作了考证，得出结论说"汉初滇、黔间吉蔑语还相当流行"④。笔者认为，岑先生的这个观点是很有见地的，从某些历史线索考查，云南在古代有莽人存在是有依据的；从汉晋时期直至今日，都可找到他们的继承关系。

"莽"，在记载云南的一些史书中又写作"孟""猛""莫""茫"等，滇池区域的民族，汉时写作"莫（孟）"，三国两晋时写作"孟"，唐时永昌地区的"茫"（孟）人，明清时的莽人，今日云南境内的莽姓及莽人都是他们的后裔。在历史发展的长河中，他们有的保留着古老的民族称谓，有的被融合到其他民族之中。云南金平县勐拉村的莽人约500人，是我国

① 云南各族古代史略编写组：《云南各族古代史略》，云南人民出版社1977年版；彝族简史编写组：《彝族简史》，云南人民出版社1987年版；白族简史编写组：《白族简史》，云南人民出版社1988年版。

② 张增祺：《滇国与滇文化》，云南美术出版社1997年版；宋蜀华：《论古代滇人的族属及其演变》，《云南社会科学》1992年第4期。

③ 汪宁生：《晋宁石寨山青铜器图像所见古代民族考》，《考古学报》1979年第4期。

④ 岑仲勉：《据〈史记〉看出缅、吉蔑（柬埔寨）、昆仑（克仑）、罗暹等族由云南迁去》，载中山大学"东南亚历史研究所"编《东南亚历史论丛》第二集，1979年。

孟高棉语族中人数较少的群体,自称"莽"。(参见李道勇《我国南亚语系诸语言特征初探》)这是保留古老民族称谓的一例(现今越南、老挝也有许多莽人)。保山县瓦窑乡至今还有许多莽姓居民,现在都操汉语,但都是莽人的后代。保山地区有莽林、莽寒、莽王、莽水等许多带莽字的地名。明清时永昌(今保山地区)有许多莽姓土官,如《明史·土司传》洪武十七年(1384年)"置施甸长官司以土酋阿(莽)干为副长官"。《天下郡国利病书》载:"施甸长官司土长官莽氏,今沿袭至莽崇德听袭。"又洪武二十三年(1390年)西平侯沐英言:"永昌居民鲜少,宜以府卫合为军民使司,从之。置凤溪长官司,以永昌府通判阿凤(蒲人,莽姓)为土官。"《天下郡国利病书》载:"凤溪长官司正长官莽氏,今沿至莽成龙听袭。"天启《滇志·永昌府》载有"水眼巡检司土巡检莽氏""甸头巡检司土巡检莽氏"。保山县"十五喧二十八寨"中属于千夫长、副千夫长的土官有:石册寨莽氏,施甸东山寨莽氏,下腾场寨莽氏,金齿东山寨莽氏,甸头寨莽氏,保场寨莽氏,乌邑寨莽氏;属于百夫长的有波艮寨莽氏,木瓜郎寨莽氏,呵思郎寨莽氏,南窝寨莽氏,周册寨莽氏,信邑寨莽氏,瓦窑寨莽氏,锦邑寨莽氏,老姚寨莽氏,交邑寨莽氏,牛旺寨莽氏,山邑寨莽氏,蒲缥寨莽氏等等。莽在孟(莽)语中的含义系首领、王的意思。清嘉庆八年(1803年)立《蒋(笔者按:明正统时赐姓,改莽为蒋)德昌墓志铭》云:"权贵最上者曰莽,所以滇西多莽官焉。"唐代樊绰《云南志》记载茫人部落也说"茫(莽)为其君之号"。这里给我们提供从春秋战国时的古莽之国到西汉时莫(莽),到公元14年记载的孟迁、三国时的孟获、魏晋时的孟姓(南中大姓),再到唐代的茫人,明、清时莽人之间都有一定的继承关系。

二、靡莫之属新解

前引《史记·西南夷列传》有"靡、莫之属"记载,对于这个靡、莫之属,以往都把它当做一个族群看待,但随着研究的不断深入及考古工作者发掘到一些极有价值的实物资料,使我们有可能提出新的解释。笔者认为"靡、莫之属"不只是一个族群，而是两个族群。"靡"，刘宋大明二年（458年）立的《爨龙颜碑》自谓"系出于芈（音米、靡）"，而且这个靡人与濮（莫）人的关系和活动还可以上溯到公元前7世纪，《左传》文公十六年（公元前611年），楚庄王三年"楚大饥……麋人率百濮聚于选，将伐楚"。爨氏其先为芈（靡、糜），称为楚姓。这些记载与《爨龙颜碑》可以互相印证。远在春秋时期爨氏先民即能统率百濮，表明他们当时较强的政治、经济、军事的实力。这就说明《史记》所记的"靡"与楚西南的靡和爨氏先民有一定的历史关系，亦即今日彝族、白族两族先民。春秋战国和秦、汉时的靡，南北朝时的爨，今日的彝族、白族的历史继承关系就比较清楚了。

《列传》还说："滇王者，其众数万人，其旁东北有劳浸（汉书作劳深）、靡、莫，皆同姓相扶，未肯听。劳浸、靡、莫数侵犯使者吏卒。元封二年（公元前109年），天子发巴蜀兵击灭劳浸、靡、莫，以兵临滇。"史学界多认为西汉武帝时在云南设益州郡下属24县之一的同劳县即在今陆良，即劳浸人住地。汉王朝与劳浸、靡、莫作战和打败劳浸、靡、莫人后，即在今陆良、江川、通海一带设立了同劳、胜休两县。同劳县，是否是劳浸人的住地不得而知，但一般可做这样解释。按《史记》记载西汉王朝战胜的是靡、莫，但为什么没有设"靡、莫县"，而是设立"胜休县"呢？据《元史·地理志》载：地处杞麓湖之南的河西县，"其地名休腊"。景泰《云南图经志书》陆良州建置沿革载："蛮云休纳（腊的近音字），又名瓦子，讹为瓦作。"根据这些记载，我们就可以知道西汉王朝设立的同劳、胜休二县都在休腊人的住地。之所以叫"胜休"，那是因为他们战胜了称为"休腊"的民族，取得了对休腊人的胜利之后为炫耀自己的武功而取的一个地名（王莽时改为胜僰，因为这时起兵反抗的首领是僰人）。《元史·地理志》、景泰《云南图经志书》的记载给我们提供了这样一个事实：现今陆良、通海一带，西汉武帝时这里的民族称为休腊（纳），"休腊"当是因休腊人住居而得名。这些休腊民族又被称作"瓦子"或"瓦作"。这些被称为"瓦子""瓦作"（唐代樊绰《云南志》写作"望苴子"，战斗力很强，常作南诏出征的先锋队）的"休腊"人，其名称与现今佤族的称谓完全符合。佤族从古至今都称为"腊""腊佤"或"佤"，称首领为"孟"（猛、莽、茫），直至今日仍然如此。"休腊"人与滇同姓相扶，也再次说明滇人与南亚语系民族的关系。因此笔者认为"莫"（孟）与"休腊"为同一民族，"莫（孟）"是"休腊"民族首领的称号，而"休腊"则是民族的名称。

前面我们已提出滇池区域在春秋战国时有"莽"人之国，秦汉时有"莫"（莽、孟）人族群。新莽时期，公元14年，胜休地区僰人若豆、孟（莽）人孟迁起兵反抗，历时10年之久。王莽在灭亡前夕曾大赦天下，却把若豆、孟迁列为不在赦免之列的"罪人"。三国两晋时期云南有许多孟氏著名人物，如孟获（下面再述）、孟炎、孟通将军、孟岳将军、孟干将军，建宁太守孟彦等。这样，春秋时的百濮，战国时滇池区域的"莽"（孟），汉时的"莫"（孟），三国至魏晋时的"孟"人，隋唐时的"茫"人及以后的蒲人的继承关系就比较清楚了。

现今云南及中印半岛的越人系统民族中，都普遍流行着"天是天神造的，地是腊佤人开的"传说，这似乎表明，在越人进云南及中印半岛之前，佤人已生活在当地了。

三、关于孟获的族属

孟获是古代滇池区域哪个语系民族，未见《三国志》及当时的其他史书记载，但因他是滇池区域的大姓，是"夷汉所并服"的领袖人物，后世的彝、傣、蒲人及其他一些民族中，都有孟获是本民族先民的传说。有些学者对其族属也作过探讨，有的主张他是汉族，说"历史上孟获的身份是南中大姓……南中大姓的族属是汉族，所以孟获的族属是汉族"[1]。但较多的学者主张他是少数民族，明诸葛元声《滇史》卷三："孟获者，建宁蛮也。"章炳麟《菿汉昌言》卷五引《南中志》孟获为中丞御史，附论曰："中丞威慑百僚，乃以夷首为之者，以其无族姻远朋党也。"认为他是"夷首"（少数民族首领）。也有人认为他是乌蛮的，"《蜀中广记》云：'西北

---

[1]　邵献书：《试论孟获的身份和族属》，《中央民族学院学报》1987年第6期。

生番有孟董十八寨，三国孟获、董卜之裔也，谓之孟董……唐时求内附，处其众为维霸等州。此皆青羌所居之地，则孟获可相信为乌蛮也'。"① 也有的认为在凉山、贵州、广西都有部分彝族群众称孟获是他们的先民，所以孟获的族属应是古代彝族首领。《辞海》称孟获为"彝族首领"。有的认为孟获是"夷化的汉人"或"汉化的夷人"②，笔者认为孟获是接受了汉文化的"孟"人。其理由是明时杨升庵所著《滇程纪》在蒲蛮哨下记载："蒲蛮，实孟获之遗种也。"又我国著名地理学家和旅行家徐霞客，在游历顺宁（今凤庆）时，对当地民族做过调查，并在游记中写道："顺宁，旧名庆甸，本蒲蛮之地……土官猛姓，即孟获之后。"《永昌府志》诸葛祠下记载着："蒲人敬诸葛公特盛。"永昌境内有傣族、彝族、白族、阿昌族等族，唯有蒲人特别崇敬诸葛亮，这与其首领孟获诚心归附诸葛亮不无关系。康熙《东川府志·种人》记载："孟人，亦麽、莫种，蜀汉孟炎部民……当诸葛亮南征，斩雍闿，释孟获，擢炎为辅汉将军，召诸蛮赐以汉姓，祠炎于金钟山下，岁时祭祀。"这条记载也说明孟获、孟炎是孟人民族。但要明确的是"孟"并不是诸葛亮南征时"赐以汉姓"的，因为公元14年，胜休地区孟人的首领"孟迁"就率众参与夔人若豆为首反抗王莽的起义，在诸葛亮南征（225年）前200余年就有"孟"人的记载了。这些史料值得重视。据《华阳国志·南中志》载："雍闿使建宁孟获说夷叟。"三国时的建宁，即今昆明、曲靖、玉溪一带，即滇国的中心区域。因他本人是少数民族首领，与其他少数民族首领关系密切，雍闿即利用孟获的这个关系，让他去鼓动其他少数民族领袖共同反蜀。结合前面对滇池区域莽、孟关系的论述，说孟获系出自南亚语系的"孟人"民族似乎更有理由。

四、蟒蛇、铜鼓和图腾柱

晋宁石寨山滇王族墓葬出土的贮贝器盖上铸有127个人的祭祀场面，

---

① 徐嘉瑞：《大理古代文化史稿》，中华书局1978年版，第91页。
② 杜玉亭：《云南少数民族·彝族》，云南人民出版社1983年版。

在《云南晋宁石寨山古墓群发掘报告》（以下简称《报告》）中定为"杀人祭铜柱场面盖虎耳细腰铜贮贝器"，《云南各族古代史略》定为杀奴祭祀场面，总的说来这是滇王国的一次原始宗教的祭祀活动。从这次祭祀场面看，是在固定的祭祀场地举行，广场中间靠前有一长方形楼房，质量较高，并非临时性建筑。楼中央坐一梳银锭髻的女人，左右列坐8人。左、右、后三边排列16具铜鼓。屋后立一圆铜柱，柱上端已残，现存部分高6厘米，柱身上盘着一条巨蟒，口内正在吞食一人，其人腰以下被吞入蛇腹，上半身尚在蛇口之外。《报告》认为："铜柱和蛇可能是他们的图腾。"又《报告》定为"杀人祭铜鼓场面盖铜贮贝器"，盖中央作大、小铜鼓3个重叠之状。因此，蛇、铜柱、铜鼓应是滇人原始宗教祭祀活动中的主要标志，也是考察古滇文化民族属性的重要方面。

首先是蛇的崇拜。世界许多古代民族中都有崇拜蛇的记载：《山海经·大荒西经·郭璞注》说"女娲，古神女而帝后，人面蛇身"。又《帝王世纪》"伏羲……人首蛇身"。《吴越春秋·阖闾内传第四》："子胥乃使……立蛇门者，以象地产也。"又吴王即送勾践"于蛇门之外"。元时周达观著《真腊风土记》载："土人皆谓塔之中有九头蛇精，乃一国土地之主也，系女身，每夜必见。国主则与之同寝交媾，虽其妻亦不敢入，二鼓乃出，方可与妻妾同睡。若此精一夜不见，则番王死期近矣；若番王一夜不往，则必获灾祸。"此外，印度阿萨姆的卡西族与缅北和云南的佤族同属南亚语系民族，他们都崇拜一种名叫 U. thlen 的巨蛇，认为只有用人作牺牲，向它祭献，才能使它满足。"而这种蛇神崇拜是柬埔寨人的宗教信仰的特征，正如福帕斯说的，'他无疑是孟（Mon）族最早的宗教信仰'。"① 在古代许多民族都信仰蛇的情况下，滇人的信仰应与哪个语系民族关系最密切呢？以《史记》所记"靡（爨）、莫（孟）之属"考察，靡（爨）人的原始宗教是崇拜虎的，即是以"虎"为图腾的，直至今日仍然如此，但在所发掘到的大量的青铜器物看，虽有许多带有虎的器物，如虎耳细腰铜贮贝器，江川李家山出土的青铜牛虎铜案，还有许多青铜艺术品上有虎出现，但虎在滇人的原始宗教祭祀中不在主要地位，与滇人崇拜蛇

---

① S. 巴尔卡塔基：《印度东北地区部族生活》，朱昌利译，《南亚译丛》1984 年第 2 期。

迥然不同。相反，用人作牺牲、向蛇祭献这一点与福帕斯关于"他无疑是孟族最早的宗教信仰"的结论完全吻合。说明滇人的蛇崇拜就是史记所记"莫（莽、孟）人"的宗教信仰。明代云南右军都督沐琳出兵阿佤（以佤人居住得名）地区时，曾留下诗句："蛇首楼船十丈长，船头铙鼓乐声簧，篙师百橹齐摇出，阿佤城边水似汤。"这说明到 15 世纪中叶，在佤人中还保留着崇拜蛇的习俗。

其次是铜鼓，它是春秋战国时居住楚雄一带的民族创造的，墓葬中出土的铜鼓据碳十四测定距今为 2640±90 年，这里的铜鼓后来在滇池区域得到高度发展，并成为他们的神器、重宝，同时也是祭祀时敲击的乐器，如铜鼓盖上在祭祀房四周排列着 16 具铜鼓，祭祀房后铜柱的两侧，各置一大铜鼓。还有一具称为"杀人祭铜鼓场面盖铜贮贝器"中央就有类似用 3 具铜鼓叠成的铜柱，但是铜鼓系滇人在举行原始宗教时陈列在显著位置的神器，它的主人应属"莫（孟）"人和"靡"人，至于以后传播到其他民族中那是另一回事了。对于首创铜鼓的民族，经过学术界百余年的研究，已经有一个比较统一的看法："现在研究表明，首先创造铜鼓的不是越人系统骆越人，而是生活在云贵高原上的濮人，嗣后铜鼓才传到百越地区去。"① 这是当前研究铜鼓的考古学者们的共识，也就是说云南省古代铜鼓的创造者不是越人，也不是氐羌人，而是云南古代的濮人。这与《华阳国志·南中志》所说的"滇濮"，把滇国的民族界定为"濮人"的记载也是吻合的。

再次是铜柱。从靡、莫后人考察，孟（莫）人后裔保留立图腾柱的习俗。光绪《续修顺宁府志》载"江心铁柱"说："旧志：在城东二百里，西密瓦屋山下，即澜沧、黑惠二江合流处有铁柱，径尺长，与江水相上下，或出水面尺许，人往往见之。"又"武侯石柱条"说："旧云南通志：在右甸达丙里畦间，相传武侯制以慑服群蛮。旧志：宋时矣堵寨夷人掘得此柱，撼之微动，欲穷其本，虽竭千人力终不能拔。"文在兹有诗云："……一江高立铜标柱，半截轻移铁树官；臣相威灵犹在望，斜裁石笋镇遐封。"把达丙石柱说成"武侯石柱"这是附会，但昌宁达丙出土与楚雄

---

① 蒋廷瑜：《铜鼓研究一世纪》，《民族研究》2000 年第 1 期。

万家坝同时代的铜鼓，以及达丙这个地方很早就是蒲人的住地，达丙这一地名也是源于蒲人的，"达"在蒲人语言中为"长老、家长"之意，后来演变为"首领"。因此笔者认为这里的石柱是孟族系属的蒲人先民所立的。

《后汉书·马援传》著引《广州记》云："援到交趾，立铜柱为汉之极界。"《广东通志·古迹》记载："汉马援既平交趾，立铜柱为汉界，相传在钦州，古森洞上有援誓曰：'铜柱折，交趾灭。'唐马聪又建二铜柱逸著唐德，以明其为伏波之裔。今未详所在。日南郡西有西屠夷国，援曾经其地，亦植二铜柱，表汉界，及北还，留十余户于柱下。至隋仍有三百余户。"根据以上记载，马援立铜柱是为了表示汉朝的边界和镇服交趾人的。铜柱何以能镇服交趾人呢？因为交趾人是崇拜图腾柱的。据越南社会科学委员会编著的《越南历史》云：越语属于南亚语系，是东南亚地区最早的语言之一，又说"孟高棉语族和越——芒语族一样，都是属于南亚语系"。在越南古代有许多南亚语系民族居民这是不言而喻的，他们崇拜图腾柱，与滇池区域的南亚语系民族崇拜图腾柱可互相印证。

汪宁生教授在《云南沧源崖画的发现与研究》一书中曾就沧源崖画和铜鼓图像中头插羽毛者，崖画和铜鼓图像中持盾牌者，崖画狩猎画面和石寨山、李家山出土的铜扣饰和兵器上常见的装饰图像，崖画和铜鼓图像中鸟饰干栏及春米人像以及牛这种常见动物，头戴兽尾、兽角等诸方面作了比较，其结论是："以上足以说明，崖画创作者和云南青铜文化的主要居民，在装束、爱好、信仰乃至一些仪式上，是有共同之处的。两者的时代不应相差太远。它们应是同一阶段文化的产物。"[①] 现今学术界也多认为沧源崖画与云南濮人（孟高棉族群）有关。

五、滇池区域孟氏的衰落

关于滇池区域的大姓孟氏，除了孟迁、孟获、孟炎之外，《华阳国志·南中志》载：泰始七年（271年）春，吴主孙浩遣大都督薛栩、交州

---

① 汪宁生：《云南沧源崖画的发现与研究》，文物出版社1985年版，第105 – 107页。

刺史陶璜率 20 万大军伐交趾。稷遣（毛）灵及将军建宁孟岳等御之，战于封溪（在今河内西北），寡不敌众，将军孟通被杀，孟干被俘后解往吴都，后逃往洛阳。到咸和八年（333 年）李雄占据南中，以霍彪为宁州刺史，因与建宁孟姓不相容而被缚于晋。《晋书·成帝纪》说："咸康五年（339 年）三月乙丑……建宁人孟彦执寿将霍彪以降。"《华阳国志·南中志》也说："咸康五年夏，建宁太守孟彦率州人缚宁州刺史霍彪于晋，举建宁为晋。"可知孟氏在这时仍拥有势力。唐代还有升麻县令孟耽。又樊绰《云南志》卷四载："爨归王袭杀孟聘、孟启父子，遂有升麻川。"从这些记载中，我们可以看出在西汉滇王国之后，直到爨氏称霸南中之前，除公元 14 年僰人若豆为首起兵反抗王莽政权及有些时间为汉族统治者外，滇池区域的权力在多数时间里都掌握在孟人手中。如在滇池区域有反抗王莽政权的第二号人物孟迁，三国时的孟获、孟炎，3 世纪 70 年代有孟通、孟岳、孟干这些将军，4 世纪 30 年代有建宁太守孟彦等。

在研究滇国的历史时，存在一个长期困扰学术界的问题：自西汉以后，建立滇国的民族哪里去了？笔者认为自西汉起，他们在不断受到中原王朝的军事打击之后迁离或调往他地。据《华阳国志·南中志》载：亮"移南中劲卒青羌万余家于蜀，为五部所当无前，号为飞军。分其赢弱配大姓焦、雍、爨、量、毛、李部曲"。孟获的主要力量被调往成都，剩余的部分成了其他大姓的"部曲"，这样孟人很自然地就融合到汉族和爨民族当中。此后，对孟氏打击最大的当是与汉族大姓霍氏的斗争。《云南各族古代史略》在论述霍氏与孟氏的斗争时说："自公元 339 年，大姓霍氏和孟氏火并同归于尽之后，爨氏成为南中最有势力的大姓。"从历史看，孟人经受了这些打击之后，所剩势力不多了。随着爨氏的崛起，孟人的剩余势力进一步融入汉族和爨民族中。至此，除《东川府志·种人》中尚有记载外，在古滇国境内已见不到孟人了。

六、关于百越系统民族

根据考古资料，在我国东南和南部地区普遍发现一种在器表拍印几何印纹的陶器，火候较高，质地坚硬，通称为"印纹硬陶"。有的在陶器的外部加釉，又称"釉陶"或"原始青瓷"。1978 年在江西庐山召开江南地区印纹陶学术会议，与会考古专家普遍认为印纹陶的主人就是古越人，并推定它产生于新石器时代晚期，兴盛时间相当于中原商周时期，衰落时间相当于中原战国秦汉时期。印纹陶的分布地区与史书记载百越范围——"自交趾至会稽七八千里"大致相符。故大多数学者认为印纹陶乃是百越民族文化的一个重要特征。蒋炳钊先生还认为："根据文献和考古资料，我们认为'越'和'濮'是两个不同族群，一个分布在东南，一个分布在西南，有明显不同的居住区……濮人居住地仅在江汉流域，即长江中游，也就是商周时期南部国土或南部方国的地域。而当时在东南和南方地区未见有濮人活动，记载百越也未为商、周王朝的辖区。"① 汉晋时期，濮人主要分布在西南地区。从考古文化来说，西南与东南地区明显有差异，西南地区并不是印纹陶文化分布的主要地区。故百越与百濮应是我国古代南方地区两个不同的族群名称。

　　从广西明江花山崖画反映出越人的崇拜对象是蟾蜍（蛙），云南早期铜鼓上不见蛙的标志，有蛙饰铜鼓的制造时间较晚。"元江它克崖画有一些双手上举两腿曲蹲的'蛙人'形象。这种动作的人物图像，在石林崖画、广西左江岩也多有出现，这是祭祀的时候特有的动作。"② 然而，这种动作在滇人的祭祀场面中未见到。在云南沧源崖画中也未见到，倒是在耿马大芒光崖画中有蛇图腾的图像。"又曲靖珠街八塔台古墓群的发掘，也很有参考价值。该墓葬层层叠压，最下一层是春秋战国时期竖穴土坑墓，共 128 座，出土一批青铜器，就初步观察，其风格接近石寨山青铜器，属滇池青铜器文化范畴。但其中有的器物与古夜郎文化有某种关联，而从八塔台出土的陶器中，又可以看到与我国东南地区的文化有关联。这一地区在古滇国时期是滇文化范围之内但又有某些不同特点的地区，其居民可能

① 蒋炳钊：《百越族属中几个问题的探讨》，载朱俊明主编《百越史研究》，贵州人民出版社 1987 年版。
② 杨天佑：《云南的原始崖画》，载《云南省博物馆建馆三十五周年论文集》，1986 年。

是滇族之外的'同姓相扶'的部族。"① 这可以说明滇东地区因与夜郎和越人住地接壤，和他们有物质文化交流，但主流是滇文化。元江、石林越人蛙文化的遗迹，说明越人很早就进入滇东南地区，但蛙没有成为滇人的崇拜主体，也说明蛙文化对滇文化影响不大或没有什么影响，蛙崇拜与滇文化是完全不相同的。《华阳国志·南中志》有"南中在昔盖夷越之地"的记载，但常璩著书距滇国已四五百年了，到这时云南有许多越人是完全可能的。

（原载《云南社会科学》2006 年第 2 期）

---

① 林荃：《爨文化的历史特点》，载范建华编《爨文化论》，云南大学出版社 1991年版。

洱海区域的昆明民族^①与昆明国

秦汉时的昆明民族主要分布在洱海区域，滇池区域亦有记载，三国时滇东亦有记载，昆明的足迹遍及今日云南的大部分地区，但在这里仅涉及洱海区域，即昆明族的主要部分。

一、洱海区域的昆明民族

（一）秦汉时期的昆明民族

据《史记·西南夷列传》载："西至同师以东，北至楪榆，名嶲、昆明，皆编发，随畜迁徙，毋常处，毋君长，地方可数千里。"又说"元狩元年（公元前122年），博望侯张骞使大夏（今阿富汗）来，骞因盛言大夏在汉西南，慕中国，患匈奴隔其道，诚通蜀，身毒（今印度）道便近，有利无害。于是，天子乃令王然于、柏始昌、吕越人等，使间出西夷，指求身毒道……为求道西十余辈。岁余皆闭昆明，莫能通身毒国"。又《史记·大宛传》说："乃令骞因蜀犍为（郡治在今宜宾）发间使四道并出，出庞、出冉、出徙、出邛僰，皆各行一二千里，南方闭于嶲、昆明。昆明之属无君长，善寇盗，辄杀略汉使，终莫得通。"汉武帝希望通过和平手段开通经云南到印度道路的愿望无法实现，都是因为"昆明"不让汉朝使

者通过。于是元封二年（公元前109年）"发三辅罪人，因巴蜀士数万人，遣两将军郭昌、卫广等往击昆明之遮汉使者，斩首虏数万而去"。《史记·郭昌传》则说："以大中大夫拔胡将军，屯朔方。还击昆明，毋功，夺印。"但过了四年之后，《汉书·武帝本纪》说：元封六年（公元前105年）三月"益州昆明反，赦京师亡命，令从军，遣拔胡将军郭昌将以击之"。以上所纪时间相距不长，但从内容看，元封二年郭昌用兵昆明是因其"遮汉使"，只是斩首虏数万而去，而元封六年是因"昆明反"而出兵，并非是为了他们阻道，这当是两回事。从这些记载看，昆明对西汉王朝来说，他不是一个友好的民族，曾是个使汉王朝头痛的民族。他阻止汉王朝想和平开通经其地至身毒、大夏的商道。当汉王朝初次用兵时，又使汉将军郭昌无功夺印，用今日的语言说，就是没有取得成功，使汉将军被免职了。不久又于元封六年又一次派兵征讨。看来，这一次是取得了成功，西汉王朝在云南省设益州郡，下属有云南、楪榆、邪龙、不韦、嶲唐这五县都是在昆明所属范围之内。此后洱海区域相对稳定了一个多世纪。

《后汉书·西南夷·滇王传》："建武十八年（42年）夷渠帅栋蚕与姑复（今永胜）、楪榆（今大理）、弄栋（今姚安）、连然（今安宁）、滇池（今晋宁）、建伶（今昆阳）昆明诸种反叛，杀长吏，益州长太守繁胜与战而败，退保朱提。"这时，他们又在其首领栋蚕领导下举行了更大规模的反抗，从今天的永胜、姚安、大理，到安宁、晋宁、昆阳等地，即洱海区域到滇池区域大部分地区的昆明人都参加了。益州太守繁胜被逐出滇池区域，退到了昭通。东汉王朝于建武"十九年（43年）遣武威将军刘尚等发广汉、犍为、蜀郡人及朱提夷合万三千人击之，尚军遂渡泸水入益州界，群夷闻大兵至，皆弃垒奔走，尚获其羸弱谷畜。二十年（44年）进兵与栋蚕等连战数月，皆破之，明年（45年）正月，追至不韦，斩栋蚕帅，凡首虏七千余人，得生口五千七百人，马三千匹，牛羊三万余头，诸夷悉平"。这次使昆明受到严重打击。《后汉书·光武纪》："建武十九年（43年）九月，西南夷寇益州郡，遣武威将军刘尚讨之。二十一年（45年）武威将军刘尚破益州夷，平之。"说的都是这回事。

直到建初元年（76年），哀牢王类牢与汉朝派驻哀牢县的"守令"发生矛盾，哀牢王杀了"守令"反叛，攻下永昌郡"太守"驻守的嶲唐城

（保山县老营），太守王寻逃往楪榆（今大理），接着哀牢三千余人攻博南（今永平），燔烧民舍。这时，"肃宗募发越嶲、益州、永昌夷汉九千人讨之。明年（77年）春，邪龙县昆明夷卤承等应募，率种人与诸郡兵击类牢于博南，大破斩之，传首洛阳，赐卤承帛万匹，封为破虏傍邑侯"。这次算是昆明人与汉王朝合作得最好的一次，昆明人的首领成了汉王朝的功臣。

　　从这些记载看，说明昆明人分布广、人口多，是个有组织、有君长、也有相当实力的民族。并不是"随畜迁徙，毋常处，毋君长"的民族。史书记载随畜迁徙、毋君长、毋长处即以畜牧业为主的可能是指嶲人族群中在秦汉时迁入滇西的部分。因为居住在四川西部的嶲人比较多，他们源源不断地向洱海区域迁徙，当时他们多以游牧为主，而且在滇西的两大族群中被排在前面，也是司马迁了解得较多的部分，因此有理由认为司马迁所说随畜迁徙的当是这部分嶲人。而滇西的昆明人，他们早在商末周初就已进入青铜时代，在他们的遗址中已发现碳化稻谷，已是个农业民族，并非游牧民族。

（二）三国（蜀汉）两晋时期洱海区域的昆明民族

　　《华阳国志·南中志》载：永昌郡，古哀牢国，在民间流传着一个九隆的故事说，其民族起源于一妇人，于水中触沉木而有娠。度十月，产子男十人。又哀牢山下一夫妇产十女，九隆兄弟妻之。"由是始有人民。……南中昆明祖之，故诸葛亮为其国谱也"。这一段文字说明九隆故事在哀牢和昆明人中都广泛流传，它除了成为哀牢民族起源的神话外，"南中昆明祖之"，也是云南昆明族起源的神话。① 这段话除说明昆明人也是以"九隆神话"作为民族起源的神话故事外，我们还可从中看到当时的昆明民族是诸葛亮征讨的主要对象，为其作国谱的也是"昆明人"。而当时在诸葛亮的军队面前"屡败屡战"的云南少数民族的首领孟获，杨升庵

---

　　① 《楚辞·天问》："水滨之木，彼得小子。"《华阳国志·南中志》："有竹王者，兴于豚水，有一女子浣于水滨，有三节大竹流入女子足间，推之不肯去，闻有儿声取持归破之，得一男儿，长养，有才武，遂雄夷濮。"这两条记载与永昌郡的"九隆"故事有相同之处。这似乎说明九隆故事有更深远的渊源，而且与楚文化有密切关系。

《滇程记》载："蒲蛮，实孟获之遗种也。"《徐霞客游记》载："顺宁（今凤庆），本蒲蛮之地……土官猛姓，即孟获之后。"这些记载说明在明代以前，在云南的传说中多认为孟获是南亚语系民族"孟人"的首领。《永昌府志》在诸葛祠下记载着："蒲人敬诸葛公特盛。"永昌境内有傣族、彝族、白族、阿昌族等居住，何以志书不提其他民族，唯独只说蒲人特别崇拜诸葛亮呢？究其原因，这或许与蒲人首领孟获诚心归附诸葛亮，认为诸葛亮有"天威"，诸葛亮为其作国谱，要蒲人相信他们"天生"就应当听从诸葛亮指挥，世代为诸葛亮效力有密切联系。

（三）隋唐时洱海区域的昆明民族

《隋书·史万岁传》"入自蜻蛉川，经弄栋，次小勃弄、大勃弄至于南中"。唐樊绰《云南志》载："白崖谓之勃弄赕。"又"蒙舍川中水东南与勃弄川合流""勃弄川即今之礼社江"。这里记载的勃弄，岑仲勉先生说："甚至现在，吉蔑系还留了少许人如崩龙，在云南极西及边境，崩龙我认为即勃弄的遗民。"到了唐代，史书对洱海区域昆明人的活动仍有记载，《新唐书·南蛮传》说："昆明蛮，一曰昆弥，以西洱河为境，即楪榆河也。"《唐会要》卷九八载："昆弥国者，一曰昆明，西南夷也，以爨之西洱河为界，即楪榆河也。"《资治通鉴》武德四年（621年）载："昆明遣使内附，昆弥即汉之昆明。"《通典》卷一八七载：麟德元年（664年）"于昆明之弄栋川置姚州都督府"。又《唐书·地理志·嶲州昆明县》说："汉定作县……武德二年（619年），镇为昆明县，盖南接池，故也。"《元和郡县志》说："盖南接昆明之地，因以为名。"《太平环宇记》说："盖南接昆明之夷，因名。"以上这些记载明确是指洱海区域的。又《旧唐书·本纪》："贞观十三年（639年），昆明遣使朝贡。"从记载情况看，这也可能是指洱海区域的昆明人的。这些记载反映了隋、唐时洱海区域昆明人的情况。在唐代初期，洱海区域还有不少昆明人。清代的史书对他们还有记载：乾隆《蒙化府志》（古之邪龙，今之巍山）就有昆仑一里、昆仑二里、昆仑三里、昆仑四里和牙（孟语，女长者、女首领、女王之意）一里、牙二里、牙三里、牙四里的记载。应当说他们都是昆明人居住的实证。这些资料是很有价值的，它对昆明人来说是承前启后的。

在这里我们看到洱海区域的昆明人原是一个实力强大的民族，但他对西汉、东汉王朝及蜀汉势力的进入多持反对态度，因此常受到中原王朝的军事打击。从西汉、东汉到蜀汉这数百年的历史中，昆明在多数时候是中原王朝的征服对象，其势力受到极大的削弱，并逐渐退出洱海区域，向永昌地区迁移。南诏强盛并逐步征服了其周围的地区和民族之后，昆明也成了南诏的属民。自南诏统一洱海区域后，"昆明"一词确实少有史籍记载。而实际上他们成了茫人、金齿的一部分，被茫人、金齿的称号所取代了。现今我国境内的布朗族、佤族、德昂族，缅甸境内的"克仑"与昆明是有族属关系的。

昆明，《后汉书·南蛮西南夷列传》载："滇王者……元封二年（公元前109年）武帝平之，以为益州郡，后数年复并昆明皆以属之。"所称"后数年"，虽然不知是多少年，但在元封二年到元封六年之间是没有问题的，因为元封六年（公元前105年）出兵的理由就是"昆明反"。从元狩元年到元封六年，即从公元前122年到前105年的十六七年间，汉朝为谋取经洱海区域到印度、大夏的通道，先是派遣使者希望和平开通，但昆明人不让汉朝使者通过其所辖地区，于是汉朝使用武力对付昆明人，并把昆明人纳入益州郡，也许滇西的云南、楪榆、邪龙、嶲唐、不韦这些县即在这时期中建立的，但不久昆明人又反叛了，直到元封六年（公元前105年）又再次出兵对付昆明人。这次军事行动之后，相对平静了一个多世纪。

二、昆明族属新解

昆明的族属，目前见到的有三说：一是氐羌说；二是"夷"说；三是南亚语系民族说。

（一）氐羌说

这是学术界的传统看法，如说："昆明夷在殷代叫做昆吾，叫做鬼方，叫做九州之戎，叫做九侯。在周代叫混夷、昆夷、窜夷（也许是爨），叫做氐羌。大理在汉代即叫昆明，居住在洱海边的昆明夷，或昆弥夷，这就是昆吾、昆夷的血族。又《华阳国志·南中志》：'夷人大种曰昆，小种曰叟'。足见昆、叟都是同族。'叟'字见于《禹贡》，它说：'织皮昆仑，析支渠搜，西戎即叙。'昆仑在青海西，渠搜在陕西。郑注：叟一作搜——即是昆明夷和川西的青羌（诸葛亮出师表所说的'崇叟青羌'都是川西），昆明夷便广泛的分布在大理一带。"① "昆明族在'西南夷'中分布最广，并普遍地与僰、叟、摩沙族相互交错杂居在一起。昆明族是形成近代彝族的核心；哈尼族、拉祜族、阿昌族、傈僳族、基诺族等族中也有昆明族的成分。"② 当今考古学界已提出完全不同的看法。

（二）"夷"说

当今考古学研究的新成果，已否定昆明为氐羌说的论点。有的学者认为："从大量考古资料，也说明昆明并非源自西北地区的羌人，而是活动于怒江、澜沧江河谷的土著民族。"并认为"从古羌人的活动范围来看，似乎和昆明人也没有多少联系——据《华阳国志·南中志》说：'南中在昔盖夷、越之地''夷人大种曰昆，小种曰叟。'此知昆明不仅属于'蜀汉缴外蛮夷'之列，而且是'夷人'中的'大种'，即多数派。夷人和羌人不是一回事"③。至于"夷"人，论者认为"夷人和羌人不是一回事"，如果按照云南古代羌、濮、越三大居民群体来考察，既然和氐羌不是一回事，和"从古羌人的活动范围来看，似乎和昆明也没有多少联系"那就应当考虑濮、越问题了。肖秋等《略谈南诏国的族属》说："西汉时被称为昆明的地方，到东汉时设立了永昌郡，哀牢夷是郡里的主要部族；洱海以南以云县为代表的新石器分布地区，正是"地方可数千里"的昆明蛮中心区域。"④ 我们认为这些研究成果是很有价值的。首先，是考古学界得出的新结论，是根据当代考古所获得的实物资料进行研究后得出的，其结论有坚实的基础。其次，是突破了洱海区域的昆明人来源于西北氐羌的传统观

① 徐嘉瑞：《大理古代文化史稿》，中华书局 1978 年版，第 4 - 5 页。
② 尤中：《中国西南民族史》，云南人民出版社 1985 年版，第 57 页。
③ 张增祺：《中国西南民族考古》，云南人民出版社 1990 年版，第 34 页。
④ 肖秋等：《略谈南诏国的族属》，云南人民出版社 1980 年版。

— 20 —

念，提出了昆明民族原是澜沧江流域的土著民族，我们是认同这一观点的，但也不主张把昆明归属于"夷"和"哀牢"之中，"夷"在多数情况下，常常是对多个少数民族的泛指。"西南夷""夷、汉所并服""夷人大种曰昆小种曰叟"等，对具体民族来说，不是一个区分民族的词汇。"哀牢"是氐羌族群民族，南诏为哀牢之后，这在史书中记载是明确的。至于昆明则是南亚语系的民族，两者是有根本区别的。

（三）昆明为南亚语系民族说

学术界都认为滇西南不仅有羌人族群，也有大量的南亚语系族群，还有一些百越民族住居，这一点也是清楚的，因此有的学者认为昆明人属于南亚语系族群。岑仲勉先生就主张昆明即高棉，"如说，柬埔寨人自名其国曰 Khmer，在占文碑铭中作 Kvir 或 Kmir，古语作 Kur，大食人名曰 Co-mar，现时暹罗习惯写作 Khmer，音读则为 Khamen，越南人称曰高棉；我国则唐代新罗僧人慧超《往五天竺国传》译阁茂（应为蔑——引者），《旧唐书》《新唐书》译为吉蔑。试参合各国不同的读法，此名在古代汉语得转为 Kuanmen，即'昆明'所写自本"。岑氏还认为"甚至现在，吉蔑系还留了少许人如崩龙（palaung，今称德昂），在云南极西及边境。崩龙我认为即勃弄的遗民"。《隋书》五三史万岁传"入自靖蛉川，经弄栋，次小勃弄、大勃弄至于南中"。《蛮书》卷五，"白崖谓之勃弄"，又"（蒙舍）川中水东南与勃弄川合流"，"勃弄川今称礼社江，盖因受他族压迫而避往滇西，亦即赶不上大队而留落在后的"①。又我国古代史书在记载到东南亚民族时，常见到"昆仑国""昆仑人"，《旧唐书·林邑传》载"自林邑已（以）南——通号为昆仑"。义净《大唐西域求法高僧传》记载："良好掘伦，初至交广，遂使总换昆仑国焉。"中国史书里的昆仑国所指范围较广，如果按当今考古学提供的资料，则昆明人在商、周时期的活动范围是北到金沙江以北了。冯承钧指出"昔日昆仑国，泛指南海诸国，北至占城南至爪哇，西至马来半岛，东至婆罗洲一带，甚至远达非洲东岸，皆

---

① 岑仲勉：《据〈史记〉看出缅、吉蔑（柬埔寨）、昆仑（克仑）、罗暹等族由云南迁去》，载中山大学"东南亚历史研究所"编《东南亚历史论丛》第二集，1979 年。

属昆仑之地也"①。而生活在中南半岛及云南的孟人，与昆仑人当有一定关系。滇西南的昆明属于昆仑族系的可能性是大的，地理上也是相连的。

昆明（昆仑、克仑）为南亚语系民族，除了上述资料外，《中国大百科全书（民族卷）》克仑族条说："克仑族属南方蒙古人种南亚类型。"又缅甸境内的"克仑族，分为山区克仑和坝区克仑两大类，以下又分三大支系。三大支系即斯戈克仑、波克仑和勃欧的当都克仑——斯戈克仑和波克仑属于平原克仑——平原克仑多与孟族人的脸形相似……"②。这又从体质人类学角度说明了昆明民族不属于氐羌系统民族，而是属于南亚语系民族。

在研究昆明的族属上，考古学提供了些什么样的新证据呢？1974 年，云南考古工作者在云县忙怀地区，发掘到大量用江中鹅卵石打制而成的有肩石斧，全部用砾石打下石片，然后在上端两侧打出弧形肩，形制有钺形、靴形和长条形等。此类石斧制作粗糙，未经磨光。

张增祺教授从考古角度论证了云县忙怀等地发现了大量的以有肩石斧为特征的新石器，这类石器在怒江、澜沧江流域的福贡、贡山、云县、景东等地均有发现，形器和制法也基本相同。并指出"上述有肩石斧和剑川海门口、大理鹅鹿山、祥云大波那，以至禄丰等地出土的有肩铜斧十分接近（此类有肩斧不见于滇池区域）。这不仅说明他们在文化上有渊源关系，而且可以肯定，这些有肩铜斧是在澜沧江流域有肩石斧的基础上直接演变来的"这个结论是正确的。李昆声教授认为"位于澜沧江中游地区的云县忙怀发现了大量用鹅卵石打制的石器，有钺形、靴形、长条形等以双肩石斧为其特征，有夹砂绳纹陶共存，可知其为新石器时代遗址。这一类型的遗址在澜沧江沿岸之景东、澜沧等县的景志、忙亚、忙卡、大水平、安定、丫口等十数处均有发现。这一类型遗址与百濮族系有较多关系"③。"G·鲁斯博士认为孟人大约在公元前两千年左右进入罗摩尼阿（Rahmaniya）或勃固（Pegu）地区；考古学家 Von Hei-ne 格尔登甚至把'有肩

---

① 冯承钧：《中国南洋交通史》，商务印书馆 1937 年版，第 51 页。
② 秦钦峙、赵维扬主编：《中南半岛民族》，云南人民出版社 1990 年版，第 18 页。
③ 李昆声：《云南原始文化族系简论》，《云南文物》1983 年第 13 期。

石斧考定为大陆上孟高棉人的文化'"①。在东南亚的有肩石斧与云南的有肩石斧的主人是孟高棉人这一点上，中外学者都是有共识的。后来在有肩石斧基础上发展起来的有肩青铜斧的创造者是南亚语系的"昆仑"和"濮"人的结论，不论从考古文献和中国史书的记载来说，都是有可靠依据的。中国史书记载，秦汉时期，滇西有大量的昆明（濮人的一部分）居住，现今考古学界比较统一的看法是中国最早的铜鼓是楚雄万家坝型铜鼓，是由濮人最先制造和使用的。考古学界的这一共识即是对古代滇西有大量濮人居住的确认，这就是最可靠的依据。因此我们认为，从澜沧江中游向北发展的昆明（昆仑、克仑）人，应是南亚语系民族。云南的佤族、布朗族、德昂族、克木人都是古代永昌地区濮人的后裔的一部分。

1990 年 3 月云南省考古所和保山地、县文管所对昌宁营盘山新石器遗址进行试掘，出土了石斧、石刀、砾石片刮削器、夹砂黑陶等，同时在遗址房内南部 6 平方米面积内堆积有厚 8—30 厘米的碳化稻米。此"遗址时代距今日 3500 年左右，约当我国夏末商初"。剑川海门口有肩青铜器是在澜沧江有肩石斧基础上发展起来的，两遗址都出土了碳化谷物，而且昌宁遗址的时间略早于海门口 2—3 个世纪。因此澜沧江流域的居民与海门口居民有着共同渊源，这一点是得到考古资料互相印证的，这也是不会有多大问题的。同时《山海经·大荒南经》说："有小人，名曰焦侥之国，几姓，嘉谷是食。"在古代，中国史书多将焦侥看作南亚语系民族。云南澜沧江流域多有南亚语系民族住居，如果说昆明为南亚语系民族，他们从事农业的历史也就相当久远了，这与剑川海门口的情况就吻合了。

三、洱海区域的昆明国

倪辂《南诏野史》载："昆弥氏，国号'拜'，（环碧山房本作'邦'），历年莫考，张氏继之，改为建宁国。"② 不论是"拜"或"邦"

---

① 转引自赵嘉文《骠人族属新议》，《民族学报》1982 年第 2 期。
② 木芹：《南诏野史会证》，云南人民出版社 1990 年版，第 19 页。

都是源于南亚语系古语村落的音译，国内史书多用"邦""巴""班""摆"等，云南省凤庆县历史上是蒲人聚居区，清代《续修顺宁府志》还有许多保留有"邦"字的村落，如邦买、邦拐、邦贵、邦盖、邦谷、邦歪、邦旧、邦挖、邦别、邦杭等。德宏傣族景颇族自治州境内称"邦"的地名很多，如邦瓦（挖）、邦各、邦信、邦歪、邦杭等，考其历史都与德昂人有关。陇川县，德昂族女王宫的遗址即称为"邦（巴）达"，有些地名完全相同。我国出版的汉文《东南亚地图》多译作"班"，这也是来源于南亚语系民族。这个"拜（邦）国"的记载，又给我们提供了在白人张氏之前，曾是昆明人为主的国家的线索。

在"昆明"之后加"国"字，据《汉书·武帝纪》记载，元狩"三年（公元前120年）春……发谪吏穿昆明池"。并在注释中有臣瓒（属3—4世纪人）曰："《西南夷传》有越巂、昆明国。"因臣瓒的姓氏、籍贯不详，不知他的这一记载是否就是对"昆明国"的最早记录。唐司马贞撰《索隐》引崔浩（？—450年，北魏时人）云："巂、昆明二国名。"[1] 可知称"昆明"为"国"的记载，或许从3世纪末4世纪初已经出现，而最晚也不会晚于5世纪中叶。到唐代《唐会要》卷九八载："昆弥国者，一曰昆明，西南夷也。"虽然称昆明为国的记载较滇国为晚，但在秦汉时昆明是个有实力的民族；能与滇国抗衡的是昆明，多次与汉朝作对，不让汉朝使者通过其境开通到印度交通线的是昆明。当汉王朝派兵征讨昆明时，使汉将军"无功夺印"的是昆明。而且昆明拥有"数千里"的地方。把具有这些条件的"昆明"称之为"昆明国"，对一个两千多年前的民族实体来说，是完全合格的。

据《白古通纪》载"昔洱河之地，有罗刹一部出焉，啖人睛、人肉，号罗刹国。观音愍其受害，乃化为梵僧，牵一犬自西天来，历古宗、神川、义督、宁北、蒙茨河，入灵应山德源城，主喜贼张敬家。敬罗刹贵臣也。见梵僧仪容，深礼敬之，介以见罗刹王。王甚喜乃具人睛、人肉供之。僧辞曰：'不愿肉食，王诚眷礼，愿受隙地为一庵居。'罗刹许之，且曰：'广狭自裁。'僧云：'止欲我袈裟一展，我犬二跃之地，足矣。'罗

---

[1]　方国瑜主编：《云南史料丛刊》第一卷，云南人民出版社1990年版，第11页。

刹笑其少。僧云'王勿后悔，请立契券'。倾国观者百万人。既成契约，僧解袈裟一展，盖其国都；叫犬令跃，一跃尽其东西，再跃尽其南北。罗刹张皇失声曰："如今我无居地矣！"僧曰："不然，别有乐国胜汝国。"乃幻上阳溪石室，为金楼玉殿，以螺为人睛，饮食供张百具。罗刹喜，遂移居之。一入而石室遂闭，僧化为蜂由隙出。自此罗刹之患乃息。今此山及海东有犬跃之迹存焉。"

　　观音降伏罗刹的故事，一些学者在研究南诏时期的宗教及民间传说、神话故事时认为它反映出"观音代表密教，罗刹代表巫教，张敬代表'朵兮幡'，乃巫教觋爸"①。有的也认为"这个故事的流传反映了佛教传入大理地区，僧侣活跃压制了民间信仰的史实"②。再如"所谓观音降伏罗刹的传说，里面隐含着以黑龙或邪龙作图腾的部族和以黄龙作图腾的部族互相争霸的事实。后来黄龙一支战胜了，为安抚黑龙或邪龙的部族才造出这个神话来"③。

　　《辞海》罗刹条说："全名'罗叉娑'或'阿罗刹娑'。最早见于印度古老的宗教文献《梨俱吠陀》。相传原为古代南亚次大陆土著名称。自雅利安人征服印度后，凡迁恶人恶事皆以罗刹名之，罗刹遂成为恶鬼名。传说罗刹男黑身、朱发、绿眼，罗刹女为绝妙者。慧琳《一切经音义》第二十五：'罗刹此云恶鬼也，食人血肉，或飞空或地行，捷疾可谓也'。"关于《白古通纪》《白国因由》《白古通纪浅述》对罗刹国的记载大同小异，但都记载有罗刹国。王叔武先生在《云南古佚书钞》中说：《白古通纪》"首载洱海地区于上古为'罗刹'所据，此说今仍流传于滇西。'罗刹'一名见于《佛本行集经》，也是古代南海属于孟高棉语系民族的国称，见《通典》卷一百八十八。而我国孟高棉语系民族如布朗族、崩龙（今德昂族）、佤族等族先民，在古代大量分布于滇西，此传说或者就是这一史实的反映。"此说值得参考。

　　① 　徐嘉瑞：《南诏后期宗教考》，《东方杂志》第42卷9号，第47页。
　　② 　［日］镰田茂雄：《南诏的佛教——中印佛教文化的融合》，载张岱年、汤一介等《文化的冲突与融合——张申府、梁漱溟、汤用彤诞辰纪念文化》，北京大学出版社1997年版，第397页。
　　③ 　罗莘田：《大理的几种民间传说》，《旅行杂志》第17卷第3期，第17页。

除了上述故事折射出大理地区在白国之前存在过一个罗刹国之外，故事还说："邪龙（《白古通纪》原注即罗刹）既为大士所除，其种类尚潜于东山海窟，恶风白浪，时覆舟航。有神僧就东崖创罗荃寺，厌之，诵经其中。一夜，忽闻有大震动声。僧鸣之，见百十童子造曰：'师在此，坏我屋宅，吾属不安，请师别迁。'僧厉声曰：'是法住法位，有何不可。'遂失童子所在。明日寺下漂死蟒百余，自是安流以济。僧随迁化。""（嘉靖《大理府志》卷二《山川》）又洱河有妖蛇名薄劫，塞河尾峡口，兴大水淹城。王出示：能灭者，赏尽官库。有段赤诚愿灭蛇，缚刀入水，蛇吞之，蛇亦死。水患息，王建寺镇之，以蛇骨灰塔，名曰灵塔。每年又有蛇党起风，来剥塔灰。时有谣曰：赤诚卖硬功。今龙王庙碑云：洱河龙王赤诚。盖有功为神之报。"以上所录观音制服罗刹，神僧建罗荃寺镇压罗刹余类，段赤诚与妖蛇薄劫战于洱河河尾峡口的故事，虽多离奇，但这是佛教徒们篡改历史，把洱海区域的历史变革加以神话，并将功劳归属佛教，这一脉络是清楚的。

关于大理古代历史上曾经发生过白人与被称为罗刹（昆明）之间的斗争，也反映了以僧侣为代表的佛教和昆明（罗刹、邪龙）为代表的崇拜蟒蛇的原始宗教之间的斗争。斗争的结果是白人取得胜利，昆明人失败后退出剑川、大理、宾川、弥渡等地。而在宗教信仰方面，白人普遍接受了佛教，佛教最终取得了胜利，而以崇拜蟒蛇为特征的昆明人（罗刹、邪龙）的原始宗教则随着昆明人的离开而消失了。对这样一个过程，如果我们从民族学和历史发展角度加以考察，可以显示这样一条脉络：洱海区域在早期是以昆明（罗刹、邪龙）为代表的南亚语系民族居住为主。这些昆明人在当时有相当实力，洱海区域的青铜器是昆明人最先发明、铸造和使用的，周秦以至西汉他们是洱海区域的统治民族。西汉王朝曾几次派出使者探索经云南到印度的道路，但"皆闭于昆明""昆明之属无君长，善寇盗，辄杀掠汉使，终莫得通"。后来汉王朝多次派重兵征讨，打败了昆明人。白人在汉王朝战胜了罗刹以后取得了洱海地区的领导权。在与罗刹（邪龙）的战斗中，段赤诚建立了功勋，他虽然在战斗中牺牲了，但罗刹的势力终于被逐出西洱河，因此他依然是白族人民的英雄（即与罗刹势力战斗的英雄）。当苍山洱海间的罗刹势力退出后，洱海以东地区罗刹（邪龙）

还常与白族先民发生矛盾，最后洱海东岸的罗刹遗裔也被战胜了，白族首领取得了洱海区域的统治权。以后白族人民接受了佛教，僧侣们又用佛教的观点篡改了真实的历史。鉴于这样的认识，我们认为这些神话故事可能是折射洱海区域的昆明人，在两汉、三国时经受了几次大的军事打击后，他们逐渐迁离洱海区域。当然也不会全部走光，以致罗刹被锁在上羊溪石洞中以后，海东还有罗刹余种作乱，和尚们又建罗荃寺镇之。这又反映昆明人的势力进一步受到打击的情况。随着昆明势力的离去，氐羌人口的增加和势力的发展，白族古代先民又成了洱海区域的主体民族。这一推论如果仅仅是依据神话故事的话，其价值并不大，但要结合洱海区域的考古资料、史书记载综合研究，或许这一推论是有其合理因素的。

四、邪龙、罗刹是昆明（昆仑）的别称

西汉时在今巍山设立"邪龙"县，《白古通纪》等书都把"邪龙"称为"罗刹"。万历《云南通志》卷十七《杂志》引文有"邃古之初，苍洱旧为泽国，水居陆之半，为罗刹所据，犹言邪龙"等来看。汉时为什么称巍山为"邪龙"，顾名思义，这是因为这里的民族所信仰的原始宗教与滇人一样是崇拜蟒蛇的，蟒蛇类似龙但不是真正的龙，故称之为"邪龙"。那么，这个被称为"邪龙（罗刹）"的是什么民族呢？前面已提出是南亚语系民族，这里我们再看一下巍山古代的居民情况。据《后汉书·哀牢传》载，建初元年（76年），哀牢王类牢起兵反抗东汉王朝，东汉王朝于建初二年（77年）募诸郡兵，于是"邪龙县昆明夷卤承等应募，率种人与诸郡兵击类牢于博南，大破斩之。传首洛阳，赐卤承帛万匹，封为破虏傍邑侯"。这条记载很明确，这个邪龙（罗刹）县在汉代的主要居民即是昆明人，这也是巍山历史上最早载于史册的民族，所以说邪龙、罗刹、昆明都是指的同一民族——南亚语系的昆明人。《新唐书》卷二二二下"扶南"条载"有城廓官室，王姓古龙"。杜佑《通典》卷一八八载：扶南"隋时其国王姓古龙。诸国多姓古龙。讯耆老言，古龙无姓氏，乃昆仑之讹"。又《太平御览》卷七八八引竺芝《扶南记》"顿逊国属扶南，国王

名昆仑",《旧唐书》卷一九七载"自林邑以南,皆卷发黑身,通号昆仑"（此文亦见《南史》）。《册府元龟》卷九七一载"独和罗国,昆仑人也"。扶南、顿逊、林邑都是孟高棉族群国家。又从巍山的居民情况看,两汉时是昆明,直到清代,还有昆明人的后裔,康熙《蒙化府志》安远乡:"昆仑一里、昆仑二里、昆仑三里、昆仑四里。"从这些记载看,孟高棉族群民族称国王及国家为"昆明（昆仑）"是比较普遍的现象。又蒙城乡有"牙一里、牙二里、牙三里、牙四里"的记载,"牙"为"孟"人语,原意为老妈妈,后演变为"女长者""女王",这也说明孟人（昆明）在巍山这个地方直到清代仍有他们的遗迹可寻。从地理上说,云南与古代孟高棉族群国家是紧密相连的,而且也有许多孟高棉语系民族居住,这也是学术界的共识。"从大量考古学资料也说明昆明并非源自西北地区的羌人,而是活动于怒江、澜沧江流域的土著民族。"① 这些,进一步证明昆明与东南亚的昆仑（孟高棉民族）有渊源关系。

五、昆明的衰落

昆明族曾是云南最早生产和使用青铜器的民族,曾经建立过昆明国,拥有"可数千里"的地方;汉武帝时为开通从四川经云南到印度的商道,数次派出使者都"闭于嶲、昆明","终莫能通";汉武帝派军队进攻昆明时,昆明又使汉朝拔胡将军郭昌"无功夺印";《后汉书》建武十八年（42年）"昆明诸种反叛"等。他曾经拥有很大的力量,而且一直在顽强地战斗,但两汉以后史书就很少提到昆明了,说明昆明已经衰落了。

昆明的衰落是有原因的,从博望侯张骞向汉武帝建议开通"蜀身毒道"开始,汉武帝就积极筹划实施。他先派出数批使者想用和平方法开通,嶲人和昆明人不让通过,但汉武帝已决定不惜一切代价去实现这一目标。为了达到这一目的,他必须用武力征服昆明人,并积极进行作战准备。首先他于"元狩三年（公元前120年）发谪吏穿昆明池"（在今陕西

---

① 张增祺:《中国西南民族考古》,云南人民出版社1985年版,第34页。

长安西南，周围40里），用于训练水兵"以习水战"，准备进攻昆明。元封二年（公元前109年）"于是汉发三辅罪人，因巴蜀士数万人，遣两将军郭昌、卫广等，往击昆明之遮汉使者，斩首虏数万而去"（《史记·大宛列传》）。昆明人虽然没有屈服，但家园遭受破坏。由于"昆明复为寇"，汉武帝又于元封六年（公元前105年），因"益州昆明反，赦京师亡命，令从军，遣拔胡将军郭昌以击之"。这又一次用武力对昆明人进行打击。这次进攻虽然未见杀戮掳掠情况的记载，但汉时所设益州郡中已有云南（今祥云）、楪榆（今大理）、邪龙（今巍山）、嶲唐（今保山老营）、不韦（保山金鸡村）这些县。或许是昆明人受到再次打击后归附汉王朝了，不然这些县是无法建立的。又《后汉书·西南夷滇王传》说建武十八年（42年）"昆明诸种反叛"，"十九年（43年），遣武威将军刘尚等发广汉、犍为、蜀郡人及朱提夷合万三千人击之。尚军遂渡泸水，入益州界，群夷闻大兵至，皆弃垒奔走，尚获其赢弱谷畜。二十年（44年）进兵与栋蚕连战数月，皆破之，明年（45年）正月，追自不韦，斩栋蚕帅，凡首虏七千余人，得生口五千七百人，马三千匹，牛、羊三万余头，诸夷悉平"。看来，这又一次使昆明族屈服了。又《华阳国志·南中志》载："诸葛亮乃为夷作图谱，先画天地、日月、君长、府城；次画神龙，龙生夷及牛、马、羊；后画部主吏乘马幡盖，巡行安恤；又画（夷）牵牛负酒、赍金宝诣之之象以赐夷。夷甚重之，许致生口直（用钱赎回被俘人员）。"该书在序述"九隆故事"后又说"南中昆明祖之，故诸葛亮为其国谱也"。从这些记载看，在孟人首领孟获的部属中也多有昆明人。诸葛亮在用兵之后"服其心"的仍是昆明人。从两汉到蜀汉发动在滇西的这些战争，多是针对昆明人的。昆明人在受到这几次重大军事打击之后，力量遭受巨大损失，逐渐退出洱海区域走向衰落，这是可想而知的。这个历史发展过程与《白古通纪》所载罗刹退出洱海区域的故事也是相吻合的。

　　昆明人在受到两汉和蜀汉各方面的强大压力后，他们的势力逐渐退往永昌（今保山、临沧）地区。考古学也证明，洱海区域的昆明人，原来就是从澜沧江流域北上的民族，这时他们退入永昌地区，这里原来就是昆明的居住地，都属南亚语系的濮人。晋时"濮人"和"闽（缅，即拉祜先民）"共同反抗晋王朝，并于元康末年（299年），把晋王朝任命的永昌太守（吕凯的孙子）的势力从永昌（今保山）驱逐到"永寿"（今双江、耿马一带），此后数百年间，古永昌地区成了闽（缅）和濮（包括昆明）人的势力范围，汉文史书把这一时期称为"空荒不立"时代，即是这里已经是不属于中原王朝设立郡县的地区。在这一时期中，濮人形成了比较强大的势力，唐代史书称他们为"茫人部落"。据唐代樊绰《云南志》载："茫蛮部落，并是开南杂种也。茫是其君之号，蛮呼'茫诏'。从永昌城南，先过唐封（今保山、施甸、昌宁），以次凤兰苴（今凤庆），以次茫天连（有说为今孟连），以次茫吐薅（今永德、镇康）。又有大赕（今龙陵）、茫昌、茫盛恐（今耿马、双江）、茫鲊、茫施（今芒市）皆其类也。楼居无城廓，或膝齿、或金齿（据《新唐书·南诏传》）补，皆衣青布裤，藤篾缠腰，红缯布裹髻，出其余垂后为饰。……"又"越礼城"条说"又西至茫部落"（今盈江境）。这个"茫蛮部落"即是孟人族群的一部分。

"茫为其君之号"，这里明确记载茫蛮部落是称首领为"茫"，史书也常写作"猛""莽""孟""蒙"等，如我们在前面已经提到滇池区域的"孟"氏，南诏首领称为"蒙诏"的"蒙"，凤庆土知府"猛"氏等。凤庆猛氏，从明初开始传12世至猛廷瑞时（明万历中）才"改土归流"。如今在昌宁县卡斯区仍保存着乾隆、嘉庆时期蒲人首领的墓碑，上面清楚地镌刻着"权贵最上者曰莽，滇西多莽官焉"。明清时史书记载保山、施甸、昌宁等地的"莽土官"，大到"知府"，小到"伙头"有数十人之多。蒲人后裔之一的佤族有的至今仍有称"首领"为"茫"（莽）的，今日保山瓦窑地区还有许多莽姓居民，他们都是茫（莽）人的后裔，等等。南诏强盛征服他们之后，他们为南诏服兵役，"咸通三年（862年）十二月二十一日，亦有此'茫蛮'，于安南（今越南）苏历江岸聚二三千人队"。这是南诏与唐朝争夺越南这块领土，把他们调往越南与唐朝军队作战的。由于他们有很强的战斗力，以至"南诏及诸城镇大将出兵，则望苴子为前驱"。咸通四年（863年）他们又再一次被调往安南（今越南）与唐朝军队作战，唐军守将蔡袭中箭身亡，攻破了唐军守城，取得了胜利。从这些记载看，濮（蒲和昆明）人对于南诏的建国与开疆拓土是做出了重大贡献的，南诏王给蒲蛮首领"塑主像""立生祠祭祀"这就是完全应当的了。

六、缅甸境内的克仑是昆明后裔的一部分

据《元史·地理志》记载：金齿等处宣抚司地民族众多，如说"金齿……土蛮凡八种：曰金齿、曰白夷、曰峩、曰峩昌、曰骠、曰繲、曰渠罗、曰比苏"。这八个民族，从元、明以来的史书记载看，其中所指明的"白夷（白衣）"和"繲（遢）"是元、明时期傣族中的大百夷、小百夷（或"汉傣"和"水傣"）两个部分；"峩"即"白族"；"峩昌"即"阿昌族"；"比苏"即"傈僳族"；"骠（氐羌和昆仑融合成的民族）"，古代"骠国"的建立者；"渠罗"，方国瑜先生在其《元代云南行省傣族史料编年》中，引法国人阇番佛巴德里《泰族入侵印度支那考》的引文中译作"举腊（Kula）"，是天神的长子"根仑（KunLung）"，即"昆仑"所属之一部，这也是属于腊人族群的民族。至于这个"金齿"民族，《元史·地理志》说："按唐史茫施蛮本开南种……或漆齿、或金齿，俗呼金齿蛮。"这里明确指出金齿是茫人部落的"俗称"。因为他们有用金包牙齿的习俗，即被人们称为"金齿"民族，因此"金齿"就是隋唐时的茫（孟）人。唐宋以来的金齿民族，傣族把他们称为"养"，今日西双版纳、德宏等地仍有一些地名称为"勐养"（养人的坝子、地方），"南养"（养人河水）等。在傣语里凡提及"各民族"都是"谢亢养傣"，"谢"是傣族对汉族的称呼。"亢"是傣族对氐羌族人的统称。"养"是傣族对以金齿为首的茫人（即孟人族群）的统称。"傣"，即是傣族自身。关于"养"人现今多在今缅甸境内，缅人称他们为"克仑"（昆仑、昆明的异译），这是因为缅甸这块土地上，古代就有许多"昆仑"居住，而元以后大量涌入的这些"金齿"人，他们是属南亚语系民族的，因此称他们为"昆仑"（克仑）。

对于缅甸境内的这部分昆仑（克仑）人，现今傣族仍称呼他们为"养"，也有随缅人称他们为"克仑"的。20世纪50年代在潞西轩岗坝（今芒市轩岗乡）调查时，当地傣族老人仍然将原住当地的德昂族（旧称崩龙）称为"养子"。把克仑（昆明）称为"养"，也是有其依据的。《南

齐书》五八卷林邑国条载："宋永初元年（420年），林邑王范杨迈初产，母梦人以金席藉之，光色奇丽，中国谓紫磨金，夷人谓之杨迈，故以为名。杨迈死，子咄立，慕其父复改名杨迈。"从这里可以看出早在公元420年中国史书就记载了"杨迈"是"林邑"语言"金席"的意思。可知"杨"在蒲、昆仑人中是"金"的意思。傣族称他们为养，也是来源于林邑（孟高棉语系）人的语言的。马端临《文献通考》记载："盘盘国，梁时通焉。……其王曰杨栗翟，栗翟父曰杨德武连。"法国学者阿剌伯及南洋诸岛语言专家费瑯在解释此文时说"上文国王姓杨，按即马来语之Yan，华言神也。占婆语、吉蔑语、爪哇语、得楞语多相类。此字音意亦同……"不论是"金"或是"神"，都属孟高棉（昆仑）语，又都与国王称号有关，渐而成为民族称号也是常见的。这个"杨"与"养"均为同音异写。又从《宋史》卷四八九"占城"条"自咸平二年（999年）到政和元年（1111年）这一百一十年间的材料统计提到了九个占城国王的名号，其中就有六个国王的名号冠有或缀有'蒲'或'杨蒲'。他们是'杨普俱毗荼逸施离'、'阳补（杨蒲）孤施离皮阑德加拨麻叠'、'刑卜（蒲）施离麻值霞弗'、'施里律荼盘麻常杨溥'、'杨卜施利律陀般摩提婆'、'杨卜麻叠'"[①]。从这些记载看，汉文史书记载云南境内的"蒲（濮）人""昆仑（昆明）""养人"都是指的孟高棉族群，"昆仑（昆明）""养"又都是起源于对首领的称呼，然后演变为民族称谓的，而且都是南亚民族的语言。

以上我们对金齿户地的八个民族作了考察并进行对比，可以看出虽然中国史书各个时期所用的称谓不同，是由于各个历史时期自称、他称不统一，或他们中某一时期由于某一部落强盛而使用各自部落称谓的缘故，但他们之间的族属关系是清楚的，八个民族之间的相互关系及在其历史上的演变关系也是清楚的。

元朝军队进入滇西后，对金齿（包括昆明）人来说，又是一场灾难，昆明人因不断反抗汉朝而受到汉朝军事力量的重大打击，其后裔虽属金齿的一部分，但他们所属的金齿民族，也和早期的昆明人一样，对外来统治

---

① 赵嘉文：《骠人族属新议》，《民族学报》1982年第2期。

的反抗精神特别强。据元《经世大典·招捕录》说：至元七年（1270年）"征金齿、骠国五部未降者"。直到至元二十一年（1284年）还是"金齿遗民尚多未附"。于是又以要刺海领探马赤军二千，步鲁合答领探马赤军一千继续征服"金齿遗民"。同时有些金齿奴隶主贵族，原来迫于军事压力而归附元朝，往往在政治、经济利益上与元朝发生矛盾时又聚集自己的力量进行反抗。如《元史·爱鲁传》载：至元五年（1268年）金齿民族的万余武装就截断了元朝经骠甸入缅的道路，元朝即令爱鲁"从云南征金齿诸部"。《元史本纪》载：大德五年（1305年）八月，元朝征缅军返回时被金齿人的武装截击，"士多战死"。元朝又派薛超兀儿领兵"征金齿诸国"。元军认为金齿人"叛服不常"，不断增兵镇守。《元史·本纪》载：元贞元元年（1295年）云南行省平章也先不花言："金齿亦叛服不常，乞调兵六千镇抚，金齿置译入缅，从之。"同时，元军常采用最严厉的军事手段对付金齿，即在攻克金齿人的城池后进行"屠城"，造成金齿人口大量减少和迁离故地。金齿国与缅甸毗邻，民族交错杂居，被元军打败了的金齿人多迁移缅甸境内。今日缅甸境内的克仑人，原在云南西部，史书称他们为"金齿"，又被称为"养"，他们是在不断遭受元朝的政治军事压力后大量进入缅甸的。还有些金齿人，元朝势力长期管不了他们，他们仍是我行我素，据《元史·缅传》载：大德三年（1299年），缅甸派往元朝贡纳的使者说："其民为金齿杀掠，率皆贫乏，以致上供金币不能如期疏纳。"

克仑族是今日缅甸境内的第二大民族，我国学者根据克仑人占缅甸总人口8%的比例估算，1997年和2000年克仑人的人口数量分别为371.2万和384万。克仑民族联盟（KNU）自称有700万。支系众多，包括11个分支，即克仑、白克仑、勃雷底（亦称勃雷齐）、孟克仑、斯戈克仑、德雷勃瓦、勃固、勃外、木奈勃瓦、姆勃瓦、波克仑。其中斯戈克仑、波克仑占人口数量的70%。从人类学的角度考察，波克仑的脸形与孟人相似，斯戈克仑则与缅人相近。这也说明现今的克仑人是由南亚语系的"昆仑（昆明）"和羌人的一部分融合而成的。由于在秦汉时期"昆明"是洱海区域经济发展水平较高，政治、军事实力强大的民族，有许多氐羌人融合于他们之中，现今缅甸克仑人中就有相当多的氐羌系统的民族成分。《华阳国志·南中志》（校注 364）说"夷人大种曰昆，小种曰叟"。因此昆明民族在相当长的时间内，都是洱海区域的大民族。由于在长期的历史发展过程中，与其他多个民族的分分合合，形成了支系多，语言也多种多样的现实情况。虽然如此，昆明在秦汉时期是洱海区域政治、经济、军事实力较强的民族，曾经建立过昆明国，多次受到两汉、蜀及元朝势力的攻击，逐步向南迁移的，元时有较多的人口进入缅甸的线索是清楚的。因此，我们认为昆明（昆仑）与克仑是有渊源关系的。

（原载纳麒主编《中国西南文化研究 2006》，云南科技出版社 2007 年版）

云南文库·学术名家文丛

滇人与佤崩民族的关系试探

　　滇人，是迄今所知滇池地区最古老的居民，他们的社会生活，《史记·西南夷列传》里已有概略记载，然而，更能引起人们重视的是新中国成立后云南省考古工作者对晋宁石寨山古墓群的发掘，这里出土了"滇王"金印及大量的青铜器物。这个重大发现，不仅说明司马迁所言可信，而且证明了两千多年前的滇人已处于奴隶主专制的社会，其政治、经济、文化均有相当发展，并创造了高度的、具有独特风格的"石寨山文化"。

　　曾经建立过"滇大国"，并留下了不少优秀而宝贵的青铜器的"滇"民族，其盛名在西汉以后即不复见，因此，现今的哪些民族与他有族属关系就成为有争议的问题。过去学术界有几种意见：一些学者认为，"滇"的族属源于氐羌[1]，或源于百越民族的一支[2]，也有学者认为是属于"百濮之一"[3]，但未明确阐明它与佤崩民族的关系。本文将就这个问题作些探索，敬希诸位专家指正。

一、靡莫、休腊和瓦子

　　据司马迁记载，在夜郎国的西边，"靡莫之属以什数，滇最大"。这个

---

　　① 向达：《南诏史略论》，《历史研究》1954 年第 2 期；尤中：《汉晋时期"西南夷"中的民族成分（上）》，《思想战线》1979 年第 2 期。

　　② 张增祺：《滇王国主体民族的族属问题》，载《云南省博物馆建馆三十周年纪念文集》，1981 年，第 133 页。

　　③ 汪宁生：《晋宁石寨山青铜器图像所见古代民族考》，《考古学报》1979 年第 4 期。

靡莫之属的住地即今曲靖、昆明、红河、玉溪、楚雄、大理、保山、东川等地、州（市）所辖区域，"其境界略与汉时所设益州郡相当"①。因为"滇"是"大国"，滇王号令所及广远。《史记·大宛列传》说："昆明……其西千余里有乘象国，名曰滇越（今腾冲）。"史称"滇越"，是否即为"滇人""越人"共居；或虽非滇民族住居，但为滇王号令所及之地，因而称为"滇越"。

靡莫之属中最大的"滇人"集团，以现今晋宁为中心住地。在滇的东北则有"劳浸、靡莫"，住同劳县，今陆良一带。东川，古堂狼县地，是濮人故地，有濮人冢，直到清代还有靡莫之属的后裔，称为"孟"人，"甘（干）"人，并说他们是蜀汉孟炎（孟获同族）的部民。② 劳浸、靡莫在政治、经济、文化诸方面与滇人的关系十分密切，"皆同姓相扶"，是属于同一个族群，或为同一民族的不同支派。《史记》对他们的记载比较简略，但出土文物所提供的资料却异常丰富，一些专家学者为此已撰述许多篇研究文章。据考证，远在西汉时期，滇池区域就有多种民族住居着，晋宁石寨山出土的贮贝器（M13：2）③ 盖上，铸有立体青铜人物像一周，图像所表现的为"牵牛负酒"，"赍金宝"向滇王纳贡的场面。冯汉骥教授在研究其人物组合及服饰特点之后，把他们分为七组，以代表七个民族或部落。这七组人物中，有四组与"滇"族比较接近，有两组和滇西的"辫发"（编发）民族有关，还有一组人物像比较特殊，不一定为滇池区域民族。汪宁生同志根据更多的图像，将其划分为"椎髻者""结髻者""螺髻者""辫发者""其他"五大类十一组。④ 虽然他们各自划分的组数多寡不一，但有一点是一致的，即当时滇池区域有两个大的族群：一是以滇人为主的靡莫族群，另一则为滇国奴隶主阶级争战和掠夺对象的、以辫发为

---

① 云南大学历史系民族历史研究室编：《云南史料丛刊》第七辑，1979 年油印本，第 72 页。

② 康熙《东川府志》记载："孟人，亦靡莫种，蜀汉孟炎部民，也有赵、苏、李、钱、冯、卜、金、杨、王、吴诸姓。当诸葛亮南征，斩雍闿，释孟获，擢炎为辅汉将军，召诸蛮赐以汉姓，祠炎于金钟山下，岁时祭祀。""干人，靡莫别种……男子椎髻帕首，妇人青布帕首……"

③ 云南省博物馆：《云南晋宁石寨山古墓群发掘报告》，文物出版社 1959 年版。

④ 汪宁生：《晋宁石寨山青铜图像所见民族考》，《考古学报》1979 年第 4 期。

特征的"昆明"族群，还可能有少量的其他族群民族。至于两晋至唐的"爨"民族为滇池及滇东北"昆明"的问题，方国瑜先生已提出过看法，本文不赘述，这里将着重讨论的是靡莫之属的归属问题。

　　1972年在江川县李家山出土的青铜器物，经许多专家学者研究，其结果证明同属"石寨山文化"，图像人物的男女服饰与"滇"人相同，这清楚地表明他们与"滇"人为同一族群民族，为"滇大国"的一部分。据《元史·地理志》载，地处杞麓湖之南的河西县，"其地名休腊，庄蹻王其地"。休腊，当以休腊人住居而得名，西汉时曾在这里设立"胜休"县，王莽更名胜㛲（《水经》卷三十六温水注），含有战胜㛲人之意，从这里可以看出"胜休"也含有战胜休腊人的意思。庄蹻不仅"王滇"，还王于"休腊"的记载颇值得注意。虽然庄蹻"王休腊"的证据尚不充分，但可说明休腊人与滇人的关系密切。这部分休腊人的后裔，直至元宪宗（1251—1259年）时还隶属"阿㛲万户府"①。从出土文物和史书记载看，西汉时的抚仙湖、杞麓湖一带，是在滇王统治之下，是"滇大国"的直接统辖区，不过这里的民族不称"滇"而称"休腊"。景泰《云南图经志书》陆凉州建置沿革载："蛮云休纳（腊近音字），又名瓦子，讹为瓦作。"这又提出了这样一个线索，即"滇人"与"休腊"同为靡莫族群，瓦（佤）是休腊（纳）人的又一名称。那么，是否可以考虑，"滇"人与今日佤族先民应当是同族群民族呢？

　　从"休腊"人的记载中，还有一个值得引申的"腊"人问题。《元史·地理志》载：马龙州"昔㛲刺（仆腊）居之，盘孤裔纳垢逐旧蛮而有其地"；沾益州"为㛲、刺二种所居，后磨迷部夺而有之"；仁德府（今寻甸），"昔栋㛲腊蛮（万历《云南通志》作"仆刺"）居之……后为乌蛮之裔新丁夺而有之"；元《招捕总录》载："泰定三年（1325年）……车里陶刺孟等万余人，围刺（腊）砦，攻破十四处"（《元史·本纪》作"蛮兵万人，乘象寇陷朵腊等十四砦"）。以上引文中的"休腊""休纳（腊）""㛲刺"（仆刺、仆腊），与现今一些民族称佤族为"埭腊"

---

　　① 《元史·地理志》临安路河西县载："县在杞麓湖之南，夷名其地曰休腊……天宝后没于蛮，为步雄部，后阿㛲蛮易渠夺而居之，元宪宗六年内附，七年即阿㛲部立万户府，休腊隶之。"

"哈腊"，隋唐时史书称柬埔寨、老挝的古代民族为"真腊"等，都有一个共同点，即同是"腊人"，刺、纳为"腊"的近音字，皆指"腊"人，若陆良州"瓦子"（佤）为"休腊"人的又一名称的记载无误，那末，马龙、寻甸、沾益等地的"仆腊"[①]，当是靡莫之属的遗裔，而且与佤族先民和古代的"真腊"都属孟高棉族群民族。

上面所述"靡莫"与"佤"族的联系，也可以从另一方面得到证实：日本学者陇川资言在《史记考注会证》中，认为司马相如《难蜀父老书》中所说的"苞满"（蒲），即是靡莫。尤中先生认为"苞满"即是"濮曼"，亦即近代保山（古永昌郡）一带的布朗等佤、崩语各族先民。[②] 如果将这两者衔接起来，那么，"靡莫"（滇）即是"苞满"，"苞满"即是"濮曼"，亦即近代佤、崩民族的先民。因此，靡莫（滇）与佤族、布朗族、德昂（旧称崩龙）族之间有一定的族属渊源关系。

二、滇濮与靡莫

云南，自古称之为"百濮地"，顾名思义，远古时，此地当有较多的"濮"人民族住居。史书对他们也常有记载，其中尤以《华阳国志》为多，如《南中志》载：

"南中，在昔盖夷越之地，滇濮、句町、夜郎、楪榆、桐师、嶲唐侯王国以十数，编发左衽，随畜迁徙，莫能相雄长。"

"句町县，故句町王国名也。其置自濮，王姓毋，汉时受封迄今。"

兴古郡："多鸠僚、濮。"

建宁郡："谈稾县有濮、僚。"

永昌郡："有穿胸襜耳种，闽、越、濮、鸠僚、其渠帅皆曰王。""有闽、濮、鸠僚、僄、越、躶濮、身毒之民。""李恢迁濮民数千落于云南、

---

① 现今红河、文山等地有"普拉"，1955 年民族识别时归入彝族，但这部分"普拉"与彝族有两个较大区别：普拉不过"火把节"（云南彝族最隆重的节日）；"泼拉培"语中还有小舌音，这是彝语所没有的。这或许是融合于彝族中的"腊人"遗迹。

② 尤中：《汉、晋时期"西南夷"中的民族成分（下）》，《思想战线》1979 年第 3 期。

建宁郡界，以实二郡。""元康末，值南夷作乱，闽、濮反……"

《华阳国志·蜀志》也说："会无县，路通宁州，渡泸得堂狼县，故濮人邑也，今有濮人冢。"

又杜预《春秋释例·土地名》："建宁郡南有濮夷，无君长总统，各以邑落自聚，故日百濮也。"

以上史料说明，在汉、晋时期，现今的滇池区域及滇东、滇南、滇西各地都有较多的濮人生活着，但在《史记》中没有"濮"，只有靡莫的记载，因此"濮"与"靡莫"可能是同一民族的不同名称。濮人在汉晋时期的生产力已有较高的发展，因此，诸葛亮南征后，蜀国得以从濮人和叟人中榨取大量赋税，于是又有"赋出叟、濮""广迁蛮濮，国用富强"的记载。当时在云南具有较高生产力的民族，首推滇人，这是不言而喻的，此外，云南的一些江河物产也附以"濮"名，如永昌大龙竹就命名为"濮竹"，元江（有说为澜沧江）就命名为"濮水"等。这说明云南古代濮人是个历史悠久的土著民族。

关于濮人，前人多有论述，认为他们是现今佤族、德昂族先民，如说"濮人即顺宁蛮（蒲人）"①。"明清职贡，永昌、顺宁皆贡濮竹，而顺宁专贡矮犬，与《王会》百濮献短狗相契"②。或认为："三濮③是汉晋时期永昌郡周围之濮人，即唐代澜沧江以西的朴子蛮。元李京《云南志略》说：'蒲蛮亦名朴子蛮'……均今布朗、崩龙先民。"④

上列所引汉晋时期的濮人，就其主要成分而言，乃隋唐时期的"朴子蛮""望蛮""望苴子"，宋元时期的蒲满，亦即现今布朗、德昂、佤这些民族先民。这一论点，我们认为是正确的，这里仅作些补充。

三国时，中原残破，诸侯纷争，云南大姓雍闿，也想据地自雄。为纠集力量，他首先联合为"夷、汉所并服"的孟获拉起反蜀大旗，并"使建

---

①　（明）董难：《百濮考》。

②　章太炎：《西南夷属小记》，载《太炎文录续编》卷六下，1939 年。

③　《新唐书·南蛮传下》，载："三濮者，在云南缴外千五百里，有文面濮、俗镂面，以青涅之；赤口濮，裸身而折齿，剜其唇使赤；黑僰濮，山居，妇人以幅布为裙，贯头而系之，丈夫衣构皮，多白蹄牛，虎魄。龙朔中遣使与千支佛磨腊同朝贡。"

④　云南各族古代史略编写组：《云南各族古代史略》，云南人民出版社 1977 年版，第 298 页。

宁孟获说夷叟"①。由于文中提到"建宁孟获说夷叟",因此一般都认为孟获是建宁郡"叟"人的首领。但这里有一个问题难以解释,若孟获为"叟帅",那叟人在他直接统治下,受其指挥、调遣,便用不着花大力伪造官家要征黑犬、螨脑(玛瑙)、斫木构去说服了。这样,孟获不大可能是"叟"人,但各大姓间往往有婚姻关系,"叟帅"与孟获有比较密切的关系则是可以理解的。那么,孟获又是哪个民族呢?

远在公元1524年,杨升庵因得罪嘉靖皇帝,被充军云南保山,在谪戍保山时,他记载了沿途驿站、里程等,名《滇程记》,在蒲蛮哨下,他记载着:"蒲蛮,实孟获之遗种也。"又1639年我国著名的地理学家和旅行家徐霞客,在游历顺宁(今凤庆)时,对当地民族作过调查,并在《游记》中写道:"顺宁,旧名庆甸,本蒲蛮之地……土官猛姓,即孟获之后。"《顺宁府志》也记载:城南有孟获村,相传孟获在这里住居过。这也许出于附会,但仔细思索一下,其中也确有一定道理。"孟获村"之出现于凤庆,其中一个可供参考的原因,即凤庆是濮(蒲)人聚居区,与孟获有着族属关系。

诸葛亮南征时,采取了马谡"攻心为上,攻城为下,心战为上,兵战为下"②的建议,因此,在南征过程中,对孟获曾多次擒纵,直至最后孟获认为他和诸葛亮作战之所以屡战屡败,而诸葛亮则连连取胜,完全是"天"意,颂扬诸葛亮"公天威也",并表示"南人不复反矣"③;这次战争的结局,达到了诸葛亮"攻心为上""心战为上"的目的,使孟获从内心深处敬佩和诚心归附他。《永昌府志》在诸葛祠下解释说:"蒲人敬诸葛公特甚,祠之。"蒲人之所以特别崇敬诸葛亮,即是心服的反映。《永昌府志》的这个记载,从又一个侧面反映了诸葛亮南征与孟获和蒲人的关系,即濮(蒲)民族是诸葛亮所征服的主要对象,而孟获为蒲人头领。

孟获为建宁(今曲靖、东川)人,与诸葛亮作战也在这区域和楚雄州的大姚、元谋等地,失败后渐向西南退却,《华阳国志·蜀志》所说的堂狼县(今会泽、东川)的"濮人邑",或许就是和诸葛亮作战失败迁离后

---

① (东晋)常璩:《华阳国志·南中志》。

② (西晋)陈寿:《三国志》,裴松之注。

③ 桑耀华:《茫蛮和金齿族属试论》,《云南社会科学》1983年第3期。

的遗址。

　　今属楚雄的牟定县，唐初建置西濮州，贞观十一年（673 年）改为髳州，又写作牟州。所谓西濮州，当是以濮之族名名州；而髳（牟）州，则是以濮人首领之尊称名州，这与句町濮王姓"毋"（牟）的记载相吻合。前述靡莫（滇濮）首领孟获、孟炎，顺宁（今凤庆）蒲人（永昌濮）首领"猛氏"，以及唐代史书所称"茫蛮部落"其首领称"茫（多数学者认为"茫"为"猛"的异译），施甸长官司、凤溪长官司及许多蒲人首领称"莽氏"，都反映住居不同地区的濮人的共同特点。从这些记载中可以看到一个问题，即孟、猛、莽、母（牟）、茫都是"猛"的近音字，而且都是"濮"人的官姓，至今沧源佤族仍称官为"茫"（或猛、莽），昌宁县卡斯凹旧地基山清嘉庆时的蒲官坟碑刻中，就有"权贵最上者曰莽（猛）"的记载。

三、滇濮与永昌濮的社会生活比较

　　《华阳国志·南中志》载："滇濮、句町、夜郎、楪榆、桐师、嶲唐侯王国以十数。"其中所说的"滇濮"，有些学者认为应分作两个词，不能作一个词。我们可以设想，若把滇与濮看作两个独立的侯王国，必有两个单独的区域，这个濮侯王国的地望在哪里呢？史书中并未见到有关记载。因此，把"濮"理解为滇国的民族名称可能更确切些。

　　晋宁石寨山出土的青铜器物，对滇濮的社会生活、阶级状况、劳动生产、社会分工、祭祀活动等方面，都栩栩如生地表现出来了；同时，这些实物所表现的特点，与古代永昌地区濮人后裔——金齿的若干特点极相类似。

　　第一，滇族是一个崇敬蛇的民族，不论是在他们的祭祀场面或装饰物上，绝大多数都有蛇的标志，贮贝器（M12：26）盖面上，在"两铜鼓之间，左立一铜柱，柱上蟠蟒蛇二条，柱脚所盘的巨蟒已将一人吞食一半，仅胸首露于外"。铜饰（M6：22）[①]"平台前当梯处竖立一牌，上宽下窄，

---

　　① 云南省博物馆：《云南晋宁石寨山古墓群发掘报告》，文物出版社 1959 年版。

有一蛇蜿蜒而上"。其他在三十多件镂花铜饰物中，70%—80%的下端都有一条或几条蛇，有的蟠于牛、马足下，有的被踩于孔雀足下，有些青铜剑、剑柄及剑鞘上也刻有一两条蛇。总之，在滇人的祭祀场面，武器、工艺品、装饰物及生产工具上多有蛇的标志，以致汉王朝封滇王颁发的金印的印钮不用龟而选用蛇，也许包含此意，这些说明蛇在滇民族中居于十分显著的地位。又《东观汉记·梁翼传》说"永昌太守冶铸黄金文蛇献翼"，这反映了东汉时期今保山、大理地区的民族和滇族一样，对于蛇有一种特殊观念。云南古代森林密布，蟒蛇甚多，危害人类，人们惧怕它、崇敬它、战胜它是很自然的事。但各个民族对它的态度是不相同的。白族对蟒是战而胜之，他们所追思的民族英雄段赤诚就是一个为民献身的斩蟒英雄。而德昂族则与此相反，他们对蟒则持感化、祈求、崇敬的态度。在他们中间就流传着《姑娘嫁蟒》的故事，叙述一位纯洁的姑娘，用她诚实的心感动了恶蟒，使它变成了可爱的青年，和姑娘一起过着幸福的生活。保山县潞江坝德昂族到解放时还保存着"祭蛇神"的风俗，每年到腊月二十日，全寨人停止生产，每人都得沐浴，并在村外一棵"蛇树"下进行祭祀。[1] 潞西县（今芒市）中东乡有些德昂族村寨遗址附近至今还矗立着一棵高大挺拔的树，当地群众称它是"德昂人的蛇树"。在柬埔寨，九头蛇成了高棉族的神圣标志，元时周达观的《真腊风土记》就记载说："土人皆为塔之中有九头蛇精，乃一国之土地主也，系女身，每夜必见。国主则与之同寝交媾，虽其妻亦不敢入，二鼓乃出，方可与妻妾同睡。若此精一夜不见，则番王死期近矣；若番王一夜不往，则必获灾祸。"此外，印度阿萨姆的卡西族，与缅北和云南的佤族同属佤崩语支，他们"有一种迷信，说是有一个名叫做'U Thlen'的巨蛇，只有用人作牺牲，向他祭献，才能使他满足"。而这种蛇神崇拜是柬埔寨人的宗教信仰的特征，正如福帕斯说的，它"无疑是孟（Mon）族最早的宗教信仰"[2]。这些材料说明，崇拜蛇是古代孟高棉语系民族的特征，蛇是他们的神圣象征，这一点也表

---

① 《民族问题五种丛书》云南省编辑委员会编：《崩龙族社会历史调查》，云南民族出版社1981年版，第43页。

② S. 巴尔卡塔基：《印度东北地区部族生活》，朱昌利译，《南亚译丛》1984年第2期。

现在滇人的祭祀中，而且成了滇人青铜艺术制品最风行的主题，说明滇人和佤、崩民族有密切的关系。

第二，"猎头"之俗，在东南亚的古代民族中多有记述，我国西南有些民族的历史上也有此俗。滇人就是一个盛行猎头习俗的民族，用人头祭祀，是他们的一种隆重仪典。从有些青铜器物展现出的图像考察，许多场面是与"播种"或"庆丰收"有关，这表明滇人是一个用人头作"农业祭祀"牺牲的民族。① 新中国成立前，有部分佤族，为了获得谷物丰收，每年在播种前或收获季节，以村落（或部落）为单位到敌对村落（或部落）猎取人头，用以祭祀佤族的最大自然神"木衣吉"和谷神"西奥布"。其他如李京《云南志略》罗罗风俗有"酋长死……盗取邻近贵人之首以祭"，《北史·僚传》有"僚……所杀之人美鬓髯者，乃剥其面皮，笼之于竹，及燥，号之曰鬼，鼓舞祀之，以求福利"。以上几种猎头祭祀之俗，其目的是不一致的，罗罗用以祭祀酋长的灵魂，"僚人用以求福利"，而滇人与佤族则为农业祭祀，祈求谷物丰收，故佤族的猎头祭祀目的与滇人相吻合。

第三，滇人的房屋为木结构"干栏式"。"干栏"的记载最早见于《梁书·林邑传》："其俗居处为阁，名曰于兰（应作干兰）""今日缅甸 Palaung（崩龙、布朗）谓屋为 Kang，亦曰 Ka-Lep、橧栏、干栏，疑即 Ka-Lep 一词之译音也"②。佤语至今仍称房屋前边的"晒台"和屋架、瓜架为"干兰"。"干兰"源于孟高棉语这是有史可征的。历史记载中虽然未见滇人对住房的称呼，但滇人住"干栏"式房屋则与孟高棉语系民族是相同的。另外滇人有剽牛祭祀之俗，佤族至新中国成立前也保留着这种习俗。

第四，男女分工问题：古代各民族男女之间的自然分工基本相同，但也各有特点，而"滇"人与"金齿"的特点似乎特别相近，因此，还是把它作一比较，以资参考。"滇濮"在秦汉时处在奴隶社会，男女之间有严格分工，其男子都是武士，他们的形象多见于战争及狩猎场面，可知男子是专门从事畜牧、狩猎和战争的，至于各项农业活动主要由妇女担任，

①　冯汉骥：《云南晋宁石寨山出土青铜器研究——若干主要人物活动图像试释》，《考古》1963 年第 6 期。

②　向达：《蛮书校注》，中华书局 1962 年版，第 99－100 页。

在许多农业祭祀场面中以妇女为主体，祭祀的牺牲也是女性。①《马可·波罗行纪》载："金齿……其俗男子尽武士，除战争、游猎、养鸟之外，不作他事，一切工作皆用妇女为之，辅以战争所获俘奴而已。"新中国成立前的佤族（茫蛮与金齿之后裔），在某种程度上仍保留着男子很少参加劳动，农业生产主要由妇女担任的习俗。滇人与金齿虽然时间相距一千三四百年，空间相距五六百千米，两者却十分类似，如出一辙，说明他们之间有一定的内在联系。

第五，晋宁石寨山有一青铜贮贝器（M1），盖上塑铸的是一个纺织场面，表现的是女奴隶主监督女奴隶织布，十多个织布的奴隶，均为踞织法。这种织布方法，解放初在云南边疆社会发展比较缓慢的一些民族中还可以见到，佤族、德昂族、布朗族、景颇族等都沿用此法。

第六，三国时，云南大姓雍闿指使孟获去鼓动叟人反蜀，并说"官欲得乌狗三百头，膺前尽黑……汝能得不？夷以为然，皆从闿"。从这里可以看出狗在云南古代民族中有特殊意义，价格昂贵，据《魏书·僚传》说："大狗一头，买一生口。"一头狗即相当于一个人的价值。在这些民族中，狗为什么会有这样高的价值，已不能详知了，但从后来蒲人对狗的用途中可略知一二：首先，是用于祭祀和联络同盟者，在出征前要杀狗分肉，不论谁接到本部落或盟友的一份狗肉，谁即马上拿起武器去参加战斗。其次，是节日食用，在现今西双版纳的布朗族中还可看到。再次，贡品，濮（蒲）人向中原皇朝进贡"短狗""矮犬"，史书均有记载。这也说明滇濮与永昌濮人之间有着密切关系。

四、结 语

前面已就滇人（靡莫之属）与孟高棉语系民族的关系作了些探索，证明他们和现今云南境内的佤族、德昂族、布朗族的先民都属同一族群民

---

① 冯汉骥：《云南晋宁石寨山出土文物的族属问题试探》，《考古学报》1961 年第9 期。

族，不过"滇"人的政治、经济、文化比较发达，他们可能在春秋时期已进入奴隶制社会。滇文化很早就受到中原文化的影响，其青铜冶铸技术与中原有密切联系，特别是战国时期，以庄蹻为首的大批楚人入滇，据有的专家估计，可能是数千至万人，还不包括食重。大量楚人入滇，无疑对滇文化起重大促进作用，这方面前人已有过论述。但另一个不可忽视的事实是，庄蹻"变服从其俗以长之"，他所率领的士卒是融合于土著民族之中。因此，"石寨山文化"较之"楚文化"又具有自己的独特风格。

许多专家已考订，云南是古代铜鼓的发源地，住居这里的古代民族是"铜鼓的首创者"①，靡莫之属也许就是铜鼓的鼻祖。在昌宁八甲大山蒲人遗址上发现的铜鼓，造型原始，专家们认为是流行于春秋时代的早期铜鼓。晋宁石寨山出土的青铜器物上所表现的滇人对蛇的崇拜及猎头祭祀，与孟高棉语系民族尤为相似，可以设想，秦汉时期的滇文化是以孟高棉文化为基础，并吸收了中原文化、百越文化乃至印度文化融合发展而成的一种新文化。

公元前 2 世纪，中原西汉王朝的政治、经济、文化在迅速发展，特别是汉武帝时，其经济、文化处于极盛时期，迫切要求加强对邻近区域的经略及海外贸易。因四川经云南、缅北至印度、阿富汗的民间商道早已开通，张骞在大夏得知此通道，即建议汉武帝开发。汉武帝采纳了张骞的建议，加强对西南地区的经营，但汉朝派往云南的使者，常被奴隶主贵族们窃掠，因此西汉王朝曾用武力征服了滇池区域。

滇池区域，自然条件优越，土地平敞肥沃，又有渔、盐之饶和金、银、畜产之富，奴隶主们过着奢侈的生活②，中原封建经济、文化的进入，必然和他们的统治发生矛盾，出于阶级统治的需要，他们对汉王朝总是时服时叛，或由于各族人民反抗中原封建统治阶级的剥削和压迫而进行的起义，一次又一次地遭到镇压，促使"滇"人势力和"滇文化"的急剧衰落。

在"靡莫"（滇濮）族群势力衰落的同时，长期被他们奴役的"昆

---

① 《我国发现世界上最早的古代铜鼓》，《人民日报》1980 年 6 月 28 日。
② 《华阳国志·南中志》载："晋宁郡本益州也……郡土大平敞原田，多长松，皋有鹦鸡、孔雀、盐池、田、渔之饶，金银畜产之富，俗奢豪，难抚御。"

明"人的势力迅速崛起，推翻滇人的统治，并夺取其土地，因此到晋时，爨人（昆明之后）已成为滇池区域的统治民族，从此靡莫人的遗迹只能从历史记载的字里行间去寻求了。元明时期仍有少数靡莫人的后裔子孙存在，他们一方面继续受到排挤，另一方面也不断接受其他民族的文化，融合于汉族、白族、彝族等民族之中，因此，明清时他们的历史遗迹更是寥寥无几了，这或许是靡莫族群消逝的线索。

（原载《民族学与现代化》1985 年第 1 期）

茫人　金齿

茫蛮和金齿族属试论

"茫蛮部落"是云南古代诸民族中历史悠久，社会经济发展水平较高的一个民族，在云南民族的发展史上居重要地位。据许多学者研究，"茫蛮"和"金齿"是现今傣族的先民。① 其主要依据是：古代茫蛮部落的住地现今以傣族为主体民族；"金齿蛮""黑齿蛮"为傣族之异名；"茫"（或写作蛮、曼）是傣语特有的称谓等，但本人在实地调查及查阅历史文献中发现"茫蛮与金齿是傣族先民"的结论是值得商榷的。谨将有关问题提出，就教于同志们。

一、茫蛮部落是孟高棉语系民族，不是壮傣语族民族

茫蛮部落的居住地域比较广阔，一般认为他们主要聚居在我国境内的保山、临沧、思茅三个专区及西双版纳、德宏两州，其他在缅甸密支那、八莫，老挝北部和越南西北部亦有分布。唐代樊绰《蛮书》有如下记载：

① 关于"茫蛮"和"金齿"是傣族先民的论述较多，今略引几家之言于下：

1. "茫蛮和金齿都是傣族"，参见方国瑜《元代云南行省傣族史料编年》，云南人民出版社 1958 年版，第 39 页。

2. "古代的'茫蛮部落'是今傣族的前身"，参见江应樑《古代文献记录中的傣族》，《民族团结》1962 年第 4 期。

3. "唐宋时期有关傣族的记载更为明确具体，他们被称为'金齿'、'银齿'、'茫蛮'、'白衣'，等等"，参见杜玉亭《忽必烈平大理国是否引起泰族大量南迁》，《历史研究》1978 年第 2 期。

　　"茫蛮部落，并是开南杂种也。茫是其君之号，蛮呼茫诏。从永昌城南，先过唐封，以次凤兰苴，以次茫天连，以次茫吐薅、又有大赕茫昌、茫盛恐、茫鲊、茫施，皆其类也。楼居，无城郭。或漆齿、或金齿（据《新唐书·南诏传》补），皆衣青布袴，藤篾缠腰，红缯布缠髻，出其余垂后为饰。妇人披五色娑罗笼。孔雀巢人家树上。象大如水牛，土俗养象以耕田，仍烧其粪……"

　　"茫蛮部落，并是开南杂种也。"这一句话对于探讨茫蛮部落的族属至关重要，它表明要正确回答茫蛮部落的族属，须得先研究开南杂种的族属与两者之间的关系。

　　开南杂种究竟是些什么民族呢？据史书记载："威远州（今景东，古开南地），其川有六，昔朴、和泥二蛮所居……其后为金齿白夷酋阿只步夺其地。"① 与景东紧相邻接的镇沅府云："古西南极边地，濮、洛杂蛮所居，唐时南诏蒙氏为银生府之地，其后金齿白夷侵夺之，宋时大理段氏莫能复。"② 这些记载清楚说明两点。一是唐代南诏在开南（今景东）设治时的民族是"濮"（蒲满）、"和泥"（哈尼）、"洛"（拉祜），不是"白夷"（傣族）；二是白夷（或金齿白夷）是后来才夺取这些地方的。

　　白夷何时夺取开南，是樊绰成书之前或之后？关系着"开南杂种"的民族成分，是必须弄清楚的，否则就会使开南杂种的民族成分混淆不清。从客观条件分析，自南诏在这里设治到樊绰成书的数十年中，正是南诏强盛，不断开疆拓土之时，白夷不大可能夺取它的领地，相反，住居现今"越北偏西区"③ 的"白衣没命军"④ 是受南诏统属的。南诏《德化碑》碑阴镌有"大军将赏二色绫袍金带赵龙细利"，新中国成立前勐腊县傣族土司属官中有"召（赵）龙细利"衔，据说这个官名是历代相沿的，这当是从白衣没命军的首领相沿袭而来的。从史书上记载看，《明史，土司传》云"威远，唐南诏银生府之地，旧为濮洛杂蛮所居，大理时为白夷所

----

　　① 《元史·地理志》。
　　② 万历《云南通志》卷4，第28页。
　　③ 方国瑜：《元代云南行省傣族史料编年》，云南人民出版社1958年版，第41页。
　　④ 《新唐书·南诏传》。

据"①，这是白夷夺取开南时间的重要记录。大理国是在公元 937 年建立的，假如白夷在大理建国之初就夺取开南，已在樊绰写书（唐咸通四年，公元 863 年）后七八十年，康熙《元江府志》建置载："宋仁宗（皇祐）四年（1052 年），那氏据焉。"那氏为元江傣族首领，其世系一直传到明末清初，这不必赘述。以此推之，白夷夺取开南的时间也应在这个时期或略晚一些，因为滇南的傣族在宋、元时是沿元江、把边江而向上发展的，而景东的地理位置在元江之西北。即使以夺取元江的时间来计算，与樊绰成书相距一百五十余年，因此，樊志所记开南杂种之族属应是"濮""和泥""洛"诸族，其中没有"白夷"（傣族先民），历史记载是明晰的。

开南杂种的民族成分既是"濮"（蒲满）、"和泥"（哈尼）、"洛"（拉祜），那么茫蛮部落的族属应从上列诸民族中去探索，而不宜去白夷中去寻找。和泥是以现今"红河哈尼族彝族自治州"为中心住地，洛主要住居镇沅、普洱、墨江、澜沧等地，自唐迄今，虽有局部变迁，但总的历史线索比较清楚。和泥与洛是彝语族群民族，在茫蛮部落主要聚居的保山、临沧专区和德宏州，除临沧在历史上曾有拉祜（洛）住居过之外，不论在唐代以前或以后均未发现有较多的和泥和洛这两个民族在此区域居住的记载。唯有这里的"蒲满"（濮人）与开南的"濮"为同一语系民族，这可以证明属于开南杂种的茫蛮部落是"濮人"民族。

至今住居云南金平县普角乡的六十余户少数民族，自称为"芒"，傣族称他们为"插满"（在勐腊地区叫岔满），"插"为高山，"满"为"芒"的谐音，意为"住在山上的芒人"②。他们的语言和布朗族语接近，他们和佤族一样流传着人是从天上降下来的葫芦里出来的"创世纪"的神话传说，这是茫蛮部落为濮人民族之现实而可靠的例子。

从茫蛮部落所属的唐封（今凤庆）、凤兰苴（今临沧）、茫盛恐（今耿马）、茫施（今芒市）③ 这几个部分来考察也一样能说明这个问题。凤庆，据史书记载，这里"本蒲蛮地"，元泰定四年（1327 年）"云南蒲蛮

---

① 《明史》第 341 卷，第 9 页。

② 中国科学院民族研究所云南民族调查组：《金平县苦聪人社会经济调查之一》，1963 年，第 47 页。

③ 上述各地名除"茫盛恐"外，均参见谭其骧主编《中国历史地图集》。

来附，置顺宁府（今凤庆）宝通州庆甸县"①。到明代这里还是"境内多蒲蛮"②，土司为蒲人，姓猛，至明万历二十四年（1596年）才"改土归流"。临沧也是古代蒲人的住地，至元二十四年（1287年），这里的蒲人归附元朝，并承担对元朝的差发。③ 耿马，古名"孟盛耿坎"（意为黄金宝贝之地）④，与"茫盛恐"音相吻合。如是，则耿马在唐代是茫蛮部落所属"茫盛恐"的住地，当地的佤族说"耿马是佤族的地方"，傣族也认为"是佤族在前开天辟地"⑤，而他们是在元末明初才迁入孟定耿马一带的⑥，与耿马毗邻的沧源县，发现了新的崖画，经有关部门分析研究认为："崖画的年代，经初步断定，距今已有千年以上的历史，可能早到东汉时期。"并指出："崖画上所表现的某些习俗，在新中国成立前的佤族中还有保存，故崖画的作者可能是佤族的先民。"⑦ 佤族是耿马地区的古老居民，是茫盛恐的后裔的历史继承线索是比较清楚的。

凤庆、临沧至景东、景谷一带，樊绰《蛮书》称之为"扑赕"⑧，也可说明这里在唐代是永昌濮人为主住居的。永昌濮人是个住地广阔，支系较多的族群，《蛮书》所纪的"朴子蛮"（蒲满）⑨、"望蛮""茫蛮部落"都属这一系属，不过茫蛮部落是他们之中社会经济比较先进，人口较多，并发展成为有较大政治组织的部分。

---

① 《元史》第三十卷，第19页。

② 景泰《云南图经志书》"顺宁府"。

③ （元）佚名：《招捕总录》载："至元二十四年（1287年），林场（今临沧一带）蒲人阿礼、阿怜叔、阿郎及阿蒙子雄黑皆为行省招出，阿礼岁承差发铁锄六百，雄黑布三百匹"。

④ 《傣族社会历史调查材料》（西双版纳之七），第62页。

⑤ 《傣族社会历史调查材料》（西双版纳之七），第62页。

⑥ 《傣族社会历史调查材料》（之七）第6页说："孟定、耿马一带在傣族没有迁来之前，居住在当地的是佤族和部分拉祜族，而且在傣族迁来之初，还是受佤族领袖的统治，后来经过互婚和战争，最后傣族首领取得了对佤族的统治权力。"

上述材料第7页又说："傣族初来时，掌金印而统治整个耿马的是佤族的领袖，则元初孟定路的总管应为佤族。"

⑦ 《沧源发现新的崖画》，《思想战线》1978年第6期。

⑧ 云南各族古代史略编写组编：《云南各族古代史略》，云南人民出版社1977年版，第298页。

⑨ 李京《云南志略》云："蒲蛮（又作曼满），一名朴子蛮，在澜沧江以西。"

《太平御览》卷七九〇奴后国条载："外国传曰：从林阳西去二千里奴后国，可二万余户，与永昌接界。"陈序经先生认为：奴后是猛人（濮人族群民族）建立的国家，其地应在泰国西北，缅甸东北地带。[①] 双江县旧称"勐猛"，这是傣语，意思是猛人居住的坝子。凤庆蒲人首领称"猛氏"，从元代设顺宁府开始，世系直传至明代猛廷瑞才终止。据此，樊绰所纪的茫蛮部落，即是"猛人民族"，茫与猛音相近，或为同音异译。

以上材料，给我们勾画出一个轮廓，即在我国古永昌郡南部及泰国西北、缅甸东北的大片土地上，主要是由猛人聚居的，茫蛮部落即是他们中的一部分，是现今佤族、德昂族、布朗族的先民。

二、茫施蛮不是傣族先民而是德昂族先民

"茫施蛮"是茫蛮部落的一部分，据《元史·地理志》云："按唐史茫施蛮本开南种"，开南种属濮人民族的问题，已在前面作了论述，但是明、清以来，茫施（今芒市）地区却是傣族住居，土司也是傣族头人，其原因何在呢？

在研究芒市地区的古代民族时，首先遇到的是大量的实地调查资料都证明德昂族是芒市的古老居民。

据德宏州调查，各地都一致传说，德昂族是该地区"历史较早，分布较广的一种民族"。而傣族是后来迁入的。[②] 德宏地区的傣族有句成语："天是天王造的，地是腊人开的"（"腊"是傣对佤族、布朗族、德昂族这一族群民族的古称，也有译成"喇""哪"的）。至今在芒市坝的法帕、轩岗坝、芒市河边，瑞丽市的姐勒，梁河县的邦歪及德宏州各县山区，都有德昂族村寨遗址，今日坝区的傣族村寨有不少是建盖在德昂族村址之上的。瑞丽山区现为景颇族住居的雷弄寨，有些直径达二三十厘米的老茶树，都是德昂族遗留的。新中国成立前景颇族耕种的水田，绝大部分是德

---

① 陈序经：《猛族诸国初考》，载中山大学"东南亚历史研究所"编《东南亚历史论丛》第一集，1979 年，第 21 页。

② 《景颇族调查材料之三》，第 80 页。

昂族开垦耕种过的。潞西县轩岗坝（今芒市轩岗乡）二百年前还是德昂人住居。他们因反抗傣族土司的剥削压迫，争取民族平等，于1814年进行武装起义失败后才被迫迁离的。现为傣族住居的"弄庄寨的佛寺也是崩龙人建造的，崩龙人败退时曾用大刀在该寺的大柱上砍了三刀，痕迹至今犹在"①。而这里的傣族是由小陇川、瑞丽、潞江坝等地迁来，其中以小陇川的为多。解放时，这里的五个傣族头人中有四个是从陇川迁来。

梁河县的邦歪"有崩龙族居住过，崩龙族住居的遗迹还很多，现在全寨用水井是崩龙所修理（建造），全系石头石板所砌，尚有三个'拱姆'（塔式香亭）的遗址及经烧过的陶砖"，并且"在拱姆之中及四边地里很多人都挖出火葬罐、铜手镯及小锣等"②。

陇川县景颇族社会性质调查报告说："在傣族未进入该地区之前，崩龙族多居于坝区边缘，种水田并培植茶园……傣族进入该地区后，征服了崩龙，崩龙退至山区，傣族通过政治、经济及宗教长期统治着崩龙族。"③

潞西县（今芒市）有一个实例，生动地证明德昂族原先住在坝区，后迁入山区，最后迁离德宏山区的经过。据潞西县（今芒市）弄丙公社一位景颇族干部介绍：现今潞西县遮放坝（今芒市遮放镇）的西山麓有一个傣族寨子叫"跌撒"，相距七八千米的半山腰又有一个景颇族寨子，村名也称"跌撒"。为什么两个民族居住的两个寨子的名称相同呢？其原因是德昂族原住山麓跌撒，傣族势力进入后，德昂族迁往半山区建立新的跌撒寨。当傣族在跌撒遗址建寨时，沿用"跌撒"这个名称，这是坝区"跌撒"之名的由来。后来德昂人又迁离山区，景颇人又在新跌撒的基址上建寨，仍沿用跌撒这个名称，这又是景颇族"跌撒"寨的历史。德昂族最先建寨的两个同名基址，虽然已经没有德昂人居住了，但它却是德昂族迁徙历史的确证，反映了德宏州古代民族关系演变的历史。

德昂族是德宏地区的古老居民，不仅有许多历史遗迹可考，而且也是傣族、景颇族、德昂族等族异口同声所公认的。宋元时期，他们曾是德宏州及龙陵、腾冲一带的主体民族，当时在其辖区内的"白衣"（傣族先

① 《云南省历史研究所资料》第152卷第7号。
② 《景颇族调查材料之七》，第59页。
③ 《景颇族调查材料之六》，第51页。

民）是受其统治的。到元末，当他们被征服并受傣族土司统治后，在政治、经济和文化方面与傣族发生了密切联系，进而信仰小乘佛教，佛爷（和尚）也念傣文经，民族间的交往多使用傣语，和傣族最接近的则大量地融合于傣族之中。德宏地区傣族有句成语："Langra-lang-bem"（朗喇朗别姆），意为傣族"是喇族和别姆族的子孙"①。现在陇川坝及瑞丽坝有几个傣族村寨，群众还能清楚地指出他们系德昂族融合进去的。这个事实也证明了傣族这句成语的确实可靠。

"喇族"（傣族对佤族、德昂族、布朗族的古称）虽有许多和傣族融合了，但住居比较集中的地方仍然保持着本民族的特征，而且曾几次大规模地反抗傣族土司的统治。据傣族《芒市土司历代简史》② 记载：明嘉靖二年（1523 年），芒市所属的勐牙、勐板及潞江沿岸的一些地方，"哪（即喇）族"人民暴动，傣族土司派武装去镇压，被"哪族"打败，从此勐牙、勐板就不再归芒市土司管辖了。又到清嘉庆十九年（1814 年），潞西地区（今芒市）的德昂族又一次掀起反抗傣族土司的斗争。在这次斗争中，德昂族武装数次击败芒市傣族土司武装，一度占领芒市，土司狼狈地逃往龙陵。后来，由于傣族土司得到了清朝政府的支持，又有盈江、干崖、梁河、陇川土司武装的帮助，并收买了勐夏的汉族地主武装和西山一些景颇族山官的势力，组成了反动的联合武装，到了第二年（1815 年）又经过几次大的战斗，才把德昂族的武装起义镇压下去。德昂族武装起义失败后，被迫迁往其他地方。从此，仍住德宏州境内的德昂族就寥寥无几了。现今的德昂寨，多数是在这次战争之后若干年又陆续重建的。

德昂族不仅有悠久的历史，而且也创造了先进的农业经济，他们很早就种植水稻和茶树，并在市场上出售茶叶，群众普遍传说：古代"崩龙人很有钱，银子也多"。同时德昂族的石工、木工、雕刻和银匠的手工技术，较傣族同类工匠的水平为高；德昂族的银匠在边疆各族中是享有盛名的。从"陇川坝子的崩龙族的住房和寨子的建筑来看，他们不但有比傣族和景颇族高明得多的竹木工，而且也擅长石工。每一个寨子的内外都有他们用

---

① 《景颇族调查材料之三》，第 82 页。
② 德宏州政协：《德宏州文史资料选辑》。

云南文库·学术名家文丛

整齐的石板铺成的道路，这是崩龙寨的特色，除阿昌族外是其他族所没有的"①。

上面着重用调查资料去说明问题，下面我们再从文献记载方面来考察。《元史·地理志》在记载芒市地区的民族时说："即唐史所谓茫施蛮也。"在研究这条史料时有两点是值得注意的：一是它证明元代芒市地区的民族是唐代"茫施"人的后裔，但没有证明茫施蛮就是傣族先民；二是它没有反映出元末芒市地区民族关系的变迁。其实，据有关史料记载，芒市地区的民族分布，在元代后期是曾发生过剧烈变迁的。

元《招捕总录》记载："至治元年（1321年），怒谋甸主管故侵茫施路鲁来等砦，烧百四十一村，杀提控按牍一人，有司奉诏书开读，管故不跪听，亦不出降。"②茫施路的居民受到侵犯，村寨一次就被焚烧141村，这在芒市地区应当说是一次规模较大的战争。战争中村寨被焚毁，土地被占领，人民被掳掠或赶走，这一史实与实地调查所得的材料完全是一致的。

前书还记载说，到了第二年（1322年）"镇西路（今缅北新城一带）大甸伙头阿吾与三阵作乱，夺不岭、雷弄二砦"。阿吾又说："吾破不岭，杀伤甚重，掳五十人，破雷弄甸烧四百余户，管别寨惧而降我，我迁其民二百五十家于我弟拜法寨中，不岭所掳人，其族各以银三百两赎一人，尽赎去迄。"③镇西路的雷弄是德昂人的住地，据调查，解放初景颇族儿童在雷弄一带放牛，还掘得德昂人埋藏的陶罐，其中有银首饰及散碎银子等物。对于傣族阿吾的这次掠夺，元朝曾派使臣招谕，但他们并不理睬，根本不出来接受榜文，而且对"所夺之地，亦不付回"，并以"须与之相杀"相威胁。看来阿吾这次对德昂人的进攻，掠夺了不少土地和人民。

又据李思聪《百夷传》记载："至正戊子（1348年），麓川路土官思可法数有事于邻境，诸路以状闻，乃命塔失把都鲁为帅讨之，不克而旋，遂乘胜并吞诸路而有之，乃罢土官，以各甸赏有功者。"④

① 《景颇族调查材料之三》，第94页。
② （元）佚名：《招捕总录》。
③ （元）佚名：《招捕总录》。
④ 《永昌府文征·纪载》卷二所录之文为"其族各以银三两赎一人"。

从元朝至治元年（1321 年）到至正戊子（1348 年）这二十多年中，以麓川思氏为首的傣族统治集团势力崛起，不断征服其附近的民族，并掠夺其土地和人民，对此，元朝曾去招谕和派兵镇压，但都失败了。傣族统治者，随着对元朝战争的胜利，就乘机并吞了这些地方；芒市地区的统治权可能就在这个变迁过程中，由德昂族土官之手转到傣族土司之手中，傣族也就成了这里的主体民族。调查材料也说："各地傣族都说，'明代以前，本地崩龙人很多'，'陇川曾有过崩龙王（傣语称 Tsao-Fa-Guan-Wai），住在蛮蚌寨，芒市曾有过崩龙土司'。我们知道茫施路的傣族土司是从明代起才有的，那么崩龙族土司也可能是元代的事"①。德昂族也说元代茫施路土官阿利是他们的首领，而到明代，芒施土官就不再是阿利的后裔，而是由傣族首领刀放革及其子孙世袭了。这些调查材料与历史记载是一致的。

三、茫不是傣语特有称谓而是佤崩民族的称谓

持茫蛮和金齿为傣族先民说的同志们还认为"茫（或写作蛮、曼）"，"是傣语特有的称谓"。据考察结果，这一结论与事实是不符的。

就"茫"字而言，在樊绰的著作中，曾多处提及，也有多种用法和含义。如"茫蛮部落"即是由"茫"人（或民族）组成的部落，茫盛恐、茫昌、茫鲜、茫施等又有族名和村镇的含义，"茫是其君之号、蛮呼茫诏"的茫，则有首领（君、王）的含义。称首领为"茫"，这是茫蛮部落所独有的特征，并与南诏的"诏"和傣族的"召"有本质的区别。茫蛮部落以"茫"为其君之号，而傣族则是以"召"为其君之号，南诏是以"诏"为其君之号，这个区别是十分明显的，根本不同的。元、明时期凤庆、保山、施甸的首领姓"猛""莽"，音与茫相近，沧源佤族则至今仍称"官"为"茫"，这都反映了蒲人具有"茫为其君之号"的特点，又"蛮（指南诏）呼茫诏"，这里的"诏"是用南诏语去称呼茫人首领的，不是茫人的

云南文库·学术名家文丛

---

① 景泰《云南图经志书》卷十"百夷传"。

自称。所谓"茫诏",是茫蛮部落的"茫"和南诏的"诏"融合而成的一个词,犹如傣族语言里的"召王"是由傣语的"召"和汉语的"王"组合而成一样,这在语言发展史中是常见现象。再说,"茫诏"一词,和傣语的语法也是相反的,如果这个词是傣语的话,它应是"诏茫",绝不会是茫诏。虽然"茫诏""诏""召"三个词从不同民族语言的角度出发,都有"君""王"的含义,也有同点,互相借词是可能的,但并无可靠的史料证明"诏"来源于"召",反之,茫诏的诏和傣语的召渊源于南诏的可能性更大些,因为南诏强盛时都征服和统治过他们。

现今的芒市,是古代"茫施蛮"的住地,并因此而得名。元代曾在这里建立"茫施长官司",明代也在这里设立"茫市府"和"茫市长官司",到清代设立"芒市安抚司",它是从唐代就沿袭至今的一个古地名。然而这个历史悠久的名称究竟是傣语还是德昂语呢?傣语对芒市的古称为"郭利罗(Kolilo)"①,今称为"勐欢",或作"勐唤"。因此,不论从古称或今称考察,"茫施"都不是傣语称谓。而德宏地区的德昂族至今仍使用这个名称。②

茫蛮部落的妇女有"藤篾缠腰,红缯布裹髻,出其余垂后为饰"的装束特点,但后世史书记载有此俗的都是蒲人、阿昌、景颇各族,少见于傣族。现今藤篾缠腰的风俗在德昂族、佤族妇女中依然盛行。德昂族对妇女用藤篾缠腰还有一个优美的故事:传说很早以前,德昂族的祖先是从葫芦里出来的。但从葫芦里出来的男人都是一个模样,分不出你我,妇女出了葫芦就满天飞,后来是一位仙人把男子的面貌给区分开了,男人们又想出办法,用藤篾做成腰箍把妇女套住,从此妇女才与男子一同生活。这里且不分析故事所包含的科学意义,但它可以证明德昂族妇女藤篾缠腰之俗的历史悠久,而且绝非偶然。至于傣族不仅历史上无此俗,新中国成立前绝大部分傣族也无此俗,虽有一部分旱(汉)傣有用细藤篾缠脚之俗,那可

---

① 《景颇族调查材料之三》,第93页。《元史·本纪》云:泰定三年(1326年)正月"癸亥,茫施路土官阿利……奉方物来献"。《明史》卷315第7页载:正统"八年,机发令其党涓孟车等来攻芒市,为官军所败,放革来降,靖远伯王骥设芒市长官司,以陶猛刀放革为长官,隶金齿卫"。

② 宋蜀华:《从樊绰〈云南志〉论唐代傣族社会》,《思想战线》1978年第6期。

能是融合于傣族中之濮人的遗风，或是接近濮人的傣族接受了这种装饰物而已。至于包头"出其余垂后为饰"的特点，直至今日，仍是德昂族妇女独特的一种服饰。

四、金齿和白夷是两个民族，不是一个民族的不同名称

主张茫蛮和金齿为傣族先民的同志还认为，"金齿"和"白夷"是同一个民族的不同名称。据《元史·地理志》记载："按唐史茫施蛮本开南种……或漆齿，或金齿、故俗呼金齿蛮。"这清楚地表明"金齿"为茫蛮的俗称，不是白夷的俗称，自然也不是白夷的泛称了。

"金齿"，最初是一种"用金套包牙齿"的风俗习尚，后来即用它来称呼具有这种风俗的民族。所谓"金齿蛮""黑齿蛮""银齿蛮""绣脚蛮"等类的民族名称，都是从风俗演化而来的。茫蛮部落（金齿）在贞元十年（794年）曾被南诏异牟寻征服①，但到了"大理段氏时，白夷诸蛮渐复故地，是后金齿诸蛮浸盛"。白夷（傣族）故地，包括哪些区域不详，但根据"至元八年（1271年）分金齿、白夷为东西两路安抚使，十二年（1275年）改西路为建宁路，东路为镇康路"的记载看，东路以金齿民族为主，镇康为其政治中心，西路以白夷为主，设建宁路安抚司（今缅甸八莫、孟拱一带）②，据此推测，白夷故地当在今德宏州边沿一线及缅甸掸邦、八莫、孟拱一带。同是在大理国时代，金齿民族曾发展为较大的政治、军事力量，统治了其辖区内的各民族，元代史书中多次把它称为"金齿国"。金齿强盛时的疆域是比较广的，"澜沧江界其东，与缅地接其

雲南文庫·学术名家文丛

---

① 现今崩龙族中也有称芒市为"勐欢"的，那是受傣族影响之故。
② 《蛮书校注》第104－105页载："茫蛮部落……贞元十年，南诏异牟寻攻其族类。"

西"①，"沱江路（越南古沱江州，今越南山西省、富寿省一带）地接金齿"②。这说明"金齿国"的辖区包括我国境内的保山、德宏、临沧、西双版纳及缅甸北部、老挝北部，越南西北部地区。"金齿国"辖区内有多种民族。据《元史·地理志》记载："金齿……土蛮凡八种：曰金齿、曰白夷、曰峨昌、曰骠、曰繏、曰渠罗、曰比苏。"这十分明确地指出"金齿"和"白夷"各是一个民族，而金齿则是名列前茅的，也可反映出金齿在政治、经济上的主导地位。元中统初，"金齿、白夷诸酋各遣子弟朝贡"③。"金齿头目阿郭""白衣头目是阿郭亲戚"④ 等等，都说明金齿、白夷为两个民族；元代史书还表明，金齿、白夷不是一般人数较少的民族，而是各自都有较多的人口、部属较大的民族，故常用"金齿诸蛮""白夷诸蛮"这种概括性的词来表述，说明史书对金齿、白夷是严格区分的。在《元史·地理志》、万历《云南通志》的个别条目使用了"金齿白夷"与"金齿白夷酋"这类词，是否就足以证明"金齿""白夷"都是傣族呢？显然是不宜这样去论断的。因为"金齿"它具有风俗、民族及地域等多种含义，作为民族名称使用时，他是金齿区域的主体民族，作为地域名称使用时，它可以冠于本辖区内其他民族或各种设施之前，如"金齿卫""金齿司""金齿驿""金齿白夷"皆是。金齿白夷应是金齿地区的白夷，在《明史·土司传》及万历《云南通志》的威远州条却不加"金齿"，只用"白夷"或"僰夷"，这也说明这是指金齿地区的白夷的，而绝不是对白夷的异称或泛称。

五、结束语

根据前面所引的历史文献和实地调查资料，都可以说明"茫蛮部落"

---

① 方国瑜《元代云南行省傣族史料编年》第50页说："镇西路即属西路安抚"，可知西路主要辖今缅甸的八莫、孟拱一带。

② 《元史·地理志》。

③ 《元史·地理志》。

④ 《元史·地理志》。

是属南亚语系民族，为佤族、德昂族、布朗族的先民，不是傣族先民。"金齿"（用金饰齿），原是茫蛮部落之一部的风俗，后来演变为民族名称。随着金齿（茫蛮）民族发展强盛，建立起区域性的地方统治，它又成为地域名称，这就是元代史书多次提及的"金齿国"。"金齿"是茫蛮部落的俗称，不是白夷（傣族先民）的异称，"金齿"和"白夷"是两个民族，不是一个民族。茫蛮部落妇女有"藤篾缠腰"，包头"出其余垂后为饰"的特点，这个特点直至今日仍完整地体现在德昂族、佤族妇女身上，而在傣族妇女身上是看不到的。

昔日的茫蛮住地，今以傣族为主体，"茫蛮"和"金齿"如果不是傣族先民，不是"把傣族历史割断了"吗？关于这个问题，曾拟专节论述，因篇幅过长故删去，将另作专文探讨。这里要说明的是，云南从古至今就是多民族住居地，很早就有羌、濮、越三大族群民族住居，滇西南也如此，金齿民族建立的金齿国，其境内就有八个民族，其中的"白夷"和"繖"（暹）即是傣族的先民。宋元时他们在金齿国中不占主导地位，而且隶属于金齿的统治阶级。但历史不是一成不变的，元末明初傣族由非主体民族变为主体民族，金齿则降为傣族土司的属民。这个演变从茫施地区民族关系的演变中可概略看到，兹不赘述。

（原载《云南社会科学》1983 年第 3 期）

金齿国盛衰简论

　　"金齿国"之称，始见于我国元代史籍，它是由宋元时的金齿民族建立的区域统治。在唐代，他们是"茫蛮部落"中的一部，因"以金饰齿"得名。据《元史·地理志》记载，其强盛时期的势力范围，大致是现今的保山、德宏、临沧、思茅、西双版纳诸地州及越南西北、老挝北部、缅甸东北的部分地区。本文拟对其盛衰情况作初步考察，错误之处敬希指正。

一、金齿的族属

　　金齿国是以金齿民族为首建立的，但"金齿"为汉语，元代以后由于金齿民族的急剧衰落，以金饰齿（用金套包牙齿）这一特征在社会生活中的迅速消失，中断了名称与民族之间的直接联系，因此，后人对金齿的族属也就存在不同看法。这里就个人研究所得做些论述。

（一）"金齿"是"茫蛮"的俗称

　　《新唐书·南诏传》载："茫蛮部落……或漆齿，或金齿。"《元史·地理志》说："按唐史茫施蛮（茫蛮之一部），本开南种……或漆齿，或金齿，沿俗呼金齿蛮。"以上记载清楚表明，"金齿"是"茫蛮部落"（猛人民族）的俗称，二者是同一民族的不同称谓，只不过唐代史书用"茫蛮"记载他们，而元、明则用"金齿"记载他们。因此，在论及这个问题时，也应当把它们作为同一民族的不同称谓来看待。

（二）金齿民族的中心住地

唐代樊绰《云南志》记载，茫蛮（金齿）的主要居住地在今保山、凤庆、临沧、龙陵、潞西（今芒市）、盈江、孟连等地。有的同志认为樊绰"把茫蛮部落的主要住居地弄混乱了"，并得出"银生节度又称'茫乃道'"（即今西双版纳）的结论。樊志以其所记史料真实、内容丰富而誉满史学界是客观事实，这里不作论述。就以茫蛮部落主要住地之一的"银生"来说，樊绰是这样记述的：

> 银生城在扑赕之南，去龙尾城十日程。东南有通镫川，又直南有河普川，又正南通羌浪川，却是边海无人之境也。东至送江川，南至邛鹅川，又南至林记川，又东南至大银孔。又南有婆罗门、波斯、阇婆、勃泥、昆仑数种外道。交易之处，多诸珍宝，以黄金、麝香为贵货。朴子、长鬃等数十种蛮。

从这段记载看，樊志所记银生城有方位，有里程，有比较详细的江河水系，对古代一个小城镇作如此记录，可谓详矣。只要用上述史载与今滇南地理作些比勘，不难明白其地理位置：一是在"扑赕之南"。扑赕，以濮人住居得名，指今凤庆、云县、临沧一带。二是距龙尾城（今大理州首府下关市）十日程。从其方位考察，该地应在耿马、双江境内。又从银生城"东南有通镫川，又直南有河普川，又正南通羌浪川，却是边海无人之境"考察，把这些水系与今日双江境内的河流对照，可约略看出通镫川即今南猛河，河普川即今南允河及其上游，羌浪川即今澜沧江，而澜沧江自然是可以流至边海无人之境的。其他如银生城"东南至送江川，南至邛鹅川，又南至林记川"，似与今日的巴景河、南卡江和萨尔温江相当。这些水系虽不能详考，但从双江之南、澜沧江的一些支流及萨尔温江这些水系的方位看，大致不差。沿萨尔温江出海口则可通婆罗门、波斯等地了。①

银生的地理条件与今双江地理相吻合的情况，不论在西双版纳或开南

---

① 桑耀华：《南诏银生城考》，《地名集刊》1981年第2期。

境内是找不到的。因此银生绝不在西双版纳，也不是茫乃道。茫乃道（西双版纳）隶属开南（今景东），地理条件与历史记载相符。此外，傣语称双江为"勐猛"，即猛（又写作茫、莽）人住居的地方（或坝子），说明傣族进入此区域前这里为猛人住居，这些都证明樊绰的记载准确无误，也再次为茫蛮即猛人民族（佤族、德昂族、布朗族先民）一说提供了证据。

（三）称首领为"茫"是茫蛮（金齿）的独有特征

樊绰《云南志》说："茫蛮部落……茫是其君之号，蛮呼茫诏。"这里清楚地记载着茫人称首领为茫（猛、莽的近音字），而且与南诏称首领为"诏"，傣族称首领为"召"有根本区别。称首领为茫（莽）这个特征在蒲人中一直保存到清代。如在今昌宁卡斯区发现的乾隆、嘉庆时期蒲人首领墓碑中还刻着"权贵最上者曰莽，滇西多莽官焉"。这是"茫"（莽）为其君之号的最好注解。而滇西的许多"莽官"都是蒲人，就更不待说了。至于"蛮（南诏）呼茫诏"，说明"茫诏"是南诏对茫蛮首领的称呼，不是南诏对傣族首领的称呼。"茫诏"是茫蛮的"茫"和南诏的"诏"组合成的同义双语词，有如今日傣语里的"召王"，即是傣语的"召"与汉语的"王"组成一样。如果把"茫诏"颠倒为"诏茫"，并用傣语"召勐"（土地的主人）去解释，则与史书记录原意不符，语法也相抵牾，因为傣语的勐（茫）是地方不是王，而唐代所有史书都是用"茫诏"，且都是王的意思。把南诏语当作傣语解释，必然要出现释意牵强和语法颠倒，也是难以使人信服的。还有部分佤族称缅甸为"莽"（茫），明人吴宗尧在《莽哒喇事情节略》中已明确指出这是得楞（猛）语，不是缅语。也还有部分佤族至今仍称头人为"茫"（莽）的。

（四）茫蛮（金齿）妇女的服饰

唐代史书记载茫蛮部落时说，妇人"藤篾缠腰，红缯布裹髻，出其余垂后为饰"。明代钱古训说："哈剌（佤族）……环黑藤数百围于腰上。"李思聪也说，哈剌"以红黑裙藤系腰数十圈""蒲蛮……膝下系黑藤数遭"。《滇略》说："哈剌……妇人以红黑藤缠腰数十圈。"可见藤篾缠腰之俗，从唐代的茫蛮到今日的佤族和德昂族是一脉相承的。包头"出其余垂后为饰"，也是德昂族妇女的一种独特服饰。此外，茫蛮部落"披五色娑罗笼"之俗，一直保留在明、清时的蒲人中。至于傣族，唐代史书称为"白衣"，明时李思聪说"百夷（白衣），妇人……身穿白布窄袖衫"；景泰《云南图经志书·湾甸州》载，"其民皆白夷，如人贵者以象牙作筒，长三寸许，贯于髻，插金凤蛾，其项络以金索，手带牙镯，以红毡束臂，缠头，衣白衣，窄袖短衫，黑布筒裙，不穿耳，不施脂粉"。白衣（傣族），元、明时分布广，各地习俗称谓有不同，但白衣、白包头、黑裙这些服饰特点是一致的。从这些历史记载与现实生活中，不难看出佤、崩民族的服饰与傣族的服饰是两个迥然不同的系统，佤、崩民族无疑是茫蛮（金齿）的继承者。如果说傣族为"茫蛮"之后，那么它是怎样丧失了"茫蛮"的这些特点的，而佤崩民族又为什么会把它继承过来呢？显然这是难以解释的。为便于说明问题，附上图片（见图1、图2、图3、图4、图5），读者便可一目了然。

图1 德昂族妇女的包头"出其余垂头"形状

图2 德昂族妇女的藤篾缠腰

图 3　佤族妇女的藤篾缠腰

图 4　傣族白衣窄袖黑筒裙服饰之一

图 5　傣族服饰之二

（五）金齿是宋元明时期佤崩民族的总称

据《元史·地理志》记载："金齿……土蛮凡八种：曰金齿，曰白夷，曰僰，曰峨昌，曰骠，曰繲，曰渠罗，曰比苏。"这里不妨把这 8 个民族和元、明以来这个区域的民族情况作些衔接。8 个民族中的"白夷（白衣）"、繲（暹）是指傣族中的两个部分，即大百夷、小百夷（或汉傣、水傣）。僰，即白族。峨昌，即阿昌族。比苏，即傈僳族。骠，古代骠国的建立者（有说为猛人，也有认为是缅人的），其中心住地在缅甸北部瑞丽江与伊洛瓦底江之间地带。渠罗，不知是否为今日的基诺。除上述 7 个民族之外，元、明时期在保山、德宏、临沧、思茅、西双版纳等地区还住着一个名列前茅的"金齿"民族。据《元史·地理志》记载，南诏异牟寻曾掳掠过"金齿诸蛮"，但到大理段氏时（937—1253 年），"金齿浸盛"当是建立金齿统治区域。元宪宗四年（1254 年），蒙古军平定大理之后，继续向保山进军，即征服金齿地区。元、明时期，保山是蒲人聚居区，永昌的一些差发多来源于蒲人，元朝在这里的统治也多仰赖于蒲人首领。到明初，原被元朝封为万户的蒲人首领阿凤归附，明朝封他为永昌府通判。清初毛奇龄《蛮司合志》说，保山的"五十（应为十五）喧、二十八寨皆濮种"。此说虽不够确切，因为有些喧、寨是傣、阿昌，但保山境内居住民直到明代前期仍以蒲人为主确是事实。云南巡抚何孟春在《请复置永昌府疏》中说：保山境内在宣德（1426—1435 年）、正统（1436—1449 年）时，还是"环城万里之彝民"，这些彝民中有阿昌、白、傣、养（克伦）等，但主要是蒲人。今日还健在的一些老人都清楚地记得，现今在保山城北几千米的上村、下村，旧称为上蒲村、下蒲蛮村，老营一带更是蒲人的集居地，太保山麓，原是蒲人和彝族住居的村寨，出保山城南门不远也是蒲人村庄，大官市、小官市、都鲁凹、莽林都是蒲人寨。大官庙、小官庙中泥菩萨的穿着也是蒲人服装式样。天启《滇志》记载保山的"十五喧、二十八寨"头目中，即有大小莽氏（蒲人）头目二十人，此外还有凤溪长官司莽氏，施甸正长官司莽氏，顺宁（凤庆）土知府猛（莽）氏等。这些地区历史记载清楚，不必多论述。问题是这么多的人口和在政治、军事上都处于首位的蒲人，元代史书的记载中却没有它，只有"金齿"，这绝不是史书不记载他们，而是用金齿称呼他们罢了。如果把"金齿"当作傣族，那么"白夷""缧（暹）"又是什么呢？那么多的蒲人在 8 个民族中又归属何种呢？因此，把金齿民族解释为现今布朗族、佤族、德昂族诸民族先民，比把它释之为傣族先民是有充足得多的依据的。

由于本文重点是"金齿国"的盛衰，对其族属仅作扼要说明，其他一些如"干栏"（高棉语）式建筑、黑齿、役象等为多民族共有习俗，它既可成为论证此族的依据，也可成为论证彼族的依据，如果没有其他确切依据，难以成为有力论据，此处不再论述。

二、金齿民族的兴盛与统治辖区的建立

（一）金齿军事实力的发展与金齿国的建立

自唐代南诏势力崛起之后，不断征服邻近地区和民族：盛罗皮（713—728 年）执政时，即向澜沧江以西的"越赕、朴子"地区扩展，阁罗凤（749—779 年）继续经营，到贞元十年（794 年），南诏王异牟寻进一步征服了"茫蛮部落"，掳掠其人口，并令其服兵役。南诏对茫蛮部落（金齿）的军队甚为器重，凡攻城略地都调他们参战，规定其成年男子每年定期训练以提高战斗技能，并按期检查其武器配备情况，这就促进了金齿民族军事实力的加强与发展。至唐末五代时，南诏蒙氏家族统治衰落，郑买嗣、赵善政、杨干贞相继篡权夺位，无暇过问地方事务，一些边远地区或实力较雄厚的民族，都纷纷摆脱对南诏的从属地位而建立自己的统治。《元史·地理志》记载："大理段氏时（973—1253 年），白夷诸蛮渐复故地，是后金齿浸盛。""金齿浸盛"当是指金齿民族已建立自己的统治区域。

南诏由于政治、军事的需要，促成了金齿民族军事实力的发展，但在南诏衰落时，这些势力又成了它的异己力量，而对金齿民族来说，则又成为建立统一辖区的重要条件。金齿统治政权何时建立，没有比较明确的依据。根据当时客观条件分析，在"白夷诸蛮渐复故地"之后，到蒙古军征服它时，它已是一个地域广阔、人口众多的地方王国，这或许要一个世纪左右，因此，金齿民族的统治可能是始于 11 世纪的中期或后期。这个金齿国曾显赫一时，以致西双版纳傣文史书和民间传说竟把它称为一个拥有"四十万兵马"的大国，元朝也把它的故地作为云南行省所属五大政区之一，与鄯阐（昆明）、哈剌章（大理）、察罕章（丽江）、赤科（贵州西部）齐名。

（二）金齿国的社会性质

宋时，甚为兴盛的金齿国的社会性质，元史中没见记载，但《马可·波罗行纪》中说："金齿……其俗男子尽武士，除战争、游猎、养鸟之外，不作他事，一切工作皆由妇女为之，辅以战争所获之俘奴而已。"这个记载是对"金齿"社会性质的重要表述。恩格斯的《家庭、私有制和国家的起源》指出，人类在进入阶级社会之前，居民有"自动武装组织"，氏族或部落的全体成年男子都有武器，这些武器同时也是生产工具，因此，成年男子们既是战士，又是生产者，那时还没有常备军、警察和官吏等国家机器。金齿国的情况是，男子虽然还是"尽武士"，但他们已不再是不脱离生产的"居民的自动武装组织"，而是一个不事生产，专门以战争、游猎、养鸟为务的"特殊武装队伍"，成了统治阶级的常备军了。同时，他们把战俘用于生产。这些特点表明，金齿国武装队伍的职能就是从事战争、掠夺和镇压奴隶的反抗，是为奴隶主阶级服务的暴力工具。又大德三年（1299 年），缅国派往元朝纳贡的使者，曾向元朝诉说，其"部民为金齿杀掠，率皆贫乏，以致上供金币不能如期输纳"。这也反映了金齿掳掠其他民族的财物和人口为奴的残暴面目。

以上并非充足但颇为重要的情况表明，说"金齿国"是一个奴隶主专政的地方王国，似乎比较恰当。

（三）金齿国的政治军事中心

金齿民族强盛时期的政治、军事中心，元史虽未明确记载，但从中仍可看出，在蒙古军进入前，其中心在保山境内。蒙古军进入并把永昌（今保山）作为滇西的军事、政治重镇之后，于至元八年（1271 年）把原来的金齿地分为金齿、白夷东西两路安抚使，于十二年（1275 年）改西路（白夷）为建宁路（今缅北太平江流域），东路（金齿）为镇康路（今永德）。元朝之所以把金齿分为两路，并把其设治迁离永昌（今保山）是有原因的。元军以永昌为滇西重镇后，永昌便一直由元朝地方机构管理。这是一方面；另一方面是西路以"白夷"（傣族先民）为主的住居地，由于傣族势力的发展，已不愿再受金齿的统治，因此元朝设立西路由"白夷"（傣族先民）首领管理，东路则由金齿首领管理，并把设治迁往镇康。从此，保山失去作为金齿民族的政治、军事中心，但保山仍有金齿民族住居，直至"洪武壬申（1392 年）省府以其名并入金齿，永昌内千户所，改金齿军民指挥使司"①。这就说明，元末明初保山境内尚有"金齿千户所"存在，也说明它在历史上曾是金齿民族的政治、军事中心。

（四）金齿的农业和手工业

金齿的农业和手工业见于记载的不多，但从零星史料中亦可知其梗概。据樊志记载，当时的"茫蛮"（猛人）使用象耕田，说明他们早已种植水稻。同时，茫蛮在南诏统治下，既然当时南诏的生产力水平已比较高，使用二牛三人犁耕，已能种两熟田，那么永昌距大理仅几日路程，这样的技术自然会在较短时间内普及于茫人之中。宋时，茫人（金齿）已广泛使用铁锄。先进生产工具的广泛使用，说明其农业生产已有较大改进。再说，如果没有比较发达的农业，没有足够的粮食，要供给金齿全部成年男子以衣食、武器装备是不可思议的。至于手工业，据元《招捕总录》记载：林场蒲人阿里，每年向元朝永昌司署缴纳铁锄六百把，雄黑则缴纳布三百匹。一个小区域的头人能提供如此贡赋，说明其冶金、锻造、纺织技术与生产能力是相当可观的。又布、毡、盐已在市场上广为销售，也说明制毡、织布、煮盐已有专门技术工匠从事生产。

（五）金齿地区的商业

南诏政治、军事的发展，统一了云南地区，随着其经济实力的增长及

---

① （元）杨廷和：《新建永昌府治记》。

商道的沟通，商业贸易也有相当发展。宋元时期，金齿地区的集市普遍形成，有的"交易五日一集"，有的"每星期开市三次"，作为一般等价物的货币，如金、银和贝已广为流通，其商业交换得到初步繁荣的景况由此不难想见。

金齿民族统治的古永昌地区，远在汉晋时期就是商业集散地，尤以"金银宝货"为多，但宋、元时除"金银宝货"供贵族、奴隶主们交易外，进入市场的物资主要是与群众生活有密切联系的毡、布、茶、盐之类。日常生活用品及生产工具已普遍成为商业市场的交换商品。作为金齿后裔之一部分的德昂族，种茶的历史久远，他们可能是市场上茶叶的主要出售者，他们的经济生活比较富裕，以致在人们的观念中，"崩龙人很有钱，银子也多"。元《招捕总录》记载，至治二年（1322年）三阵夺不岭寨（德昂寨），俘虏五十人，其族各以银三百两（《永昌府文征》作三两）赎一人，把五十人全部赎回。是否真的以三百两赎一人不得而知，但用比较高的代价赎回则是肯定的。从这里可以看出，金银货币在金齿民族中已有相当的积累，而这种积累又是与农业、手工业，特别是商业的发展分不开的。

（六）金齿的宗教信仰

《马可·波罗行纪》说：金齿州"居民是偶像教徒"。唐时，佛教在洱海地区已很盛行，金齿民族受南诏统治，和南诏一样信仰佛教是很自然的（施甸、保山至今还残留着元代的古梵文碑刻）；金齿区域的佛教，和昆明、大理相同，是大乘佛教。马可波罗说：昆明、大理、永昌地区"无一医师，如有人患病，则召看守偶像之巫师至，病人告以所苦，诸巫师立响其乐器，而为歌舞……"。昆明、大理、永昌三地都是偶像崇拜，同时祈神问病和杀牲献祭以消灾的方法也完全一致，也反映出这时金齿地区的佛教与大理、昆明相同。蒲人是信仰大乘佛教的，从佛教遗迹看，德昂人原来也是崇奉大乘教派的，被傣族统治集团征服后，因傣族信仰南传佛教，德昂人才改信南传佛教。此外，南诏崇拜"本主"之俗，在蒲人中也有流行。保山有大官庙和小官庙，其中所祀偶像皆着蒲人服饰，即是土官的象征。

三、金齿国的衰落

（一）元朝军队的进入与金齿国的瓦解

公元1253年，元朝军队平定了大理，并于宪宗四年（1254年）继续进军永昌，征服金齿。金齿、"白夷"（傣族先民）诸部陆续归附元朝，并于中统初派遣子弟向元朝皇帝纳贡。但还有些地区没有归附，不受元朝统属，往往于要隘邀击其军队，因此元军继续征服他们。至元五年（1268年），"（爱鲁）从云南征金齿诸部，蛮兵万人绝骠甸道，击之，斩首千余级（或云"殄其众数千"），诸部震服"①。至元七年（1270年），"征金齿、骠国五部未降者"②。元军多次发兵征伐金齿，清除了抵抗势力，并把这些地区划分为二十路，四府，四十四甸，二十六部，对归附他的少数民族头人封以"土官"，"置金齿都元帅府领之"，这就使金齿的奴隶主贵族们丧失了作为统一的政治军事力量的条件，而这些大大小小的奴隶主贵族们分别隶属于"都元帅府"了。同时，元朝地方官吏很快地推行"定租赋、置邮传、立卫兵"这一整套封建制度。这些制度的实施，使金齿奴隶制的政治、经济都瓦解了。

（二）傣族的兴盛与金齿的衰落

元朝中期德宏地区"白夷"（傣族先民）势力逐渐强盛，到了元代后期，以麓川思氏为代表的傣族统治集团相继征服四邻地区和民族，在它北面、西面的茫施、南甸、干崖等地，由于地理相连，民族交错杂居，首当其冲地成为麓川的征服对象。元《招捕总录》记载："至治元年（1321年），怒谋甸主管故侵茫施路鲁来等寨，烧百四十一村，杀提控案牍一人，有司奉诏书开读，管故不跪听，亦不出降。"住居茫施的金齿（德昂族先

---

① 《元史·爱鲁传》。
② （元）佚名：《招捕总录》。

民）被管故掠夺杀戮，一次烧去上百的村寨，这在茫施地区是一次较大的战争。战争中金齿人的村落被焚毁，土地被占领，人民被掳掠或被赶走，这是不言而喻的。

前书还记载说，到了第二年（1322 年）镇西路（今缅北太平江岸新城一带）大甸伙头阿吾与三阵作乱，夺不岭、雷弄二寨，并说"吾破不岭，杀伤甚重，破雷弄甸烧四百余户"。三阵还把屈服于其势力的管别寨居民二百五十家迁往其弟拜法寨中。不岭、雷弄都是金齿（德昂）村寨。雷弄遗址有多处，此处系在盈江县太平乡一带。解放初景颇族儿童在其遗址上放牧，常掘得崩龙人埋藏的陶罐，其中有银首饰及散碎银子等物。对于傣族统治阶级那些夺地掠民的行动，元朝曾派使臣去招谕，而阿吾却不予理睬，非但夺取金齿民族所属之地不愿归还，而且扬言要继续"与之相杀"。此次战争中阿吾夺取了金齿不少土地是可想而知的。

据傣文《思氏谱牒》载，傣历七百二十年（至元六年，公元 1340 年），思可法即位称王，两次战败元军，因而名声大震，势力强盛。明朝初期派往麓川使臣之一的李思聪，在其所著《百夷传》中说："至正戊子（1348 年），麓川路（今瑞丽）土官思可法，数有事于邻境，诸路以状闻，乃命塔失把都鲁为帅讨之，不克而旋，遂乘胜并吞诸路而有之，乃罢土官，以各甸赏有功者。"

以上记载明确指出，元末德宏地区民族关系发生剧烈变化的原因与经过。其原因与麓川思氏崛起有密切关系。思氏罢去元朝设置的土官，以自己的"有功者"代之，茫施长官司阿利也在这个过程中退出了历史舞台，而傣族刀放革于明初成了茫施长官司的长官，其世系一直传到新中国成立时。在傣族土司统治下的原金齿民族，曾多次反抗，但都被镇压下去，于是日趋衰落下去。

（三）明军"三征麓川"给金齿民族以灾难

元代中后期，麓川势力崛起，不断征服邻近地区。洪武十五年（1382 年），明军进入金齿（永昌）后，思伦法归附明朝，但思氏实力雄厚，于十六年（1383 年）春，发兵数万侵扰金齿（今保山），生擒指挥王真，"尽夷其城而去"。洪武十八年（1385 年）又率众十余万攻景东。十九年

（1386 年）九月出兵侵扰车里。二十一年（1388 年）则并吞孟定、孟艮、孟养、戛里等地。同年三月，又"悉举其众号三十万，象百余只寇定边（今南涧），被西平侯沐英击败。但到正统三年（1438 年）麓川统治集团又进一步侵占地方，掳掠百姓，抢象马，害官吏，掠官船，守江口……"，企图攻取云龙州等处。至此麓川成了明廷在云南西南边防上的大患，因此决定征伐，并于正统六年（1441 年）、八年（1443 年）、十三年（1448 年）三次派大军征讨，终于击溃了麓川势力。

明初，麓川夺取明朝土地的一系列战争，均在金齿区域内，正统时持续了九年的"三征麓川"之战，均在今保山、德宏境内，除了战争直接毁坏人民生命财产外，永昌各民族（首先是金齿）还负担着沉重的夫役和粮饷，战后驻军留守，任意欺压少数民族，又给金齿人民带来了灾难。明嘉靖时云南巡抚何孟春在其《请复置永昌府疏》中说："因麓川反叛，加以征调，彝民渐困。及景泰末，都督毛胜因随征麓川，知金齿司指挥供给甚多，遂营干镇守。有内臣见毛胜得利，遂接踵前来，由是广占彝田以为官庄，大取彝财以供费用……纵横取索，椎髓剥肉，倡言不恤，彝民畏死，不敢不从。由是强者为盗，弱者远逃……不能逃者，赤身裸体，食草锄山，气息奄奄，死亡无数。"于是造成了"环城万里之彝民，十亡八九"的景况，以至元末为万户的凤溪长官司，也成了"目今只数家，二代不袭可见矣"。

总之，元军征服金齿，麓川崛起，明军"三征麓川"的过程中，频繁的战争都在金齿民族住居的土地上进行，从而成为金齿衰落的直接原因。

（原载《中央民族学院学报》1985 年第 3 期）

茫施蛮并非傣族先民

——崩龙族①是茫施蛮的后裔

"茫施"这个名称，最早见于唐代樊绰所著《云南志》②。被称为茫施的地方，即今德宏傣族景颇族自治州首府"芒市"一带。这一地区直至新中国成立前仍属傣族土司统辖，主要居民是傣族，所以许多学者都认为茫施蛮是傣族的先民。但根据调查研究和查阅历史文献所得，笔者认为茫施蛮的后裔是崩龙族，而非傣族。以下谨将拙见写出，望有关同志指正。

一

在研究芒市地区的古代民族时，首先遇到的是大量的实地调查资料，都证明傣族并非芒市的古老居民。

据调查，"各地一致传说，崩龙是边六县（潞西、梁河、陇川、瑞丽、盈江、莲山）历史较早，分布较广的一种民族，后来受景颇族排挤，大部

① 编者注：崩龙族，德昂族旧称，1985 年 9 月 17 日经国务院批准正式改名为德昂族。本论文集中文章公开发表时间早于其改名时间的，保留"崩龙族"称呼；文章公开发表时间晚于其改名时间的，则在"崩龙"后用括号注"今德昂"。

② 《云南志》，又有《蛮书》《云南记》《云南史记》《南夷志》等名称，均为同书异名。该书记载："茫蛮部落……自永昌城南，先过唐封，以至风兰苴，以次茫天连，以次茫吐薅。又有大赕、茫昌、茫盛恐、茫鲊、茫施、皆其类也。"（引自向达《蛮书校注》）第 104 页）

分迁往缅甸，一部分变为傣族。"① 至今在芒市坝的法帕、轩岗坝、芒市河边、瑞丽县的姐勒、陇川的雷弄等地和边五县（莲山和盈江合并为一县）山区，都有崩龙族村寨遗址。今日的陇川县城就是建立在崩龙族的一个村寨遗址之上。在山区崩龙族村寨遗址上，有的至今还生长着崩龙人种植的老茶树。新中国成立前景颇人耕种的水田，绝大部分是崩龙人遗留下来的。轩蚌、芒广两寨的傣族老人说，在很早很早以前，整个轩岗坝都是崩龙人住居，傣族是后来从陇川迁来的。最初崩龙人很厉害，他们包扎"裹腿"布时，要把脚搭在傣族人的肩膀上。后来傣族人多了，才把崩龙人撵到山上。瑞丽县猛典乡的调查材料说，猛典山区"过去全系崩龙族居住，当时崩龙人很多，社会发展水平也较高，设有千总把总等职，把总设在户宋，千总设在猛曲。现在各处都有一些崩龙族居住过的遗迹"②。

陇川县景颇族社会性质调查报告说："这里古老的民族是崩龙和卡喇，卡喇比崩龙尤为古老。" 又说："在傣族未进入该地区之前，崩龙族多居于坝区边缘，种水田并培植茶园。……傣族进入该地区后，征服了崩龙，崩龙退至山区，傣族通过政治、经济及宗教长期统治着崩龙族。"③

潞西县（今芒市）有一个实例，生动地证明崩龙族原先住在坝区，后迁山区，最后迁离德宏山区的经过。潞西县遮放坝（今芒市遮放镇）的西山麓有一个傣族寨子叫"跌撒"，距此五六千米的半山腰又有一个景颇族寨子，村名也叫"跌撒"。为什么两个民族居住的两个村子的名称相同呢？其原因是崩龙族原住山麓跌撒，傣族势力进入后，崩龙人就迁往山区建立新的跌撒寨。当傣族在山麓的跌撒遗址建寨时，沿用"跌撒"这个名称，这是坝区"跌撒"寨的历史。后来崩龙人又迁离山区，景颇人又在新跌撒的基址上建寨，仍沿用跌撒这个名称，这又是景颇族"跌撒"寨的历史。这两个不同民族居住，但名称相同的跌撒寨，虽然都不是崩龙族所居了，但它都作为崩龙族迁徙历史的确证，反映了德宏地区民族关系演变的

---

① 全国人民代表大会民族委员会编：《云南省傣族景颇族自治州社会概况》（景颇族调查材料之三），1958 年铅印本，第 80 页。未注明出处的材料，均为笔者在农村工作期间调查所得。

② 《景颇族调查材料之六》，第 51 页、74 页。

③ 《景颇族调查材料之六》，第 51 页、74 页。

历史。

崩龙族是德宏地区的古老居民，不仅有许多历史遗迹可考，而且也是崩龙、傣、景颇等族异口同声所公认的事实。在元代以前，他们曾是德宏州及龙陵、腾冲一带的主体民族，那时他们多住于坝区边缘地带，从事农业生产，耕种水田，种植茶树，而且人口也比较多。到了元代后期，由于傣族势力的发展，并征服了崩龙族，崩龙族大部分迁往山区，少部分仍住居坝区。

崩龙族受傣族土司的统治后，在政治、经济和文化方面与傣族发生了密切联系，和傣族一样信仰南传佛教、佛爷（和尚）念傣文经，民族间的交往多使用傣语，和傣族最接近的逐渐融合于傣族之中。在傣族中有一部分人称为"傣崩"和"傣布勒"的，"'崩'即'崩龙'的简称，'布勒'是'佤族'的别名"①。这是崩龙族和佤族融合于傣族中的痕迹。

一部分崩龙人和傣族融合了，但仍有相当多的崩龙人保持着本民族的特征。自明及清，直到1814年（清嘉庆十九年）潞西（今芒市）地区的崩龙族武装反抗傣族土司失败之前，在德宏地区，他们是仅次于傣族的一个人口较多的民族。在这次武装反抗斗争中，崩龙族武装数次战败芒市土司的武装，并占领了芒市，土司狼狈逃往龙陵。后来由于傣族土司得到了清朝反动政府的支持，又有盈江、陇川、干崖土司武装的帮助，并收买了汉族地主武装和景颇族山官的势力，组成了反动的联合武装，到了第二年（1815），又经过几次大的战斗，才把崩龙族的武装反抗镇压下去。② 崩龙人战败后，被迫迁往其他地方，从此，仍住德宏州的崩龙族就寥寥无几了。现今的崩龙族，多数是在这次战争之后若干年才陆续重建的。

崩龙族不仅定居德宏州的历史悠久，而且也创造了比较先进的农业经济，他们很早就种植水稻，培育茶园，在市场上出售茶叶。同时，崩龙族也是一个喜爱装饰的民族，男女青年都喜欢佩戴银项圈、雕花银耳筒，青年妇女的对襟衣上要钉大排银扣，手上带镂空细花银手镯等。这些工艺品都是本民族的银匠制作的，过去佤族、景颇族都喜欢向崩龙族银匠购买或

---

① 《景颇族调查材料之三》，第82页。
② 德宏州政协：《德宏州文史资料选辑》，1962年油印本。

云南文库·学术名家文丛

加工银饰品。崩龙族的银制首饰，制作精巧，花纹别致，在边疆各民族中是享有盛名的。现今芒市坝的风平佛寺里，还保留着一件雕有龙凤的木质佛龛，傣族老人都说是崩龙木匠的作品。轩岗坝还有几座小石拱桥，当地傣族都说是崩龙族的遗物。又"从陇川坝子崩龙族的住房和寨子的建筑来看，他们不但有比傣族和景颇族高明得多的竹木工，而且也擅长石工，每一个寨子的内外都有他们用整齐的石板铺成的道路，这是崩龙寨的特色，除阿昌外是其他族所没有的"①。

崩龙人的石工、木工、银匠有较高的技术水平，艺术风格与保山、大理较接近，这是他们的农业、手工业技术长期发展的结果，也是比较早地接受先进的汉文化的结果。

二

一些学者在解释樊绰《云南志》的"茫""茫施""茫诏"时，认为"茫（或写作蛮、曼）"是傣语特有的称谓"②，但据一些事实考查结果，这一结论与事实是不符的。

现今的芒市，是古代"茫施蛮"的住地，并因此而得名。元代曾在这里设立"茫施长官司"，明代也在这里设立"茫施府"和"芒市御夷长官司"，到清代设"芒市安抚司"，它是从唐代就沿袭至今的一个古地名。然而这个历史悠久的名称究竟是傣语还是崩龙语呢？傣语对芒市的古称为"郭利罗（KoLiLo）"③，今称为"勐焕"，也有写作"勐欢"的。因此，不论从古称或今称考察"茫施"都不是傣语称谓。而德宏地区的崩龙族至今仍使用这个名称。④ 芒市坝的一些遗址，如芒牙、芒蚌、芒广、芒勒、芒乱别、芒曼、芒塚等等，也是因古崩龙人居住而沿用至今的地名。

以"芒"冠于地名之前，在现今老挝北部的地图上还有不少，如芒海、

云南文库·学术名家文丛

① 《景颇族调查材料之三》，第 94 页。
② 《云大学术论文第一辑·历史分册》，1962 年，第 23 页。
③ 宋蜀华：《从樊绰〈云南志〉论唐代傣族社会》，《思想战线》1978 年 6 期。
④ 现今德宏崩龙族中也有称芒市为勐焕的，那是受傣族影响的缘故。

芒苟、芒峨、芒拉、芒新、芒碍等，这也是与芒蛮部落有关的族属的遗迹。《明史·土司传》记载"八百"的疆界时说："东至车里（今西双版纳），南至波勒（即布朗的同音异译为茫蛮之一部分），西至大古拉与缅邻，北至孟艮"。万历《云南通志》车里军民宣慰使司疆域载："东至落恐（今红河禄春一带）蛮界，南至波勒蛮界，西至八百大甸宣慰使司界，北至元江军民府界。"这些记录说明波勒（布朗）人在八百之南，并与车里、红河相接，即在今老挝北部、越南西北部一带。在明代前期，这里的波勒还有相当力量，以致"波勒土酋常纠土雅之兵，入境（八百）杀掠"[1] 八百无力抗击，求诉于明朝。所以这里仍残存着布朗人的遗址不是偶然的。

就"芒"字而言，樊绰所著《云南志》中曾几处提及，但有多种用法和含义。如"茫蛮部落"，即是由称为"茫"人（或民族）组成的部落，"茫施""茫盛恐"又有族名和村镇的含义。"茫是其君之号，蛮呼茫诏"[2] 的"茫"则有首领（君、王）的含义。称首领为"茫"，这是茫蛮部落所独有的特征，也是与南诏的"诏"和傣族的"召"的重要区别。茫蛮部落是以"茫"为其君之号的，而傣族则是以"召"为其君之号的，南诏是以"诏"为其君之号的，这个区别是十分明显的，根本不同的。又"蛮（指南诏）呼茫诏"这里的"诏"具有南诏称呼茫人民族首领的含义，不完全是自称。所谓"茫诏"是茫蛮部落的"茫"和南诏的"诏"融合起来的一个词，犹如傣语里的"召王"（傣语的"召"，汉语的"王"）这个词一样，这在语言发展中是常见的现象。再说，"茫诏"一词，和傣语的语法也是相反的，如果这个词是傣语的话，它应是"诏茫"绝不会是茫诏，显然"茫诏"不是傣语名称。虽然"茫诏""召""诏"三个词都有"君""王"的含义，也有共同点，互相借词是可能的，但并无可靠史料证明"诏"来源于"召"，"召"也并非傣族所独有。相反茫诏的"诏"和傣族的"召"渊源于南诏的可能性更大些，因为南诏强盛时都征服和统治过他们。

茫蛮部落有"藤篾缠腰，红缯布裹髻，出其余垂后为饰"的习俗，但

---

① 《明史》卷三百五十，第19页。
② 向达：《蛮书校注》，中华书局1962年版，第104页。

以后史书记载有此俗的，都是蒲人、阿昌、景颇各族，少见于傣族。现今"藤篾缠腰"的风俗在崩龙妇女中还很流行。傣族不仅历史上无有此俗，新中国成立前绝大部分傣族也无此俗，虽然傣族中，有一部旱（汉）傣有细藤篾缠脚之俗，那可能是融合于傣族中之茫人的遗迹，或是接近茫人的傣族接受了这种装饰物而已。至于包头"出其余垂后为饰"的特点，直至今日，仍是崩龙族妇女独特的一种服饰。

三

《元史·地理志》记载芒市地区的民族时说："即唐史所谓茫施蛮也。"元史既如此说，自明迄今，芒市又主要是傣族居住，因此，这也正是"茫施蛮"为傣族先民说的主要依据。但如仔细分析，这条史料却有两点是值得探讨的：一是它证明元代芒市地区的居民是唐代"茫施"人的后裔，但没有证明茫施蛮就是傣族先民，二是它没有反映出元末芒市地区民族关系的变迁。其实，据有关史料记载，芒市地区的民族分布，在元代后期是曾发生过剧烈变迁的。

元《招捕总录》记载："至治元年（1321年）怒谋甸主管故侵茫施路鲁来等砦，烧百四十一村，杀提控按牍一人，有司奉诏书开读，管故不跪听，亦不出降。"① 茫施路的居民受到侵犯，村寨一次就被焚烧一百四十一村，这在芒市地区应当说是一次规模较大的战争。战争中，村寨被焚毁，土地被占领，人民被掳掠或赶走，这一史实与实地调查所得的材料是完全一致的。

前书还记载说：到了第二年（1322年）"镇西路（今盈江一带）大甸火头阿吾与三阵作乱，夺不岭、雷弄二砦。……阿吾怒曰：三阵吾孙也，吾破不岭，杀伤甚众，掳五十人，破雷弄甸烧四百余户，管别砦惧而降我，我迁其民二百五十家于我第拜法砦中，不岭所掳人，其族各以银三百

---

① （元）佚名：《招捕总录》，第8页。

两赎一人①，尽赎去迄。"镇西路的雷弄是崩龙人的住地，据调查，新中国成立前景颇族儿童在雷弄一带放牛，还掘得崩龙人埋藏的陶罐，其中有银首饰及散碎银子等物。对于傣族阿吾这次掠夺，元朝曾派官招谕，但他们并不理睬，根本不出来接受榜文，而且对"所夺之地，亦不付回"，并以"须与之相杀"相威胁。看来，阿吾这次对崩龙人的进攻，也掠夺了不少崩龙族的土地和人民的。

又据李思聪《百夷传》记载："至正戊子（1348 年）麓川路土官思可法数有事于邻境，诸路以状闻，乃命塔失把都鲁为帅讨之，不克而旋，遂乘胜并吞诸路而有之，乃罢土官以各甸尝有功者。"②

从元朝至治元年到至正戊子这二十多年中，以麓川思氏为代表的傣族势力的崛起，不断征服其附近的民族，并掠夺其土地和人民，对此，元朝曾去招谕和派兵镇压，但都失败了。傣族统治者，随着对元朝战争的胜利，就乘此机会吞并了这些地方。芒市地区的统治权可能就在这个变迁过程中，由崩龙土官之手转到了傣族土司手中，傣族也成了这里的主体民族。对于这一点，调查材料说："各地傣族都说，'明代以前，本地崩龙人很多'，'陇川曾有过崩龙王（傣语称 Tsao-Fa-Guan-Lnai），住在蛮蚌寨。芒市曾有过崩龙土司'，我们知道茫施路的傣族土司是从明代起才有的，那末崩龙族土司也可能是元代的事。"③ 崩龙族也认为元代茫施路土官阿利是他们的官，而到明代茫施土官就不再是阿利的后裔，而是由傣族刀放革及其子孙世袭了。这些调查材料也与历史记载的史料是完全符合的。

据此，无论是历史记载，还是大量的实地调查资料，都证明崩龙族是德宏州的古老居民，元代以前他们是德宏州的主体民族；傣族是在元末通过战争才取得芒市的统治权，并成为这里的主体民族的。"茫施"这个称谓及茫蛮部落的风俗为崩龙族所具有，并非傣族的称谓及风俗。所以，《元史·地理志》所记的"茫施蛮"，应是崩龙族的先民，而不是傣族的先民。

（原载《研究集刊》1979 年第 3 期）

---

① 《永昌府文征》所节录之文中为"三两赎一人"。
② 景泰《云南国经志》卷十。
③ 《景颇族调查材料之三》，第 93 页。

德昂古史钩沉

  18 世纪下半叶，缅甸雍籍牙王朝派兵攻占暹罗首都阿瑜陀耶，在向东扩张的同时，发兵北上侵扰云南边境勒索银米，掳掠居民，因而引发中缅冲突，乾隆三十二年至三十四年（1767—1769 年）期间，清朝曾两次派军队进入云南边境及现今缅北的部分地区。在军队的一些禀报及行文中开始见到崩龙（波龙）这个民族称谓。以后光绪永昌府志有"崩龙，类似摆衣，惟语言不同，男以背负，女以尖布套头，以藤篾圈缠腰，漆齿、文身，多居山巅，土司地皆有"的记载。崩龙是较晚出现于我国史书的一个民族称谓。中华人民共和国成立后于 1953 年进行了民族识别，承认他们为我国单一民族，并沿用"崩龙"这一称谓，1985 年改称"德昂"。

  德昂，作为单一民族出现的时间虽晚，但他们的历史是很悠久的。

一、历史源流

（一）南亚语系民族渊源

  德昂，属南亚语系民族，是古代孟高棉族群后裔的一部分。关于南亚语系民族的古代居民，有的认为来自印度，有的认为是在中南半岛发展形成的。我国著名的云南民族史专家方国瑜教授认为：孟高棉族群和马来人同属南亚语系，住在中南半岛的南部，一定很古老。在早期中南半岛上孟高棉人的势力最大，这是他们定居在这个区域经过很长时间发展的结果。著名人类学家林惠祥从广义马来人的角度提出：他们是蒙古利亚海洋系，

云南文库·学术名家文丛

印度尼西亚人和矮黑人混血后形成的民族。更多的人认为，孟高棉人是云南及东南亚地区的土著民族，很早便生活在这里。陈显泗教授说："孟高棉人可能是美拉尼西亚人（M' eLanesians）和印度尼西亚人（Indon' es-ians）经混合而产生的一个民族，他们分布的区域很广，东起中国南海海岸，向西直达印度边境，包括了东南亚很大一部分地区。"① 从体质人类学的角度考察，上海自然博物馆、上海复旦大学在《布朗族体质形态的初步研究》一文中说：他们具有蒙古人种较多南亚类型成分，并融合'僬侥（矮黑人）'的成分。"德昂族、布朗族、佤族都是古代孟高棉人后裔的一部分，这个结论对德昂、佤来说也是实用的，与以往人类学家研究结论也是相契的。因此，一般都认为德昂先民——孟高棉人——从远古时期就生活繁衍在中南半岛、云南等地区，是土生土长的，历史悠久的族群。

（二）古莽之国

《列子》周穆王篇载："西极之南有国焉，不知境界之所接，名古莽之国。"岑仲勉先生认为："战国时称西极之南隅"释为云南"是恰当不过的"。笔者认为"古莽"即"猛"，正如唐至明、清云南南部将猛（孟）写作"茫""莽"是一样道理。所以，我们认为"古莽"与明、清时永昌、顺宁地区的"莽"人之间是有一定联系的。有说认为《汉书艺文志》著录《列子》八篇早佚。今本《列子》八篇，从思想内容和语言使用上看来，可能是晋人作品。但从"古莽之国"的记载看，即使今存《列子》中有晋人语言、思想成分，但一些原始材料自然是源于战国时的《列子》。又从《史记·西南夷列传》看，该传说："西南夷君长以什数，夜郎最大。其西靡、莫之属以什数，滇最大。"关于靡、莫之属的族属，学术界的观点各不相同，但都是在"氐羌、越、濮"中选择；云南古代就是羌、濮、越三大族群互相杂处之地，所以从这些民族中找关系是常理。

靡、莫之属，笔者认为靡即"缅"。公元458年立的《爨龙颜碑》自谓"系出于芈（缅、楚姓）"，《拉祜族简史》说《爨龙颜碑》有"缅戎冠场"句……澜沧江以西傣族多称拉祜为缅。傣语称临沧为勐缅"，拉祜语

① 陈显泗：《柬埔寨两千年史》，中州古籍出版社1990年版，第6页。

按四字联名叫"勐缅密缅",都是缅人地方。汉族随傣族称拉祜为"老缅"。莫即"猛"(孟)的异写。滇池区域有"猛"(孟)人居住,从后来的一些记述中也可找到线索;康熙《东川府志》记载:"孟人,亦糜、莫种,蜀汉孟炎(孟获同族)部民,也有赵、苏、李、钱、冯、十、金、杨、王、吴诸姓。当诸葛亮南征,斩雍闿,释孟获,擢炎为辅汉将军,召诸蛮赐以汉姓,祠炎于金钟山下,岁时祭祀。""甘人,糜、莫别种……男子椎髻帕首……"。又据《元史·地理志》河西县(今通海)载:"县在杞麓湖之南,夷名其地曰休腊,昔庄蹻王其地。"又说"天宝后没于蛮(南诏),为步雄部。后阿僰蛮易渠夺而有之,元宪宗六年(1256年)内附,七年(1257年)即阿僰部立万户,休腊隶之"。休腊,当休腊(佤)人住居而得名,西汉时曾在这里设"胜休"县,王莽时更名"胜僰"(《水经》卷三十六温水注),含有战胜僰人之意。也说明南诏时步雄部占据之前,这里是休腊民族(佤人)和僰人住居的。对于休腊人即佤人这一点,景泰《云南图经志书》记载更为明确,该书陆良州建置沿革载:"蛮云休纳(腊的近音字),又名瓦子,讹为瓦作。"腊(纳)是佤人的又一名称,今日依然如故,明、清时的史书仍称瓦族为"埭腊""哈腊""哈喇""卡腊"等。《史记·西南夷传》载:"元封二年(公元前109),天子发巴蜀兵,击灭劳浸、糜、莫,以兵临滇,滇王始首善。"这里的"劳浸"与德昂支系"饶金"(饶进)音同,是否有关是值得探讨的。张增祺教授在《中国西南民族考古》一书中说:"大石墓,即《华阳国志》所说的'濮人冢',此'濮人'就是《史记》《汉书》所说的'苞蒲蛮',属南亚语系孟高棉民族。"这些史料及论述,给我们提供了这样一个线索:古代,从东川、会泽、寻甸(元时还有孟人)、陆良、通海(河西)及滇池区域住居着相当数量的南亚语系的居民。

(三)孟高棉先民在云南开创了一个青铜时代

《史记·西南夷传》载:"南夷君长以什数,夜郎最大,其西糜、莫之属以什数,滇最大;自滇以北,君长以什数,邛都最大。此皆椎髻,耕田,有邑聚。"这个记载是很简略的,但20世纪中期,云南考古工作者在晋宁石寨山发掘到一批从春秋战国至西汉时期的青铜器物,内容却很丰富，它对这时期滇池区域民族的社会生活、阶级状况、战争场面、劳动生产、祭祀活动等方面都栩栩如生地作了表现。从祭祀场面看，滇人具有以蟒蛇为图腾，祭祀时树立图腾柱，以铜鼓为神器的文化内涵。如贮贝器（M12：26）盖面上，在两铜鼓之间，左立一铜柱，柱上蟠蟒蛇二条，柱脚所盘的巨蟒已将一人吞食一半，仅胸首还露于外。平台前当梯处竖立一牌，上宽下窄，有一蛇蜿蜒而上。还有一些铜饰物的下端，都有一条或两三条蛇，有的蟠于牛、马足下，有的被踩在孔雀足下。有些青铜剑、剑柄及剑鞘上也刻画一两条蛇。总之，在滇人的祭祀场面、工艺品、装饰物上多有蛇的标志，以至汉王朝封滇王颁发的金印印钮也是选用蛇（参见《云南晋宁石寨山古墓群发掘报告》）。又《东观汉纪·梁翼传》说"永昌太守冶铸黄金纹蛇献翼"这反映了东汉时期今保山地区的民族和滇人一样，对于蛇有一种特殊观念。有学者说："蛇图像的出现，在石寨山青铜上是比较频繁的，这类器物粗略统计不下百余件，除多数是作为装饰题材外，也有20余件是在人物或动物活动场面中被置于显要或特殊位置上。"① 在柬埔寨，九头蛇成了高棉民族的神圣标志。元时，周达观《真腊风土记》记载说："土人皆为塔之中有九头蛇精，乃一国之土地主也，系女身，每夜必见。国主则与之同寝交媾，虽其妻亦不敢入，二鼓乃出，方可与妻妾同睡。若此精一夜不见，则番王死期近矣；若番王一夜不往，则必获灾祸。"此外，印度阿萨姆的卡西族与缅北和云南的佤、德昂、布朗为同一语系，他们"有一种迷信，说是有一个名叫'VThLen'的巨蛇，只有用人作牺牲，向它祭献，才能使它满足"。而这种蛇崇拜是柬埔寨人的宗教信仰的特征，正如福帕斯说的，它"无疑是孟（Mon）族最早的宗教信仰"②。以上材料说明崇拜蛇是古代南亚语系民族共有特征，蛇是他们的图腾，是土地之主，是他们的原始宗教崇拜的核心。这一点与百越民族崇拜、祭祀蟾蜍（蛙类），氐羌民族崇拜虎（彝族崇拜虎、白族崇拜白虎）是完全不同的。虽然我们在出土器物上也可以看到蛙立体的或平面刻绘的

---

① 黄美椿：《略论古代"滇人"对蛇的崇拜——晋宁石寨山出土青铜器上蛇图像试释》，载《云南青铜文化论集》，云南人民出版社1991年版。

② S. 巴尔卡塔基：《印度东北地区部族生活》，朱昌利译，《南亚译丛》1984年第2期。

雲南文库·学术名家文丛

蛙和虎的形体，但这些在滇人的祭祀与文化生活中不占主导地位（而且出现时间要晚一些），占主导地位的是蛇、图腾柱、铜鼓。因此，我们有理由认为古滇文化是以南亚语系民族先民为主创造的。从春秋、战国至西汉时，即公元前五六世纪至前一世纪这时期，南亚语系民族先民为云南开创了一个青铜时代，他们留下的青铜器物代表着云南青铜文化的最高发展阶段。我们这样说，并不否认滇池区域有较多的羌、越民族杂居其间，也不否认楚文化，羌、越文化的影响，只是强调滇人的原始宗教信仰祭祀、崇拜蛇、立铜柱这些特征是属南语系民族的特征，而与羌、越有明显不同。

这里需要作补充的是，蛇这种动物，它适应性强，对生态条件要求不高，世界大多数地区都能生长，许多古代民族都把它当作图腾物崇拜。中国古代也不例外，如《山海经·大荒西经》：有轩辕之国。郭璞注："其人人面蛇身。"《楚辞·天问》："女娲有体，孰制匠之？"王逸注"传言女娲人头蛇身，一日七十化"。唐司马贞《史记·补三皇本纪》说传说中的伏羲为"蛇身人首，有圣德"。但这些似乎都是氏族社会的图腾物，到部落、奴隶制时期已渐消失，至于《吴越春秋·阖闾内传第四》有："造筑大城……立蛇门者，以象地产也。""立蛇门，以制敌国"。这里的蛇象征国土，以制敌国，作为国家民族保护神这点与滇人、古代柬埔寨人有共同之处，值得深入研究。

（四）关于濮人

再从濮人考察，史书对濮人的记载，从时间上说是比较早的，地域也比较广。如：伊尹受（汤）命，于是为四方令曰："臣请……正南：瓯、邓、桂国、损子、产里、百濮、九菌，请令以珠玑、玳瑁、象齿、文犀、翠羽、菌、鹤、短狗为献。正西：昆仑……贯胸、雕题（文额）、离身（文身）、漆齿，请令以丹青、白旄、纰罽、江历、龙角、神龟为献"（《逸周书·商书·伊尹朝献》）。王（武王）曰："嗟，我友邦家君……及庸、蜀、羌、髳、微、卢、彭、濮人，称尔戈，比尔干，立尔矛，予其誓。"（《尚书·周书·牧誓》）又"成周之会……氐羌以鸾鸟……蜀人以文翰……方人以孔鸟，卜人以丹沙，夷用闾木……州靡费费（狒狒）。"（《逸周书·王会解》）"叔熊逃难以濮而蛮"，"楚蚡冒于是乎始启濮"

（《国语·郑语》）。《汉书·地理志》载"仆水出徼外，东南至来唯入劳"。"牛兰山，即水所出，南至双柏入仆""贪水首受青蛉，南至邪龙入仆"。杜预《春秋释例》载"建宁郡南有濮夷，濮夷无君长总统，各以邑落自聚，故称百濮也"。《华阳国志·南中志》对云南境内的濮人就有较多记载："南域处邛、笮五夷之表，不毛闽（缅）、濮之乡。""句町县，故句町王国名也。其置自濮，王姓毋，汉时受封迄今""兴古郡……多鸠僚、濮""建宁郡……谈稿县有濮、僚"。永昌郡内对濮人的记载就更多了，如"有闽（缅）、濮、鸠僚、僄越、裸濮、身毒之民"。有"闽（缅）、越、濮、鸠僚，共帅皆曰王""有大竹名濮竹""李恢（从永昌）迁濮民数千落于云南、建宁郡界，以实二郡""元康末，值南夷作乱，闽（缅）、濮反"。《三国志·蜀志》说"广迁蛮濮，国用富强""赋出叟濮"。此外，《太平御览》等书还记载永昌郡有尾濮、木棉濮、折（缠）腰濮、赤口濮等。以上史书所记载的濮，有的主张他们是同一族群，董难《百濮考》就认为"濮人即今顺宁蛮"。章太炎《西南属夷小记》也认为"明、清职贡，永昌、顺宁皆贡濮竹，而顺宁专贡矮犬，与《王会》百濮献短狗相契"。方国瑜教授在论及永昌濮族的种属问题时说："据董难《百濮考》，王崧《云南备征志·叙录》、朱希祖《云南濮族考》诸书认为就是古时的百濮，但从记录上很难证明'永昌濮'就是百濮，不能以名称用字相同混为一谈。"并认为"商、周之濮""楚国之濮""巴郡之濮"与永昌之"濮"除名称用字相同以外，还不能证明他们有何关系，"并不能以名称用字相同强释为同族"，因为他们之间"没有迹线可寻"。国家民委民族问题五种丛书之一的《布朗族简史》也认为"江汉以南之濮、巴蜀之濮和黔西南等地之濮与……永昌之濮不能混为一谈，因为就语言方面考察，永昌濮是属于孟高棉族系，而江汉以南的川、黔、滇、桂接壤一带之濮却属于百越语系"。《佤族简史》认为"东汉时期居住于哀牢地区的'濮'族，当即后来史书所记载的'朴子蛮'和'蒲人'，也即是佤德语支各族的先民"。以上所引著作认为江汉之濮、永昌之濮，这两者之间尚未探索到其中的必然联系，但章太炎提出的云南顺宁蒲人直到明、清时仍然向中原皇朝贡"短狗"（矮犬）的问题值得重视。又远在春秋战国时期，楚国是"五霸""七雄"之一，与川、黔、滇有较多的政治、经济、军事联系确是事实，楚将庄蹻"王滇"就是一例。此外楚国重要民族苗、瑶，其自称与今日云南一些民族的称谓相近。如苗族自称为"蒙"，与孟、猛近，瑶族自称"勉"，与缅同音，以后《华阳国志·南中志》还把"滇国"称为"滇濮"。因此，笔者认为这些名称相同不一定是偶合，可能与楚国进入云南的军队有关，庄蹻的军队，虽然"变服从其俗"，但他们比当地土著居民先进，甚至居于统治地位，受其影响的可能是较大的。

汪宁生教授认为："把各个地区濮人作为同一种族看待，把他们联系进行统一的研究。这种研究方法是正确的。现在有一种意见认为各地濮人是同名而实异，江汉之濮与西南之濮是完全不同的族。这一点则非我们所敢同意。各地濮人接受内地文化有早有晚，程度有深有浅，加之受地理环境的制约，社会发展程度和文化面貌可以有所不同。但既然同称为濮，应该说在种族上有着共同的渊源。"①

（五）孟获的族属

孟获是古代哪个语系民族人，《三国志》及当时的一些史书未见记载，但因他是滇池区域的大姓，是"夷汉所并服"的领袖人物，后世的彝、傣、蒲人及其他一些民族中，都有孟获是本民族先民领袖的传说。清《一统志》说："孟获城在宁远（今凉山彝族自治州首府西昌）城东二里，孟获所筑。"《读史方舆纪要》也有类似记载。当代也有些学者论证孟获为汉族大姓首领，或为古代彝族首领。然而，在云南说孟获与蒲人有族属关系的记载较其他为多。明时杨升庵所著《滇程记》在蒲蛮哨下记载着："蒲蛮，实孟获之遗种也。"又我国著名地理学家和旅行家徐霞客，在游历顺宁（今凤庆）时，对当地民族作过调查，并在游记中写道："顺宁，旧名庆甸，本蒲蛮之地……土官猛姓，即孟获之后。"续修《顺宁府志》也说：《滇记》《旧云南通志》《一统志》都记载今凤庆城南有孟获村遗址。因此，孟获属两汉、三国时滇中的孟（猛）人是有可能的。

（六）洱海区域的昆明（克仑）人

《史记·西南夷传》载："西至同师以东，北至楪榆（洱海区域）名

---

① 汪宁生：《中国西南民族的历史与文化》，云南民族出版社1989年版。

为儁、昆明。"岑仲勉先生认为:"柬埔寨人自名其国曰 Khmer,在占文碑铭中作 Krir 或 Kmir,占语作 Kur,大食人名曰 Gomar,现时暹罗人习惯写作 Khmer,音读则为 Khamer,越南人称曰高棉;我国则唐代新罗僧人慧超《往五天竺国传》译为阁茂,《旧唐书》《新唐书》译为吉蔑。试参合各国不同的读法,此名在古代汉语得转为 Kuan men,即'昆明'音所写自本,干脆一句话,昆明族是迁转到中南半岛去的。"① 该文又说:"甚至现在,吉蔑系还留了少许人如崩龙(原作'竜')(PaLaung),在云南极西边境。崩龙我认为即勃弄的遗民,《隋书》五三史万岁传,'入自靖蛉川,经弄栋,次小勃弄,大勃弄,至小南中'。《蛮书》五,'白崖谓之勃弄睑',又'(蒙舍)川中水东南与勃弄川合流',勃弄川今礼社江,盖因受他族压迫而避往滇西,亦即是赶不上大队而留落在后的。"前引《中国西南考古》又说:"从大量考古资料,也说明昆明并非源自西北地区的羌人,而是活动于怒江、澜沧江河谷的土著民族。"作者未说明这些土著民族的后裔是哪些民族,但一般都认为是南亚语系民族先民。汉时大理至保山的古道称"博南古道",永平至澜沧江边的山称博南山,永平在东汉时称博南县,也有认为"博南"即"布朗"的谐音。专家学者们的这些研究成果,不论从史籍记载,抑或从考古发掘所得实物的研究方面,都说明滇西广阔的土地上,春秋战国至西汉时都有南亚语系民族先民居住、生活的遗迹。洱海区域的南亚语系民族先民,从考古学上提供的资料说明他们是从怒江、澜沧江河谷往北发展的,这时期远远早于文字记载,而文字记载又提供了他们向南迁移的迹象。再是三国时雍闿、孟获叛乱,诸葛亮平定南中后,因滇池区域和洱海区域受战争创伤,需要尽快恢复和发展生产,其部将李恢曾从永昌迁濮民数千落于云南,以充实云南、建宁两郡。这里提供了南亚语系曾北上洱海区域,后来曾南迁,三国时又认为内迁去从事生产,并且收到实效的资料。《三国志·蜀志·李恢传》说"赋出叟、濮",《三国志·蜀志·杨戏传》说"广迁蛮濮,国用富强"皆是。

---

① 岑仲勉:《据〈史记〉看出缅、吉蔑(柬埔寨)、昆仑(克仑)、罗暹等族由云南迁去》,载中山大学"东南亚历史研究所"编《东南亚历史论丛》第二集,1979 年。

（七）怒江、澜沧江流域的考古发现

近几十年来，云南的民族考古工作取得显著成绩，除滇池区域、洱海区域已在前面提及外，在蒲缥的塘子沟、云县的芒怀、昌宁的八甲大山、龙陵县大花石等地都有重要发现。如：

（1）塘子沟遗址出土了数量可观的角、牙器，品类有铲、矛、锥、棒，以鹿角和麂角加工而成。角铲在我国旧石器遗址中虽有出土，但为数稀少，角矛、角锥则更为罕见。

（2）位于澜沧江中游地区的云县芒怀，发现大量用鹅卵石打制的石器，有钺形、靴形、长条形等，以双肩石斧为其特征，有夹砂绳纹陶共存。这一类型的遗址在澜沧江沿岸的景东、澜沧县的景志、芒亚、芒卡、大水平、安定、丫口等处均有。此外在昌宁、施甸、潞西（今芒市）、龙陵等地都有新旧石器时代有肩石斧的发现。学术界认为这些新石器遗址，与濮人族系先民有较多关系。

（3）1992年，云南省考古工作者又在潞江以西的龙陵县大花石遗址和墓葬进行发掘取得重大成果，出土遗物标本2500余件，有圆形石刻花卉等珍品，还有少量骨器、铜器残片及铸造铜器的石范。另有罐、碗、盆、钵、缸、瓮、豆、纺轮、圆珠及陶片三万余片。陶器纹饰繁缛，火候较高，个别陶片上发现刻划符号，是云南省的首次发现，对研究文字起源有重要意义。这个遗址地层包含物分早晚两期。第三层为晚期，距今约3200年，属青铜时代初期，多有打制双肩石斧和椭圆刮削器，铜器残件，铸造铜器石范等。遗址晚期文化与芒怀文化相类，对研究南亚语系民族的古代社会有重要参考价值。

保山地区的保山、昌宁、龙陵，临沧地区的凤庆等地，自汉晋、隋唐及至元、明，许多汉文史籍都记载着，在这广阔的区域内居住着较多的南亚语系民族，也是古代濮人文化保留较多的地区。昌宁八甲大山发现了"昌宁铜鼓"，其面径41厘米，身高39.8厘米，胸径51厘米，腰径35厘米，足径53.7厘米。鼓面中央有太阳纹，作圆饼突起，无芒。腰部铸有凸起垂直线，将腰分作12格，近足处有凸弦文二道。身有两道合范线。昌宁鼓从冶制技术看，铸造粗糙，器壁有砂眼，铜呈紫红色，锡含量低，

与楚雄大海波铜鼓类似。此外，在昌宁的水冲坑、龙潭山、卡巴洼山出土靴形钺和弧肩半圆刃钺多件，编钟、马鞍形青铜盒和古代铜镜等。这些青铜器为春秋战国遗物，有的特具地方特色，如马鞍形青铜盒则属罕见之物。

二、滇人及昆明人的衰落

前面我们对滇池及洱海区域的孟人、昆明人与南亚语系民族的关系提供一点十分粗略的线索，然而这个线索在汉以后就中断了，根据一般规律而言，当是滇人及昆明人的衰落所致。

从滇池区域考古发现，说明春秋末至汉初滇池区域曾是一个高度发达的奴隶制国家，有很好的青铜冶炼技术。从其具有技术及制造的器物，一些专家学者认为是受到楚文化、中原文化的影响，但有浓厚的地方特色。汪宁生教授说："滇池区域的青铜文化不仅受到邻近地区的影响，也以自己的文化影响了邻近地区。晋宁式铜器近年来在四川、广西、贵州各地都有发现。在古代西南诸省中，云南地区的青铜文化发展程度最高，影响最大。"① 然而这盛极一时的青铜文化突然消失了，究其原因当是社会发生巨大变革造成的，即是汉王朝积极经营西南地区，不惜用武力攻取滇池和洱海地区，导致滇池、洱海区域两大奴隶制集团统治的覆灭。

中原西汉王朝发展到武帝时（公元前 140 年—公元前 87 年），正处于政治、经济极盛时期，对外贸易不断发展，蜀郡以丝织品为代表的优质手工业品，一路要经嶲、昆明地区经腾冲通往印度，一路经昭通分别往滇池区域及南粤。为了这些路线的畅通，促进内地经济文化发展的要求，汉武帝不惜人力物力开发西南地区，令唐蒙修治"西南夷道"，工程巨大，所需人、财、物太多，曾引起朝野上下一些人的反对。到公元前 122 年（元狩元年），出使西域的张骞向汉武帝报告，说他在大夏（今阿富汗）时看到蜀布和邛竹杖，询问到是从印度贩运去的，于是向汉武帝建议打通从四

---

① 汪宁生：《中国西南地区的历史与文化》，云南民族出版社 1989 年版，第 16 页。

川经云南西部通往印度的道路。汉武帝采纳这一建议，派出使者，分头出发，往滇池区域的一路，到滇池区域后，滇王接待了他们，但滇王所辖的势力比较强的劳浸、靡、莫的首领们反对滇王归汉，不肯接受滇王命令，于是汉王朝于元封二年（公元前 109 年）调集巴、蜀兵数万，打败劳浸、靡、莫这些势力，兵临滇池，滇王降汉，"请置吏入朝"。汉王朝在滇池区域设立了益州郡，仍继续由滇王统治，并赐予"滇王金印"（今原件珍藏于国家历史博物馆）。派往洱海区域的使者，受到昆明部落酋长和奴隶主贵族们的阻止，也没有达到目的，所以到滇池区域设郡后，汉王朝又派郭昌于元封四年（公元前 107 年）和元封六年（公元前 105 年）两次出击昆明，但仍未迫使昆明人归降，因为史书记载"后数年，复并昆明地"，大约是公元前 2 世纪末昆明人才归附汉朝的。

公元前 2 世纪末，西汉王朝用兵取得了滇池、洱海区域的统治权，设立了益州郡，领 24 县，即滇池（今晋宁晋城）、双柏（今双柏、新平、易门一带）、同劳（今陆良县西）、铜濑（今马龙）、连然（今安宁）、俞元（今澄江、江川、玉溪）、牧靡（今寻甸、嵩明）、谷昌（今昆明）、秦藏（今禄丰、罗次、富民）、邪龙（今巍山）、味（今曲靖、沾益）、昆泽（今宜良）、楪榆（今大理、洱源、鹤庆、剑川）、律高（今弥勒）、不韦（今施甸）、嶲唐（今保山）、云南（今祥云）、弄栋（今姚安）、比苏（今云龙）、贲古（今蒙自）、毋棳（今开远）、胜休（今通海、石屏）、建伶（今昆明），包含今日云南的绝大部分地区。汉王朝是高度发展的封建国家，他所设郡县实际上是替代了原来那些大大小小的奴隶主贵族的统治，一批批朝廷命官，大量的留守军队又给当地增加负担，侵犯了奴隶主们的利益，又引起奴隶主们的反抗，汉王朝又派兵镇压。《汉书·昭帝本纪》说"始元元年（公元前 86 年）益州廉头、姑缯，牂牁谈指（今贵州晴隆）、同并（今弥勒）24 邑皆反，遣水衡都尉吕破胡募吏民及发犍为、蜀郡奔命击益州，大破之。四年（公元前 83 年）冬遣，大鸿胪田广明击益州。五年（公元前 82 年）秋，大鸿胪广明军正王平击益州，斩首捕虏三万余人，获畜产五万余头"，这些大规模的征伐，给滇池、洱海区域的奴隶主们以重大打击，极大地消弱着他们的势力，也给人民造成巨大的创伤。又王莽天凤元年（14 年），益州郡反抗，首领若豆（僰人）、孟迁

（可能是腊人），他们起兵，杀了益州大尹程隆，王莽派"平蛮将军冯茂击益州，冯茂被起义人民困了三年，士卒战死、饿死、病死的达十之六七。王莽只好将冯茂调回，下狱处死。天凤三年（16年）王莽又派更始将军廉丹和史熊"大发天水、陇西骑士，广汉、巴、蜀、犍为吏民十万，转输者合二十万人"，王莽想尽快战胜胜僰人为首的反抗，便把胜休县改为胜僰县了。但廉丹同样被困了三年，王莽只好调回廉丹，另派大司马护军郭兴等率兵进攻滇池区域，但始终没有把反抗暴政的人民镇压下去，王莽在灭亡前夕下诏"大赦天下"，但就是不赦免若豆和孟迁。

以上所述从汉武帝元封二年（109年）到王莽地皇四年（23年）近一个半世纪的军事占领，设置郡县（改奴隶制为封建制），地方奴隶主贵族们的武装，中央王朝大规模的征讨致使云南的滇、昆明残破不堪了，原来的部落民族关系，居住区域发生巨大变迁是必然的。

从元封二年（109年）天子发兵击灭劳浸、靡、莫，《史记·大宛列传》也说："汉发三辅罪人，因巴、蜀士数万人，遣两将军郭昌、卫广等，往击昆明之遮汉使者，斩首数万人而去。"又滇西的"姑缯、楪榆复反，令吕辟胡将郡兵击之"，吕辟胡军被击溃，溺死者就有四千余人，可见当时戍守益州郡的士卒是相当多的。又王莽"遣宁始将军廉丹与庸部牧（益州刺史）史熊，大发天水、陇西骑士，广汉、巴、蜀、犍为吏民十万，转输者各二十万击之"。《后汉书·光武纪》说"建武十八年（42年），夷渠帅栋蚕与姑复、楪榆、弄栋、连然、滇池、建伶、昆明诸种反叛，杀长吏，益州太守繁胜与战而败，退保朱提。十九年（43年），遣武威将军刘尚等发广汉、犍为、蜀郡人及朱提夷合万三千人击之。尚军遂渡泸水入益州界，群夷闻大兵至，皆弃垒奔走，尚获其羸弱谷畜。二十年（44年），进一步与栋蚕等连战数月，皆破之，明年（45年）追至不韦（保山），斩栋蚕帅，凡首房七千余人，得生口五千七百人，马三千匹，牛羊三万余头，诸夷悉平"。这么多的人进入滇池、洱海及永昌区域，除部分于战事结束后调之外，自有相当部分驻屯留守。这些军屯势力，集中住居，久而久之，便成了大的势力集团，三国时的李恢、雍闿可能就是这样发展起来的汉族大姓，孟、爨氏，当是当地少数民族首领形成的大姓。《南中志》载：诸葛亮征服南中后，有"焦、雍、雷、爨、孟、董、毛、李，置五部都尉，号五子，故南人言四姓五子也"。除了戍守军外，封建统治阶级为了解决士卒的给养，从内地运军需物资代价太高，他们常组织"商屯"，让商贾们到边地组织生产粮食等军需物资，在内地付给商贾货币，也有是"募丁奴婢赎罪"来屯垦，有计划有组织地进行移民，抑或因其他原因而来的移民。内地来的士卒、百姓，他们使用的兵器及生产工具都是铁、钢制造，而不是青铜，他们的宗教信仰与滇人不同，因而滇人的青铜剑、锄成为落后的武器和工具而被取代了。或许更为重要的原因在受到汉朝军事力量的重大打击后，创造这一青铜时代的主人迁离了，今日通海西汉时称为胜休县，前面我们已指出这里原来的居民是休腊人，而到王莽时这里的主要居民已不再是休腊人而是僰人了，当僰人首领造反时，也企望战而胜之，故改为胜僰县，这一事实也说明一些问题。再是到三国时尚有一定实力的孟人后裔如孟获、孟琰这些人也被诸葛亮采用调虎离山办法，将他们的部曲（主要势力）调往成都去安置，剩下的老弱成员则并入其他大姓。孟人势力衰落，盛极一时的青铜时代随着孟人的衰落而消失了，两晋至隋在滇池区域发展起来的东爨、西爨，他们是羌语系民族，不崇拜蛇而崇拜虎，铜鼓也不是他们的神器，孟人的原始宗教信仰也在滇池区域消失了。

三、茫蛮部落及金齿国

在古代滇池、洱海区域有较多的南亚语系民住居，社会发育层次较高，春秋战国时他们建立了比较发达的奴隶制国家，但这个被称为"滇"的国家，随着汉朝益州郡设置而渐渐退出历史舞台了，滇西昆明人的势力也削弱了，但在今保山、德宏、临沧、思茅、西双版纳、玉溪南部、红河等地尚有较多的人口住居。

西晋元康末（299年），永昌大姓首领吕凯（因效忠蜀国，被封为云南太守）的孙子被封为永昌太守，但刚上任便有"闽"（缅）、"濮"（布朗、佤、德昂）先民起来造反，把吕氏家族驱逐到永寿（今双江、耿马一带）。

隋唐时期，永昌等地"濮"人，发展成了一个具有部落联盟或国家雏形的政治集团，樊绰《云南志》《旧唐书》《新唐书》称他们为"茫蛮部落"（孟人部落），他们拥有今日保山、德宏、临沧等大片土地。茫人部落以"茫"冠于小部落之首，如茫天连、茫吐薅、茫鲊、茫盛恐、茫昌、茫施等。同时，根据史书记载，在茫人居住区域还有缅、越、剽等民族居住，多民族间相杂处，部落成员中不可避免地会加入其他民族成员的成分，而这些部落有固定住地，以农为本，反映出他们已超越了血缘部落阶段，而发展到地缘部落阶段。

南诏（738—902 年）崛起，茫人部落住地为南诏势力控制，茫人成了南诏国的属民，南诏组织他们参战，唐咸通三年（862 年），南诏调往安南（今越南）与唐朝士卒作战的士卒中就有茫人，故樊绰《云南志》载："咸通三年十二月二十一日，亦有此茫蛮于安南苏沥江岸聚二、三千人队。"南诏后期，茫人的势力有所发展，茫人部落中的"金齿"（以金饰齿而得名）支系崛起，依靠茫人的实力，摆脱了南诏和大理国的控制，建立了自己的区域统治，元代史书称它为"金齿国"。

（一）金齿区域的居民及金齿民族

《元史·地理志》在记载金齿地区的居民时说"金齿……土蛮凡八种：曰金齿（蒲人）、曰白夷（傣族）、曰僰（白族）、曰峨昌（阿昌）、曰骠（古代骠国的建立者）、曰缥（傣族中被称为小白夷部分）、曰渠罗（音与基诺近）、曰比苏（傈僳）"。这说明元史记载的金齿国是一个以金齿民族为首建立的多民族国家。

《元史·地理志》记载的这些民族，在今日的保山、德宏、临沧、思茅、西双版纳诸地州内仍有他们的继承者。但在今日的民族中谁是金齿的继承者，过去许多著作认为是傣族，至今还有些著作认为是傣族。其实《元史·地理志》中对古代傣族先民"白夷"（又称大白夷）、缥（小白夷）记述明确，只有当时居民人口最多，政治、经济发展较快的"蒲人"（孟人、莽人）未用"蒲人"而用其俗称"金齿"记载。《元史·地理志》的记载也是十分明确的。如说"按唐史茫施蛮（茫蛮之一部）本开南（景东）种……或漆齿，或金齿，俗呼金齿蛮"。这明确说"金齿"即是"茫（孟、莽）人"，是南亚语系民族先民。

　　这里有一个值得进一步探索的问题是，傣族称各民族为"谢（汉）、亢（阿昌、景颇）、养（克伦、崩龙）、傣（傣族）。傣族是在元朝残酷统治金齿之后，代之而起的民族，在他的语言里未提"金齿"而是称他们为养，如今日梁河，旧称勐养，罗卜坝亦称小勐养，这些地区过去都是德昂人住居，新中国成立初进行民族社会历史调查时，潞西轩岗坝（今芒市轩岗乡）的一些傣族老人还称原住此地的德昂人为养子。傣族为什么称德昂人及现今居住在缅甸的克伦人为养，尚不清楚，但却提供了这样一个线索，这个养人与茫人（蒲）有密切关系，他们是以茫人为基础并融合了较多的缅语支系人口的一个民族，今日德宏州的德昂族中的汝买部分，其语言差别就大些，有较大可能是从缅语支系民族中融入的。住居缅甸的克伦人，直至今日，傣族仍称他们为"养"，不过居住在缅甸的克伦人与德昂却有了很大的不同，他们受缅文化影响较多，他们中已融合了较多缅人，语言中吸取了较多缅语成分，或主要是操缅语了，但他们的基本特征依然存在，如"平原克伦多与孟族人的脸形相同"①。

（二）卡细先玛麻的族属

　　"卡细先玛麻"系傣语，见《傣族社会历史调查·西双版纳之七》，这是50年代后期进行民族调查时，调查对象常提到的词，土司的家谱中也有提及，曾译为"四十万兵马"的大国，或译为"四十万马鞍"的部落（或民族）。"卡细先玛麻"在今"西双版纳景洪市的勐养、勐龙、勐景洪、勐罕、景讷、勐旺，勐海县的勐海、勐混、勐宋、勐遮、勐往、勐康、勐阿、勐版、景洛，以及与上述县市毗邻的缅甸掸族地区（主要是景栋地区）。这些地区的傣文抄本中，都把"卡细先玛麻"描述为是个十分强大、善于骑射、勇猛善战，颇有几分神出鬼没色彩的族群""其族属乃是今日操孟高棉语佤德语支的佤族、布朗族、德昂族等先民，其后裔在今天的西双版纳主要是布朗族和佤族，以及未定族称的"昆格（欢格、空格）人。"② 元李京《云南志略》载："蒲蛮，一名朴子蛮，在澜沧江以

---

①　秦钦峙、赵维扬主编：《中南半岛民族》，云南人民出版社 1989 年版。
②　朱德普：《卡细先玛麻族属探析》，《中央民族大学》1998 年第 4 期。

西。性勇捷，长为盗贼。骑马不用鞍，跣足，衣短甲，胫膝皆露。善用枪弩，首插雉尾，驰突如飞。"这些记载与傣文记载多类似。

（三）金齿国

金齿国是以金齿民族（茫人）为基础建立的国家，其强盛时的疆域比较广，《元史·地理志》载："澜沧江界其东，与缅地接其西""沱江州（今越南山西省、富寿省一带）地接金齿"。拥有今日保山、德宏、临沧、普洱、西双版纳全部及缅甸北部、老挝北部、越南西北的部分地区。据《马可·波罗游记》载：金齿"其俗男子尽武士，除战争、游猎、养鸟之外，不作他事，一切工作皆由妇女为之，辅以战争所获的俘奴而已"。《元史·缅传》也记载，大德三年（1299年）缅甸派往元朝纳贡的使臣曾向元朝皇帝诉说："其部民为金齿杀掠，率皆贫乏，以致上供金币不能如期疏纳。"以上事实反映出宋元时金齿（蒲人、克伦）的成年男子组成了专为维护奴隶主贵族利益的武装力量，并利用奴隶进行生产，与古代滇人相似，它是一个奴隶制国家。

公元1253年元朝军队进入金齿区域，战胜了金齿奴隶主贵族，取代了金齿奴隶主贵族的统治。金齿民族的一些首领归附元朝，与德昂民族有直接关系的主要是，茫施（今芒市）部落酋长阿利，被元朝封为"茫施长官司长官"，千崖（干崖）阿禾被封为"千（干）崖总管"。对那些不愿归附或已归附后又反叛的，元朝曾多次派重兵征剿，直至金齿势力全面瓦解，元末明初，傣族麓川思氏兴起，麓川统治区内的金齿民族成了麓川王国的属民。

四、古代孟人的军事活动与兵器

（一）军事活动

20世纪50年代，云南省博物馆在滇池区域发掘了滇王族墓葬遗址，出土大量的青铜器物，青铜器物上反映的蛇崇拜与孟高棉人崇拜蛇精相吻合，又从文献记载上也可找到滇池区域曾经有较多孟人住居的线索，这一点我们在前面已有提及，在这里需从军事方面作些考察。

从青铜实物所反映出的滇人社会，学术界都认为是个较发达的奴隶社会，有些战争场面塑造的就是武士正在战斗的情景，他们胯下骑着飞奔的马，右手持剑，左手提着人头，战场上尸横遍地，真实地再现了当时滇人从事奴隶活动主要是围绕掠夺奴隶和保卫奴隶制的生存进行的。而与他们长期为敌的可能是滇西的"昆明人"。

三国时孟人的著名领袖孟获，当时在建宁（今曲宁）、楚雄、滇池区域（益州）颇有声望，曾与雍闿共同起兵叛蜀，当雍闿被叟帅高定杀后，他统帅云南各路叛军与蜀对抗，继续与蜀军战斗，经多次战斗失败后才归降诸葛亮。

西晋时，永昌濮人与缅人一起反抗永昌太守（吕凯的孙子），并把他的势力逐出永昌，使之被迫迁往双江一带。

南诏征服了澜沧江以西的各民族后，多征调蒲人参与作战，据《云南志》（《蛮书》）载："通计南诏兵数三万，而永昌居其一。"又《云南志·城镇第六》载："自澜沧江以西，越赕朴子，其种并是望苴子。俗尚勇力，土又多马。"该书"名类第四"又说："望苴子蛮，在澜沧江以西，是盛罗皮所讨定也。其人勇捷，善于马上用枪，所乘马不用鞍，跣足，衣短甲，缠蔽胸腹而已，股膝皆露。兜鍪上插牦牛尾，驰突若飞，其妇人亦如此。南诏及诸城镇大将出兵，则望苴子为前驱。"唐咸通三年（862年），南诏进攻唐朝驻安南（今越南北部）守军，"亦有此茫蛮于苏沥江岸，聚二、三千人队"。从这些记载看，唐时的"茫蛮""朴子""望苴子"这些集团的战斗力是很强的，在南诏开城掠地过程中，常为南诏军队打先锋。

唐末至元朝军队征服金齿区域前，以茫人为主建立的金齿奴隶制国家，有常备军，其成年男子都编入军队，主要任务是从事掠夺与维护奴隶主政权的战争，当时缅人的一些部落也常受其侵害。

元朝军队进入金齿区域后，金齿民族首领多归附，但"叛服不常"，常与元军作战，元军则凭借其军事实力，对金齿大加征伐。如"宪宗甲寅（1254年），大将兀良告歹（兀良合台）专行征伐，金齿内附"；至元五年（1768年），（爱鲁）"从云南征金齿诸部，蛮兵万人绝骠甸道，击之，斩首千余级"；至元七年（1271年），"征金齿骠国五部未降者，破其二部，余三部降"；至元二十年（1283年），"以万户不都蛮镇守金齿"；至元二十一年（1284年），"四川省言，金齿遗民尚多未附，以药剌海将探马赤军二千人讨之"；大德五年（1301年）八月甲戌，"遣薛兀超儿将兵征金齿诸国"等。元军进入金齿后，金齿民族的一些势力仍不断地与元军作战，而又屡遭元军的征讨屠杀，损失惨重。

这时期德昂先辈的武装除屡受元军的摧残外，也常受缅人的攻击。"至元十二年（1275年）四月，建宁路安抚使贺天爵言，得金齿头目阿郭之言曰：乞解脱因之使缅，乃故父阿必所指也。至元九年（1271年）缅王恨父阿必，故领兵数万来侵，执父阿必而去，不得已厚献其国乃得释之"。又"十四年（1277年）三月，缅人以阿禾内附怨之，攻其地，欲立砦腾越、永昌之间"。缅人这次进攻千（干）崖总管阿禾，由于得到元军和大理段氏总管军队的救援，战胜缅军，使缅军受重创。（见《元史·缅传》）但总的说来，德昂先辈在与缅人的军事斗争中处于劣势；清乾隆三十二年（1767年）十二月"明瑞奏：大兵出木邦交界，经过大山所属波龙（崩龙）等处，土司头目均极恭顺，并称伊等被缅蹂躏，不能为敌。"（《乾隆东华录》）

元代后期，麓川思氏兴起，渐征服附近地区和民族，李思聪《百夷传》载："至正戊子，麓川土官思可法，数有事于邻境，诸路以状闻，乃命塔失把都鲁为帅讨之，不克而旋，遂乘胜并吞诸路而有之，乃罢土官，以各甸赏有功者。"德昂先辈首领所辖的"茫施长官司"及千（干）崖总管之地均归思氏版图。思氏在北进攻取保山、耿马、施甸、昌宁时，都征调德昂先辈参战。明朝，"三征麓川"（1438—1449年）后，原麓川王国地区分别设立若干宣抚使司、安抚使司及长官使司等。德昂先辈亦分隶各土司。这些土司接受朝廷封号，向封建王朝纳贡，但仍有独立性，有自己的特点。由于德昂族主要住地多属中缅交通要道，为保证过往客商安全，封建朝廷也利用居住交通要道附近的民族的政治、军事力量来维护秩序，如清代，陇川县的护国、邦瓦、章凤，瑞丽县的雷弄，潞西县（今芒市）的贺幌等地德昂族首领曾被封为"千总""把总"，由他们负责辖区商旅安全，道路畅通。清朝颁给贺幌千总的银顶武士帽，直到1985年还保留在其后裔手中。

明清时，德宏州系傣族土司当政时期，居住潞江沿岸勐板和勐牙地区的德昂族先辈，因不堪芒市土司的压迫剥削，组织武装反抗。芒市土司派兵镇压，起义军奋力拼杀，土司兵几乎全被消灭。又到了清嘉庆十九年（1814年），潞西轩岗坝（今芒市轩岗乡）等地的德昂族，又起兵反抗傣族土司，这次武装起义有一定规模，土卒英勇奋战，芒市土司的力量已无法抵御起义军，后来是借助了勐戛汉族地主武装、其他土司武装、景颇族部落酋长（山官）的势力，他们联合起来，前后夹击，这时起义军在四面受敌的情况下，仍顽强拼杀，在遭到重大损失后，才被迫撤离。纵观德昂古代军事活动，他们的英勇善战是名不虚传的。

（二）兵　器

战争是离不开武器的，但德昂先民们在什么时候发明、使用什么样的武器，从文字记载中是看不到的，然而沧源崖画却给我们提供了最早的实物图画。沧源崖画主要分布于沧源佤族自治县，其他在耿马傣族佤族自治县，双江拉祜族佤族布朗族傣族自治县境内有分布。据考古工作者研究认为，沧源崖画是古代民族"孩童期"的作品，就中国古代崖画而言，其年代也是比较古的，据碳十四测定，它具有近三千年的历史。三千年来，在怒江、澜沧江流域的大片土地上，由于民族迁徙和互相融合，发生了巨大变化，虽然如此，但不难看出这些崖画区域在古代是云南濮人、茫（孟）人聚居区，因此，沧源崖画提供的资料，对于了解佤、德昂民族的原始兵器是很有价值的。

从崖画的一些图像反映，可看出古代德昂族先民们，远在三千多年前就已使用木棒、弓、箭、矛、盾这些武器，当然就早期来讲，这些武器主要用于狩猎获取野兽的，我们在崖画中看到当人们在使用它时主要在狩猎场合，其次在舞蹈场合。最原始的可能是木棒，在此基础上发展成原始标枪或长矛，沧源丁来崖画脚的新石器遗址出土一枚打制的石矛头（或标枪头，这类器物是后世青铜矛头和铁矛头的前身），它是用固定在木棒一端用来刺杀野兽及对付敌人的。而且在图像中已有金属矛的模样。见图1右上角第二人手持的类似金属三须叉。

图1　崖画中持矛者（左）与青铜矛（右）比较①

一种被简单地画成半圆形，两端连结一线作弦，手与弦中画一线作箭，箭镞有几种形式（见图2）。

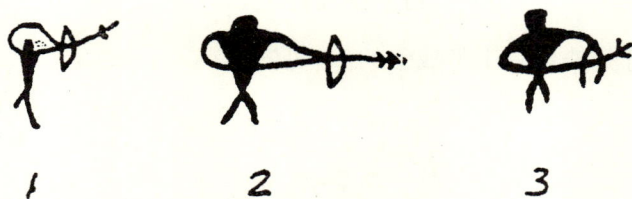

图2　箭镞的几种形式②

这种武器，有学者认为是弩，有学者认为是弓，而史书记载也不尽相同，唐代樊绰《云南志》说："朴子蛮，勇悍趫捷……善用泊箕竹弓，深林间射飞鼠，发无不中。"元代李京《云南志略》说"蒲蛮……善用枪弩。"这些武器多用于狩猎，获取食物。（见图3）

① 采自汪宁生《云南沧源崖画的发现与研究》，文物出版社1985年版，第52页、75页。

② 采自汪宁生《云南沧源崖画的发现与研究》，文物出版社1985年版，第73页。

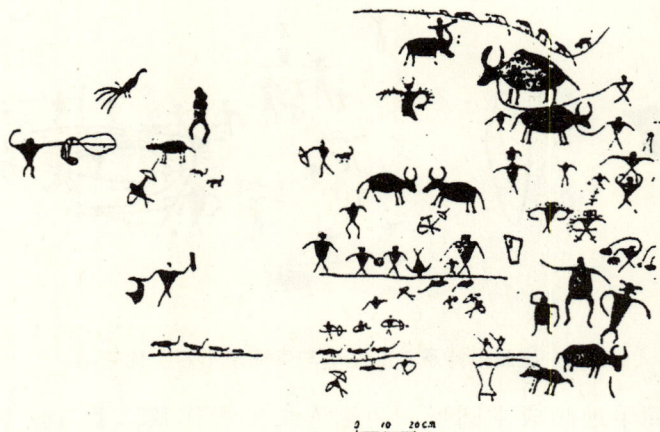

图3　用枪弩狩猎①

武器除狩猎外也有用于战争的。（见图4）

图4　武器用于战争

据汪宁生教授分析，人群之中有持弩而射者，又有倒地而死者（侧绘人形），而无任何动物夹杂其间，除了战争以外，不太可能找到其他更适当的解释。

再是进攻与防守的武器也出现了，如一人左手持盾，右手持木棒或短矛。见图5盾牌的两种形式。

图 5　盾牌的两种形式①

　　到了春秋末至西汉时，滇人和滇西的"昆明"人，已进入发达的青铜时代，铜戈、铜矛、铜剑（长剑、短剑）、铜斧、铜钺都大量制造并用于战争，"昆明人"的青铜武器中有一种钺（有的称为斧）是从澜沧江流域的双肩石斧演化而来，说明他们之间有一定的继承关系。而凤庆、昌宁长期以来是濮人聚居地，昌宁达丙历来是蒲人的重镇之一。这里出土多件青铜兵器。见图6、图7、图8、图9、图10、图11、图12：

图 6　青铜兵器 1

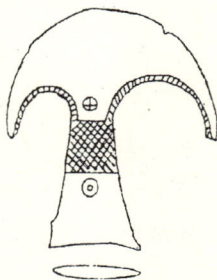

图 7　青铜兵器 2

刃新月形，两月牙弯为钩状。原件高22厘米，刃宽19厘米，椭圆形銎，长11.5厘米，内径7.6厘米，束腰。饰方格几何纹及圆圈，其一圆圈内有"十"符号。刃部有缺口，似使用之残痕。

---

　　①　采自汪宁生《云南沧源崖画的发现与研究》，文物出版社 1985 年版，第 53 页、75 页。

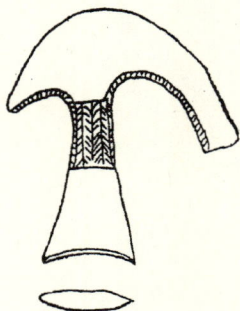

图8　青铜兵器3

刃口呈不对称形，其一角为尖状。一角为平口原件高21厘米，刃宽12厘米。椭圆形銎长11厘米，内径1.7厘米。束腰。饰麦芒纹。

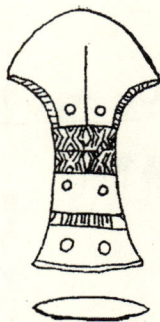

图9　青铜兵器4

刃圆形。原件高21厘米，刃宽12厘米，椭圆形銎，长11.5厘米，内径1.7厘米。束腰。饰条纹、菱形纹及三排对称的圆圈。

图10　青铜兵器5

形如新月状。刀长40厘米，銎长11厘米，刃最宽处达8厘米，銎眼大6.5厘米，两刀的纹饰极为简单古朴，刀叶一面边缘，有0.5厘米宽的阴刻文饰两条，似兰花叶，柄部两面铸有象人脸图案和方格纹饰。

图11　青铜兵器6

图12　青铜兵器7

（以上图6至图10，采自《云南文物》第19期李淳信《昌宁达丙发现的青铜器》，张绍全《昌宁又出土两件春秋战国古兵器》两文。图11、图12摄于昌宁文物室。）

隋唐时，其武器与南诏略同，铁制钺、斧、长矛、剑、弓、弩皆有了，直至宋、元、明时仍是德昂先民们的主要战斗武器，史书说他们"善用枪弩"。明正德年间，进行"三征麓川"，大批武器先进的军队进入永昌（保山）、德宏地区，先进的武器也随之而来，但到清嘉庆时，潞西（今芒市）德昂族武装反抗芒市土司时，仍以大刀、长矛为主要武器，使用了少量火药枪。近代，步枪是帝国主义侵略我边疆和清政府为边防需要而配备给土司、守备和边防哨卡的。数量多且比较先进的则是抗日战争时期，由日军和我国抗日军队带入的，主要是日本和美国制造的步枪、机枪、炮等。

五、茫人部落的行政机构

樊绰《蛮书》（云南志）载："茫蛮部落并是开南杂种也。茫是其君之号，蛮呼茫诏。从永昌城南，先过唐封，以至凤蓝苴。以次茫天连（今孟连），以次茫吐薅（勐统）。又有大赕、芒昌（今龙陵勐昌）、芒盛恐（今耿马）、茫鲊、茫施（今芒市），皆其类也。"又"弯城南至摩些乐城，西南有罗君寻城。又西至利城，渡水朗阳川（南养河，今龙川江），直南过山至押西城，又南至首外川，又西至茫部落"。这里的"茫部落"应指陇川、盈江境内的"茫人部落"。樊志所纪茫人住地，与蒲人（包括布朗、佤、德昂）住地相一致。隋唐时的茫人部落已是社会经济比较发展的地缘部落，每个部落拥有一片较大的地域，而且是多民族杂居了。部落酋长所辖村社增多，兼有其他民族村寨杂处其间，酋长已不再直接管理村社，而在部落与村社之间设立了二级行政机构，分别管理。这个机构的名称叫"千"，汉文又写作圈、喧、牵、谦、铅、轩等，皆源于蒲人语。千，一般由三五或七八个村落组成，相当于傣族土司下的甽。千设有头目管理，有事向酋长报告，执行部落法规。保山《都鲁凹纪略》碑载："自万历十九年（1591年），蒋土舍缺少运粮银两，将三十一份大典田典与侯国贤，实典价银六百两，侯姓又典与潘文相。于康熙十六年（1677年），潘姓就以田骗山，将（山）场霸占，有牵（千）官王贵荣报知土舍，土舍央人在中讲理，验明契据界址。"这里称"千"的头目为"牵官"。将"千"写作"喧"的，如保山县就有崩戛喧、古里喧、蛮雷喧、蛮云喧、早纳喧、西牙喧、喇仑喧、上蛮阳喧、下蛮阳喧、上敢顶喧、下敢顶喧、昆广喧、荡习喧等。澜沧县有"谦六""谦迈"，凤庆有"习谦"（也有的写作铅），西双版纳有"圈糯""圈勒"，写作"轩"的有潞西（今芒市）"轩岗""轩蚌"等。盈江，过去习惯上称他为"干崖"，史书也多写作"干崖"（也有写作千崖的），但"干崖（额）"系"千崖"的误写，因为元朝设置的"千崖总管阿禾"系德昂人，"千"是茫部落的一级行政机构，凡是茫人部落住居过的地方都能找得到它的遗迹。查阅明史，便可佐证。

1.《明实录》永乐七年（1409年）元月壬戌"云南千崖长司长官刀木永等遣头目刀放三等贡方物，赐之钞币"。

2.《明实录》宣德二年（1427年）九月乙巳"置云南都司金齿军民指挥使司……千崖长官司雷弄驿丞一员"。

3.《明实录》正统九年（1444年）六月癸未，"升云南南甸州及千崖长官司俱为宣抚司……千崖长官刀帕硬为千崖宣抚"。

4.《明实录》弘治四年（1491年）八月庚戌"先是千崖宣抚土司刀帕开卒……"

5. 元《经世大典·征缅录》载："遣金齿千额总管阿禾探得国使已达缅。""明日追之至千额，不及而还。"又从盈江县档案馆收藏的、由中央封建王朝颁发的"印"中就有"千崖宣抚司印"（见图13）和"腾冲府干崖宣抚司之印"（见图14），而这两方印的制作年代尚不清楚，但从历史发展角度看，"千崖宣抚司印"要早于"云南腾冲府干崖宣抚司之印"。茫人的基层组织仍是村社，茫人语言称为"邦"，也有写作"班""榜"的。临沧地区的凤庆县，历史上是蒲人的聚居区，土知府猛庭瑞明万历时被诬下狱，明朝借机进行改土归流，直到清光绪时，将近三百年历史，汉文化已占主导地位，地名基本汉化，但光绪三十年（1904年）刊印的《续修顺宁府志》里仍保存着许多蒲人的村名，如邦盖村、大邦卡村、小

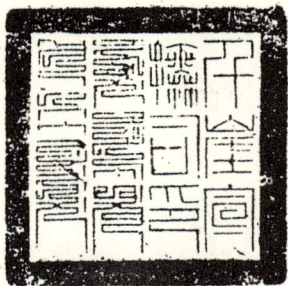

图 13　千崖宣抚司印

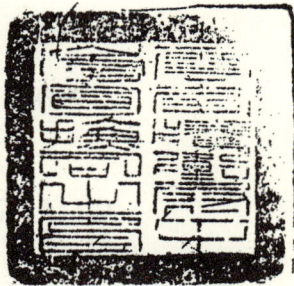

图 14　云南腾冲府干崖宣抚司之印

邦卡村、小邦控村、大邦控村、邦禄村、邦谷村、邦旧村、邦歪村、邦淇村、邦卡村、邦抗村、邦挖村、邦撒河村、邦别村、邦糯村、邦洪村、邦信村等。在德宏州德昂人的地名有邦宛、邦匹、邦点、邦瓦、邦岭、邦外、邦别、邦角等，龙陵有邦迈、邦读，镇康也有邦姓等等。写作班的有班洪、班老、班弄等，其他在老挝、泰国等地也有许多类似的地名参考。德宏州的邦杭山、邦领山、巴（邦）达山，凤庆的邦偏山、邦帕河、邦内河这些名称，也带有蒲人语言的烙印。据谢远章研究员的看法，德宏傣族地名的"芒"（西双版纳写作曼），从其发音看可能是来源于南亚语的"邦"。

（原载德宏史志编委会办公室编《德宏史志资料》第十九集，1999 年3 月）

德宏德昂族遗址拾零

一、潞西（今芒市）遮放莫列遗址

过去曾多次听到，莫列是崩龙人的重要遗址，但未亲历其境，今得州文化局杨中德同志的帮助，并和潞西县（今芒市）文化馆刀保镗、朗自样等同志一道，于 1983 年 6 月 7、8 两日对莫列遗址作了粗略考察，并向部分群众作了简单访问，作扼要记述。

莫列（傣语音译，意为炼铁厂），位于潞西县遮放坝（今芒市遮放镇）尾龙川江西岸的雷列（傣语音译，意为铁矿山，海拔 1400～1500 米）山麓，这里现属潞西（今芒市）、瑞丽、畹町三县（镇）交界地，过去是崩龙族的一个居民点。据说崩龙族在此定居时，坝子尚无其他民族居民，后来崩龙寨子多了，以莫列为中心，沿山势向两边及半山伸展，到了清代后期尚有 40 多个寨子。即芒广、芒养、芒旦、芒弄们、芒棒、贺幌、芒戛、探掌（象塘）、弄相、过熊、广黑、雷列、莫列、唐列、广母、拉腊（佛脚印）、喊等、帕贺、邦谷、广外、芒乱、南岭喊（金水槽）、邦献、邦别、允外、信弄、邦广、帕戛、雷润、蚌先、广相、邦中、允冒、广董、达弄、广瓦、屯梦、广店、芒岗、金们、毛桨、广汉等。这里在明清时曾呈现过一代繁荣。群众传说，这里有两个集市，一在芒养，芒养的崩龙人用草甘蔗生产的红糖远近驰名；另一在芒戛，傣语又把这一区域统称为允遮列（意为首领住的铁城），老人们说，其繁荣景象远远超过芒市土司所在地，繁荣的遗迹，目前从拱母基座、佛寺石脚、石头道路等方面尚见其梗概。

（一）拱母（塔）

莫列拱母。从莫列旧址（瑞丽农场莫列分场二队，原为部队，后改为学校）背后爬山，这条路近，但坡陡，接近山顶有一村寨遗址，称为"喊等"（傣语"喊"为金，"等"为堵住之意），因接近山顶，水贵如金，人们都希望把水堵起来不让流走，因此得名。由此遗址再上一程，到达拱母遗址处，总共爬山一小时四五十分钟。这里现存四个拱母基座，大的一座直径约4.5米，中等的约2米，小的约1米。这些拱母已被盗掘，据说盗掘者为农场四连二队的几个工人，带头的是一个外号叫老黑麦的人，个别队干部也参与（另一说是陇川来此放牛的）。盗掘人曾从侧面向塔基座中心挖掘，撬出许多砖，有的曾用炸药炸过，最后他们又从主塔南侧斜掘一口大约1米，深约1.5米的洞，找到一石盖板，打坏一块撬出，恰恰掘到"十"字通道中心，直径约60公分的圆坑。此坑向四周有两层通道。上层通道东西向宽五六十公分，高七八十公分。底层通道为南北向，高宽略与前同。从底层通道底部至石盖板的距离为3米，距地平面约4.5米。从这种情况看，盗掘者于去冬今春已从这里盗走文物、财宝。盗走些什么宝货目前尚不知道。洞外有被抛弃的木雕涂金佛像五六具，已残缺，另有一个被打碎的佛爷骨灰陶罐（残片不够，难以复原），罐中有骨灰、木炭和许多豌豆一样的白石子，全部倒在洞口北侧。火葬罐形如无耳土锅，直径约1市尺，高约5市寸，其土质细腻，黑色，底部厚仅2毫米，口部厚8毫米，外表光滑精致。底部外面涂有饼状银粉。罐上有竹篾编，多层漆的盖子，竹篾已腐朽，但与漆接触部分清楚看到。

拉里拱母。位于拉里一小山丘上，东南方向为龙川江，西北方向为戛中至瑞丽新公路。距拉腊（佛脚印）遗址仅2千多米，由农场二队景颇族工人早昆带领去看，此塔基座为一主塔，四小塔，已全部挖掘，据早昆谈，他在这里拾着一圆锥形的白玉石，高约10公分，底部直径为三四公分，并说老黑麦得着一个高约1市尺，直径为八九公分的红色宝石（可能是红玛瑙）。除已掘几个拱母外，尚有一座是近几天才被掘的，挖掘选择与莫列拱母最后一次成功的盗掘一致，或许是一伙人，洞已掘一人多深，但未找到底部通道，故在洞侧的砖上划着"命苦"二字，粪箕还在洞中，

云南文库·学术名家文丛

旁边大青树下有火塘、竹水筒，是他们休息、煮饭、喝茶之地，他们还会继续去盗掘。

芒棒、贺幌两座庄房中有 6 尊小空心银佛，高的十七八公分，矮的仅七八公分，即从这些人手中购来。

这些拱母的建筑年代不详，其形式基本上是方座圆葫芦顶形塔，建筑材料主要是红砖，砖长 28 公分，宽 14.5 公分，厚 7 公分。也有少数青砖，长约 27 公分，宽大头为 24 公分，小头为 21 公分，厚 8 公分，还有一些砂石砖，即用质量轻、有空隙的砂石砍削成的长方块，砖与砖之间用石灰粘接，塔的外表有部分用砂、石灰、糯米浆混成砂灰涂过，并刻有花纹，但未发现有文字的遗物，这些建筑可能是明代中期至清初期建造的。拉里拱母比莫列拱母的时间要早些。

拉腊（佛脚印）属瑞丽县姐勒的木里，靠龙川江西岸（这里也是崩龙族的一个佛教中心），据瑞丽县文化馆管有成同志介绍，有一温泉，旁边即是崩龙的佛寺，佛寺早已倒塌，尚存一大石板，上有一长 40 公分、前掌宽 30 公分的脚掌阴刻模样，传说为释迦佛路过时遗留下来的。曾用金粉涂抹过。从这里沿龙川江往山上走，有一些石洞，有一处 20 多平方米、高四五米的岩洞，据说崩龙佛爷在里面住过，有许多石、木雕刻的释迦像。这些佛像"文革"中被知青发现，有的被砸毁，有的被改制作台灯等工艺品使用。县文化馆也收集了两个释迦牟尼像，一个高 1.64 英尺，座高 0.45 英尺，刻有莲台，盘座部分宽为 0.92 英尺。佛像实高 1.34 英尺。汉白玉石，涂过红黑底色，外涂金粉，多已剥蚀。小的一个高 1.25 英尺，座高 0.28 英尺，汉白玉，底为黑漆，上涂金粉，帽檐及袈裟边线为红漆，多已剥蚀。

（二）奘房（佛寺）

距莫列拱母 100 多米处，有一块 4 亩左右的平地，靠东边为奘房遗迹，地面上有一高约 1 米的石脚，都是方整的青砂石条砌成，石条一般长八九十公分，宽三四十公分，厚二三十公分。接缝用石灰，上面还划有两道黑线。这座奘房的石脚，有一角及长约 15 米的一边还完整，其他部分可能是被撬毁，成为乱石堆，加之四周长满棘刺和杂草，因此其他三角的位置难以确定，但可看出是长方形，长为 15 米或 16.5 米，宽 10 米左右。鼓形石柱墩平面直径为 48 公分，加上鼓出部分为 58 公分，鼓形石柱墩下的正方形石块，直径 51 公分，厚 10 公分。这些石柱墩已被撬倒滚开，难以确定其原位。据说这座佛寺最兴旺时的佛爷和尚达四五百人。大概到清代后期，随崩龙人的迁离而逐渐衰落，至于佛爷走光，佛寺完全毁坏，是在民国初期的事，有位 70 多岁的傣族老人说他十多岁时还到过这个庄上去敲过鼓。拉腊（佛脚印）也有佛寺，已毁。

（三）铺石大路

访问得知，从弄喊贺幌再到莫列这三四十华里的途程，崩龙人曾修建过宽敞的铺石大道。石头多系河谷中拾来，大的如冬瓜，小的如碗、钵，少数地方中心及两边为石条，三行石条间杂以小石。这些路由于长期无人维修、受洪水冲刷及后人建房垒石脚等需要多已被毁，但四五十岁的人还能看到较完整的路面。我们这次在贺幌见到的残余铺石路面，宽 4.5 米，沿山麓修建这样宽面长达 20 多千米的铺石道路，一看就使人有一种很有气魄的感觉。在生产工具简陋、生产力水平低的条件下建设这样的工程是不容易的。又从莫列到山颠，据说也是铺石路，从现在残存部分看，山路铺石面为 1.1 ~ 1.2 米。山顶较平坦的地方铺石路而又为 2 米左右。除这条大路外，尚有从其他村寨直接通往莫列庄房及邻近山寨道路，也多铺石。此外还有一座石拱桥及一座石板桥。石板桥可以通马车，现已加宽，可过汽车，原来的石板还继续使用着。至于石拱桥，已湮没于蔓草杂刺丛中。

（四）千总帽

贺幌寨线瑞庄，现年 61 岁，他保存着一顶古代武士帽，据说是明朝皇帝时封给他的高祖的。如往前推四代约 100 年，加本人 60 年，只不过 160 年，为清道光年间，不会是明朝。据说原料是象皮，皮厚 4.5 毫米，帽檐直径 35.5 公分，高 20 公分，原有银顶高约 15 公分，如三台葫芦形，已被其三伯父拿到缅甸卖了，现只剩外面是黑漆，里面是红漆的一个皮帽子壳了。

由于时间不够，还有藏有许多石佛（多已破坏）的岩洞（有说 9 洞、有说 30 多洞）未能去看，但从访问得知，流散到这里的群众手中的石佛、木雕佛的数量是不少的，石洞中还可能残存一些。

雷列山上的一些森林，还有一些茶树也是崩龙人留下的，现在是由附近村寨的群众谁采谁得。

二、潞西县（今芒市）轩岗坝芒乱别崩龙族遗址

芒乱别，傣语音译，意为黑鸭子。位于轩岗坝下端，背靠西山梁子，与上邦瓦相接，面对朗木幸河，西南邻芒牙、下帮瓦，东北与那哏、芒广和轩蚌相望。

据轩蚌、芒广寨傣族老人说，在很早以前，整个轩岗坝都是崩龙族居住，傣族是后来从陇川迁来的。最初傣族人少，崩龙族势大，人很厉害，他们裹裹腿时脚要搭在傣族人的肩膀上，后来傣族逐渐增多，势力强了才把崩龙人撵到山上。在两三百年前，这里的轩蚌、芒广、芒乱别、芒曼、芒冢都是崩龙人住，现在全是傣族居住了。

芒乱别遗址两侧有两条小溪从西山流下，注入朗木幸河，四周有绿树和竹林环抱，其间有层层梯田和灌溉沟渠。遗址东侧有一小丘，据说是崩龙族的公共墓地，土坟堆数十见在。墓地旁的小溪上游有一石拱桥，桥宽 1.3 米，长 1.6 米，桥头残存着长十余米、宽近二米的石板路面。传说此处为崩龙寨的寨头。往西约二百米，有一"石幢"，皆为打制石块砌成，形状如方塔，高 2.4 米，底宽 0.78 米，腰宽 1.2 米，上端宽 0.68 米，顶盖是厚 9 公分的八角形石块，边长不等，有 20 公分、22 公分、或 23 公分的。石幢东去百米，又有一石拱桥，比前述之桥略大，桥长 2 米，宽 1.3 米，高 2 米，拱石厚 40 公分。又东南约 300 米也是一石拱桥，比前两桥略大。拱桥弧长约 3 米，桥墩为四方形石块砌成，底层为长方形石条。这三座石拱桥，据说都是崩龙族在同一时期内建造的。

此遗址上有几家汉式石墓，石碑取材于当地砂石，风化特甚，仅能看到模糊的乾隆、道光字迹，其他已无法识别。

在此遗址上，崩龙族留下的石拱桥、石板路面、坟墓建筑所用的石

料，有正方形、长方形、马鞍形、扇形、等腰梯形、鼓形、八角形等多种，它反映着当时崩龙族的生产、手工技术、文化等方面的情况，在研究崩龙族的历史及古代崩龙族与汉文化的关系时都是值得注意的。

此外，在遗址下方的平地上，有一砖塔，据傣族老人说，此塔分内外两层，内塔空心，为缅人所建，外层方塔为汉族所建，建于中国与缅甸战争时期，并说，每一块砖代表着一个中国士兵。塔高约15米，底宽5.6米，顶宽约2米。砖的质量较差，属咖啡色红砖。

三、女王宫遗址

现今陇川县治东约3千米，有巴达山，从邦瓦后山分支，缓缓而降，山峰依次低矮，最后的一个团形山坡，海拔一千四五百米，景颇族称为"南生广"。当地景颇族说，"南生"系崩龙女王的名字，"广"即山坡，"南生广"即崩龙女王住的山坡。

南生广，东为卡龙凹（山箐），背靠邦瓦后山，与巴达山紧相连接，有楠树溪出其间，西为芒冒凹，南伞溪出其间，三面空旷，一面与巴达山紧相连接，站在坡顶可尽览陇川坝。

南生广现已是座绿树葱葱的山丘，但女王宫遗址还约略可见。山顶有一亩左右的平地，圆周除与巴达山相连的山梁为大道外，均砌有环山石脚，明显的是两层，部分地方可看出曾筑过三层的痕迹。第一层与第三层高差约2米，第一层环山平台宽一丈余，第二层仅能够在南面看到局部，第三台围绕山顶平地砌成。石脚之上已看不到是砖或土坯的遗迹，但残砖碎瓦随地可见。在这块平台的东部，有两个条形秃头坟，系景颇山官死后葬于此，坟为就地拾得的石头及残砖垒成。

这些残砖碎瓦属明代遗物，有铺地的大方砖，厚6公分，边长不详。有长方形薄砖，厚约1市寸，宽7寸，两条长边为圆拱形，长1市尺。在第三层西侧石脚旁拾到一个较完整的槽形屋脊花砖。砖宽19厘米，长33厘米，厚5厘米，槽深12厘米，槽宽10厘米，砖的两边为模压花纹。还拾到一小块土质稍白，有折角，上过绿釉的斗拱瓦。从这些残迹推测，这幢女王宫的结构是仿明代建筑，而且是富丽堂皇的。这些砖瓦留在巴达小学谢尚华老师处。

在景颇族中还有这样一个传说，说崩龙女王修造宫室的砖瓦是在巴达山东之仙鹅抱蛋山麓烧成，景颇语称为则蚌广（瓦窑山），瓦窑已被洪水冲塌。然后女王令其部下排成队列，从官室到瓦窑为其接力传送，中经卡龙凹这段距离约5千米，因此群众说崩龙女王兵将很多。

南生广东侧半坡发现一块石碑，碑总长为2.08米，宽0.64米，厚约10公分，上为圆拱形，宽78公分，插入碑座部分长38公分，宽36公分，碑座未发现。碑的石料稍白，正反两面都经过打磨，正面较背面为光滑，没有镌刻文字。有的巴达社员想抬去用，但两三人弄不动，据说要十多人才能把它抬得下去。

现今的仙鹅抱蛋山下半部分，即巴达山东边的一条山梁，景颇族称为"牙因广"，崩龙语称茶叶为"牙因"，可知这匹山梁是崩龙族的茶山。

巴达山上有九个小水塘，即今之大龙塘、小龙塘、蕉瓜塘、杨阿诺塘、新寨塘、早弄拱塘、赖家塘、南生弄塘（据说水特别清，是"南生"女王洗澡处）。因这些水塘是从上半山至山麓是层叠的，故景颇族统称它们为"告章弄"（九层塘）。

传说崩龙女王系女扮男装，有一次出征回来去洗澡，部将发现是女的，认为女的不能当王，即将她杀死。另一传说是女王好赌博，一连赌了九天九夜，十分疲乏了，解了衣服即睡，被卫兵发现是女的，即将她杀死。这两种说法是难以成为女王死因的，不知是否因指挥作战失败后被杀。

巴达大队武装部长乔弄还告诉我们，南生广中段的一棵大树下（面向坝子一方），1967年有人来挖过，掀起一块大石板，取出一个大坛子，估计是崩龙人来挖他们以前埋下的银子，因为是后来在其附近山林里发现有人和马住过。

南生广下面为麻栗坝，传说这里是崩龙族千家寨遗址，许多有钱的大户都住在这里。后来迁到这里住居的傣族、汉族都还看到崩龙人曾经建筑过房屋的石脚和地基，现已被毁，已开作田、地、菜园等。

四、允弄（大城）遗址

今日陇川县治后的山丘，明时曾筑为戍守城，当地群众称为营盘或孔明城。傣语称允弄，汉译为大城。今日陇川城子即旧日的档崩龙（傣语，崩龙路）。当地老人传说大城附近原是崩龙族住居。城子公社社员刀小发说，1974年前，他在缅甸住过十多年，有一次到勐尾（距南坎两天路程）地方一崩龙族家串门子，遇上一位90多岁的崩龙老人，老人问刀小发是哪里人，刀说是勐宛（今陇川）允弄（今大城）人时，崩龙老人说，他的祖父讲过他们原来就住在允弄的允幌（城郊），那时人多，房屋建筑也好，并有花园等。

据城子营林区负责人赵有明介绍，这片土地有2100多亩，解放初是群众放牧场，1964年他们开始造林时，曾用拖拉机翻犁过这些土地，犁出过圆筒瓦衔接的地下暗沟，有瓷碗，属过去讲的葵花瓷。在城西推土时发现一只铜锅，但已被推土机压坏。至于残砖、碎瓦、房屋石脚就分布的比较广。新中国成立后由于建设需要，群众到这里撬石头卖，石头都是河沟中拾来的鹅卵石，大的如南瓜、小的仅碗大，群众挖掘过的基坑至今还可明显地看到。由于赵有明同志的热心帮助，带我去看了这些地方。

1. 营盘（大城）城内土地180余亩，城内挖出过大砖、瓦、陶罐、碗碎片等，城有三门：东门、南门、西门，北方未发现门（因北城墙外不远即为陡坡）。城门早已倒塌，剩有石头和砖城墙如高大的土坎，断断续续，但遗迹清楚，他们用推土机沿城墙培土，现在里边种植果树、甘蔗和杉树。城子的东、南、西三方土地上，与城墙平行有一些土埂，长约一两百米，现城南方的遗迹较明显。

2. 房屋遗址：因为这里的土地经拖拉机翻犁过，石基多已破坏，但群众来挖石头留下的基坑有些较清楚。这些基坑大小长短不一，有的屋基长15～18米，宽约7～9米不等。

3. 大城背后四五百米处有一小凹，对面是一小山梁。比较平，上面也有石脚遗址，石头多被群众挖掘，有的用作垒坟。这里的石脚基坑较长，

云南文库·学术名家文丛

有的宽 13 米、长 23 米左右，有的顺山而筑，长约 120 多米，有的则顺岭坪斜坡下砌，这条小山梁上头西侧一小岭坪就是如此。

五、允崩龙遗址

"允崩龙"为傣语，意即崩龙城，位于城子到章凤的公路之北，今日陇川县治西约五千米的"近允"。近允，傣语，意为城角，因这个寨子位于明代驻军守城的一个角落，故名。

崩龙城，与明代所筑驻守陇川军营相间一小溪谷，在明驻守营右后方，这里为山麓丘陵，地势略有高低，但都比较平缓，适宜住居，当地傣族都传说过去这里崩龙人很多，寨子也大。这里虽然称为崩龙城，但未发现过城墙遗址，可能是寨子较大，而且为这一区域内崩龙族的政治经济中心之故。

当崩龙人迁离之后，允崩龙已成为森林密布的废墟，有些则作为傣族的牧场和茅草山，山茅草长一人多高，带领我们去看遗址的公社钱小项同志介绍说，20 世纪 60 年代初他还到过这里割盖房子的茅草。当时地上砌着一条条石脚，而现在这些地方已被开垦为甘蔗地，原来崩龙人从河沟中拾的石头砌成的石脚、道路已被拖拉机犁翻起来，群众把它一堆一堆垒在甘蔗地里，还能目睹。

近允老社长晚老友介绍说，在崩龙城后边三四千米的山涧里，有崩龙人烧制陶器的窑子，旁边有碎陶罐片、碎瓦片等。因天晚未能前往察看。

六、松山拱姆遗址

"拱姆"（傣语音译，佛塔之意），位于陇川城子公社老街子贺姐（傣语音译，即鸡头之意）生产队南之松山上。松山，汉语，因今日山上长的是松树，故得名。

贺姐与松山，中隔南赏溪，松山的两个小山顶各有一个崩龙族拱姆遗址：一在东边山头，有一塔基，正方形，直径 2 米，系红砖、石灰、泥土结构，红砖土质较松。此遗址已被盗掘，塔基中部挖了一条宽 2 市尺左右的深槽，掘后碎砖及土回填了一部分。盗掘时间不长，可能是 1982 年冬至 1983 年春，因所掘泥土未经雨水冲刷，坑上也很少落有松毛。

西边一小山岗也有一拱母基址，土堆不大，基座直径仅 1 米左右，尚存有少量砖和鞍瓦，这里的砖的体积大，色青，厚约 2 寸，宽 4 寸 5，未发现完整的，长度不明。但在这里看到一块完整的鞍形瓦，宽 5 市寸，长约 1 市尺，厚度 4 分左右，土质较细，火候足，比较坚硬，似明代规格。

七、庄崩龙遗址

由松山向东南行，越过两小山丘和一小凹，距松山两三千米处，四围有数千亩平坦的土地，其间突起一锅盖形山丘，傣语称"庄崩龙"，即崩龙佛寺。以庄崩龙为中心向四周眺望，南接邦瓦后山麓，坡平缓，向东、向北、向西都比较开阔。1958 年后动员了一些景颇族群众来开田建寨，庄崩龙附近已开了许多水田，有些山包也成了轮种地与牧场。但庄崩龙遗址中央尚有一堆乱石，据贺姐生产队长多有能介绍，这里原是一人多高的石幢，正方形，方方约 2 市尺，20 多年前还直立着，这些石头即是倒塌了的石幢残余，有的石头经过打磨，棱角清楚整齐，加工细致。在滇西的一些佛寺前及潞西轩岗坝（今芒市轩岗乡）崩龙族遗址中也有类似建筑物。

由"庄崩龙"西行，土地更平坦开阔，有的开为水田，有的种了甘蔗，少数地方也培育了森林。距庄崩龙约 2 千米处的一大片土地，即今陇川一中和陇川师范后的台地，据多守能同志介绍，他幼时在这一带放牛，崩龙人的住宅地基和园地的痕迹还可以看到，人工砌的屋基石脚都还保留着，从石脚看，当时的房屋比现在的房屋要小一些，但当时没有量过，现在这些地方已种上甘蔗，在甘蔗地中间有一片杂草地埋着十余冢石垒坟，这些石头都取自崩龙人住宅石脚或石铺道路。崩龙人住宅遗址已看不到原貌了，仅能从甘蔗丛中看到零散石头或坟堆。此外，在甘蔗地中也发现了残砖，土灰色，从外表看似河里的方块砂石，但敲开后即可辨认是经烧过的砖。

从以上情况看，以"庄崩龙"为中心，曾经有过许多崩龙族村落和居民。

又据土司属官多忠廉老人（1983年已76岁）谈，贺姐的"多列庄"（南传佛教多列派的佛寺），在土司衙门之东，是傣族土司建立的，但是在崩龙人的佛寺基础上建立的，不过过去崩龙人盖的是草房，而土司盖的是瓦房。他还说，历史上陇川的崩龙人相当多，又恶，土司的政令他们常不执行，土司派去传达政令的差役也常被殴打和辱骂，土司便支持景颇人赶走他们。

八、邦瓦遗址

邦瓦中寨左侧一山坡上，传说有崩龙人住过，瓦幕有崩龙族住过，是个大寨子，过去景颇族受土司的挑拨曾在这里与崩龙人发生冲突，很难攻下，从瓦幕往下至龙川江畔的龙江坝也有崩龙族村寨遗址。芒冒的弄恒有崩龙族住过，还有腊人坟，顺山向埋，长为三四米，仅能看到土堆，上面已是树木。千家寨遗址是芒冒乡第三生产队（汉族）住址，旧名"千家寨"，传说为崩龙族大寨，有千户人家。现今汉族队开水田的缓坡地都挖出较多的瓦片、砖头，也挖出过上釉陶瓷，里面有火炭，有说是火化骨灰。据一位汉族老人李四说，他小时候，其先辈指点过说某处有崩龙族烧的一窑砖瓦，尚未出窑，崩龙人却离开，还完整地保存在窑内，但当时因年纪小，方位记不准，这窑砖瓦至今尚未找到。从芒冒迁往坝区并在山麓建寨开田的生产队，1985年挖出过崩龙人的土罐、石杵臼等。

传说中的千户人家未必准确，因为一个山凹和一个岭岗很难容纳千户人家，可能是封建朝廷封其头目为"千总"，为千总家所在的寨子，简称"千家寨"。

九、王子树崩龙族遗址

王子树的芭蕉寨，现为汉族住居。芭蕉寨位于王子树东侧的山坡上，从王子树下坡步行四五十分钟即可到达。传说在汉族来住前有景颇族住过。

据该寨老人赵廷兴介绍，这里原为崩龙族住地，群众在今日村寨脚下面两三百米的小山丘一带挖出过白瓷、蓝花细瓷碗、碟子等。赵老人说，这种瓷不是上釉的陶器，属细瓷，但又不是江西瓷，他挖园地时也挖出过，但不重视，小孩打坏了。就在赵廷兴老人住房左侧后七八十米处，有一块长、宽各4~5丈的平地，传说为崩龙族的佛寺地基，周围有土埂，有如土墙倒塌后，经过长期风雨侵蚀的土堆一样，但未发现石脚及瓦片。平地边有一株二人合围的大树已被砍倒腐烂，地基上方还有几株大树，因为是佛寺基地，人们不愿去开垦耕作，所以至今树木葱葱并长满草莽和荆棘。

芭蕉寨南有一村寨，名那邦，从那邦越一岭岗叫"公干"，传说"公干"为崩龙语，但已不知其含义。

大牛寨：

原名大牛站，是崩龙村寨，昔日为往来运输牛帮休息住宿的地方，又为在这里休息的牛帮多，站口较大，并与山顶的小牛站相对应，故称为大牛站，崩龙人迁离后又建立的村寨演变为大牛寨。

帮各：

王子树的帮各，在其与梁河接界的山麓田坝，传说为崩龙人住过，在这里挖出过罐子、碗。据王子树小学教师朱少本谈，碗的外表上有咖啡的釉，比较光滑，外有模压成的龙凤花纹。由于群众有迷信思想，发现这些东西都不敢要，要么打碎，要么抛弃，故没有保留下来。

据盆都山官尚老四（1983年68岁）谈，群众在石板下挖出过上釉陶花瓶十多个，上面有狗脚迹花，还发现小土杯，当地称为牛眼睛杯，形容其体积小。

十、总坎遗址

总坎，原为"庄罕"，系傣语，意为"金子佛寺"。

总坎，位于叫做总坎的山梁上，上为锅脐山，靠王子树一侧为托盘山，另一侧为梁河的邦外山。有邦外、红场、中寨、丫口等村寨。两山间为老毛河及罗卜坝。锅脐山低于两边山岭。据当地干部说，海拔在一千四五百米。总坎山与邦外山之间为罗卜坝，再下为介岭坝和小陇川坝，这一带虽然是山岭重叠，但山麓土地平缓，山与山之间还有几个小坝，种旱地、开水田均有较好条件，这一带过去是崩龙族的聚居区。总坎山又在众山之间，地势适中。据说崩龙人在这里建立的佛寺是这一带最好的，瓦是镀铜的（有说是镀金的），是幢闪闪发光的佛寺，四山的居民不论俯视、仰视均能看到。但现在已看不到残瓦剩砖遗迹，因此瓦是否镀过金就无法证实了。据说崩龙人迁离时曾在此聚会过。

该遗址位于总坎寨脚两三百米突起的一个小山包，高不过两三丈，坡顶平整，坡前（面向村寨一侧）有一平地，现为景颇族社员园地，地边上有零星石头，据说此坡无石头，当是其他地方运来的。菜园上方近坡脚处，有一堆毛石，从棱角看未经钻打过。这堆石头原是一冢坟，20世纪60年代群众将它挖掉了，里面仅发现二指宽一点的土罐片，其他什么也没有，不知是否为较早迁居这里的汉族坟。坟的石头是用原崩龙佛寺的石头，它与园地边的零星石头为同一类型。这里的崩龙人何时迁走，据锅脐山的汉族老人说，最先迁来这里居住的杨家、赵家是两个亲兄妹，因回汉斗争，哥哥的妻子被杀，妹妹的丈夫被杀，他们兄妹各带有一小孩从腾冲逃到这里，得到崩龙族同意就定居在这里与崩龙族为邻，这说明崩龙族迁离这里是在回民起义之后，崩龙人迁离以后，景颇族又迁来。当时汉族人少，周围是景颇族，他们也去接了一个景颇官。现在居住在这里的居民都承认杨家、赵家是压草头的姓氏。

另外还传说回民起义队伍也曾到过这一带，并在距此不远的三岔凹受到阻击，死伤不少。

寨子中段下坡路之右侧有两眼崩龙水井，一在今日庄罕寨水井傍五六米处，已被流沙填塞，但仍浸出水来。另一眼在此井上 200 米左右的凹子，也被泥沙充塞。水井是否用砖瓦石头砌过则不得而知。另外这个寨子过去有多少人家及在崩龙族之前是否有其他民族在这里住居过，当地群众回答说未听见老人说过。

十一、拱瓦、邦外等遗址

很大拱瓦，系景颇语，意为茅草山或瓦房山，据陇川县文化馆寸永旺同志介绍，这里原为崩龙族居住，1963 年他到这里工作时，曾看到崩龙人用石条、石板、鹅卵石修建的道路，还看到崩龙人的一座房（佛寺），形式略同于坝区傣族佛寺，木屋架，瓦顶。因无人护理及风雨剥蚀，已残破，今已不存。此外，据他了解，邦瓦、邦达、芒蚌、南伞等地是崩龙族的遗址。

寸永旺同志还介绍说，王子树罗朗小学教师黄正凡向他说过，在罗朗山一带的崩龙遗址上曾发现过陶罐，里边有青铜剑一柄，但未见实物，出土的地点和时间不详。

邦外遗址，据陇川县民政局方国相同志介绍，邦外有一株老茶树，直径在 8 寸以上，人们都说是崩龙人栽的，这一带地方过去有崩龙人住过。

县地名普查办公室查必昌同志介绍，陇川县境内有 3 个千家寨，都是崩龙族的大寨子，这 3 个千家寨，一在陇川城背后上麻栗坝，一在护国，另一在邦瓦的曼冒（山区汉族社）。

十二、盈江县境内部分崩龙族遗址

（一）回弄河遗址

从盈江县城小平原西行 10 千米至太平街，从太平街再西行四五千米即龙盆山麓，这里有一山凹，两边为小山包（丘陵）地和"八"字形向外伸展，地势比较开阔，有回弄河从右山麓流出，左山麓为一灌溉沟渠，回弄河与灌溉河渠之间为一平缓坡地（当地群众称为岭岗），就在这个岭岗的中段，即今日的新寨，现为汉族居住，系1958年从龙盆迁来。

当地老一辈人公认这里是崩龙族的村寨遗址，年纪稍长的人都记得这里有座石拱桥，景颇语称为"崩龙木概"（崩龙桥）。因水沟改道，桥下沟渠早已干涸，据说，今日村寨中部，即生产队仓房这块地，原是崩龙族佛寺地基，而崩龙桥即在此仓房南面四五米处。是崩龙人去佛寺拜佛及大沟南北群众往来的通道。

据目睹崩龙桥的老人们谈，桥孔直径为五市尺左右，此桥现已被生产队拆毁，石料用于仓房石脚，但这些拱桥石的形状仍清晰可见，弧形拱石大小厚薄不一，有长1～1.5市尺，厚四五寸或七八寸，宽度无法看到。拱桥的基石为条方形，长短亦不一致，有长1～1.5市尺左右的，厚度、宽度多为6～8寸。石料为青砂石，用铁钻打过，棱角方整，但较粗糙。

李如芬（汉族，时年66岁）老人还介绍，他年轻时曾帮龙盆景颇族拱布腊退家开种过这片岭岗，犁地3寸左右有碎瓦片，而且范围较广，据说在现今村寨上下200米的地带都有发现，随着这些地开垦成水田，土层覆盖加厚，现在已看不到了。

（二）莫家寨遗址

太平乡莫家寨前几年曾挖出过一块大石板（因修公路涵洞，改为十三个石条用于建设），下面有十几只小土锅，未发现其中盛有物件，被修涵洞的民工打碎。

（三）龙盆中寨遗址

龙盆中寨，在回弄寨背后的山梁上，从回弄爬山一小时左右即可到达。

太平景颇族干部沙正春，龙盆中寨人，带我去看回龙遗址。在访问过程中他谈到：龙盆中寨过去也是崩龙族的一个住居点。群众也曾挖到过土罐，他在园地里挖到过土罐和一个释迦佛像。佛像高约3市寸，是大理石刻的，手也损坏一只，过去丢在家里，近两年已不见，不知被小孩弄到什么地方。

（四）芒允遗址

据刀保廷（政协委员）、思洪运（政协委员）谈，1975—1977 年，盈江县开挖北大沟，在芒允村背后出土过土锅，外面有黑烟，还出土一块见方 2 寸的宝石，已不知下落，此事到 1982 年地名普查时才访问到。

（五）老官坡遗址

据李成洪同志的父亲李老人谈，勐岗老官坡，传说也是崩龙人的遗址，有一景颇族群众曾在这里挖出一只金手镯，因这个景颇人不知是金子，以铜手镯卖给杨名道。杨是腾冲人，在铜壁关老街推水菇（手工业），人们又称他为杨水菇。日本侵略军进德宏后，杨名道还带着他采购的一小盒金银饰物。李老人看到过手镯，系扁圆形，单股，约有一两多重。上面还有汉字记号，但老人不识汉字无法记下。估计是崩龙大头人从汉商处买得。

（六）高里遗址

盈江县城东北有高里寨，现为汉族居住，据该寨吴大成谈，该寨背后一两千米处的山坳名"崩龙地基"，当地有这么一段传说，崩龙人很有钱，埋在田地里，离开时未带走，至今未被发现。如何找到这些金银，有这样几句口诀："上七丘、下七丘，中间七七丘，谁要找得到，买得起一个腾越州。"

（七）小平原遗址

据盈江县人大常委副主任马绍武介绍，现今盈江县城小学校址，原是崩龙人住过的地方，上面有崩龙人的土墙和一大棵菠萝蜜树，他小时到此放牛看到过，现已不存。

关于崩龙族与银子，据盈江县刀保廷、思洪运谈，过去传说崩龙人很有钱，银子很多，他们迁离时把银子藏在叠水河的水帘洞中，过了一些时候有两个崩龙族来背这些银子，他们找到这些银子后，因数量较多，两个人背不完，就去找着几个人说，我们的银子在叠水河洞中，你们帮我们去背，给你们一些。这几个人听后说，好。并招待酒饭，把他俩灌醉后，背地里去把银子取走了。当这两个崩龙人醒来带这几个帮忙的人去拿时，银子已不在了。

据刀保廷、思洪运谈：传说傣族土司派崩龙人出银子，本来派的是三两半，傣语称"三荒拉"，但这个词在傣语中与"三田沟"相近，二者容易相混，崩龙人误以为要叫他们出三田沟银子，各家各户都把自己的银子全部拿来，但只有两沟半，填不满三沟，感到无法交纳土司的苛派，只好迁走了。

（八）南算的崩龙族佛寺与崩龙族大鼓

盈江县弄璋的南算，位于古代傣族土司万象城（今闷璋后之丘陵）南一千米左右，现为傣族居住。这里现存的一座古老佛寺，傣族老人们都说是崩龙族留下的，故称为"庄崩龙"（崩龙佛寺）。

这座建筑为长方形三叠式梯形建筑，具有鲜明的民族风格，该佛寺长为12.7米，宽10米。原来的佛寺比今存要大，长约16.7米，宽约14米，佛寺面积缩小的原因是新中国成立前南算的傣族佛教信徒曾重修过，拆换了屋顶上的几根横梁，并将柱脚锯去一截，据说原来楼高1.7~1.8米，人可在下面直立行走，牛群也常在下面乘凉休息，现在高仅1.1米左右，人要弯腰才进入。由于重修时把整个建筑降低七八十公分，原来的三叠也取消了一叠。成为现今的二叠式。门是原有匾额，记载有修建时间及人名，但今已不存，匾额及人名、时间亦无法确知。

佛寺的建筑全为木房架，木质坚硬，柱子粗大，圆周1~1.1米，柱底为打制的圆形石墩，瓦顶、木楼板。四壁原是木板围成，上有浮雕，今已不在。现仅有一边是木板，条花窗，但无浮雕。其他现已用竹笆代替。目前还能见到的浮雕是在木房架的挂枋拱木上，为白木雕刻，未经彩绘，图案有"双凤朝阳""二龙戏珠"（或称"二龙抢宝"）、"龙凤呈祥"及花卉图等。这些雕刻的风格、内容与大理、保山地区的一致，可能是由内地的木工来承建的，也可能为民族技术工人建造，但继承了大理、保山一带的建筑风格。

在崩龙族遗留下来的佛寺中，还保留着一件珍贵的遗物，即牛皮大鼓。鼓身为一大圆木，削去皮，剜空中心。长2.8米，腰粗4米左右，鼓面大头不太圆，直径1.14~1.21米，尾端较圆，直径为1米左右，鼓的两面均为牛皮（原有牛皮已不存，现为近年傣族群众重新蒙上的）。鼓身外用白皮裹着，然后用黑漆漆过。当地群众传说，鼓的内部原有增加音量的装置，敲时特别响，音量波及范围广，敲多了，甚至使正在孵化的母鸡孵不出小鸡来。此说近于神话，或许是对大鼓音域宏亮，鼓声传播远这种情况的夸大和神话的说法，据说现在没有过去响了，原因是傣族把里面的增音装置取掉了。现在科学发明有扩音器，易于理解，古代的崩龙人用什么方法增加音量则不得而知。

此佛寺原地址不详，一说是崩龙人原住南算后面两三千米的山坡上，他们迁离后无人管理维修，南算傣族把它拆迁到今日地点；一说庄房原来就在这里了，未听说拆迁的事，四位80多岁的傣族老妈妈说，老一辈传说就在这个地方了。南算寨是后来才建立的傣族寨，建房时间从这些80多岁老人再往前推四代，照此推算，南算寨有180多年历史，崩龙人在此住居或许是200年前的事了。

（九）盏西公社团坡遗址

由公社西行约3千米，即今盏西坝的西北角，有一圆形小山丘，汉语称为团坡，傣语称"广崩龙"（崩龙山坡），现为团坡和老芒丙护林地，团山左侧的凹子景颇族称为"崩龙箐"。山并不高，但坡较陡，约半小时即可上至坡顶。此坡三面空旷，背后有300多米长的岭岗，中隔一马鞍地带与帕杭山相连。

崩龙山坡中段有一环形壕沟，再上一段又是一环形山沟，接近坡顶有似一环山壕沟，这些壕沟均已被洪水冲积的泥沙所填，但能看出其残迹，进入山顶，有一长约18米，宽约5米的长方形平地，四周有垒土，此地似乎曾作过防守阵地。

坡后面的岭岗外端，有一圆形窝塘，雨天积水，似经人工构筑过的防守工事的形状。

据老芒丙思永明介绍，有些村中老人谈过，在团坡下半部及山麓的水田中曾挖出过陶罐碎片。

目前看不到更多的崩龙族遗址，但这里是崩龙人的遗址是肯定的。

崩龙山左侧的山坳里有一段石板路，有说是崩龙人的，但也有人认为不是，因为这里上山是普关（景颇普姓住地），是腾冲到缅甸的古商道之一，不是崩龙村寨道路。

盈江的盈江卡场、崩备、崩龙枯、乌帕等地，在 17 代以前是崩龙人住，这里有崩龙人佛寺遗址，岗巴家的田里犁出过崩龙人用的既像铜又像石一样的锅，寨内到处有崩龙人住过的痕迹。

（十）铜壁关麻刀寨遗址

此地原崩龙人住居（据说在崩龙之前有卡喇住过），其房屋地基清楚地见到，后来在此居住的景颇族经常挖出上釉土罐、碗等陶器。崩龙人信佛教，严禁杀牲，连蚊虫叮咬也只能吹口气把它赶走，决不能打死。而景颇人迁到这一带后，经常杀猪、杀鸡、杀牛献鬼产生矛盾，崩龙人便迁离。

铜壁关遗址。铜壁关有一山坡名"崩龙拱"（即崩龙山坡），其附近的山有成片的野茶树，当地群众公认是崩龙人种植的。

（十一）芒勐丁遗址

芒勐丁是傣语名称，有圆满富裕的意思，东面距大盈江约一千米，是个紧靠盈江县城的傣族村寨，地势属丘陵台地。该村建立的时间不到 40 年，系 1945 年盈江水患，距今芒勐丁约一千米的南虎寨，住地低凹，受洪水冲击，于是迁入这一较高地带。

据盈江县人大常委会副主任马绍武等同志谈，芒勐丁的社员在村南的缓坡上开辟菜园，曾挖出过上釉黑花陶罐，罐子大的中粗直径约 1 市尺，小的直径七八寸，分有耳和无耳两种，罐腔有凸起花纹。上釉土碗也出土过，有 10 多个一札一札挖出的，碗比现今瓷碗大，上有鲜艳花纹，花纹协调顺眼，美观大方，在群众的园地里还出土形状扁圆、中间有孔的陶制或用细石磨制的器物，有大的直径为 10 多公分，小的直径为五六公分，这当是纺坠，即纺线工具。但这些实物均未保留下来。

（十二）瑞丽勐秀户兰遗址

据陇川县民政局方国相介绍，贺兰原属陇川，新中国成立前他在这一带工作过，看到过崩龙人的一座砖造佛塔，这座塔的砖如营盘明代屯城所见到的一样，式样与通常见的不一样，呈方形，方方 1.5 丈左右，高约 1.5 丈，上长草和小树。

勐秀遗址。据户育秘书黄中泽同志介绍，在今勐秀后面坡顶上原是崩龙人的庄房（佛寺）地基。部队盖营房和小学校建校舍时都挖出过石佛，全为释迦佛像，多到四五十个，大小不一，有 1 市尺高的、七八寸高的不等。但挖出后都认为是宗教迷信的东西，当场即被打坏了。

从勐秀到户育的山路上，还有一两段石铺道路的遗迹。户育至雷弄之间山路上也有石铺道路的遗迹，这里的石头未经加工，多采集天然石砌成，大的如冬瓜，小的如碗、钵，未发现大石条。

勐秀有三个崩龙族队，拱卡 32 户，雷门 13 户，南伞 32 户，339 人。

这里的崩龙族，传说他们与傣族从潞江坝脚迁来。据老人说，原住潞江坝脚，生活困难，后迁来德宏，来之前找到召法么相，得到同意后即迁来。

据说这地方在崩龙之前没有人住，崩龙人来时，这里是茂盛的芦苇地。芦苇有 9 卡粗（大拇指与食指张开为一卡）。雀鸟会找不到窝，黄牛群走进去就不见了，老象进去看不见脊背，这里是崩龙人先来开发，但景颇族说崩龙族之前有腊人住过，有腊人坟。当时崩龙人相当多，后来有景颇族迁入，因宗教信仰不同，崩龙人信小乘佛教多列派，严禁杀牲，崩龙人不打野兽，即使严重践踏庄稼或伤害人畜，蚊虫叮咬人时，也仅是把它驱赶开，因此崩龙住居周围，野兽多。而景颇族则信鬼，经常杀猪、杀鸡、杀牛献鬼，又喜欢围猎，射杀野兽飞禽，信仰习惯不一样，两个民族发生矛盾，甚至发生械斗。第一次崩龙人取胜，第二次崩龙人失败，于是迁走了，只有零星少数留下。当时打仗使用刀、矛，防御是用大牯牛的皮做成圆筒战甲，上面画些花纹图案，表示勇武和对作战者的庇护，用时挂在脖子上。

新中国成立前这里的崩龙族的生活来源主要靠种旱地和水稻，陇川河边凹子的一些田是他们开的，多数人家只有半年至八个月的食粮水平，有的则到坝区给傣族做长工，有的去做季工和包工，如去傣族寨帮头人们犁田，用主人家的牛犁一箩田（4~5亩），得十箩谷子的报酬，个别劳动力强、犁田技术好的，栽秧这一个季节可收入百十箩谷子。但新中国成立前这里崩龙族的生活是很贫困的，他们都说那时要找一户中农是没有的，相当于下中农的也难找，基本上是贫雇农。

这里的崩龙族有许、张、董三个姓，三个姓结成婚姻关系，如张家姑娘嫁许家，许家姑娘又嫁董家，董家姑娘只嫁张家。姑爷、丈人原来是固定的，如果违反这个规则，丈人家反过来娶姑爷家的女儿时，要给女方出一台芭蕉和一元钱，表示违反了习惯法，以求谅解。

结婚时，要请老人讲吉利话，即祝贺新婚夫妇成家立业后，养牛牛发展，养马马增加，种庄稼五六月要做好田地，庄稼不受鸟兽害，做生意到缅甸，缅人用自己的话说："拱底""拱底"（好了！好了！），到傣族地区傣族也会用自己的话赞扬说："利""利"（好了！好了！），到景颇族地区，景颇族也会说"俄哉""俄哉"（好了！好了！）。

十三、户育崩龙族遗址

今日户育后一两千米处有两个小山丘，海拔为一千三四百米。一个山坡称"雷亮"（傣语尖山之意），另一个山包称"雷相广"（傣语宝石包之意）。

雷亮，现已是大森林，远观像尖山，但进入其中则山顶较平缓，从地形看类似崩龙族建过庄房（佛寺）的地方，据汉族老人陆家明之父说，新中国成立前，不知是哪里的汉族想来这里建寺庙，但景颇族头人不同意，未建成。

接近山顶处有株小叶大青树粗达六人围，东侧有些零星茶树，传说为崩龙人所种下的。这些茶树杂在大树之间，在大树覆盖下，生长缓慢，长期无人采摘，都往高处长，有达两三人高的，直径一般为十五六公分。据陆老人说，原有茶树 100 余株，主干高无法采摘，他曾把主干砍去，让其另发新芽，并采摘过多年，直至现在人们还继续采摘。茶树北下方有一冢石垒坟，石头系就地取材，但当地无石头，估计是原来崩龙人铺石之类。

雷相广，与雷亮并立，有如前后驼峰，中间为一小凹，传说这里为崩龙族居住地，山背接雷引梁子，地势较广阔。上有几冢石垒坟，石料及来源与前同，从雷相广走向户育中学的下坡路上，有个别地方仍有石铺路的遗迹。

（一）崩龙芒棒遗址

崩龙芒棒，为傣语，即崩龙荒坝，据户育老人介绍，新中国成立后他们在这里开田，犁得两个崩龙人的烧陶烟斗，体形较大，上有双手捧合式的浮雕。坏了一个，完整的一个他曾用过多年，后因有气管炎，医生劝他不要抽烟，这个土烟斗还保存着。据说他的亲戚也犁出过两个，样式更好看，但未见到。

梅干老人还介绍说，芒弄（傣语音译，意为大寨子）还有两蓬曼赏竹，大青树，有一棵牛肚子果树已死了。老人都说是崩龙人栽的。

（二）雷弄遗址

雷弄，现在傣语译为大山，这个名称在元代史书中已有记载，作"雷弄甸"（据《读书方舆纪要》所记，古雷弄地在今盈江县城西的太平街附近）不像指山，与此同名的在我国境内及缅甸境内都有几处，又都是崩龙人住地，因此它最早不是傣语。

雷弄，曾经为崩龙人住过，现为景颇族住居，景颇族来重新开发此地时，不少人挖到崩龙人的碗、陶烟斗、陶罐，据老社长卡东介绍，他挖到一个外表涂有红釉的土罐，接近罐口有横压凸花，他认为是"扎实高级的"，但已损坏，找不到了。

在弄雷寨有几条山箐，其中有两个山箐中崩龙人曾藏过一些佛像。曾请木柯寨老保管泡张腊、老文书赵继弄当向导从木柯寨走下箐子，再顺山寨小溪往上爬，山箐人迹罕至，有些地方则靠长刀开路，上行约一小时，有一块自然生成大石板，长约 2 米 5，宽 1 米 2 左右，下面两个大石顶住

云南文库·学术名家文丛

两边，中空，原来水从石板上流下，崩龙人在大石板下藏着一些石佛，十年动乱中破坏了一些，据说未破坏完，但这次去看时已无佛像了，因雨水冲刷，大石板的里端已冲了一洞，溪水已从洞中哗哗流过，从石板外端流的水已很少，在这种情况下，石佛很可能是被洪水冲走。老人们谈，原来崩龙人的佛就藏在这个地方。

又靠东边山箐的一侧，有一石岩洞，横宽丈余，高三四尺，深七八尺。崩龙人也在里边藏有几十个释迦偶像，其中一个偶像的嘴很长，双手前伸，怀中有一小佛。这4个偶像已被几个青年拿回家，受到老人责备后又送回原地。由大队文书增通腊同志带领去看，因对石洞记忆不准，在箐子里上下寻找一个多小时均未找到，只好作罢。

崩龙人栽的大青树，大雷弄脚和木柯寨头还有几株，有的每株占地一亩多，树姿雄伟，枝叶茂盛，仍然点缀着这里的风光。

老队长卡东还介绍，村边有几大片茶园，原是崩龙人栽的，新中国成立后由群众把茶地上的大树砍去，又补种有一些，现已是成片的茶林，有的老茶树根脚部分粗约1市尺5寸，直径5寸左右，都是砍去主干后又重新发的。据说还有些茶林，因砍烧旱谷地烧死了。

云南人民广播电台驻德宏记者何国周同志在访问中得知，雷弄一队在洪水冲刷后拾到一只罐子，敲起来声音清脆好听，此罐被县检察院要去。

（三）金水缸与佛脚印

邦岭山，原是崩龙人住地，据一些老人传说，过去这里人户众多，是大村寨，像城镇一样。

在邦岭山巅有个地方有一块长丈余的大石，上有一个脚印，传为释迦过路后留下来的，在不远的地方有一块巨石，形如水缸，上加两条长五六尺、宽1尺5左右的石条，中间留一小缝，从缝中投入金属货币，会发出叮叮当当滚动响声，被叫做"金水缸"。崩龙人在这里建立佛寺，在金水缸上也建立了房子。由于这里居民多，又有佛脚印、金水缸（溶岩洞）等名胜，远近宗教信徒都到这里朝拜，瞻仰一下佛脚印与金水缸，投上几文小钱，听听这奇异的声音。当人们走到这个金水缸附近，也会感到脚下有"咚咚"声音。人们都想到此看看，听听这种在低山区很难听到的奇异的声音。

（四）雷拱佛寺

雷拱（尖山）佛寺，据姐线贺双的傣族曼喊等人介绍，这座崩龙人的佛寺，建筑的比较富丽堂皇，在坝区的傣族佛教徒中享有盛誉，老一辈人在宗教节日常到这里朝拜赕佛，这座佛寺在十年动乱中被毁，据户育村赵继荣谈，前几年去那里逛山打猎，还看到一对两三尺高的石狮子和几块雕刻着人和动物像的大石板，因访问到的时间较晚，未能去考察。

（五）梁河盆都

现今梁河盆都各村寨，在景颇族进入这一带之前是崩龙族居住，各村寨都修建了佛寺，他们以种旱谷为主，生活富裕有钱，并以银子多出名，后来和景颇族发生矛盾迁走了。

（六）梁河邦歪

邦歪一带的崩龙遗址不少，现在全寨用的水井是崩龙人建造的。全系石头石板所砌，还有三座"拱母"（塔）的遗址及烧制的陶砖。在"拱母"基座里及四周地里，很多人都挖出过陶制火葬罐、铸铜手镯及小锣等。据说过去在水井旁还有两个由石板镶砌的台子，里面藏有金银宝物，六七十年前被人偷挖去了。现今人们传说崩龙族栽下的大青树下还有三锅银子。

当时崩龙人的生产有相当的水平，现有的水田中有相当一部分是他们开种后遗留下的。

（原载德宏史志编委会办公室编《德宏史志资料》第十九集，1999 年3 月）

明清时期潞西①德昂族反抗傣族土司的斗争

　　德宏傣族景颇族自治州各县的傣族都说："明代以前本地崩龙人很多""陇川曾有过崩龙王（傣语称 Tsao-Fa-Guan-Luai），住在蛮蚌寨，芒市曾有过崩龙土司"②。这或许是宋元时期，傣族思氏统治集团还未征服德昂族时的情况。在金齿国强盛时作为金齿民族之一部分的德昂族，在德宏地区是个政治、经济、文化诸方面均占统治地位的民族。

　　元末，麓川思氏征服德宏地区夺得了统治权之后，傣族大量迁入，因而成为德宏地区的主体民族。同时，德昂族则逐渐迁往半山区或山区，但仍隶属土司统辖。傣族土司从政治、经济、文化各方面统治德昂族，虽然德昂族已变成了被统治民族，但它仍然人多势众，因此，傣族土司对它的统治还得依靠德昂族头人，封他们为土司下属的官，特别是在潞江沿岸土司统治势力薄弱的地方，佤族、德昂族还有相当实力，他们在经受不住傣族土司的剥削压迫时，就起来反抗。明嘉靖二年（1523 年）芒市土司所属的勐牙、勐板及潞江沿岸的一些地方，"那族"（即腊人，傣族对古代德昂和佤族的统称）人民武装反抗傣族土司，派去镇压的土司兵遭到惨败，被杀得丢盔弃甲的土司武装首领玉达，只身逃回土司衙门回报兵败情况，损兵折将的消息使土司大为恼怒，大骂玉达无用，以"枉食俸禄，贪生怕死，虚假至极"的罪名把他斩了。虚弱的土司无力再征服这些地区，从此勐牙勐板就脱离了芒市土司的统治。

　　据调查，潞西县（今芒市）沿芒市河两岸直到芒牙、芒究、芒棒过去

---

　　① 2010 年 7 月 12 日，经国务院批准，潞西市更名为芒市。
　　② 《景颇族调查材料之三》，第 82 页。

都是黑德昂的村寨，三台山从拱别、邦宛、勐丹到长山、大莹盘、茶叶箐、勐戛这一带山梁上，以及芒市背后的芒龙山、遮放东山一带也是黑德昂住居，当时德昂族有自己的武装，平时劳动生产，战时出征。

清康熙时期，保山、腾冲经德宏山区通往缅甸的商旅常受侵扰，清朝地方官吏为保障商旅安全通行，委任交通沿线的德昂族头人为抚夷、千总、把总等职，在瑞丽的雷弄设千总，户宋设有把总，直属永昌、腾冲管辖，这对保障商道畅通有一定作用。进入乾隆后期，景颇族大量移入潞西（今芒市）山区，芒市土司和山官之间的矛盾增加了。到傣历庚辰年（清嘉庆十年，公元 1805 年）以后，有些山官便纠集势力深入坝区焚掠傣族村寨。傣历辛丑年（1806 年）三月二日夜，景颇族山官率领千余武装，进攻芒市，烧毁土司衙门、佛寺、民房等，势衰力弱的土司，无力抵御景颇族山官势力的袭扰，在十分忧虑之际，傣族土司放泽重想到住居山区和坝区边沿的德昂族比景颇族文明，可用来遏制景颇族人的进攻，转向依靠德昂族的头人和武装以维护地方安全。从此，土司便提升德昂族头人的职位，减轻他们的一些赋税，令其武装为土司设防守关。土司的此项措施，给德昂族势力的迅速发展创造了条件，德昂族又威风起来了。据土司家谱描述，这时的崩龙人，"个个身骑大马，往往来来于坝区村寨中，如入无人之境"[①]，土司不敢干涉。

傣族土司对德昂族力量的增长，又产生新的焦虑，便把一些傣族人民迁往德昂族村寨附近建寨。要芒棒德昂族将十六箩水田（每箩约四亩）给傣族新来户，强迫芒牙德昂族把水田给户那寨傣族头人"波左"，这些事实说明，土司在有计划、有步骤地削弱和排挤德昂族正在发展的力量。傣族土司的这种掠夺和压迫政策，引起德昂族人民的极大愤慨，从而激起了民族间的斗争。为了缓和矛盾，土司曾数次派出官、绅去"调解"，实际是继续压迫德昂族人民。德昂族人民质问土司派来的官、绅："水田是我们开的，为什么要抢走？"指责"官家不公平！"傣族封建土司以调解为名，继续推行民族压迫的政策，不但不能缓和矛盾，反而使矛盾进一步激

---

① 《芒市土司历代简史》，载《德宏州文史资料选辑》第二辑，1963 年团结报社印刷。

化，终于促使德昂人在"官家不公平，杀死官家解不平"① 的口号下组织起来，并宣誓："不把土司衙门杀得七零八落决不收兵。"②

德昂族近代历史上反抗民族压迫，争取民族平等权利的一次规模较大的武装斗争，终于在清嘉庆十九年（1814 年）冬爆发了。在民族领袖塌岗瓦领导下，德昂人组成一支强大的民族武装，拿起长刀和火枪，向残酷压迫剥削他们的土司的老巢——芒市进攻。

傣族的贫苦农民同样深受土司的压迫和剥削，对于德昂族兄弟的田地被土司头人无理抢夺深表同情，也积极投入反抗土司的斗争中。德昂族起义队伍得到傣族人民的支持，声势更大，一天晚上由傣族人赛景董带路，从芒牙、芒棒出发，烧毁了宣扬封建土司威德的佛寺，很快打进芒市，包围了土司衙门。德昂民族的武装，趁着胜利的锐气，打破几重衙门，直闯后院。土司放泽重"带着几个随从心腹，拉着妻子和母亲，溜出后门，跌跌扑扑的逃走，乘夜潜登山岭到了象达，天亮后又到龙陵"③。清朝永昌府地方官史派人到芒市搜集了德昂人起义的一些情况，并趁此将土司放泽重送往昆明"禀报"详情，请求上司的援助。

土司武装首领"波左"曾出兵镇压德昂族起义军，不仅没有攻下德昂族的芒牙大营，而且败退时被德昂族起义军追踪袭击，势孤力竭的"波左"，带着残兵逃往西山。不甘失败的波左向"勐养"（梁河）土司求援，又向景颇族山官送牛送酒，请来了梁河土司武装和景颇族山官的武装，但每和德昂族战斗均一败涂地。至此，整个芒市坝都成了德昂族起义军的势力范围，起义军联合了芒市坝各寨的傣族人民和头目，集聚风平佛寺，共诉土司罪恶，一致指控"土司勒索无名赋税，人民无罪乱罚，逼得人民造反"，并提出只有"联合起来驱逐贪官"才有出路。会后还把土司的罪恶写成文书，由各乡头人盖章、画押或按手印后送往永昌府。

清朝政府是不允许人民起来反抗他的地方爪牙的，永昌府仍然扶植芒市土司，干崖（盈江）、盏达（盈江盏达）、勐养（梁河）、陇川土司与芒市土司有姻亲或家族关系，都派兵援助，勐戛汉族地主武装在傣族土司求

---

① 《崩龙族调查资料》。
② 《芒市土司历代简史》，载《德宏州文史资料选辑》第二辑，1963 年团结报社印刷。
③ 《芒市土司历代简史》，载《德宏州文史资料选辑》第二辑，1963 年团结报社印刷。

援下也投入战斗，同时，土司又继续给山官送重礼，并用德昂族的财物、水田引诱景颇族山官，他们提出只要山官调集武装参战，允许他们任意劫掠德昂族的财物，占领德昂族的村寨和土地。景颇族的山官们乐意地接受了土司的请求，和土司达成协议后，积极参与镇压德昂族起义军的行伍，反动的联合武装终于组成了。

在以芒市土司为首的反动的联合武装进攻下，德昂族的武装四面受敌，遭到重大损失，但他们仍在进行十分顽强的抵抗，他们的英勇精神甚至被土司一方神化，土司家谱载："崩龙人很多在身上刺了药水，任何锋利的刀枪，简直杀不进他们的皮肉，有的被火药线枪打得倒在地上乱滚，骨头都打碎了，但外皮没有损伤……"德昂人虽然英勇奋战，但处于敌人的合力围攻下，特别是在蛮波的一次大战中，接连奋战几个日夜之后，终因寡不敌众而撤退，加之敌人攀藤越岭从小道进入，放火烧着德昂族起义军的政治中心——广弄，给起义军造成很大的混乱，起义军被迫撤离芒市地区。

在这场激烈的战斗中，被德昂族人民歌颂为"刀砍不进"的老将军"波浪"的战马在大雨中陷入邦宛山麓的泥坑，他也落入敌人之手，由于他至死不降，敌人最后用火烧死了他。德昂人把他的骨灰埋葬在邦宛寨下边的一个小山丘上，至今这里还有一个高约七十厘米的土坟堆，坟后边三棵高十四五米，干粗已四五人围的大青树，仍坚毅地挺立在德昂族民族英雄安息的地方。

德昂族人民的起义军，坚持战斗半年多，给芒市土司以重大打击，极大地削弱了芒市土司的统治，同时在反抗民族压迫，争取民族平等，反对贪官的斗争史上，写下了光辉的一页。斗争失败了，但他们并没有气馁，并发出继续战斗的钢铁誓言：

> 枪能伤命，
> 征服不了崩龙人的心；
> 刀能杀头，
> 消灭不了崩龙人的仇恨。
> 钢刀砍水水暂断，

抽了钢刀复原形。

英雄的崩龙族人民，

将永世燃起愤怒的烈火，

烧尽人间的不平！

德昂族反抗傣族土司的斗争，提出了"官家不公平，杀死官家解不平"的战斗口号，反映出德昂人民反对民族压迫，争取民族平等的强烈愿望，他们和傣族人民共诉"土司勒索无名赋税，人民无罪乱罚"的罪恶，具有反专制，争取民族平等的鲜明立场。但是，这个愿望没有实现，这当然主要是由于反动统治者残酷镇压的结果，然而领导这次起义的崩龙族领袖们，对敌人离间起义队伍缺乏应有的警惕，也不能始终如一地把傣族、景颇族人民联合在自己一边，挫败统治阶级的联合镇压，没有组成革命的统一阵线，反而让统治阶级组成反动的联合武装，以绝对的优势把民族起义军镇压下去，对德昂人民和民族起义军不能不说是严重的教训。

（原载《研究集刊》1980 年第 3 期）

试论镇康德昂族父系大家庭
公社的延续与最终解体

我国境内的德昂族，仅一万多人口，绝大多数住居在德宏州，都是个体家庭，但在历史上他们曾普遍经历过父系大家庭公社（父家长制大家庭）的历史发展阶段，这在他们的传说中也是隐约可见的。德宏地区的德昂族老人说："古时候，崩龙族是住在一条叫'拿木九'（傣语）河的上游，当时是一大家人，因人多没有田种，以采集山茅野菜为生活的主要来源，故生活很苦。""当时是一大家人伙居，常因缺吃少穿闹意见，后来才分成了几家"①。又说："崩龙到大山（缅甸境内）时，也是一大家"②等。这些大家庭何时解体，目前尚无确切材料证明，但大家庭在德昂族的历史上延续的时间比较长则是事实，可能在宋、元时还比较盛行。傣语称芒市坝为"勐欢"，也译作"勐唤"。由于汉语只有四声，而傣语却有6个音调，译音很难准确。但从傣语与"欢""唤"音相近的词，有"啼""冠子""大家庭"等含义。从西双版纳傣族称宋元时被他们征服、仍生活在父系大家庭公社制度下的补角人（布朗族支系）为"卡欢喊"（即奴隶大家庭），以及芒市地区在元代还是以德昂族为主居住的历史分析，德昂族的大家庭有可能成为傣语命名的依据，如是则"勐欢"即是"大家庭住居的坝子"。这个分析如能成立，那么德宏地区的德昂族在元代还处在父系大家庭公社阶段。但到元末明初，由于战争等原因，德昂族的社会生

① 中国科学院云南民族调查组、云南省民族研究所：《崩龙族社会历史调查报告》之一，第18页、20页。
② 中国科学院云南民族调查组、云南省民族研究所：《崩龙族社会历史调查报告》之一，第18页、20页。

云南文库·学术名家文丛

活受到巨大冲击，他们的大家庭公社也可能是在这种大变革之后迅速消逝的。

然而镇康德昂族又是另一种形态，他们的父系大家庭公社一直延续到近代。据新中国成立后的调查，这里的德昂族老人们还回忆得起在19世纪末20世纪初存在过以下一些大家庭。

邦娃（大寨）有以下这些大家庭：

达当家，由四代人15个小家庭组成，共有89个成员。

达康木帅家，由四代人12个小家庭组成，有46个成员。

干当达辛团家，由四个亲堂兄弟及其妻子、儿女组成，有18个小家庭，47个成员。

圭安栓家，由6个亲堂兄弟姊妹夫妇及其子女建立的7个小家庭组成，他们是父母、叔父母的后代子孙，而且是在男子娶妻、女子招婿这样的亲属关系下组成的，共有27人。

达衣万家，有16个成员。

此外，在下寨、老板登、火石山三寨也各有一户三四十人的父系大家庭。①

德昂族的这些大家庭和其他民族所存在过的大家庭具有共性。

一是数代同堂。通常是三五个或十多个有血缘关系的小家庭共居于一幢间隔为若干小房间的大房子里，有的也包括有非血缘关系的养子或投靠的鳏、寡、孤独者。这种大屋是干栏式建筑，木架、草顶、竹壁，系竹、木结构，屋架是凿眼穿斗成的。房子有大有小，一般是根据家庭人口多寡而异。如达当家的房屋遗址长为47米，宽为17米，占地近800平方米。建筑这样大的房子，是需要有较高的技术水平的。大家庭由家长主持，家长由年长者充任，哥哥死后弟弟接任，父亲死后如长辈无人继承时则由长子继承。家长负责总管，长辈们协助家长管理家庭，互相间有一定分工，有的分管生产，有的负责粮食及财物保管，有的分管购销等。家庭内的重大问题，在家长主持下共同商量决定，从生产安排到出售牲畜、粮食等都

① 参见云南大学历史研究所民族组宋恩常《拉祜族佤族崩龙族傣族社会与家庭形态调查》，1975年，第105－106页。

是如此。

二是共同生产。生产资料，如土地、农具、籽种、牛群、猪、鸡是大家庭公有，粮食和大宗纺织品由大家庭统筹生产，产品归大家庭所有。劳动生产中，一般是按性别、年龄分工，男子在春耕前负责砍伐树木、犁地，收获时负责堆打和运输，妇女分担整地、薅锄、播种、收获、纺织及家务。妇女料理大家庭的家务、煮饭等是轮流进行的，一年一换班。而家务总管通常是由家长的妻子担任。年老人远行有困难，多留下做家务活。

三是共同消费。德昂族的大家庭，因为生产资料公有和共同生产，产品也属公有，消费也是共同的消费。大家庭成员的吃饭、穿衣及日常生活所需，还保留着许多原始平均主义的分配法，除吃饭按各人所需求外，草烟、芦子、棉、麻都以小家庭为单位进行分配。这里举达当家做例子，因为这是一个拥有 89 个成员的大家庭，解决消费是大问题，据达当家的第四代成员说：听老人讲，每年秋收后或过节时，要杀猪、宰牛，全家人集中（平时多分散在生产基地的田棚里），煮一次饭要用 6 斗米，即 120 市斤（包括外出的带点午饭），吃饭时在大房子中间宽敞的走道上，摆开长长的篾桌，席位按祖辈、父辈、子辈、孙辈就座，小孩吃饭时有妇女照料。吃饭时分两批进行，男子在先，妇女在后，吃肉则平均分配，一人一份。此外，大家庭每年给妇女分配两条裙子，给男子一套衣服。日常生活所需的草烟、芦子等，由大家庭统一生产或购买，以小家庭为单位平均分配。至于年轻姑娘所需的一些装饰品，由负责采购者征求本人意见，在一定限度内，根据各自的爱好，分别采购给她们。

除上述的一些共同点外，德昂族的大家庭公社也有它的特色。

一是大家庭内部除自然分工外，已经出现专业技术性的分工。按习惯，妇女料理大家庭的家务、煮饭是轮流进行的，一年一换班，但那些有管理家务才能或为家长信任的妇女，常被留用；对于纺织技术精良的，她们被推选出来专门为大家庭纺纱织布和织裙子，成为脱离农业生产，长年从事家庭手工业的技术工人。其他在大家庭成员中也有的是制作银首饰、打制铁农具及做木工，这些技术工人，又多为农忙务农、农闲做手工，他们的收入归大家庭所有。

二是地缘关系下的血缘关系。自 13 世纪以后，德昂族因受到民族间战争和民族内部倾轧的影响，人民常处于迁徙流动之中，镇康的德昂族传说他们的祖辈就是在迁居了许多地方之后，于距今 250 年左右才定居在邦娃（大寨）的。同时，他们开始就是由不同血缘但有婚姻关系的三五个氏族（克勒），或者已从大家庭解体出来的小家庭共同组成村社的，德昂语称为"牢"。因此，德昂族的这种"牢"，既包含有不同血缘的大家庭，也包含着大家庭和小家庭并存的状态，它是在农业公社里残存着的大家庭公社。

这种父系大家庭公社在其他地区的德昂族中早已解体，那为什么在镇康德昂族中又能长期存在呢？初步分析有以下几个原因。

一是 13 世纪后，德昂族的住地有较大的变迁，他们的父系大家庭公社在大变动中瓦解了，而镇康地区则走向僵化状态。因为长期受内、外战争折磨的德昂族人民渴望求得一个安居乐业的环境，他们常分散迁徙到交通闭塞、很少和外界接触的丛山之中，进入镇康军弄的德昂族，由于长期流动，原来就已低下的生产力得不到发展，他们还需借助集体的力量去开垦大片森林地，家庭公社依然是一种很好的力量。这样，公社原有的共同生产、共同消费的巨大生命力又获得继续存在的基础。大家庭公社和小农经济存在着根本的区别，大家庭公社可以抑制贫富分化，使各小家庭的经济生活保持相对的平衡，而小家庭就不同了。因为镇康的德昂族处在傣族和汉族的封建经济包围之中，刚从大家庭公社解体出来的小农经济尤为脆弱，特别在封建经济的强力吸引下，只要稍有一点天灾人祸，生产略有失误，就要成为债务人或帮工，走上贫困的道路。在这种情况下，往往又重现出大家庭公社的优越性，所谓"风吹下坡，兄弟分家，日子艰难，有事还得找阿哥"（当家人，大家庭的代表者），就包含着这个意思。有些大家庭的家长也利用这种生活现实教育家庭成员要伙吃伙做去维护大家庭的生存；这在一段时间内的确起着作用，促使德昂族的大家庭公社更加僵化起来。

二是大家庭公社是继续存在还是解体的关键，取决于大家庭的细胞——小家庭经济的发展程度。从镇康德昂族最后解体的一些大家庭情况看，他们普遍重视发展公有经济，抑制私有经济，有的家长不允许家庭成员积私房，这就使得共同生产、共同消费的原则得以延长生存时间。大家庭内部虽然有专业分工，但劳动者的产品仍是大家庭的公共产品，生产者无权支配。对外交换的权利也掌握在大家庭手中，直接生产者多处于与交换市场隔绝的状态，小家庭和私有经济难以发展。由于瓦解大家庭的积极因素——私有经济发展缓慢，大家庭公社的寿命得以延长。

三是家长的表率作用对大家庭的存在与解体起着重要作用。家长的权力比较大，家庭的维系在很大程度上是凭靠威望；家长的这种威望又来源于他对大家庭的生产、生活领导有方，善于处理内部矛盾，不谋私利等。据群众反映，解体最晚的那几个大家庭公社的家长们，都有不谋私利，克己（群众称为"亏己"）为大家庭谋益利的精神，有一种至今还为德昂族群众称道的"亏己"（克己）作风。分管生产的往往重视生产劳动，不大重视生活，引起劳动者的怨言时，家长就注意改善生活。家长的妻子一般都是负责在家从事家务劳动的妇女们的劳动安排，如不能体谅妇女们的困难或疾病，而出现过分责备时，家长总是责备自己的妻子。至于消费品的分配，总是先人后己，优先考虑在生产第一线的成员，这对于团结大家庭成员同甘共苦有着重要意义。相反，那些谋私利的家长，往往又成为瓦解大家庭公社的魁首。

四是傣族土司赋税政策的消极作用。镇康军弄、南伞，原属耿马傣族土司管辖，因交通不便，傣族土司向他们征收货币租税，并把他们划为六个纳税等级，以民国时期为例，一等户每年纳半开（云南银币）20元，二等户18元，三等户16元，四等户14元，五等户10元，六等户（即鳏寡孤独者）3元。① 如果以一个拥有10个小家庭的大家庭公社为一等户，他每年出20元半开，和一个五等户的小家庭负担10元相比，那么小家庭比大家庭的负担重4倍，因此有些人家为减少对土司的沉重负担，宁愿过大家庭生活也不愿去分立门户等。

镇康县的德昂族，虽然长期处于中国封建朝廷和傣族土司的统治下，周围也是早已进入封建社会的傣族和汉族住居，各民族间也有共同市场，互相交换产品，在生产上也很早就使用铁制生产工具，并实行犁耕等，但大家庭仍能较长期地存在，或许就是以上诸种原因凑合的结果。

---

① 参见云南大学历史研究所民族组宋恩常《拉祜族佤族崩龙族傣族社会与家庭形态调查》，1975年，第103页。

虽然，镇康德昂族的大家庭公社由于其特定的历史原因，它的寿命得以延长，但到 19 世纪末和 20 世纪初它终于无法再延续而最终解体了，其原因又何在呢？

正如马克思指出的："公社的产品愈是采取商品的形式，就是说，产品中为自己消费的部分愈小，为交换目的而生产的部分愈大，在公社内部，原始的自发的分工被交换排挤得愈多，公社各个社员的财产状况就愈加不平等，旧的土地公有制就被埋葬得愈深，公社也就愈加迅速地瓦解为小农的乡村。"① 德昂族父系大家庭公社演化为"小农的乡村"的原因，正是原始的自发分工被交换排挤了，大家庭所属的各小家庭的财产状况日益不平等的结果。

至于德昂族个体家庭经济怎样在大家庭这个母体中发展和瓦解着这个母体呢？据考察有以下几种途径：

一是妇女们逐渐把自己生产的纺织品投入市场，收入归己。大家庭种植的棉花和麻，除留作统一纺织家庭成员的衣服、裙子外，把一部分分给各个"格斗"（小家庭），用以添补小家庭的衣着、被盖之用。也有的大家庭则全部分给小家庭去自己纺织衣服、裙子等。但这些产品一经大家庭分配之后，所有权也就随之转入小家庭手中，在有剩余的小家庭中它就被加工为纺织品出售，成为商品。也有些小家庭利用长期在地边吃住的机会，在完成统一的生产任务之后，自己开垦小块棉、麻地，或利用农闲去采摘野生木棉②，用这些原料织成麻袋、棉布、棉毯、挂包等，拿到附近的市场上出售给傣族、汉族群众，收入归己。

二是比较富裕的大家庭，往往把多余的粮食和牲畜出售，所得的钱平均分给各个格斗（小家庭）。

三是德昂族青年结婚时，双方家长要为新婚夫妇准备一些礼物，如茶、糖、小挂包等，去拜长辈亲戚，而长辈们要还礼，一般是货币，这部分收入归新婚夫妇所有。

四是私心重的家长利用特权，使大家庭的财产通过"化公为私"的渠

① 《马克思恩格斯选集》第三卷，人民出版社 1975 年版，第 201 页。

② 这种木棉高三四米，有家种的，也有野生的，棉绒长而柔软，年成好时，每株可采三五市斤。不是有些书上说的攀枝花。

道变为私有财产。

五是青年人积攒私房。在近代德昂族中滋长着一种风气，即用私房钱的多少去衡量一个姑娘或小伙子是勤快还是懒惰；他们认为哪个姑娘或小伙子的私房钱多，就说明她（他）勤快有本领，私房钱少或没有的就被看作是"懒惰"，是"做不得吃"的人。因此青年们到一定年龄总要设法积累些私房钱，有的父母也主动给子女一点钱作垫本去放债，买牛、猪放养等。

小家庭和青年们通过上述渠道得到的货币，除一部分用于购买自己所需的物品外，其他部分只要有条件就会变为生息资本，有用于放高利贷的，年利为百分之百；有用于秋后低价购粮待青黄不接时高价出售的；有用于购买猪、牛放给无猪、牛的人家饲养，待将来分红的；也有买了牛之后由大家庭的放牧者无代价代放等。小家庭购买牲畜由大家庭无代价放养，繁殖的幼畜则归自己的事例是比较常见的。如达依万家的哈威私养黄牛5头，水牛2头；衣卜万私养水牛、黄牛各2头；欧闹私养黄牛2头，水牛1头。圭那隋恩家的达衣克私养黄牛4头，水牛2头。阿困木家的老大、老二，不仅养猪、养牛，还做些买卖活动。分家时，各自拉走自己的牛。"这种不受公社控制的动产，个体交换的对象（在交换中，投机取巧起着极大作用）将日益强烈地对整个农村经济施加压力。这就是破坏原始的经济平等和社会平等的因素。它把别的因素带进来，引起公社内部各利益和私欲的冲突，首先会破坏耕地的公有制，然后会破坏森林、牧场、荒地等等的公有制；一旦这些东西变成了私有制的公社附属物，也就会逐渐变成私有了"。① 德昂族的大家庭也是沿着这条道路走向小农经济的。在他们的成员中，有的善于经营，买卖过程中能赢利，有的则亏本；有的牲畜饲养管理好，繁殖快，有的则造成死亡损失；有的家长利用职权侵吞大家庭的一些公共的牲畜和财物，使各小家庭之间的财富差别愈来愈大。有些小家庭的私有经济在迅速增长，大家庭也就日益空虚，家庭成员对集体生产不再同心协力了，生产不佳，在一段时期内尚能维持大家庭成员的饭食，渐而连吃饭问题也不能解决，家庭成员对大家庭的困难是漠不关心的。如有个大家庭生活遇到困难，家长四处求援，借钱借粮，而家长妻子

---

① 《马克思恩格斯全集》第19卷，人民出版社1975年版，第450页。

手中的私房钱就是不愿垫支出来为大家庭解决困难的。相反，在大家庭成员之间我多做，你少做；你的孩子打我的孩子，家长不公平等等内部纠纷日益增多，于是财产使兄弟分家了，大家庭公社瓦解了。

德昂族的大家庭公社在演变为完全独立的个体家庭的过程中，出现了一种过渡性的家庭形态，德昂语称为"关格纠"。大家庭公社瓦解后，各小家庭并不随之建立单户住宅，仍然是三五户或七八户共居于一幢大屋中，即是在经济已经独立的情况下保留了共同居住的特点。属于同一个"关格纠"的各个个体家庭之间，在生产生活上有互相帮助的义务。这种过渡形态的存在，虽然有意识上的因素，德昂人是善于和睦相处的，他们把若干小家庭和睦共居看做是一种美德（这也是公社经济的反映），但更重要更现实的是适应客观需要。因为大家庭中长期形成的比较周密的内部分工，即生产、生活、家务、放牧等等，在大家庭内部是分工负责的，分成经济独立的小家庭之后，遇到了新的问题，即"麻雀虽小，肝胆齐全"，小家庭虽小，但生产劳动、煮饭、放牧、喂猪、养鸡……都得自己动手，德昂族生产基地离家又远，过去生产者可以长期住地边，现在只能早出晚归，即使这样，年幼的子女留在家中无人照料，猪、鸡无人管理等。而"关格纠"这种过渡形式就是适应这种现实生活的，因为属于同一"关格纠"的各个个体家庭可以轮流守家，不论谁家留守都互相关照孩子及家务，外出生产者可以免除后顾之忧，如不采取这种方式，各家都得留人在家看守，对小家庭的生产生活都不利。同时也说明他们对组织起来发挥互助合作的优越性是充分加以利用的。

镇康德昂族父系大家庭瓦解了，他们的住宅也随之变化，为便于说明问题，把他们的三种住宅形式，分别附平面图于下。

一是未解体前的大家庭住宅形式，其特点是只有两个大火塘，一用作煮饭，另一用作煮菜，全家是一个伙食单位。如图1。

二是"关格纠"形态的住宅形式。这种住宅，依然是长屋，房屋外部结构没有变化，所不同的是内部结构略有区别，每个小家庭有自己的煮饭火塘及接待客人的客堂。如图2。

三是完全脱离大家庭的小家庭住宅形式。这种房屋一般是正方形，侧边有附房，是堆柴禾及放置脚碓舂米的地方。如图3。

晒台	投靠寡妇 1 人	姚老大住	长子家庭 7 人	客　堂	次子家庭 4 人	晒台

煮菜火塘　　　　　　煮饭火塘

门　　　　　走　　　　　道　　　　　门

楼梯	屯粮间	次女儿及 赘婿并赘 婿之胞弟 二人共 4人	长女儿 及赘婿 家庭 5人	全家食具存放处	三子家庭 6人	放农具器物处	楼梯

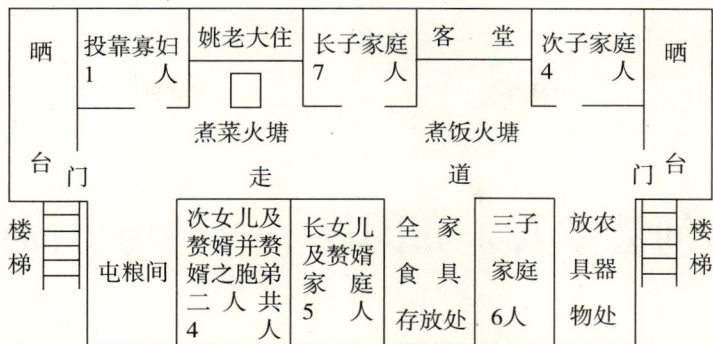

图1　未解体前的大家庭住宅形式

注：这是镇康县大寨姚老大家 28 口人的家庭住宅

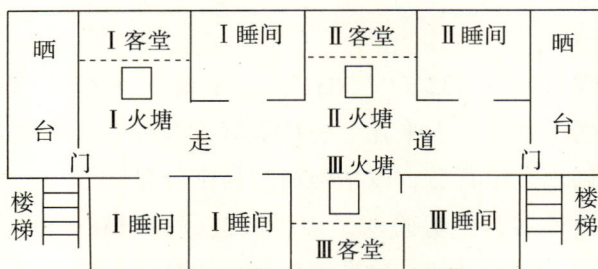

晒台	Ⅰ客堂	Ⅰ睡间	Ⅱ客堂	Ⅱ睡间	晒台

Ⅰ火塘　　　Ⅱ火塘

门　　　走　　　道　　　门

Ⅲ火塘

楼梯	Ⅰ睡间	Ⅰ睡间	Ⅲ客堂	Ⅲ睡间	楼梯

图2　"关格纠"形态的住宅形式

Ⅰ代表第一户，Ⅱ代表第二户，Ⅲ代表第三户

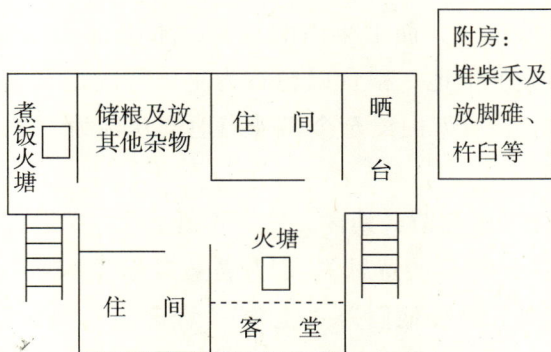

附房：堆柴禾及放脚碓、杵臼等

煮饭火塘	储粮及放其他杂物	住间	晒台

火塘

住间	客堂

图3　完全脱离大家庭的小家庭形式

Ⅰ代表第一户，Ⅱ代表第二户，Ⅲ代表第三户

（原载《研究集刊》1981 年第 3 期）

施甸县本人（布朗族）社会历史简述

一、概　况

　　施甸县，现有本人 872 户，5631 人，主要住在木老元和摆榔两个公社，其他在酒房、姚关、太平几个公社也有少数分布。木老元和摆榔两地相连，位于施甸坝东山背后，以枯柯河与昌宁分界。

　　这里多丛山峡谷，地势险峻，山坡较陡，海拔在 600～2800 米之间。有温寒带、温带、亚热带甚至热带等多种气候特点，一般是山巅微寒，山腰温和，山谷、河沟两岸炎热。

　　由于自然条件不同，生产也有差别。如下半山的村寨，其耕地面积中，水田约占二分之一，而上半山的村寨，水田仅占耕地面积的三分之一，也有些村寨全种旱地。粮食以包谷为主，其次是水稻、小麦和豆类。历史上曾种过旱谷，有架山梁至今仍被当地群众称为"旱谷山"，但现已无人垦种。

　　"本人"是个汉语称谓，其含义是"本地人"，或是古老的土著居民。本人自称为"乌"（即人的意思），现今普遍自称"本族"，当地汉族除称他们为"本人"外，也称他们为"蒲满"（蒲荞）。"蒲满"这个词在新中国成立前人们的口语中，带有歧视的意思，故本人对此称谓较反感。他们称汉族为"片"（阴平声），称彝族（香堂）为"阿罗"，彝族（香堂）称本人为"乌"。

　　本人，有自己的语言，学者专家们多认为属孟高棉语系，和佤、德昂、布朗等族语言有亲属关系。此次调查中，曾录有部分本人语言词汇，并请王敬骝同志作了初步鉴别，其特点如下：

1. 前缀不发达；

2. 塞音、塞擦音有四套，即：p、ph、b、bh；t、th、d、dh；ts、tsh、dz、dzh；k、kh、g、gh；

3. 鼻音有三套即：ʔm、m、mh，ʔn、n、nh，ʔŋ、ŋ、ŋh；

4. 复辅音有 pl、phl、bl、bhl、pr、phr、br、bhr 等；

5. 辅音韵尾减并为 ŋ、ʔ、h、r；

6. 无声调和松紧之分；

7. 从语音上看，以上 2、3 点接近于布朗语，以上 4、5、6 点接近于德昂语。

从词汇上看与布朗语或德昂语的差别都比较大，有一些更接近于布朗语。

本人的语言很值得继续调查和深入研究，由于材料不多，现在还很难作出确切的判断。

今日的本人语言中，已渗入了相当的汉语成分。他们没有文字，使用汉文。新中国成立前本人中已有几个读汉文书的知识分子。现在这些地区办了小学、民族中学，识汉文的人多了。目前，除少数老人讲汉语有困难外，绝大多数都能讲熟练的汉语。

本人都是以村寨集中居住，有的村寨建于温凉的上半山，有的建于炎热的下半山，与汉、彝（香堂）族村寨为邻，也有少数村寨是本人、彝（香堂）、汉等族共居，村寨一般为 30～40 户，较大的有 70～80 户。

房屋，本人语称为"干"，可能是"干栏"一词丧失了尾音的缘故。目前他们的房屋建筑形式与汉族基本相同，有四合院，一主房两耳房，一主房或一耳房或在主房对面建一平行的过道房，即出入大门开于此房楼下的中间。主房楼上贮藏谷物，楼下中间作客堂，两边为卧室，耳房作厨房或畜厩，房屋为穿斗的木架楼房，草顶。新中国成立后有些人家盖了瓦房。

服饰，本人男子的服装，已与当地汉族相同，妇女服饰却颇有特点。妇女缠黑包头，包头左右两边上部外斜，包头布的一端饰以绒球、玻璃珠，露于左耳上的包头外，已婚妇女发辫绕于包头之内，未婚者绕于包头

云南文库·学术名家文丛

之外，若是寡妇，在丧夫后的一段时间，拖发辫于后。上衣前短后长，多为蓝黑色，两袖近腕一段镶以色布或绣上花纹，上衣外穿一件无袖对襟短褂，两襟排列着密集的布纽扣，扣珠用银泡或布结。手戴镂花银镯，腰扎围裙，围裙之下摆刺绣花纹或镶花边。裤腿较宽，不叠下脚。用布裹小腿，脚穿线耳、麻底花草鞋（编织线草鞋成本高且费时，目前有部分已改穿解放鞋或塑料凉鞋）。女青年结婚时，习惯上是穿红衣服。也有个别同志谈到，据说本人穿戴现今服饰的历史并不长，较早时期他们全穿白衣、白裤。

二、历史简述

（一）古代建制

施甸，在汉晋时期属永昌郡，唐时隶南诏永昌节度，大理国时曾设过永昌府，后因永昌地区的"金齿"民族强盛，并建立起自己的区域统治，即元代史书上常说的"金齿国"。元代在永昌设立过州、宣抚司、安抚司、六路总官府，至元二十三年（1286 年）改为大理金齿等处宣抚司，设立都元帅府。明军进入滇西后，永昌（今保山）蒲人万户阿凤即归附。明朝设永昌府，阿凤为通判。据大楼子《蒋氏宗谱》记载：有始祖阿苏鲁，任元代万户，乃至明代洪武十六年（1383 年），金齿各地归附，十八年（1385 年）二月内，始祖自备马匹赴京进贡，蒙兵部官引奏，钦准始祖阿苏鲁除授施甸长官司正长官职事，领诰命一道，颁赐钤印一颗，到任领事。《明史·地理志》记载：广邑州（施甸），本金齿军民司之广邑寨，宣德五年（1430 年）五月升为州，八年（1433 年）十一月直隶布政司。毛奇龄《蛮司合志》对这次升州的原因作了记述："金齿广邑寨，本永昌副千户阿干所居，尝奉朝命招生蒲五千户，有功。"阿干又"遣其孙阿都鲁同蒲人莽寒叔，阿类诣京修贡，且迄于广邑置州，使阿都鲁代掌州事，以熟蒲并所招之生蒲属之，报可"。据《保山县志》记载，施甸东山摩苍寺大殿右侧有石碑，上记施甸县于明永历三年，即清顺治六年（1649

年），设立过"平夷州"，到清军进入时废。施甸县文化馆收集到清雍正时人纪录的《八乡始末来历》也记载说："永历四年起，其施甸长官系己丑年，孙可望改土归流，裁革施甸长官司，设'平彝州'"；又说："至顺治丁亥年，遭孙秦王之变，将土舍杀戮，人民逃散，田地荒芜，顺治庚寅年设'平邑（夷）州'，九册编为八乡，马料之外，又以一千二十石起科，丈粮摊撒杂派：一斗派银三四两，一石派银三四十两，至万民受害，流走四方，为额之粮民由此起也。又至己丑年，国号顺治，将秦王剿灭，永历逃缅，奉旨裁革'平彝州'，颁发赋役全书。"废州后，是否设县未谈，但从"府主周、县主马二位，将施甸各项银两合为杂款银征收"等情况看，当是裁州设县。

（二）元明时期施甸的主要居民

现在住居于木老元和摆榔一带"本人"的老一辈都传说，他们的先辈，原居于"日老"（今保山），明洪武十五年（1382 年），白夷（傣族先民）叛攻金齿，阿王率领众寨本人援救金齿有功，得了官衔和土地，并管辖十八土司。又说，保山过去有一块铜牌，记载着本人土司所管土地的"四大至"，即东至现在昌宁的卡斯河，南至施甸的勐波罗河，西至摆邑河，北至永昌城脚。阿自昌、阿学开等老人在解放初赴保山开会时还去打听这块铜牌情况，但无线索。他们还说，到明末，大批汉族从南京充军到"日老"（永昌），本人受排挤，后迁到施甸的长官司（建有长官寺，今改为人民寺），但不知什么原因发生了消灭十大土舍的事件，因土司姓阿，是消灭对象，于是有的改了姓留下来，有的坚持原姓，逃往深山，木老元的阿家就属这种情况。据说从长官司迁到木老元哈寨的是两弟兄，一个叫阿三，一个叫阿样，人口发展后，阿样这支迁往下木老元，是下木老元的建寨人。又据摆榔公社楂子大队李春和老人谈，传说他们这里的本人是从木老元公社的哈寨迁来的，现已有 13 代，因为本人埋葬死者是按辈数从上往下埋，每一代为一排，今已 13 排，据此推算，本人迁到楂子已有 300多年，加上李春和自己已 69 岁，由此可知本人迁到楂子树有 330～400 年的历史，由施甸迁往哈寨应早于这个时间或与此同时。阿学开等一些老人还说，现今老一辈的人还记得，过去木老元的本人到施甸赶街，那些住居花山、大寨、松子寨、三邑寨、摆邑寨的人在路上遇见本人时，总是说："你们回来很早！"或说："你们又回来赶街了。"

至今流传在本人中的这些传说，考诸历史是有一定依据的，如明万历时邓芝龙姚关清平洞《恤忠祠记》中说："阿坡、都鲁二寨，西入永昌城仅百里，东连顺宁，南抵施甸，北达永平，林木森翳，槽道峻险，国初至今未能下，卧榻之侧有不宾之蒲久矣。近贼首莽裕、莽霸思以董甕、亦登、亦林为党羽，时肆剽掠，招纳流亡，执劫南窝、枯柯等寨，见罗李公材饬金腾兵，奉督府议，檄公剿之，公于（万历）十四年七月二十日整旅走右甸，声击董甕，令邹良臣、吴松营达丙，牵制亦登、亦林，彼三寨已绝援，先令陈信、郑勇、万和、范进、郑廷锡等潜师阿坡，公雨夜趋南窝，裸体渡藤桥，闻哨官文清仁死于险，急令各目启密缄视，如知架天桥、斩槽险，贼寨退无所持，走无所归，悉就擒，遂扶其众为正朔子粒民。"

明代这次对今昌宁境内部分蒲人的镇压，迫使其首领及胁从者四处逃散是必然的。但对迁入木老元的本人来说，更为直接的可能是在明末清初时期，明代遗留的部将孙可望的势力进入滇西后，在施甸推行"改土归流"，曾经引起施甸本人（蒲人）土司们的反抗。从当时在施甸设置"平夷州"一事看来，当是进行了军事镇压的。《八乡始末来历》所记的孙可望杀戮土舍之事，或许就是群众口头上流传的"消灭十大土舍"之事。保场公社92岁的退休教师王安仁谈到由旺土主庙来历时说："土官莽成因反抗改土归流，被吊死于土官寨的大树上，以后本民族为了纪念他，便于大树前建立土主庙。"孙可望"改土归流"对施甸土司的打击比较大，许多当权者逃离，百姓也有一些随之迁走，这是不可免的，但蒲人群众不可能全部迁走。如前面所说花山、三邑、大寨等地群众对木老元来赶街的本人作"你们回来很早"这类问候的那些人，或许就是当时未迁离而留居下来的，但这些人现已全部汉化了。此外，《八乡始末来历》中还有"雍正三年，莽氏不轨，杖诛"的记载。

以上所记说明明清时期的封建统治者对本地土著民族的多次镇压，迫使其中的部分人四处迁徙，看来是符合事实的。

（三）阿莽蒋姓氏的演变

当地普遍传说："李罗罗，蒋蒲满、真本人，阿家多。"也有的说："张家自子，李罗罗，蒋本人。"这些传说，有时把蒋姓说成蒲满，有时说成是本人，说明本人、蒲满本是一个族系，阿姓和蒋姓也同为一个族系。关于这一点，当地也广为流传着蒲满（本人）原姓阿，后改莽，再改为蒋的传说，据说目前还姓"阿"的这些本人就是保持原姓的部分。目前这一带的本人认家门的主要依据是看你是不是属于"阿莽蒋"这一系统。据大楼子、大乌邑、木瓜榔的几本《阿莽蒋氏宗谱》记载，他们的祖先"原籍系（金齿）司蒲人氏"，有始祖阿苏鲁为元代万户，归附明朝后，受封为施甸长官司正长官。至正统六年（1442年）将姓阿改为姓"莽"，又于万历二十四年（1594年）"奉题准将莽改为姓蒋"。这个改姓的经过是很清楚的。这里的问题是阿家为什么要改为"莽"，又为什么改为"蒋"？阿改莽的原因，考诸历史，有个值得参考的地方是，这些蒲人（本人）居住的地方，在唐代是"茫蛮部落"居地，茫蛮部落的酋长们都尊称为"茫"（莽），它具有首领、君、王的含义，因此"莽"在一段时期曾是一个受尊敬的褒义词，蒲人首领们乐于使用。但是"莽"字在汉语里具有"鲁莽"即粗俗不文明的含义，当这些蒲人土官的汉文水平提高后，他们"乐慕中华"，认为莽是夷姓不光彩，因此又改为蒋。此外也有些蒲人（本人）改为杨、段、王、李等姓氏，由于后面这些姓氏不带有阿、莽、蒋这些特征，因此人们又说，"阿改莽，莽改蒋，蒋改了"，如莽福寨的杨家就是由莽改来的，他们与莽已不同姓，但不开亲，主要原因是同宗共主。从以上传说和记载可知，今日的本人和已经汉化的"阿、莽、蒋"等姓，都是古代史书所称"蒲人"（蒲满）的后裔。

根据历史记载和传说考查，大略可以看出以下几点：

1. "本人"即古代史书记载的"蒲人"（蒲满），他们是当地的土著民族之一，在元代和明代曾经是当地最有势力的民族，如元代的万户，明代的长官司长官及其他土舍头目都是这一族系的人。明代初期三征麓川及万历邓芝龙征缅时有蒲人参战和筹集运送军粮，担负使役等，许多蒲人首领因有军功受封为长官司长官及千户、百户等。由于蒲人势力较大，以致邓芝龙在离开姚关时所写的《别清平洞》一诗中还有"莽生休据洞前田"之句，因为邓走后，只有莽家（蒲人）有力量去染指恤忠祠的田产，因此邓芝龙对这一点很不放心，特别提醒人们注意。

2. 现今施甸境内还有许多本人遗迹。有些村寨仍带莽氏特征，如莽王寨、莽中寨、莽八寨、莽林寨、莽索寨、莽回寨、莽成寨、莽福寨等。有些寨子至今仍保留本人语言称谓，如大乌邑、小乌邑、三邑、山邑、瓦邑、查邑、同邑、交邑……邑原作衣，本人语村寨之意，现多用邑。其他如大楼子、木瓜榔、长官寺这些地方，人们还比较清楚地记得这里是蒲人住居的历史。大楼子、木瓜榔、大乌邑的蒋姓至今仍保存的《阿莽蒋氏宗谱》《蒋姓宗支叙》就更清楚地说明他们是元明时期蒲人的后裔。

3. 施甸这个地方，历史上除以蒲人为主住居外，还有白族（白子）、彝族（香堂、撒摩都）等住居，但后者人数不多，遗迹较少，没有充足材料说明他们是这一区的主体民族。至于傣族，除现今的旧城（傣语称勐波罗，即崩龙坝）及卡斯河谷，在人们传说中较早有傣族住居外，看不到更多的傣族遗迹，明中叶的罕虔也仅以耿马为基地向姚关等地进行战争杀掠而已。这里的汉族，大都传说是明代随邓芝龙来征缅戍边的汉军后裔，当然这一次来的汉族较多，这是事实，但在此之前这些地区已有少量汉族迁来定居也是可能的，因此，汉族对这里的民族情况是清楚的，他们并不称"白""彝""傣"为本地人，只称"蒲人"为"本人"，这不是没有依据的。

总的说来，蒲人（本人）在元代以前就定居于施甸地区，元明时期的人口较多，势力较强，以后随着中原皇朝势力的深入，土司头人屡次反抗遭到失败，受到封建统治阶级镇压之后，蒲人势力渐衰，加之汉文化的普及和深入，许多蒲人也演变为汉族了，因此现今所剩的本人已不多了。

三、新中国成立前的社会概况

新中国成立前摆榔公社本人住居的一些山梁，属施甸县城附近的几家大地主所有，如大中、楂子树、火石地等村寨，属施甸城郊段家坡的朱姓地主，称为朱家山。不知道是哪家嫁女儿给朱家，给了此山作陪嫁，人们又称为陪嫁山。鸡茨、里歪、汤家寨所在的山梁属杨家，据说是汤家以150两银子卖给杨家，产权虽然是转归杨姓，但习惯上仍称为汤家山。里格、里箐这架山梁，属张家，称张家山。住居在这些山梁上的本人，全是这几家山主（本人语称陶德，陶是主人，德是山）的佃户。这些山何时被山主霸占去的，当地群众已不大清楚，但在本人群众中有这样一个传说：本人号田号地是结草疙瘩做标志，火一烧就没有了；汉族号田号地用石头、石灰做标志，火烧不掉，因此汉族号的地就永远归汉族所有。这个传说中也可能包含着这样一个合理因素，即在元代及明初，这一带人口稀少，土地公有，当地民族仍结草号地，用后抛荒归公，不作为私人永业。从内地迁来的汉族，特别是那些有权有势者，便趁此机会把大量的土地、山林据为己有，当然也有些是属于这些有权有势者们以高利盘剥或低价购买手段夺取当地民族耕种的土地。如《张成墓志铭》记载：张家是随明军进入永昌获有军功，落籍于此地的武将，传二十四代，至民国时，子孙繁衍到一百多户，在历史上是"禄享千钟"的封建特权阶层，不仅拥有"良田万井"（顷），而且还"制买山庄"，掠夺山地所有权。因此，当本人丧失了自己的土地迁入偏僻的山区时，他们也和汉族贫苦农民一样成了山主们的佃户。山主们为了增加剥削收入，也希望招些佃户去耕种经营。佃户们在山上可开田、开地，但所开田地的所有权是属山主的，佃户仅有使用权，如不能及时交租，山主有权把土地抽给别人耕种。佃户所开的田、地，习惯上头三年不付租，但种三季后就得纳租。山主们收租谷在多数情况下是按等级征收，即按上等户、中等户、下等户定租。上等户一般是迁入时间较早，有一部分水田，劳动力强，生产资料够用，多数人家口粮够吃，但也有的人家虽属上等户，有时还缺一两个月的口粮。中等户基本上只能维持七八个月的生活，下等户只有三五个月的口粮，有的还不到过年就无粮了。没有粮食就靠帮工、挖甜木薯、苦木薯、芭蕉根、黏山药等维持生活。

作为佃户的本人，他们原有的生产水平是比较高的，既可以种旱地，也可以种水田，但受条件限制，水田不多，因此多数种旱地，以包谷为主。种包谷都使用厩肥和灰肥。水田多在山脚，路程远，厩肥难以运送，采取在田边就近割取青草和嫩树枝作绿肥，距家近的水田也施用厩肥。好一点的水田亩产 450 多斤，中等的为 300 多斤，差的 200 多斤。至于旱地，土质好的亩产 200 斤左右，中等为 150 斤左右，差的仅百十斤。田地都使用黄牛犁耕，多数能三犁三耙。锄头、犁头、斧子、大刀等铁制生产工具都是从市场买得，与当地汉族使用的相同。同时在本人村寨中，高利贷也盛行，利息为 100%。

佃户们向山主交纳的地租数量，各户不一。上等户一般每年交纳 800～1000 斤粮食，中等户交 500～600 斤，下等户交 100～200 斤。楂子树李春有种了 18 个工的田，约合 9 亩，收入 90～95 闪（每闪稻谷重 60 斤，包谷重 80 斤），交租 8 闪，约合 480 斤稻谷，不到 10%，后来李春有改种成甘蔗，山主就叫他交租 20 闪，即 960 斤谷子，相当于稻谷收入的 20%。

由于山主们住居坝区，距山寨较远，每年到收租时节，佃户们就得派人到城里把山主抬上山来，并杀一头猪、若干只鸡招待，鸡和猪肉的一半作为山主收租期间的吃食，另一半由山主返回时带走。如果猪不够大，或招待稍差一点，山主就不高兴，就要加租或另招佃户，所以这些"借土养命"的本人，再贫困也得把山主招待好。

除上述负担外，山主也常把骡马、母牛交佃户饲养，繁殖的幼畜，本应是对半分成的，但山主们经常是在幼畜快长成大牲畜时，随便给饲养的佃户几文钱就把牲畜拉走了，基本上是白为山主出劳力。有的佃户虽然为山主繁殖了不少骡马，但自己却一匹也没有。如果佃户的经济收益好一点，山主们就要设法敲诈勒索了，如对兄弟多的人家，山主可指定一人去为他家当帮工作无偿劳役，甚至以抽壮丁为名，把佃户的子弟拉去卖给人家抵门户兵。如果不让他们敲诈，就会被弄得"石脚翻天"。

此外，山主们还规定不允许佃户读书，不允许佃户盖有厦的房屋，郭里村有家杨姓山主的佃户，盖了一间草房，由于盖了厦，山主认为这是欺主，就把他的厦部分捣毁。佃户人死后不能建石墓，特别是方形墓，当地称为轿子坟（形如古代轿子）。佃户的坟只能在前后垒上几块石头，否则也被认为是"欺主"，要受到惩罚。

新中国成立前，这里的山主们曾玩弄过卖田的把戏，叫稍有积蓄的佃户拿出钱，山主将一部分田以活契卖给佃户，几年以后，伪钞贬值，原典当的田价已一文不值，山主们就不付分文地将田"赎"回去了。

摆榔公社的本人农民，没有土地所有权，山主也不允许他们过上稍微富裕的日子，所以土改时一百多家本人中，没有一户地主，仅有一户富农（主要剥削是放高利贷），其他都是佃户，是贫下中农。

在木老元住居的本人，情况又有所不同，在清康熙二十五年（1686年）以前，这里的田地原是本人耕种的，开初进入上木老元住居的汉族也承认本人为山主，向他们交租谷。据说在清康熙年间，下木老元有个管事的人，村里说他会放药害人，要杀他，但他掌握着土地执照，他便带着执照逃往摩苍寺（施甸东山）要求和尚保护他，并把下木老元山梁的所有权送一半、卖一半给摩苍寺，得到和尚的允许，从此下木老元成为摩苍寺的佃户。开始每年交8闪粮食（480斤稻谷），下木老元的百姓不服即上告，第一次告不准，和尚把租谷增加一倍，群众第二次上告，仍告不准，和尚就把租子增加到24闪，在原有的基础上增加了两倍。每年要交1500斤左右的稻谷。同时，和尚又向上木老元收租，于是上、下木老元农民的土地所有权都丧失了。

哈寨，本人语称"衣哈"（衣为寨，哈为老，即老寨），是本人聚居的较大的村落，本人有土地所有权，土地可以买卖，产生了地主、富农等剥削者，土改时划出一户地主和两户富农。

总的说来，新中国成立前的本人是处在封建的生产关系之中，在他们的语言中已有"色"（穷）、"德台"（中等）、"快"（富）、"末维"（最好）四个社会等级的划分，但绝大多数的本人都是汉族地主（山主）和寺庙的剥削对象，本民族虽然也出现个别地主、富农，但比例很小，土地不多，经济力量更为薄弱。

四、婚丧及宗教信仰

（一）家庭婚姻

新中国成立前，本人实行一夫一妻的父系小家庭制。婚姻的缔结主要由父母包办，如是娶妻，即由男方家长根据门户、人品等各方面的条件，去选择儿媳；如是招赘，多由女方家长主动去选择女婿。子女到一定年龄，父母即考虑为其婚配。若男方家长看中某家女儿，双方条件亦相当，便带上一包茶叶去女方家闲谈，向女方家长探听口气，如有希望，第二次去时就带上酒、糖去女方家，如女方家长也乐意许配女儿的话，便把酒倒出来喝，把糖收下。随后男方家长即请媒人去要八字，他们习惯上并不找算命先生合婚，主要看属相是否相冲，如鼠马、牛羊、虎猴、鸡兔、龙狗、蛇猪都是相冲的，凡属相相冲者都不能结为夫妻，也有的子女属相相冲，但双方家长舍不得就此了事，又上街去找算命先生合婚，如果算得上等婚或中等婚，仍可以缔结婚姻关系，若算得下等婚，那只好打消这个念头另结姻缘。

经过媒人说定之后，男方要付一定的彩礼。老一辈还记得较早时用铜钱，金额为 1720 文，到后来使用大洋时期，即付十多元大洋，相当于 1000 多斤谷子的价格。新中国成立后送 50~60 元或 70~80 元，经济条件好的多送点，差的就少送点。

结婚日期商定后，到了接新娘的前一天，男方要给女方送一定数量的肉，招待客人。第二天男方请人迎接新娘并在家中宴客。接亲、送亲的人是否在对方家中吃饭，由双方商定，路远的一般要招待饭食，路近的回各自一方吃。女方陪嫁一个柜子、一床被子及一两套衣服。柜子里放些松子、葵花子、糖果、糯米及一些棉线麻草鞋。女方还要送给一头猪、两只鸡，称为领路猪、领路鸡。

姑娘在出嫁前，要准备数十双棉线作耳、麻作底的草鞋，到夫家后给家中的人各送一双，并给请来抬柜子、吹打及出力多的帮忙者各送一双，此外，去拜见男方的主要长辈亲戚时，也各送给一双。

新娘离家时不骑马，不坐轿，步行到男方家。出门时要在胸前佩上镜子，据说可以照妖压邪。新娘接到男方家门口，由两位接亲者将新娘牵入，进男方大门时，新娘的脚不能着地，用两张草席轮流铺垫，让新娘从上面走过。新娘进屋稍事休息后即喝交杯酒，拜长辈。如是童养媳，当新郎出门祭献山神时，新娘就去大门外等候，待新郎归来，一起进家门后再举行仪式喝交杯酒等。夜间，全村男女老少唱歌跳舞庆贺，称为"打歌"。

"打歌",是由新郎请一个带头人帮助组织,届时用托盘端出猪头,带头唱道:"猪头三牲安在托盘上,主人手拿三炷青香插在猪眼中;猪头三牲安在托盘上,你我小子、大妹玩到大天白亮,一个吃上一箸猪头牲……"当领头人完成一定程序后,就找接替的人,口中唱道:"抬起托盘转三转,要上一个接手人。"这时谁愿接替谁就唱:"我是金打茶壶银接嘴,轻轻巧巧接过全三牲。"然后接过托盘放在堂屋的供桌上,人们继续舞蹈歌唱。年长者开初参加热闹一阵之后逐渐退出舞蹈队伍回家,这时青年男女可以自由对歌,一般是小伙子先唱,逗姑娘答唱,不愿则不回答或唱歌拒绝。青年们边吹弹乐器,边舞蹈边唱调子,一直热闹到天亮,将猪头肉切碎共进一餐才告结束。然后新郎陪新娘回娘家,称回门。

若婚后不睦,女的可回娘家。若系男方对女方不满,女方可以改嫁;若系女方对男方不满而回了娘家,男方可以另娶,但女方未经男方许可,不能再嫁。

(二)丧 葬

人死后,不择日子,三日内掩埋掉。年老人死亡,一般由家里人替死者穿上衣服放入棺内。死者如是本家族的人,即由家族中年长者用蒿子为死者洗脸,喂给银器,盖好盖脸布,然后封棺。如是娶进的妇女或入赘者,须等后家的人来为死者洗脸、盖脸后,才能封棺。

埋葬死者,多由村寨邻里互相帮助,主人招待饭食,吊丧者送点米、糖之类。掩埋死者须按一定位置,根据班辈次序由上往下,或由下往上,第一代为第一排,第二代为第二排,以下类推。不论男女,没有生育过子女的人(包括老年人在内)不能埋入正坟地,葬于侧边,只能和其他一些非正常死亡者葬在一起。凡属于第二次结婚的夫妇,死后不能合葬。

埋葬死者,丧家要杀领路猪和鸡,这类猪肉和鸡肉,死者家属不能吃,只能由来帮助料理丧事的人们吃。埋葬后,家属在领路猪的项圈上切三片肉,在鸡脖子上切下三段,连续三早敬献死者亡魂,丧事即告一段落。到死者逝世三周年时,家人和亲戚共祭献一次亡灵,以后就不再专门祭献了。

（三）乐器和歌舞

这里的乐器主要是管、弦乐，不见打击乐器。乐器有大号、唢呐、葫芦笙、笛子、三弦。每个寨子都有一批会吹弹的人。

唢呐习惯上是双人同奏，当地称为"吹打"，实际只有吹没有打。唢呐主要用于婚、丧事，平时则是自己吹奏消遣。唢呐调子内容丰富，人们通常说的有七十二调。在结婚时使用的有《醒调》，清晨吹奏，告诉人们起床准备接亲。《进门调》，进女方门时女方奏，进男方门时男方奏。《等调》是等待新娘出发时吹的。《过山调》是新娘起程上路后吹的。吹《候客调》是请客人准备入席，其他如入席、斟酒都有专门调子。客人散席准备回家时（特别是送新娘的客人）吹《留客调》。客人留不住，主人送客时吹《送客调》，此外还有《喜欢调》《会亲调》《礼貌调》《白马回头》《采茶调》《三起三落》……这些曲调在这一带保留的还比较完整，当地各民族都喜欢听。如系办丧事，主要是吹《哭娘调》，又称《离别调》。

舞蹈主要在结婚打歌时跳，由弹三弦、吹芦笙和吹笛子的人带头，其他男女青年随后，绕圆圈而舞。舞蹈姿态、步伐随曲调不同而变化，常见的有《踏脚调》《弦歌调》《小翻身》《大翻身》《阉鸡摆尾》……舞蹈的特点是步伐整齐，节奏鲜明。青年们还边舞边对唱情歌，歌谣有一定的传统格调，但内容根据具体情况变化，多用比喻手法，即兴而唱，所谓"唱山歌不用本，边唱边整"就是这个意思。

（四）宗教信仰

这里的本人，历史上信仰大乘佛教，新中国成立前，他们有自己的寺庙，属木屋架的草房，分三个部分，供奉的偶像也属三个系统。主要部分是观音、文殊普贤、韦陀、达摩、金刚，另一部分为关圣帝君；再就是东岳庙内供判官、小鬼之类。根据寨子的吉凶情况，三年或五年打一次醮，请"札力"先生念七天七夜的经。庙内无常住和尚，群众按顺序轮流管庙，每月初一、十五烧香供献，一年一交替。据说，过去群众有为卜吉凶而去庙中求签的，但到近代，本人的宗教观念已比较淡薄了。

遇有天旱，群众也去求雨，但采用的方式是各户去挖一些野葛根藤，

云南文库·学术名家文丛

到河沟里去搅，意思是"闹得龙王不安宁，它就会下雨了"。

　　从历史文献和调查资料看，本人即古代蒲人的后裔，是较早定居本区域的土著民族，新中国成立前的社会制度属封建地主制，不过他们多处于被剥削被统治地位。同时"本人"也是个接受汉文化比较早的民族，目前在他们的语言中也借用了不少汉语。从他们的婚姻、丧葬的一些习俗看，在老一辈中封建的伦理道德观念比较深，新中国成立后已有较大进步。

　　〔原载《布朗族社会历史调查》（三），云南人民出版社1986年版〕

银生城方位略识

唐代樊绰于咸通三年（863 年）撰写的《云南志·城镇第六》中，较详细地记载了南诏国的军事重镇之一——银生城，南诏曾在这里设"节度使"统辖一方。但由于不同时代的治所驻地的变更，《元史》及以后的记载多有矛盾，互有出入，因此学术界比较关注此城方位，一些学者也作过考证，多认为在今景东或西双版纳，《云南志校释》则认为"樊志所谓之银生城者，实即矕氏所筑之威楚城也"①。笔者现就个人所得也略作考释，谬误之处敬希读者指正。

一、关于"银生城"在史书记载中的矛盾

为便于对比考察各史书记载的矛盾和相互出入之处，先将有代表性的几条史料摘录于后。

樊绰《云南志》载："银生城在扑赕之南，去龙尾城十日程。东南有通镫川，又直南有河普川，又正南通羌浪川，却是边海无人之境也。东至送江川，南至邛鹅川，又南至林记川，又东南至大银孔，又南有婆罗门、波斯、阇婆、勃泥、崑崙数种外道。交易之处，多诸珍宝，以黄金、麝香为贵货。朴子长鬃数十种蛮。""又开南城在龙尾城南十一日程"。②

《元史·地理志》"威楚开南等路"条载："为杂蛮耕牧之地，夷名俄

① 赵吕甫：《云南志校释》，中国社会科学出版社 1985 年版，第 240 页。
② 向达：《蛮书校注》，中华书局 1962 年版，第 161 页。

碌，历代无郡邑，后爨酋威楚筑城俄碌居之。唐时蒙舍诏阁罗凤合六诏为一，侵俄碌取和子城，今镇南州是也。后阁罗凤叛，于本境立郡县，诸爨尽附，蒙氏立二都督六节度，银生节度今路也。及段氏兴，银生隶姚州，也名当箭赕。"

又"开南州"条云："州在路西南，其川分十二赕，昔扑和泥二蛮所居也。庄蹻王滇池，汉武开西南夷，诸葛孔明定益州皆未尝涉其境，至蒙氏兴立为银生府，后为金齿白蛮所陷，移府治于威楚，开南遂为生蛮所据。"

《云南通志·楚雄府建置沿革考》载："天宝末为蒙氏所据，徙银生节度治之。"

胡蔚《南诏野史》说："东岳银生府。"原注为今景东厅。

从以上几条史料中可以使人提出不同的看法，得出不同的结论。

首先，如按樊志所记，"银生城在龙尾城（今大理州首府大理市）南十日程。开南（今景东县开南村）在龙尾城南十一日程"。容易给人们造成银生在开南北一日程的误解。《元志》载开南"至蒙氏兴立为银生府"。《南诏野史》也说银生府在今景东。又给人们以银生和开南两节度使都在今景东的假象。但事实上在开南北一日程或开南境内，没有樊绰所记的众多江河水系，而且开南和银生既是南诏的两节度使驻地，是各自统辖一片地方的两个军事重镇，不应重叠于开南一地。故形成元代史书记载与樊志所记银生城的客观环境不符合的矛盾。又樊志所记从龙尾城至开南的里程不合，十一天的路程应为 550～600 华里，而实际只有 360 余华里，这也是矛盾。

其次，如按《元史·地理志》威楚开南等路条"银生节度即今路也"。元代威楚路治在今楚雄。但楚雄区域内更找不到樊志所记的许多江河水系，也不在"扑赕"之南，方位大相径庭，与《元志》开南州条记载也相抵牾。

再者，《元志》开南州条说蒙氏兴盛时在此设立"银生府"也与事实有出入，蒙氏设节度、都督，大理国段氏时才设府。而开南州的银生府治是在开南"为金齿白蛮所陷"之后才把治所徙于威楚的，这也与《元志》威楚开南等路所记"蒙氏立二都督六节度，银生节度即今路也"相矛盾。

总之，不论把银生城的方位确定在开南（景东）或威楚（今楚雄），都与樊志所界定的诸多条件不符。

二、樊志所记的银生城在今双江县境

樊志说，银生城"在扑赕之南"，所谓"扑赕"即"朴子蛮（布朗族）"住地，系指今云南境内的凤庆、昌宁、云县、景东一带。① 而且距大理市步行十天路程。如果我们用这两个条件比勘，不难得出樊志所记的"银生城"在今双江耿马县境。当然仅就这两条还是难以使人信服的，但只要把樊志所记的许多江河水系及国外交通路线与双江县的地理环境做些比较就会明白的。

樊志说："又银生城，东南有通镫川，又直南有河普川，又正南通羌浪川，却是边海无人之境也。"若我们以双江县为基点考察，从地理上可以看出通镫川即今南勐河，河普川即今南允河及其上游，羌浪川即今澜沧江，澜沧江自然是可以流至边海无人之境的。

"又银生城，东至送江川，南至邛鹅川，又南至林记川，又东至大银孔。又南有婆罗门、波斯、阇婆、勃泥、昆崙数种外道。"这里所记之送江川可能是今日的巴景河，邛鹅川可能是南卡江，林记川或许是萨尔温江。这些水系虽然不能确切考定，但在银生城之南，湄公河上游及萨尔温江一带，从方位上看大致不差。至于"大银孔"，冯承钧译法国人费琅所著《昆仑及南海古代航行考》说"似在今日之暹罗湾中"，沈植认为在"仰光"，向达《蛮书校注》以为费琅所说比较合理。但张志谆《南园漫录》说"元立通西府于银生甸"，若以银生（今双江）作为和西方交往的重镇，那么从双江出发沿怒江（下游即萨尔温江）南下出海通往婆罗门（天竺，今印度）、波斯（今伊朗）、阇婆（爪哇）、勃泥（加里曼丹）、昆崙（今缅甸南部）等地，比从银生出发经缅甸东北入泰境再沿湄南河到出

---

① 《云南各族古代史略》第298页按语："扑赕为朴子蛮所居之地，今镇康、凤庆至景东、景谷一带。"

海口要方便得多，因此，"大银孔"不大可能在暹罗湾，似在今日的莫塔马湾毛淡棉一带。

以上是从地理条件考察的，但南诏是把这里作为军事重镇设立的，那么它的战略意义又如何呢？明代军事家邓芝龙是这样说的："耿马（古代含双江）又全滇诸路之总会，由威远可出沅江，大候可出楚雄，镇康可出蒙化、大理，湾甸出永昌。"① 明万历时缅甸莽瑞体进扰昌宁、施甸、保山时也是屯重兵于耿马、双江的。双江为樊志所记之银生城，从军事战略上看也是适宜的，这样银生和开南两节度使各辖一方的问题就迎刃而解了。

再从这里的民族情况看，樊志所记银生节度辖区内的民族为"朴子、长鬃数十种蛮"。而今日双江，有拉祜族、佤族、布朗族、傣族、彝族、哈尼族、苗族、回族、汉族等民族住居，是拉祜族佤族布朗族傣族自治县。自唐迄今，虽经多变，但仍是民族杂居地。这与樊志所记是吻合的。

既然从地理条件、战略意义及民族情况均可说明樊志所记的银生城在今双江，那么又如何理解《元志》所记银生治所在开南及楚雄的问题呢？

《元史·地理志》"开南州"条说"至蒙氏兴设银生府"。这条史料有两点值得探讨，一是蒙氏设银生府与史实不合，蒙氏是设都督和节度使，没有设府，而且从地理、军事重镇方面考察，樊志所记银生节度与开南无关。二是大理国时则改都督、节度为府制，因此设银生府当是大理国时代事。因此"蒙氏兴"应是"段氏兴"。又从《元志》及胡蔚《南诏野史》记载说，段氏所设银生府治地已不在南诏时的银生城故地，而是设在开南节度地，统管南诏时的银生、开南两节度辖区，因此大理国只有"银生府"而没有"开南府"。

《元史·地理志》威楚开南等路条所载"银生节度今路也"，因这条史料既说威楚，也说开南等地，范围较广，说银生在这个大范围里则是可以的，若理解为银生节度即设治于威楚则是缺少依据的。至于《元志》"开南州"条及《云南通志·楚雄府建置沿革考》所载"移治于威楚""徙银生节度治之"，当是有依据的，但据《明史·土司传》载："威远

① 《恤忠祠记》，载《布朗族社会历史调查》（三），云南人民出版社1986年版，第89页。

（古开南，今景东）……大理时为白夷所据。"白夷强盛夺取了这些地区，大理国驻银生府的官员和守军被赶跑了，到威楚当寓公则在情理之中，但不是南诏时，而是大理国时，距樊绰成书已是百余年的历史了。

综上所述可以这样说，南诏时的银生节度所屯驻的银生城故地在今双江拉祜族佤族布朗族傣族自治县境，大理国时合并银生、开南两节度地设银生府，治开南，后因白夷夺取了这些地方，大理国驻银生府的官员和守军撤至威楚。因此我们说樊志所记的银生城，并不是爨氏所筑的威楚城。

（原载《云南社会科学》1989 年第 3 期）

克仑族

——孟高棉人和氐羌人的融合体

引　言

　　克仑族是今日缅甸境内的第二大民族，我国学者根据克仑人占缅甸人口中8％的比例估算，1997年和2000年的人口数量分别为371.1万和384万。① 缅甸克仑联盟（KNU）说有700万。②

　　克仑族，是一个由不同语系民族融合而成的，而且与秦汉时期洱海区域的"嶲""昆明"这大族群有密切关系。在长期的历史发展过程中，嶲、昆明因共同居住在云南西部及缅甸北部，相处的时间久远，他们之间关系最密切的部分融合成了一个新的民族。在民族内部则分成了不同的支系，一般又分为斯戈克仑、波克仑、当都克仑三大支系。其中的波克仑，从体质人类学角度看，他们的脸型多与孟人相似，他们的语言也带有孟语母语的一些特征；而斯戈克仑，他们的特点又多近于缅族。在缅甸国家的现实生活中，原来母语为孟语的克仑又多与孟人杂居，有的又给了新名称，把他们称为"孟克仑"，而带有氐羌语母语特征的又多与缅人杂居，也被人们称为"缅克仑"。而我国境内的德昂族也有着同样的特点，他们中的梁、别列支系语言的母语为孟语，而汝买支系的母语为藏缅语。他们相互交流时，语言中有部分词汇不完全一致，但能相互了解对方要表达的

---

　　① 秦钦峙等：《中南半岛民族》，云南人民出版社1990年版。

　　② 李晨阳：《缅甸的克仑人与克仑的分离运动》，《世界民族》2004年第1期。

意思。从这一特征看，今日缅甸境内的克仑族原是由南亚语系的昆仑（昆明）民族和氐羌语系（嵩、叟）民族融合而成的。要说明克仑是孟高棉族群（昆明）和氐羌族群（嵩、叟）的联合体，这里将从三个方面进行探讨：一是克仑与昆仑、昆明是否属同名异译？二是昆明是氐羌族系民族还是南亚语系民族？三是氐羌中的部分嵩、叟人又如何演变为"克仑"（昆仑、昆明）的？下面我们分别进行探讨。

一、克仑与昆仑、昆明应是同名异译

"克仑"，是缅人对他们的称呼，也是古代氐羌人对滇西昆明民族的称谓和当代中文音译用词。傣族有的地区称他们为"克仑"，有的地区称他们为"养"，而我国史书写作"昆明""昆仑"或"克仑"。在云南及中南半岛这大片土地上，早已居住着数量众多的南亚语系民族，他们中有的以昆仑为国王称号，《太平御览》卷七八八引竺芝《扶南记》说："顿逊——国王名昆仑。"又卷七八六引《南夷州异物志》说："王之左右大臣，皆号为昆仑。"有的以昆仑为民族、国家名称。《旧唐书·林邑传》云："自林邑已南，皆卷发黑身，通号为昆仑。"《通典》卷一八八扶南条说："隋时（581—618 年）其国王姓古龙。诸国多姓古龙。讯耆老言，古龙无姓氏，乃昆仑之讹。"义净《大唐西域求法高僧传》说："良为堀仑，初至交广，遂使总唤昆仑国焉，唯此昆仑头卷体黑。"也有译为"骨仑"的。云南省巍山县（西汉时为邪龙县），古代的居民是昆明人，直到清代这里还有他们的后裔。康熙（1662—1722 年）《蒙化府志·安远乡》（蒙化即今巍山县）记载："昆仑一里，昆仑二里，昆仑三里，昆仑四里。"这里的"昆仑"即"昆明"的异写。又蒙城乡有"牙一里，牙二里，牙三里，牙四里"的记载。"牙"为"孟"人语（原意为老妈妈，后演变为"女长者""女王"），这也说明巍山这个地方两汉时是昆明人居住的。对这里的昆明人，汉唐以来多用昆明记载他们，而清代地方志则用昆仑记载他们，说明昆明即昆仑。从中国史书记载看，克仑、昆仑、昆明、堀仑、骨仑都是近音词，都是同音异译，都是孟高棉语对民族、国家、国王称号的音译。可知，中国史书中的译文虽有差别，但都来源于孟高棉语"民族""国王""国家"的音译。

二、昆明是孟高棉族系民族

对这个问题我们得从历史上进行考察。云南西部古代的民族，西汉时司马相如记载的是"斯榆"和"包满"两大族群。稍后，司马迁的《史记》则说："西至同师以东，北至楪榆，名嶲、昆明。"两司马记载洱海区域的民族名称有所不同，但都是两大族群，史学界对"斯榆"与"嶲"系氐羌族群民族的观点基本相同，没有大的争议。"包满"为"蒲满"的看法也没有大的分歧。对于"昆明"就不同了，老一辈的史学家和当代的史学家多认为昆明是氐羌系属民族，到 20 世纪 50 年代有的开始提出昆明是孟高棉族系民族的问题。

这里我们先看昆明为氐羌系属的观点。如说：

"昆明夷在殷代叫做昆吴，叫做鬼方，叫做九州之戎，叫做九侯。在周代叫混夷、昆夷、窜夷（也许是爨），叫做氐羌。大理在汉代即叫昆明。居住在洱海边的昆明夷，或昆弥夷，这就是昆吾、昆夷的血族。又《华阳国志·南中志》：'夷人大种曰昆，小种曰叟。'足见昆、叟都是同族。'叟'字见于《禹贡》，它说：'织皮昆仑，析支渠搜，西戎即叙。'昆仑在青海西，渠搜在陕西。郑注：'叟一作搜'——即是昆明夷和川西的青羌（诸葛亮出师表所说的'崇叟青羌'都是川西），昆明夷便广泛分布在大理一带。"①

"昆明族在'西南夷'中分布最广，并普遍地与僰、叟、摩沙族相互交错杂居在一起。昆明族是形成近代彝族的核心；哈尼、阿昌、拉祜、傈僳、基诺等族中也有昆明族的成分。"②

"彝族'轴心'——'昆明人'，从种种迹象表明，古代'昆明'是近代彝族的主要组成部分，也就是我们所说的'轴心'。"③

---

① 徐嘉瑞：《大理古代文化史稿》，中华书局 1978 年版。
② 尤中：《中国西南民族史》，云南人民出版社 1985 年版，第 51 页。
③ 张增祺：《关于彝族的渊源及其形成问题》，《民族学与现代化》1986 年第 2 期。

以上所引几家论著，完全可以代表云南民族历史学界对昆明为彝族（氐羌）民族的主流看法。但这一论点，在当今的学术研究中，出现不同的观点，即昆明系孟高棉族群民族的观点。

下面我们来阐述昆明为孟高棉族群民族的观点。

在 20 世纪 50 年代，岑仲勉先生就撰有《据〈史记〉看出缅、吉蔑（柬埔寨）、昆仑（克仑）、罗暹等族由云南迁去》一文。岑先生说："柬埔寨人自名其国曰 Khmer，在占文碑铭中作 Kvir 或 Kmir，占语作 Kur，大食人名曰 Comar，现时暹罗习惯写作 Khmer，音读则为 Khamen，越南人称曰高棉；我国则唐代新罗僧人慧超《往五天竺国传》译阁茂（蔑），《旧唐书》《新唐书》译为吉蔑。试参合各国不同的读法，此名在古代汉语得转为 Kuan men，即昆明所写自本。"① 这里首先把"昆明"与"高棉"联系在一起，并把"昆仑"与"克仑"当做一个民族的，但由于当时能说明二者之间相互关系的资料有限，仅从语言比较方面作了论述，没有提供更多的依据，也没有引起学术界的应有关注。今日看来，这一看法应当说是正确的，至于（柬埔寨）是否从云南迁去则另当别论。

随着云南考古学的新成就，20 世纪 50 年代后期少数民族社会历史调查工作的开展，调查、搜集、整理了丰富的资料，一些民族文字记载史料的翻译出版等，为当今民族历史的研究提供了许多新的成果。这些新的成果，足以改变人们的观念，这就是我们重新审视昆明族属的基础，并从以下几个方面说明昆明为孟高棉族群民族的问题。

第一，考古学提供给我们的实物依据。1974 年云南考古工作者在云县忙怀地区发现了以有肩石斧为主的大量的新石器时代的石器。这类石器比较原始，均用砾石打制而成，未经磨光，两肩成弧形。类似忙怀的有肩石斧，在怒江、澜沧江流域的福贡、贡山、景东、澜沧等县都有发现。1987年又在龙陵县大花石、船口坝两地发现了新石器遗址，有打制的有肩石斧、梯形斧、有肩石铲、刮削器和青铜钺的铸模等。此遗址第三层出土的陶片经热释光测定为公元前 1343 ± 160 年，约当商代中期。学术界认为

① 岑仲勉：《据〈史记〉看出缅、吉蔑（柬埔寨）、昆仑（克仑）、罗暹等族由云南迁去》，载中山大学"江南亚历史研究所"编《东南亚历史论丛》第二集，1979 年。

"这一类型遗址与百濮族系有较多关系"①。考古学家 Von Heine 格尔登"把有肩石斧考订为大陆上孟高棉人的文化"②。这说明早在新石器时期，孟高棉族群民族就生活在澜沧江和怒江流域。1957 年剑川海门口水利工地发现了 14 件青铜器，1978 年云南文物工作队对此遗址进行了发掘，又获得一些青铜器。这些青铜器中有 3 件有肩斧，一件梯形斧，还出土了一件用片麻岩制作的浇铸有肩铜斧的斧范。1980 年 10 月，云南考古研究所又发掘了剑川沙溪鳌凤山的一墓葬群，也出土了一批有肩青铜斧（钺）、斧范和青铜剑等，说明这些青铜有肩斧是在当地铸造的。这类青铜斧在大理、云龙、昌宁、云县、巍山、弥渡、姚安、楚雄等县都有发现。因此，专家们认为"有肩青铜斧是在澜沧江河谷有肩石斧的基础上直接演化来的"，并认为"以有肩斧为特征的文化是滇西地区昆明人创造的，因为在一定的时间和空间里，只有昆明人才有'地方可数千里'的分布范围"。并且"从大量考古资料，也说明昆明并非原自西北地区的羌人，而是活动于澜沧江、怒江河谷的土著民族。""从古羌人的活动范围来看，似乎和昆明人并没有什么联系"③。这里，我们同意张增祺教授的上述论述，但不认同他把昆明归为"夷"，或昆明为彝族的"轴心"。因为夷是泛称，如"西南夷""夷濮""夷僚"等，不能区分昆明在云南羌、濮、越三大族群中的归属，我们认为昆明是濮人系属，因为，考古学提供的这些资料把百濮族系的孟高棉人的有肩石斧文化和洱海区域铸造和使用有肩青铜斧的昆明人紧密地联系起来了，从有肩石斧和有肩青铜斧的继承关系来界定，那就是昆明即是孟高棉（濮）族群民族的一部分。

第二，昆明人在云南古代他们的分布区域很广，两汉时主要居住区域是洱海地区，这里仅就洱海区域作考察。

汉武帝曾数次派出使者想用和平手段开通从成都到印度的商道——"蜀身毒道"。但都被昆明民族的统治者所阻止，汉王朝最后以武力征服了昆明人，在洱海区域设立了云南（今祥云）、楪榆（今大理）、邪龙（今巍山）、嶲唐（今保山老营）、不韦（今保山金鸡村）五县属益州郡。《后

---

① 李昆声：《云南原始文化简论》，《云南文物》1983 年第 13 期。
② 赵嘉文：《骠人族属新议》，《民族学报》1982 年第 2 期。
③ 张增祺：《中国西南民族考古》，云南人民出版社 1990 年版，第 23 – 24 页。

雲南文庫·学术名家文丛

汉书·哀牢传》说：建初元年（76 年），哀牢王类牢反抗东汉的地方政权，肃宗募发九千人进行征讨，第二年"邪龙县昆明夷卤承等应募，率种人与诸郡兵击类牢于博南，大破斩之"。这里记载的是两汉时邪龙县的居民是昆明人。而昆明人住的地方，汉王朝为什么不称它"昆明"，而把它称为"邪龙"呢？那是因为昆明人的原始宗教崇拜蟒蛇，蟒蛇似龙但不是真龙，故称为"邪龙"。又"邪龙"，嘉靖（1522—1566 年）《大理府志·山川》原注释为"罗刹"，这也说明，南诏、大理国时期佛教盛行之后，佛教徒们因排斥昆明民族的原始宗教，就把"昆明"（邪龙）称为"罗刹"。关于罗刹，《辞海》罗刹条说："全名'罗刹娑'或'阿罗刹娑'，最早见于印度古老的宗教文献《梨俱吠陀》，相传原为古代南亚次大陆土著名称。自雅利安人征服印度后，凡遇恶人恶事皆以罗刹名之，罗刹遂成为恶鬼名。"王叔武先生在《云南古佚书钞》中说："《白古通纪》首载洱海地区上古为'罗刹'所据，此说今仍流传于滇西。'罗刹'一名见于《佛本行集经》，也是古代南海属于孟高棉语系民族的国称，见《通典》卷一百八十八。而我国孟高棉语系民族如布朗、崩龙（今德昂）、佤等先民，在古代大量分布于滇西，此传说或者就是这一史实反映。"[①] 此说值得参考。以上这些资料又说明什么呢？它说明在两汉时的邪龙县（今大理州的巍山县）的居民是昆明人，邪龙又被佛教徒们称为罗刹，可以说"邪龙""罗刹"都是昆明的别称。而把昆明称为罗刹也说明昆明是孟高棉语族民族，这与"罗刹原为古代南亚次大陆土著名称"相合。又康熙《蒙化府志》在记载安远乡的一些地名时，也是把昆明写作"昆仑"（前面已有例子），这也说明昆仑也是昆明的异写。

方国瑜教授说，法国兰番佛巴德里（Lefenre Pomtalis）的《傣族侵入印度支那考》，录了一段流行于大泰区域的故事，说："公元 568 年，天神有二子，长曰根仑（Kun Lung），次曰根兰（Kun Lai）扶黄金之梯而下降于瑞丽江（Shweli）之谷道。下降未久，二人争夺此土，遂致分离。长子挈其七子，据有太公（Tagaung）、摩埃（Moue）、郎奔（Lampoun）、孟养（Mong Yang）、举腊（Kula）、阿瓦（Ava）、孟拱（Mong Kung）；至于根

---

① 王叔武：《云南古佚书钞》，云南人民出版社 1979 年版。

兰则为瑞丽江谷道中猛丽（Moung Ri）、猛兰（Moung Ram）各地部落之始祖。"① 这里的"Kun Lung"（根仑），译为"昆仑"可能更符合这里的历史实际。长子带领的七子：太公（今伊洛瓦底江和瑞丽江汇合地带）、摩埃、郎奔、孟养（缅甸八莫—密支那一带）、举腊（《元史·地理志》写作"渠罗"，金齿国所属八种民族之一）、阿瓦（今缅甸境，历史上是佤族居住的重镇）、孟拱（今日缅甸克钦邦境内）。昆仑的这七个儿子，实际上是昆仑的七个下属部落或七个集团，是属于昆仑系统的。云南及东南亚这块土地上，古代有很多昆仑人居住，而且和傣族的关系也比较密切。依此说昆仑（克仑）和傣族，属不同语系民族怎么成了两兄弟呢？这是因为在古代人们的观念里，不同的民族都是同源的，不同的民族在远祖时就是兄弟。至今，德宏地区的傣族中还普遍流传着"腊傣鲁咪留"的说法，即是腊人（佤、德昂、布朗等）和傣族都是一个娘生的。据 20 世纪 50 年代调查资料，陇川县的佛爷（和尚）说，傣族有成语说"朗剌朗别姆"，即"傣族是腊人和别姆人的子孙"，这些都能说明不同语系的民族都是兄弟，这在许多民族中是常见的。那么昆仑为什么又是老大，昆来又为什么是老二呢？这是因为昆仑是这块土地上的原住民，而傣族是后来迁入的，按习惯先到者为长，所以他成了长子，傣族后来，他屈居老二。

　　第三，隋唐时南诏兴起代替了洱海区域的昆明，南诏衰落，原住澜沧江以西的茫（孟）人和昆明人又发展起来，共同建立了金齿国。对于这个建立金齿国的民族，傣族称他们为"养"②，今日保山、德宏地区的傣族在

---

① 方国瑜主编：《云南史料丛刊》第三卷，第 13 页。

② ［法］费琅著，冯承钧译《昆仑及南海古代航行考》中说："国王姓杨，按即马来语之（Yan），华言神也。占婆（Campa），吉蔑（khmer）语，爪哇（JAVA）语，得楞（Talaing）语，多相类，此字音义亦同。"傣族称克仑为"养"也是有依据的，《南齐书》五八卷林邑国条载："宋永初元年（420 年）林邑王范杨迈初产，母梦人以金席借之，光色奇丽，中国谓紫磨金，夷人谓之杨迈，故以为名。杨迈死，子咄立，慕其父复改名杨迈。"可知杨迈是"金"或"金席"之义，是林邑国的语言，林邑国是孟高棉语族国家。可知杨（养）是孟高棉语，也是这些国家国王的称号。马端临《文献通考·盘盘条》说"盘盘国，梁（502—556 年）时通焉，在南海大洲中，北与林邑隔小海，自交州船行四十日至其国，其王曰杨栗翟，栗翟父曰杨德武连，以上无得而记。"从这里看林邑和盘盘这两个孟高棉语族国家，都是以"金"（杨、养）作为国王称号的。宋、元时期在云南的西南部以茫（孟）人民族为主建立的"金齿国"，他们也是崇尚金，用金包牙齿而得名的。

表述"各民族"时都用"谢、亢、养、傣"。谢即汉族；亢指阿昌、景颇；养指克仑——昆明，即《元史·地理志》记载的金齿民族，傣即自身。

对这个建立"金齿国"的茫（孟）人，元朝军队征服金齿国后，对他们实行分而治之，又加以频繁的战争，因此他们除与元朝合作的部分留居原地外，其他多迁离了故地，但从傣语和白语的地名、江河名中仍有许多养人（昆明、克仑、金齿）的遗迹。现今西双版纳、德宏两自治州还有许多带"养"的名称。如"勐养"（养人的地方）、大勐养、小勐养、"南木养"（养人的江、河），今日的保山坝傣语古称为"宛养"（宛，傣语，意为太阳）即养人的太阳坝。大理，秦汉时为昆明住地，大理坝也被称作"阳（养）睑"（彝、白语称坝子或地方），即养人的地方。在洱海区域的一些民族中普遍传说罗刹王被佛教神僧囚禁在"上养溪"（上阳溪）的石洞里，"上养溪"即是"养"人水的源头。南诏国都城称为"阳苴咩"，"阳"即"养"，"苴"，南诏语为精锐武装或先锋队。"阳苴咩"一称说明，今日的大理城址，在南诏王建立都城之前，这里是养人军队住居的地方，南诏在这里建都之后，沿用旧称。

傣文《果占璧国王召武定》载："在这一带地区（德宏州南部及缅甸北部掸邦等地——引者注），最早居住的都是腊人、养人和碧人，王国的名称叫'勐巴腊拉西'。那时，从整个平原一直到班洪、班海（今云南省临沧地区耿马县及思茅地区孟连县）等地，居住的都是养人。"① 又"在德宏及其附近的傣族，对缅甸南部的孟族和骠族，都统称为'孟人'（Muan）或'养人'（Yang）而且还把养人分为'养楞'（黄养）、'养良'（红养）、'养兰'（黑养）等等，认为这些都是孟高棉语的民族。"② 20 世纪 50 年代云南民族调查组在潞西县轩岗坝（今芒市轩岗乡）调查时，当地傣族老人仍将原住轩岗坝的德昂族称为"养"。这里从傣族的文献及语言中也能说明克仑（昆明）为南亚语系民族。

《中国大百科全书·民族卷》克仑人条说"克仑人属南方蒙古人种南

---

① 杨永生：《傣族达光及果占璧王国研究》（油印本），德宏傣学学会编印，2003 年，第 19 页。

② 杨永生：《傣族达光及果占璧王国研究》（油印本），德宏傣学学会编，2003 年，第 11 页。

亚类型"，这也从人类学、民族学角度说明克仑是孟高棉系属民族。

三、嶲、叟是怎样融合到孟高棉——昆明（克仑）中的

近代在云南境内的孟高棉语族民族既弱且贫，而氐羌语系诸民族既先进又人口众多，落后的孟高棉语族民族怎么会把人口众多的嶲、叟等氐羌人融合进去呢？这个问题也得从历史上进行考察。前面我们已经探讨了昆明不是氐羌系属民族而是孟高棉语族民族的问题，是从澜沧江、怒江流域往北迁徙的孟高棉族群民族。下面我们就来考察这个问题。

云南考古工作者在剑川海门口遗址获得有肩青铜斧，考古学界已确认是昆明民族在当地制造的，也即是说对于这个属于南亚语系的昆明民族，在春秋战国时（如按龙陵船口坝遗址出土的铜片及铸模则更早——公元前1343±160年 FF09），他们率先发明和使用青铜器，是当时洱海区域的先进民族。《史记·西南夷传》载：汉武帝为开通从四川到印度的商路，"乃令王然于、柏始昌、吕越人等，使间出西夷，指求身毒道——岁余皆闭昆明，莫能通身毒国"。《史记·大宛传》也说，汉武帝"乃令骞因蜀犍为（郡治在今宜宾）发间使四道并出，出庞、出冉、出徙、出邛僰，各行一二千里，南方闭于嶲、昆明"。汉武帝希望通过和平手段开通由四川经云南到印度的道路，都因昆明人的阻挡而无法开通。于是汉武帝于元封二年（公元前109年）"发三辅罪人，因巴蜀士数万人，遣两将军郭昌、卫广等往击昆明之遮汉使者，斩首虏数万而去"。《史记·郭昌传》则说："以大中大夫拔胡将军屯朔方。还击昆明，毋功夺印。"从这些记载看，昆明是一个很有实力的民族，滇王已归附汉王朝了，而他依然和汉王朝作对。当汉王朝派武装征讨时，又使汉将军"无功夺印"。用今天的话说，就是没有取得成功，使汉将军被免职了。《后汉书·西南夷滇王传》记载："建武十八年（42年），夷渠帅栋蚕与姑复（今永胜）、楪榆（今大理）、弄栋（今姚安）、连然（今安宁）、滇池（今晋宁）、建伶（今昆阳）昆明诸种反叛，杀长吏。益州太守繁盛与战而败，退保朱提（昭通）。"建初元年

（76年），哀牢王类牢与汉朝派驻哀牢的"守令"发生矛盾，哀牢王杀了守令反叛，攻占了永昌郡太守驻守的嶲唐城（今保山老营），太守王寻逃往楪榆（今大理），接着哀牢王率三千余人攻"博南"（今永平）燔烧民舍。这时"肃宗募发越嶲（今四川西昌）、益州（滇池区域）、永昌（今洱海区域）夷汉九千人讨之。明年（77年）春，邪龙昆明夷卤成应募，率种人与诸郡兵击类牢于博南，大破斩之，传首洛阳，赐卤成帛万匹，封为破虏傍邑侯"。

《华阳国志·南中志》记载了杨终《哀牢传》中的"九隆"神话故事并说："南中昆明祖之，诸葛亮为其国谱也。"① 诸葛亮为什么要为昆明作国谱？所作的国谱又是什么样的呢？蜀汉章武三年（223年），越嶲高定元，云南的雍闿、孟获联合反蜀，但越嶲与建宁、永昌是蜀国的大后方，这关系蜀国与曹魏争夺中原的大事，为蜀国顺利北伐，诸葛亮必须安定他的大后方，于是诸葛亮率军征云南。在高定元、雍闿被部下杀死之后，孟获成了反抗蜀国军队的统帅。当孟获与诸葛亮作战过程中，屡遭失败，最后诚心归附诸葛亮。诸葛亮采取的是"攻心为上，攻城为下"的方略，实现安定南中的目的，因此他对反叛的领袖人物并不加罪，仍然重用他们。为了进一步从文化思想上掌控南中的民族群众，他又为昆明"作国谱"。诸葛亮为什么要"作国谱"，并针对的是昆明呢？《华阳国志·南中志》说："夷人大种曰昆。小种曰叟。"这是因为昆明在当时人口众多，力量强大，与孟获同是南亚语系民族，是孟获在洱海区域反蜀的主要力量，也为诸葛亮所看中。"国谱"又有些什么内容呢？《华阳国志·南中志》说："先是画天地、日月、君长、府城；次画神龙，龙生夷，及牛、马、羊；后画部主吏乘马幡盖，巡行安抚；又画夷牵牛负酒、赍金宝诣之之象以赐夷。夷甚重之，许致生口直。又与瑞锦铁券，今皆存。"② 国谱从自然界、生命的起源画到封建统治以及政治隶属关系，再到民族群众"牵牛负酒，赍金宝诣之之象"。要云南各民族俯首帖耳任由驱使，为其提供税赋贡纳。诸葛亮确实达到了目的，取得了"赋出叟、濮，耕牛、战马、金银、犀

---

① 刘琳：《华阳国志校注》，巴蜀书社1984年版，第424页。
② 刘琳：《华阳国志校注》，巴蜀书社1984年版，第364页。

革，继充军资，于时费用不乏"①的结果。

南诏强盛时，茫人部落（包括昆明）成了南诏国的属民，为南诏国服兵役，南诏国衰落，以茫人部落为基础建立了金齿国。1253年蒙古军征服了大理国，继而征服金齿国，并进行分而治之和武力统治，使统一的金齿民族瓦解了。

上面我们罗列了昆明在洱海区域的所作所为，说明在洱海区域"地方可数千里"的范围内，在千余年的时间里，昆明人在政治、军事、经济诸方都处于统治地位，史书也把他称为"昆明国"②。《华阳国志·南中志》也记载"夷人大种曰昆、小种曰叟"。而当时嶲、叟这些民族多是隶属于昆明国的，只有在南诏国时期，昆明隶属于南诏。大理国时期，茫人（包括昆明）又建立了自己的国家——金齿国。《元史·地理志》的"金齿国"说，金齿国的疆域是"澜沧江界其东，与缅地接其西""沱江州（今越南山西、富寿一带）地接金齿"，可以看到今日保山、德宏、西双版纳、越南西北、缅甸北部都是金齿（昆明、克仑）的势力范围，西双版纳的傣族称金齿国是拥有"四十万兵马"的大国。由于昆明在历史上曾经是先进民族，嶲、叟这些氐羌系属的民族与昆明长期杂处，长期隶属于昆明人，

---

① 《三国志·李恢传》。

② 据《汉书·武帝纪》记载：元狩三年（公元前120年）春"发谪吏穿昆明池"，臣瓒（属3—4世纪人）曰："（西南夷传）有越嶲、昆明国。"因臣瓒的姓氏、籍贯不详，不知他的这一记载是否就是对"昆明国"的最早记录，唐司马贞撰（索隐）引崔浩（？—450年，北魏时人）云，"嶲、昆明二国名"，可知称昆明为"国"的记载，或许从3世纪末4世纪初已经出现，而最晚也不会晚于5世纪中叶。到唐代《唐会要》卷九八载"昆弥国者，一曰昆明，西南夷也。"虽然称昆明为国的记载较滇国为晚，但在秦汉时昆明是个有实力的民族，能与滇国抗衡的是昆明。多次与汉朝作对，不让汉朝使者通过其境开通到印度交通线的是昆明。当汉王朝派兵征讨昆明时，使汉将军无功夺印的是昆明。而且昆明拥有"数千里"的地方。把具有这些条件的昆明称为"昆明国"，对一个两千多年前的民族实体来说，是完全合格的。且昆明还是个奴隶制国家。关于嶲，1985年9～10月，四川文物管理委员会、四川文物考古所和四川雅安文物管理所在雅安沙溪发掘新石器文化遗址发掘出数量众多、种类复杂的有肩石器，这类石器"以云县（云南，澜沧江流域）忙怀为代表，所出有肩石器之形制与包括沙溪遗址在内的青衣江流域出同类极为相似，加工方法完全相同，而云县忙怀是一处新石器时代的遗存，因此其渊源当不言而喻"。这一发现从有肩石器系属方面证实了云南澜沧江/怒江流域的有肩石器之间的渊源关系。（参见四川文物管理委员会等《雅安沙溪遗址发掘及调查报告》，载《南方民族考古》第三辑，四川科技出版社1991年版。）

吸收昆明文化多，渐而成昆明民族的一部分，最后接受了昆明的称谓。

从以上的分析研究中，我们认为昆仑、昆明、克仑系同音异译，昆明为孟高棉族群民族，今日缅甸境内的克仑族是由昆仑（昆明）和犞（叟）的部分氐羌人融合而成的。至于当今云南境内有许多孟高棉族系民族融合到拉祜族、哈尼族、傣族中的问题应另作探讨。

（原载冢田诚之、何明主编《中国边境民族的迁徙流动与文化动态》云南人民出版社2009年版）

哀牢 濮 越

论哀牢

一、史书对哀牢的记载

确切地说，哀牢一词，是从汉光武帝建武二十七年（51 年）其首领贤栗诣越嶲太守郑鸿"求内属"时才载入中国史册的。在哀牢强盛之前，"西至同师，北至楪榆"（即今永昌至大理一带）是以嶲、昆明这两大族群闻名的，而不是以哀牢闻名的。又到了永平十二年（69 年）哀牢王柳貌以漕涧为政治中心统一了他周围的七十七个邑王之后，汉王朝才在他的领地上建立哀牢县，并将益州西部都尉所领六县和新增的哀牢、博南两县合并建立永昌郡时，哀牢才成为永昌郡的属县的。

范晔《后汉书》著有《哀牢传》，据《论衡·佚文篇》载："杨子山为郡上计吏，见三府为《哀牢传》不能成，归郡作上。孝明奇之，征在兰台。夫三府掾史丛积成材，不能成一篇，子山成之，上览其文。子山之传，岂必审是？传闻依倚，为之有状。会三府之士，终不能为，子山为之，斯须不难。"杨子山即杨终，东汉公元 1 世纪时人，学术界多认为范晔（398—445 年）撰《后汉书》中的《哀牢传》时，当是依据杨终《哀牢传》的。

杨终的《哀牢传》虽然早已佚失，但《华阳国志·南中志》等书引用了《哀牢传》中有价值的记载。《后汉书·哀牢传》又从流传在哀牢民族中的"九隆"神话故事；哀牢人进攻鹿多失败，哀牢王贤栗（粟）等率种人诣越嶲太守郑鸿求内属；哀牢人的强盛及哀牢县的设立；哀牢人"皆穿鼻儋耳"，"土地沃美，宜五谷蚕桑，知染彩文绣"，出产"帛叠"

"兰千细布"，服"贯头衣"；哀牢王类牢于建初元年（76年）攻嶲唐、博南，建初二年（77年），邪龙县"昆明人卤承等应募率种人与诸郡兵击类牢于博南，大破斩之"等等史事著《哀牢传》，为哀牢民族的历史保存了十分宝贵的资料。这些对于今日研究哀牢民族的历史是很有价值的。有些学者认为该书在隋以前已佚，但据唐代李贤在《后汉书·哀牢传》的注中有"《哀牢传》曰：九隆代代相传，名号不可得而数，至于禁高，乃可记之……"所载"哀牢"首领世系一节，在《哀牢传》《华阳国志》等书中均未见有引录，并开始便说"《哀牢传》曰"，从行文及所录内容上看，李贤仍目睹杨终的《哀牢传》，说明《哀牢传》并不是在隋以前就遗失了，而是在唐李贤以后才散失的。

永平十二年（69年）哀牢王柳貌遣子率种人内属，"显宗以其地置哀牢、博南二县，割益州郡西部都尉所领六县，合为永昌郡"。嶲唐（汉武帝时置），《中国历史地图集》将其地标于今云龙县漕涧镇位置。《汉书·地理志》注有"周水首受徼外，又有类水西南至不韦，行六百五十里"的记载，"漕涧"的地理条件并不是嶲唐的治所，应是哀牢县的治所。周水即怒江，类水即枯柯河，枯柯河发源于今保山西部老营之南，今日保山的老营应是嶲唐的治所。刘琳《华阳国志校注》认为类水"应即今永平顺鼻河及其下游之漾鼻江"，又说"类水应指今漾濞江西源顺濞河"。漾鼻江经永平、凤庆入澜沧江，与不韦相去甚远，类水不大可能是顺鼻河。方国瑜先生考证为枯柯河是正确的，只有枯柯河是流经不韦的，其行程与"六百五十里"相当。根据这些条件，嶲唐应在今保山县的老营。老营是历史重镇，当是西汉时的嶲唐地。据此，永昌郡八县当是嶲唐、不韦、云南、楪榆、邪龙、比苏、博南、哀牢。哀牢，《中国历史地图集》将其地定位于今日的盈江、腾冲一带。今日的梁河，也曾有"安乐国"（哀牢）之称，因此哀牢地当指从漕涧至梁河一带，这应当是符合实际的。但哀牢的县治当在漕涧，漕涧在历史上也是重镇，哀牢王从这里向东进攻嶲唐，再由嶲唐攻博南，从地理上看是适宜的。梁河古称"安乐国"之说，可能是哀牢战败南迁后沿用哀牢（安乐）之名的。

二、关于哀牢一词的来源与含义

李注《哀牢传》说"《哀牢传》曰：九隆代代相传，名号不可得而数，至于禁高，乃可记之。禁高死，子吸代。吸死，子建非代。建非死，子哀牢代。哀牢死，桑藕代。桑藕死，子柳承代。柳承死，子柳貌代。柳貌死，子扈栗代。"从这条记载看，"哀牢"当起源于他们世系上溯五代的首领之名。近年在学术界有傣语"长子所在地"说，彝语"虎氏族居地"说。当代学术界提供了大量的调查资料，从语言上考证当今的"拉祜"（清代方志多写作"倮黑"）族，拉（倮、罗）在"拉祜族""彝族"的语言中是虎的意思，这表明"拉祜"是用"虎"来命名民族称谓的。有的将"拉祜"译为"猎虎民族"，他们和崇拜虎的彝族、白族都是古代羌民族的后裔。又《徐霞客游记》载："玉泉山下大官庙前——又一碑树北顶，恶哀牢之名，易为'安乐'焉，益无征矣。"《滇云历年传》说："夷语转安乐为哀牢，则哀牢国乃安乐国也。"这里我们要说明的是并非夷语转"安乐"为"哀牢"，而是汉语转"阿倮"为"哀牢"或"安乐"，因为译音无定字，同一音源有多种汉字写法，这是一种普遍现象。哀牢、安乐都是对以虎为图腾民族称呼的同音异译，有的称为"虎氏族居地"这当是可取的。也许是此部落他们原来就是以虎为图腾，其首领传到建非时，其子聪明勇武，因而以部落的虎图腾命其名而再发展成民族名称的。又从秦汉以来一直和羌人关系密切的濮人来看，他们的后裔住今施甸县木老园、摆榔的布朗族。直至今日仍称当地的彝族为"阿倮"，因此"哀牢"有可能是依据古代"濮"人对"彝""拉祜"等族先民所称"阿倮"一词的音译。

三、关于哀牢国

《新纂云南通志·大事纪》："考——哀牢在战国时已立国，与庄王国为与国——哀牢之先，在战国而已显，至光武而内属，至明帝而置郡，世系绵绵数百年。"有的专家根据哀牢世系所提到的最早领袖人物"禁高"推断，论断"禁高生周秦之际"或认为"九隆至迟肇基于公元前 4 世纪中期周显王之时。"其实，说"哀牢在战国时已立国"，这是没有依据的，因为建武二十三年（47 年），哀牢王攻鹿多，他所能统率的仅有"六王"（六个小部落酋长）和万余人的兵力。其实，这个"万余人"也带有某些夸大成分，因为哀牢王向郑鸿求内属时，他仅拥有一万七千多人口，除了妇女和婴幼儿之外，能参加战斗的，不过是数千人而已。建武二十七年（51 年），贤栗诣越巂太守郑鸿求内属时，他所能率领的种人仅"户二千七百七十，口万七千六百五十九"。这就是哀牢王当时所拥有的人口总数。这时他或许只是一个小部落联盟的领袖，因此汉光武封贤栗等为"君长"。到永平十二年（69 年）"哀牢王柳貌遣子率种人内属，其称邑王者七十七人，户五万一千八百九十，口五十五万三千七百一十一"，这时，对哀牢王来说是其极盛时期了。孙太初《云南古官印集释》有哀牢王章，跋曰："印文曰：哀牢王章。桂馥《缪篆分韵》著作权录。纽制不详。"如果说在这期间中原王朝颁发印信（哀牢王章），我们将哀牢王所统治的地方称为哀牢国，如果按《续汉书》"哀牢县，故哀牢国"的说法，哀牢国的领地仅是哀牢县而已。如果以显宗"以其地置哀牢、博南二县"，那么他的国土也仅是哀牢、博南二县地。而且是"割益州西部都尉六县合为永昌郡"，也没有单独封它为哀牢国。其实，博南古道，开通甚早。《华阳国志·南中志》说："孝武时通博南山，渡澜沧水、耆溪，置嶲唐、不韦二县。——行人歌曰：'汉德广，开不宾；渡博南，为他人。'"从楪榆到嶲唐、不韦是必须通过博南山的。史料记载很明确，哀牢王所辖的地方仅是哀牢县或哀牢、博南二县，而哀牢、博南二县是归永昌郡管理的，永昌郡的郡治是设在嶲唐（今保山老营）。郡治太守是汉王朝派去的，也没有委之于哀牢王，甚至县也设有守令。据《续汉书·郡国志》："永昌郡八城，户二十三万一千八百九十七，口百八十九万七千三百四十四。哀牢王从未拥有这么多的人口，因此永昌郡所属八县中的七县均不宜划入哀牢的势力范围之内，永昌（保山）更不是哀牢的势力范围。只有建初元年（76 年）"哀牢王类牢与守令忿争，遂杀守令而反叛，攻嶲唐城。太守王寻奔楪榆，哀牢三千余人攻博南，燔烧民舍"时，哀牢王的势力才进入嶲唐县地，从这个事件中也可看出，这时的博南也不属哀牢王所有。哀牢王的势力在这时虽然进入了保山西北的部分地区，但时间很短，因为"明年春，邪龙县昆明夷卤承等应募，率种人与诸郡兵击类牢于博南，大破斩之"。哀牢的势力也因哀牢王被邪龙县（今大理巍山）昆明人的首领卤承所杀而衰落，哀牢被迫退出他所攻占博南、巂唐地也是必然的了。

关于"哀牢国"，在哀牢称谓后加"国"的记载，有《后汉书·郡国志》载："哀牢（县），永平中置，故（哀）牢王国。"又《华阳国志·南中志》"永昌郡"说："永昌郡，古哀牢国也。哀牢，山名也。"再是《南中八郡志》："永昌，古哀牢国也。"从这三种著作的记载来看，应当说《后汉书·郡国志》的记载是符合实际的，史书所称的"哀牢国"，其地域即是永昌郡所属八县之一的"哀牢县"。《华阳国志》《南中八郡志》说："永昌，古哀牢国也。"显然是与史实不相符的，也与当时的实际情况相差甚远。哀牢王从未拥有全部永昌郡地，即使在哀牢王最强盛的时期，他也只拥有哀牢县地，是不可能将哀牢与永昌等同的。至于《滇史》《滇系》、清代《永昌府志》等书都有"永昌郡，古哀牢国"这类记载，或许是沿用《华阳国志》和《南中八郡志》之误。我们应当尊重早期的史料和客观事实。关于哀牢国在汉以后的史书中相互抄转翻新的例子，比比皆是。如"'哀牢国'之称，自两晋已迄民国史不绝书。魏晋南北朝称永昌郡或不韦、哀牢、博南县'为（属）哀牢国'，唐宋继后的许多史书加称'永昌'、'永昌府'、'金齿'、'腾越'——'为（属）哀牢国'。哀牢国又称为'哀牢古国'、'古哀牢国'、'哀牢旧国'、'九隆哀牢之国'、'古哀牢夷之国'等等"[①]。"哀牢国"有这么多的称谓可以说都是后世著作者的衍称；根据早期的历史记载，还没有见到永昌为"哀牢属国"的记载，只有哀牢县是隶属于永昌郡的，这一点是肯定的。

① 耿德铭：《哀牢国与哀牢文化》，云南人民出版社 2003 年版，第 3 页。

四、哀牢人的族属

哀牢人的族属，学术界有多种观点，总的是归结到云南古代的羌、濮、越三大族系的某一族系之中。

（一）哀牢为濮人说

早在明代，董难《百濮考》说："哀牢即永昌濮人。""据《后汉书·西南夷传》及《华阳国志·南中志》诸书所载永昌郡风土，有称哀牢，有称濮人，其事迹大都相同（已有别文考说）可知永昌濮人即哀牢人也"①。有的则认为"'哀牢'人即是濮人，而濮人也即是'傍'人，《后汉书·西南夷传》所载的'傍'也即是《华阳国志·南中志》所记载的濮，当是佤崩语支各族（布朗族、德昂族、佤族）共同的古代族称"②。我们虽然不认为哀牢为濮人，但这里说"濮人"，也即是"傍人"则是可以说的。因为昆明人本属濮人的一部分，他们有功的首领被封为"傍（濮）邑侯"这是正常的。比较多的人认为"蒙舍是哀牢后裔"，哀牢是氐羌族群民族。据《通典》卷一八七说："诸濮地与哀牢接。"说明濮人与哀牢人不但民族不同，而且是各有自己的居住区域，只是他们的居住区域是"相互连接"的，自然，在这些相接地带，民族之间是相互杂处的。如果哀牢为濮，那么南诏自称哀牢之后，南诏王族的族属为羌人后裔这个历史事实就难以说清了。但从当代学术界的研究成果看，南诏王族是哀牢民族后裔这一点是无法否定的。

（二）哀牢为越人说

有人根据"臂胫刻纹""种人皆刻画其身象龙文"、善于纺织的记载，认为文身习俗是百越系壮傣族的古老习俗，主张哀牢是壮傣族的先民。乾

① 方国瑜：《中国西南历史地理考释》，中华书局 1987 年版，第 22 页。
② 王宏道：《关于哀牢与昆明及濮的关系和族属问题》，《云南民族学院学报》1986 年第 3 期。

隆《腾越州志》载："腾越者——古滇越也"，"腾越在西汉时为张骞所称
之滇越，在东汉时为范史所传之哀牢，魏晋时称为僚，唐宋时称为金齿、
茫蛮等"。吕思勉《中国民族史》粤族说："哀牢夷设郡县于后汉明帝时，
以其地为永昌郡，今云南之保山县也；哀牢夷之居永昌郡者，谓之永昌
蛮，其西有朴子蛮、望蛮、茫蛮——又有三濮者观其习俗及分布之地，皆
可知其为古越族也。"① 祁庆富认为哀牢夷的主体民族"应属濮越族群，
即汉藏语系壮侗语族先民"②。刘小兵认为："哀牢应当是古代的百越，与
今天的壮傣语族中的掸傣民族有着族属渊源关系。"③ 申旭称："哀牢的先
民，为秦汉时期的滇、越。"④ 语言是民族文化特征之一，而且是区别民族
源流的一项重要标准。石钟键说："濮是越人西部之一支，'僚'是古代越
人之后之称。由此看来，哀牢语完全可以说是古代西部的越语、濮语或僚
语，还可进一步推论，哀牢语同百越之后的壮傣语，可能拥有先后承继的
渊源关系。"⑤ 还有人指出"哀牢人不是傣族先民"，在当今的学术界或许
是大多数人的共识了，"僚"与"鸠僚"是百越族群民族的传统看法也被
当代一些学者的研究成果否定了。"仡佬（僚的后裔——引者注）源于古
代的'濮人'，彝族与之接触甚早，知其底细，称仡佬为'濮'，凡仡佬
住过的地方往往都冠以'濮'字，如称北盘江为'濮吐珠依'（濮人开辟
的江河），称贵州省的安顺为'普（濮）里'"⑥。许多资料说明，"僚"
和"鸠僚"不是百越族群民族，而是濮人族群民族。至于广西西部的雒
（僚）越群体，有可能是濮人族群中的僚人融合到越人之中的。

（三）哀牢为氐羌说

哀牢为氐羌族群民族，史书的记载是比较多的，《旧唐书·南诏传》
说："南诏蛮本乌蛮之别种也，姓蒙氏，蛮谓王为诏，自言哀牢之后，代

---

① 吕思勉：《中国民族史》，东方出版社 1996 年版，第 246 页。

② 祁庆富：《哀牢夷族属考辨》，《云南民族学院学报》1985 年第 3 期。

③ 刘小兵：《哀牢族属新论》，《民族学与现代化》1986 年第 4 期。

④ 申旭：《哀牢问题研究》，《东南亚》1990 年第 4 期。

⑤ 石钟键：《哀牢九隆族和洱海民族的渊源关系》，《民族学与现代化》1985 年第
1 期。

⑥ 侯绍庄等：《贵州古代民族关系史》，贵州民族出版社 1991 年版，第 203 页。

居蒙舍州为渠帅。"《新唐书·南诏传》载：南诏"本哀牢夷后"。《云南志》蒙舍诏记载有"自言本永昌沙壶之源"。学术界多认为哀牢人为云南氐羌族系的一部分，与彝族先民有族源关系。樊绰《云南志》卷三说："蒙舍诏姓蒙氏，贞元时献书于剑南节度使韦皋，自言本永昌沙壶之源也。"应当说，这些史料的真实性和可靠性是没有什么疑问的。前面我们已经提及"哀牢"是以虎图腾作为民族称谓的，而与该民族关系密切的濮人称他们为"阿倮"，而音译为汉字则写作"哀牢"（安乐）的。而在澜沧江以西，他们的后裔主要是拉祜族、彝族、阿昌族等羌语系民族。又"蛮谓王为诏"，这也是氐羌语，诏在阿昌族中也是有很多遗迹，阿昌族古代的首领多姓早（亦写作"左"，诏的同音异写）。如：明洪武十五年（1382年）漕涧阿昌族首领土千总左（早）纳，云龙县明万历八年（1580年）阿昌族首领"早陶墓碑"，传说云龙古代阿昌族首领有早慨、早疆。又如明代设立的"茶山""里麻"两长官司，其阿昌人首领亦属早姓。他们的部落酋长中就有早章、早大宸、早瓮、早奔等，这些都是"诏"的同音异译。中国历史上十六国时前秦国王符坚也被称作符诏（王）。从语言上也能说明南诏系氐羌族群民族。如果再往上溯，历代王朝皇帝的"圣旨"又称为"诏书""皇帝诏曰"，有了皇帝，才有"皇帝诏曰"，在没有皇帝之前，那就是"诏曰"，即"王说"。因此诏为氐羌语，而且起源甚早。学术界也多认为南诏为哀牢的后裔，南诏与哀牢有族属渊源关系，哀牢为氐羌语系的民族，南诏王亦为氐羌系民族，说哀牢与南诏有族属关系，南诏为哀牢之后的依据是充足的，在这一点上似乎没有什么争议的了。

《华阳国志·南中志》说："夷人（昆、叟）——诸葛亮乃为夷作图谱，先画天地、日、月、君长、城府；次画神龙，龙生夷，及牛、马、羊；后画部主吏乘马幡盖，巡行安恤；又画牵牛负酒、赍金宝诣之之象以示夷。"① 在叙述广泛流传在昆明与哀牢中关于"九隆沙壶"的神话故事之后，又说"南中昆明祖之，自言本哀牢沙壶之源，故诸葛亮为其国谱也"的记载，有理由认为九隆神话故事不仅是哀牢人的传说，也是"昆明所祖承"，说明这个故事是昆明和叟人共同所有。

---

① 刘琳：《华阳国志校注》，巴蜀书社 1986 年版，第 364 页。

南诏王族的发祥地是巍山，但这里并不是哀牢族群的主要居住地，南诏王族自称是哀牢之后，也不是空穴来风。胡蔚《南诏野史》："细奴罗，又名独罗消……唐太宗贞观初，其父舍龙，又名龙伽独，将奴罗自哀牢避难至蒙舍川，耕于巍山。"《白古通纪浅述·蒙氏家谱》："第一主讳细奴罗，其先永昌哀牢人——独避难逃于蒙舍，故以蒙为姓，因号奇王。"这些记载说明，他们原是哀牢族群中的一个小部落首领，因与其他部落斗争失败后逃到蒙舍（巍山）的，从南诏王族的族属可以说明古代的哀牢民族是氐羌族系民族。南诏王祖辈进入蒙舍之前，蒙舍之名已经存在。"蒙舍"是孟人的一个部落，属昆明（昆仑）人的一部分。由于细奴罗部进入蒙舍地区之后势力迅速发展，成了蒙舍地区的首领，称蒙舍诏，即蒙舍王。

五、哀牢民族的兴起与衰落

哀牢是个不断由内地往边地迁徙的民族，古代羌人也是不断由北南迁，符合羌人南迁的历史规律。《华阳国志·南中志》载："孝武时通博南山，渡澜沧水、耆溪，置嶲唐、不韦二县。徙南越相吕嘉宗族实之，因名不韦，以彰其先人恶。——渡澜沧水以取哀牢地，哀牢转衰。"其实这条记载也是有矛盾的，首先汉武帝在元封时期（公元前110—105年）渡澜沧水取的是嶲唐，"嶲"即嶲人（民族），"唐（赕）"，羌语，即地方或坝子，可知汉武帝并没有取哀牢地，也谈不上哀牢转衰，倒是取嶲唐地后，嶲人就不见于记载了，是嶲人转衰了。前面我们已经提到，在秦汉时从越嶲郡（今四川凉山彝族自治州首府西昌）到嶲唐（今保山老营）分布着众多的嶲人。哀牢和他们都是氐羌族群的不同支系，但哀牢是在汉武帝元封以后150余年才出现在历史舞台上的，其极盛时期也是在公元1世纪60年代，距汉武帝时期已150多年了，《南中志》把这两件事混在一起，显然是没有准确把握历史事实的。《华阳国志·南中志·永昌郡》记哀牢王扈栗（贤栗）"即遣使诣越嶲太守，愿率种人归义奉贡，世祖纳之以为益州郡西部属国。其地东西三千里，南北四千六百里。有穿胸、儋耳种，闽、越、濮、鸠僚。其渠帅皆曰王"。对这条史料有必要加以说明，哀牢王"愿率种人归义奉贡。世祖纳之以为属国",当指建立"西部属国都尉"以加强对哀牢的控制,并非在哀牢地建立属国。其后的"东西三千里,南北四千六百里"在东汉时期是西部都尉的地望,并不是哀牢的地望。后面的一些民族也是指属国都尉辖区内的民族,并不是哀牢国内的民族。当然,哀牢辖区也会有其他民族杂居,那又是另一回事了。

据《后汉书·西南夷传》载:建武二十三年(47年)哀牢王贤栗攻鹿多部落,不能克,反而被鹿多人打败,"贤栗惶恐,谓其耆老曰:我曹人边塞,自古有之,今攻鹿多,辄被天诛,中国有其圣帝乎?天助佑之何其明也"。又说"建武二十七年(51年),贤栗等遂率种人,户二千七百七十,口万七千六百五十九诣越嶲太守郑鸿降,求内属,光武封贤栗为君长,自是岁来朝贡"。从这条记载中,我们看到公元1世纪中叶时,哀牢王贤栗仅拥有二千七百多户,一万七千多人口,是个势力并不算大的部落联盟首领。即使汉王朝在这时就已封哀牢王、称哀牢国,那也仅是一个只有两千七百多户居民的小国。又光武帝纪:"建武二十七年,益州郡徼外蛮夷种人内属。"也是指这件事。汉王朝为了加强对他们的控制,又建"益州西部都尉"加强统治。《续汉书·郡国志》刘昭注引古今注说:"永平十年(67年),置益州西部都尉,治嶲唐,镇哀牢人,楪榆蛮。"但是哀牢人势力依然快速发展。《后汉书·西南夷哀牢传》说:"永平十二年(69年)哀牢王柳貌遣子率种人内属,其邑称王者七十七人,户五万一千八百九十,口五十五万三千七百一十一。"从建武二十七年(51年)到永平十二年(69年)之间的18年中,哀牢王统辖的居民人户增加了15倍之多,而人口更是增加了30多倍。其发展速度之快是惊人的。但历史也告诉我们,哀牢强盛的时间不长,很快就衰落了。《后汉书·西南夷传》说:"建初元年(76年),哀牢王类牢与守令忿争,遂杀守令而叛,攻嶲唐城(今保山老营),太守王寻奔楪榆(今大理)。哀牢三千余人攻博南(今永平),燔烧民舍。"哀牢军队从漕涧(哀牢县治所在地)出发向东南进攻嶲唐,太守王寻逃离到楪榆,哀牢军队取得了嶲唐之后,继续向东北方向攻取博南(今永平),这从地理上看也是比较合理的。由于哀牢王与汉王朝的冲突,肃宗便募发越嶲、益州、永昌夷汉九千人讨之。"明年春,邪龙县(今巍山)昆明夷卤承应募率种人与诸郡兵击类牢于博南,大破斩之。……赐帛万匹，封为破虏傍邑侯。"经过这次战斗后，曾经盛极一时的哀牢民族遭受很大的挫折，哀牢的势力衰落了。这个事实说明哀牢人的兴盛与衰落并不如同《南中志》所说是由于汉武帝"通博南山，渡澜沧水、耆溪，置不韦、嶲唐二县"造成的，恰恰相反，哀牢是在汉武帝置嶲唐、不韦二县之后150多年才逐渐强盛起来的，其极盛时期是在公元1世纪60年代至70年代中期。而他的衰落是在建初元年（76年）其首领类牢反抗汉王朝失败被杀之后的事。今德宏州梁河县，也有古称为安乐（哀牢）国之说，这或许是哀牢人南迁后继续沿用的名称。

六、哀牢山、哀牢国与哀牢民族的关系

有学者认为"哀牢就是哀牢，三座哀牢山和一个哀牢国"①。或者认为是"两个哀牢国与一座哀牢山"②。这样来概括哀牢民族、哀牢国、哀牢山是不够准确的。应当补充的是，按照名从主人的常规，哀牢山是因哀牢民族住居而得名，不是哀牢民族因居住哀牢山而得名；哀牢国当是哀牢民族建立的国家，也不是因他们居住在哀牢国而成为哀牢民族的。哀牢不仅仅是"三座山、一个国"或"两个国、一座山"的问题，因为"哀牢国"是以哀牢首领的权力范围来界定的，"哀牢山"是以哀牢人居住的山脉命名来界定的，至于哀牢民族他们是根据民族的要素组成的。作为哀牢民族，他可以住在哀牢国内，也可以不住在哀牢国内，他们可以在哀牢山脉内迁移，也可以迁往哀牢山系之外更广阔的地方。作为"民族"的界定范围远在其他二者之上。因此哀牢是民族、山名、地名、国家的统一体，哀牢民族是这一切的主体，没有哀牢民族就没有哀牢山，也就没有哀牢国，而冠于"山""国家"——称号之前的"哀牢"是来源于"哀牢"民族称谓的，这一点是不能忽略的。

其次，是"两个哀牢国"，把哀牢国分为前哀牢国和后哀牢国，认为

云南文库·学术名家文丛

---

① 耿德铭：《史籍中的哀牢国》，《云南民族学院学报》2002年第6期。
② 肖正伟：《两个哀牢国与一座哀牢山》，《云南文史》2002年第1期。

前哀牢国是"西汉元封二年（公元前 109 年），今保山坝设立不韦县前，是以保山坝为其统治中心地，约东起今大理洱海区域，西到缅甸北部，北至西藏南部，号称东西三千里，南北四千六百里，疆域广袤"的国家。可以说两汉时在保山历史上是找不到这样的国家的。《史记》明确记载西汉时"西到桐师（今保山）以东，北至楪榆，名嶲、昆明"。《华阳国志·南中志》说："滇濮、句町、夜郎、楪榆、桐师、嶲唐侯王国以十数。"在这里，我们能看到的，保山历史上只有桐师、嶲唐这样的侯王国，而后来能称为哀牢国的是在云龙至梁河一带。《华阳国志·永昌郡》记载"——世祖纳之，以为属国。其地东西三千里，南北四千六百里"。这是指西部属国的疆土，并不是哀牢县（国）的疆土，哀牢县只是"西部属国"八县之一，是不可能拥有东到洱海，西到缅北，北至西藏南部这样广大的国土的，今天，我们在古代史书中没有发现这样记载的。

再者，三座哀牢山来说，一是现今辞书、地图集通称的哀牢山。《辞海》哀牢山条："在云南省南部，元江和把边江间。云岭南延分支之一。山顶平缓，主峰在新平县西，海拔 3166 米。有栗树、樟木、茶树等经济林木，富矿藏。"《云南辞典》说它"北起大理州南部，绵延数百千米，为元江把边江的分水岭"。这座哀牢山，与东汉和晋时所称的哀牢国、哀牢县相距甚远，永昌郡的一个县是不可能将远在把边江之东的哀牢山包括进去的。但它确实是"阿僰"人居住的山，并因濮人称他们为"阿僰"（拉祜族、彝族），汉译为"哀牢"（安乐）而得名，包括今日保山县、景东县、景谷县境内的"安乐""恩乐"这些地名，应当说也是来自"阿僰"人的。《明实录》：宪宗"成化十七年（1481 年）——（安南国王）黎灏率夷兵九万，开山为三道进兵破哀牢"，这里的哀牢其地当在今日红河州境的元阳、红河及思茅地区的江城一带，即哀牢山的尾脉地带。其次，是《徐霞客游记》记载的哀牢山。从永昌城"出东门——上山，曲折甚峻，二里余至哀牢寺。寺倚层崖下，西南向，其上崖势层叠而起，即哀牢山也"。这里的哀牢山，应当是与哀牢县的主体民族哀牢族有关的，但这座哀牢山也不在东汉时设立的哀牢县内。它之所以成为哀牢山，并不源于哀牢县（国），而源于居住这里的哀牢人，他们或许早已进入这一带山区，或许是在哀牢王战败后迁入这些地区的。至于玛瑙山，多数记载它是哀牢山支脉，仅《滇略》说"玛瑙产永昌之哀牢山"。这或许是把此山与建有哀牢寺之哀牢山相混了，抑或是把大的山脉中的小山脉包括在大山脉之中，以大山脉统称之，这也并非不可。

从以上这些材料中，我们可以看到，在云南古代有一个人数众多的被称为"阿倮"的族群，他们的一部分从今漾濞、云龙、六库进入保山西部及腾冲等地。这部分哀牢人即是后来建立哀牢国的哀牢人，东汉王朝设立哀牢县也是在这部分哀牢人居住地的。另一部分"阿倮人"他们从大理州南部沿着把边江和元江之间的哀牢山迁移，这部分人即是这座哀牢山的主体居民。这一云岭分支之所以被称为哀牢山，也是来源于这部分"阿倮"人的。"阿倮"人在进入云南边疆的早期，他们对坝区的疟疾等病无力抵御，比较适应山区的气候和便于从事畜牧业，山区成了他们比较理想的居住地。而云南古代坝区、河谷地带主要是濮人和少数越人居住，因此阿倮人不论他们迁移到哪里，与他们为邻居的濮人都是以"阿倮"称呼他们，所以"哀牢"（安乐）之名能在多处地方出现。

但这里似乎有这么一个问题，哀牢出现在历史舞台上的时间并不长，其势力也不算很大，却影响非凡，为什么？这或许是得力于杨终的《哀牢传》，因为澜沧江以西这么广袤富饶的土地，在两汉时仅设有两县，没有留下更多的资料，而杨终的《哀牢传》对于当地的古代神话故事、风土民情、丰富的物产、与汉王朝的关系、民族兴衰等都有记载，这些对于嶲人、濮人、闽（缅）人来说都是无可比拟的。因此后人在追述这段古代历史时，都得从它那里去找依据，使得其影响力剧增。二是羌人中以虎为图腾的人较多，他们中有些人在哀牢王失败后迁到永昌地区的，有些原来并不属于哀牢王统治，但因为他们也是以自以为虎的后裔而散居于永昌郡山区，而他们生活的这些山区就被称之为哀牢山，这部分人主要是今日拉祜族先民。

七、九隆神话故事

史学界多认为"九隆"神话故事源于杨终《哀牢传》，而我们今日看到最先记载这个故事的是东晋人常璩所著《华阳国志·南中志》，其文说：

云南文库·学术名家文丛

永昌郡，古哀牢国。哀牢，山名也。其先有一妇人，名曰沙壶（壹）。依哀牢山下居，以捕鱼自给。忽于水中触及有一沈（沉）木，遂感而有娠。度十月，产子男十人。后沉木化为龙出，谓沙壹曰："若为我生子，今在呼？"而九子惊走。唯一小子不能去，陪龙坐，龙就而舐之。沙壶与言语，以龙与陪坐，因名曰元隆，犹汉言陪坐也。沙壶将元隆居龙山下。元隆长大，才武。后九兄曰："元隆能与龙言，而黠有智，天所贵也。"共推以为王。时哀牢山下复有一夫一妇，产十女，元隆兄弟妻之。由是始有人民……元隆死，世世相继，分置小王，往往邑居，散在山谷。绝域荒外，山川阻深，生民已来，未尝通中国也。南中昆明祖之，故诸葛亮为其国谱也。

关于触沉木有娠而生子的故事，在古代中国西南可能是个在各民族中普遍流传的神话故事。除古永昌地区的"九隆故事"之外，楚辞"天问"中就有"水滨之木，得彼小子"。《华阳国志·南中志》载："有竹王者，兴于豚水。有一女子浣于水滨，有三节大竹流入女子足间，推之不肯去。闻有儿声，取持归破之，得一男儿。长养，有才武，遂雄夷濮。氏以竹为姓。捐所破竹于野，成竹林，今竹王祠竹林是也。"这几个故事，有许多相似之处，这些民族的祖先都来源于水中之木或水中之竹。或许在古代，从楚国南部到云南西部有一个庞大的族群，在他们之间流传着他们的祖先是与水中之木或水中之竹有着密切关系的故事。今日贵州（夜郎故地）以竹王为始祖的是仡佬（濮人后裔）和彝族，而滇西以九隆为始祖的是哀牢（羌）人和昆明人，从这些史料看，这个神话故事在濮与氐羌先民中是有广泛信仰基础的。关于这个问题，早在20世纪中叶徐家瑞《大理古代文化史稿》就已提及，这是一个值得注意的问题。

"九隆神话"颇受学术界的重视，是它把"哀牢"民族与当时滇西南诸民族的社会历史发展水平紧密联系在一起的。故事中的"触沉木有娠"，与"郡（永昌郡）西南千五百徼外有尾濮……男女长，皆随宜野会，无有嫁娶。犹知识母，不复识父"相当。"后沉木化为龙，出水上，沙壶忽闻龙语曰：'若为我生子，今悉何在？'九子见龙惊走，独小子不能去……诸兄以九隆能为父所舐而黠，遂共推以为王"。这反映了由母系向父系过渡及幼子继承的发展阶段。十兄弟娶十姊妹这是氏族外婚制的反映。沧源崖画的"村落图"可以为此作注释："有一椭圆形线条作界线……现存房屋图形十六座（其中亦多残缺），均为干栏式……值得注意的是村落左边房屋（包括中心房屋在左者）共七座，房身部位均未涂色，村落右边房屋（包括中心房屋在右者）共九座，均涂色。"此图或许可做这样解释：这是一个有两个氏族的部落，似乎是处在父系氏族阶段，房屋涂色的为一个氏族，不涂色的为一个氏族，两个氏族之间有婚姻关系，甲氏族的男子娶乙氏族女子建立小家庭，乙氏族的男子娶甲氏族的女子建立自己的小家庭。中间的大房屋，是氏族长居住及氏族成员集中活动的地方。

（原载《云南民族大学学报》2006 年第 1 期）

三国两晋时期永昌境内的民族

一、《华阳国志·南中志》所载永昌境内的民族

据《华阳国志·南中志》记载，三国及两晋时永昌地区的民族是："南域处邛笮五夷之表，不毛闽濮之乡。""穿胸儋耳种闽越濮鸠僚""有闽濮鸠僚骠越裸濮身毒之民""闽濮反"等。各家对这些记载中的民族理解不同，断句各异，如刘琳《华阳国志校注》就标点为"有穿胸儋耳种，闽越濮、鸠僚"，"有闽濮、鸠僚、骠越、俾濮、身毒之民"，"闽濮反"，"不毛闽濮之乡"。有的则将"闽越濮"改为"闽濮、越"，而标点为"有穿胸儋耳种、闽濮、越、鸠僚"，"闽濮、鸠僚、骠、越、裸濮、身毒之民"。但冯汉骥教授则认为《华阳国志·南中志》中，"凡言濮者，均为单用（加形容词者外，如裸濮）。如在叙述永昌郡的民族时说：'有穿胸、儋耳种，闽、越、濮、鸠僚，其渠帅皆曰王。'又说：'有闽、濮、鸠僚、骠越、身毒之民。'三国时，'李恢迁濮民数千落于云南、建宁郡界。'晋时'祥（吕祥）子元康末为永昌太守，值南夷作乱，闽、濮反'"①。冯汉骥教授的标点法，除骠越之外，是正确的。经过半个多世纪民族调查研究，我们取得许多新的资料和新的认识，下面我们就这个问题提出些自己的看法。

---

① 　冯汉骥：《云南晋宁石寨山出土文物的族属问题试探》注3，《考古》1961 年第 9 期。

（一）闽（缅）、濮各是一个民族

"闽"，是一个单一的民族，是"缅"的谐音，都是同一民族语的异译。在古代他们和今日缅甸境内的缅人有族属渊源关系。如果追述更远一点，他们和滇池区域靡、莫之属的靡或许还有族属关系，"靡"，缅的同音异写。这里的闽（缅）主要指云南境内的拉祜族。《爨龙颜碑》："岁在壬申（432年），百六遘衅，州土扰乱，凶竖狼暴，缅戎寇场。"碑中所称的"缅"当指新平、元江及思茅（今普洱）地区北部拉祜（倮黑），缅与东汉时永昌境内的哀牢有渊源关系，共同崇拜虎，并以虎命名自己的民族。而在东汉时建立哀牢国的哀牢民族是他们中向云龙、腾冲、梁河一带迁移的阿倮（即哀牢）人，而从大理州沿把边江与元江之间山脉迁移的这部分阿倮人，他们虽然与哀牢国没有什么关系，但他们属于阿倮人的一部分，濮人依然称他们为阿倮（哀牢），因为这部分"阿倮"（哀牢）人，他们多居住在把边江与元江之间的山脉，濮人即将这一山脉称为阿倮山（哀牢山）。但傣族却不称他们为哀牢，而是称他们为缅人，临沧在历史上曾有拉祜人居住过，傣语至今仍称它为"勐缅"（意为缅人的地方）。近代傣族仍称他们为缅，不宜将其与濮合称为"闽濮"或"闽越濮"。

至于"濮"，《汉书地理志》："牛兰山，即水所出，南至双柏入仆（濮）。""贪水首受青蛉，南至邪龙入仆（濮）"。朱希祖《云南濮族考》认为云南的濮水即澜沧江（有的认为是元江），因濮人而得名。同是《华阳国志·南中志》多处记载"濮人"，除永昌郡的濮人外，还有：句町县……其置自濮。兴古郡……多鸠僚、濮。建宁郡……谈蒿县有濮、僚。此外杜预《春秋释例》：建宁郡（治今曲靖）南有濮夷。濮夷无君长总统，各以邑落自聚，故名百濮也。《太平御览·永昌郡传》：云南郡，治云南县……亦多夷、濮，分布山野。从这些记载看，濮是一个单一族群，除了裸濮、滇濮这类有特定语义的词外，是不宜把濮与其他民族联称的。这里还要说明的是，《华阳国志·南中志》里有三个地方是把"闽濮"联系在一起的，或许是因为"闽（缅）""濮（蒲）"在历史上是永昌地区的两大族群，他们关系密切，有时也联合起来对抗汉晋势力；他们彼此都有势力，在永昌郡中齐名，因此人们在提到闽时也难免要提到濮。再就《南中

云南文库·学术名家文丛

志》本身，他既用"闽（缅）濮（蒲）"，也用"闽越濮"，这也说明闽、越、濮是各有含义的。

《太平御览》卷七九一引《永昌郡传》："郡（永昌郡）西南千五百微外有尾濮。"说文"尾"字注说："古人或饰系尾，西南夷亦然。"关于西南夷中的尾濮，《后汉书·西南夷·哀牢传》："种人皆刻画其身，象龙文，衣皆着尾。"除了"衣着尾"的解释之外，耿马大芒关崖画还有饰尾的实物图像可供参考（见图1）。崖画作为先民的"文献"，它提供的实物图像无疑是第一手的真实资料，崖画中饰尾人图像与史书记载吻合。这里的崖画，多认为是新石器时代的遗迹。考古资料证明，澜沧江支流领域——小黑江流域的土著居民是濮人。濮人是当今佤族、布朗族和德昂族先民。从这方面看也说明崖画是濮人先民的作品，说明考古资料与崖画研究的结果也是一致的。

图1　大芒关崖画全图①

郭义恭《广志》还记载有木棉濮、文面濮、折（缠）腰濮、赤口濮、黑僰濮，对这些民族是从其生活习俗的某种特点来称呼的，有的习俗又是同居一地的几个民族都有的，如"赤口"，凡嚼沙基、芦子的民族，近代

---

① 采自王国祥《耿马芒关崖画云南崖画系列考查记之一》，《云南文史》2002年第1期。

的傣族、德昂族、景颇族等都可以称为"赤口"民族；凡纺织木棉布的都可称为木棉民族；文面濮，近代独龙族有此俗；折（缠之误）腰濮，唐代的茫人部落，近代的佤族、德昂族、布朗族仍保留此俗。据史书记载，阿昌族历史上也曾有过此俗。从这里我们也可以看出三国、两晋时永昌境内濮人较多，所以把非濮人系统的民族也纳入其中。

（二）越人与骠人

在分析了闽、濮之后，我们可以进一步考查"越"人。越人，属古代百越民族，他们是云南古代三大族群之一，西安汉城遗址出土"越归义靖蛉长"印①，说明汉时越嶲郡下属靖蛉县（今云南省大姚县境）就是以越人为主居住，但就永昌地区而言，不论在人口和居住时间都次于缅人和濮人。因为百越文化是从江浙、两广向云南及东南亚发展传播的，文化的传播与民族的迁徙是密不可分的。《华阳国志·南中志》虽然有"南中，在昔盖夷越之地"的记载，在记载永昌境内民族时也两次记载了越人，但是，永昌及缅甸境内的越人，除有争议的"滇越"之外，他们发展成为较大的政治军事集团、建立国家则是在元明时期。至于"骠越"就更不能视为一个民族了，魏宏《南中八郡志》："传闻永昌西南三千里，有骠国，君臣父子长幼有序。"《旧唐书》《新唐书》专门撰有《骠国传》。骠国为骠人建立的国家，这是没有疑问的。在骠国的疆域之内有越人住居，这应当说是事实，但骠、越并非同一族群民族。

骠人，学术界多认为属羌人族群。有学者认为是昆仑人（南亚语系民族）。赵嘉文《骠人族属新议》认为，《旧唐书》说骠国："其王姓困木长，名摩罗惹。其国相名摩诃思那。"困木长、摩罗惹，都是国王的名号。摩罗惹显然是梵文摩诃罗惹（Maharaja）的衍译，意为"大王"，困木长应是本族语对国王的称谓。"困"与"昆"同音，"困木长"实为"昆仑木长"之另译。《新唐书》卷二二二下说扶南国王"姓古龙"。杜佑《通典》卷一八八说，扶南"其国王姓古龙。诸国多姓古龙，讯耆老言古龙无姓氏，乃昆仑之讹"。又《太平御览》卷七八八引竺芝《扶南记》说"顿

---

① 李昆声：《云南原始文化族系简论》，《云南文物》1983 年第 13 期。

逊国属扶南，国王名昆仑"。据此看来，昆仑诸国的国王名号往往冠以"昆仑"，所以"困木长"应是昆仑人之国的国王名号。中南半岛上的昆仑是南亚语系民族，这是学术界一致看法。

我们还可以举出一些例子，《新唐书骠国传》："贞元（785—805 年）中，王雍羌闻南诏归唐有内附心，异牟寻遣使杨加明诣剑南西川节度使韦皋请献夷中歌曲，且令骠国进乐人。……三弦覆手皆饰虺皮，刻捍拨为舞昆仑状而彩饰之。……乐工皆昆仑衣。"从李思聪《百夷传》："缥人，男子衣服皆类百夷（傣族，百越族系）。妇人以白布裹头，衣短衫，露其腹，以红藤缠之，莎罗布为裙，两截，上短下长。男女同耕。"唐代史书记载茫人部落妇女的服饰就是"藤篾缠腰，红绢布裹结……披五色娑罗笼"。从这里所记妇人的服饰看，具有"露其腹，以红藤缠之，莎罗布为裙"的特征，这个特征至今仍是云南省南亚语系民族妇女的很有特色的文化习俗，当代德昂族、佤族妇女仍保留"藤篾缠腰"，这一习俗见于记载已有一千五百余年历史的传统习俗。

在缅甸最早信仰佛教的也是孟高棉语系民族，中国唐代史书记载的骠国，同样是一个佛教国家。国内存在着许多孟人民族的特征。直到缅人国王江喜陀时期（1081—1102 年），"他仍然让孟人官员在朝廷中任职，为他撰写各种碑文。在江喜陀统治时期，蒲甘的碑铭几乎全是孟文写的。宫廷中的正式用语也是孟文"①。可见在缅甸古代历史上孟人的地位和作用。

再是骠国是个信仰佛教的国家，樊绰《云南志》："当国王所居门前有一大像，露坐高百余尺，白如霜雪。人性和善少言，重佛法。城中并无宰杀。又多推步天文。若有两相诉讼者，王即令焚香向大像，思维是非，便各引退。其或有灾疫及不安稳之事，王亦焚香对大像悔过自责。"这里的大像即释迦牟尼的大塑像，国王让争颂者面对释迦牟尼高大坐像忏悔。与《南史》卷七八《林邑国传》"国王事尼乾道，铸金银人像，大十围"相类似（向达《蛮书校注》、赵吕甫《云南志校释》改像为象皆误）。

若从服饰、国王称谓、乐工皆昆仑衣、信仰南传佛教来判断的话，骠国应是昆仑（南亚语系民族）建立的国家。这一习俗与百夷妇女"结绾于

① 贺圣达：《缅甸史》，人民出版社 1992 年版，第 38－39 页。

后……衣窄袖衫，皂统裙，白布裹头，白行缠，跣足"完全是两回事，因此，骠、越不能视为一个民族，而是两个民族。据史书记载，历史上阿昌族妇女也有此俗，可能是受蒲（濮）人的影响。

除上述外，对于骠人族属的认定最为有力的要数傣族传统语言和文献。在德宏及附近的傣族，对缅甸南部的孟族和骠族，都称为"孟（Muan）"或"养（yang）"，而且还把养人分为"养楞"（黄养）、"养良"（红养）、"养兰"（黑养）……傣族与骠族互相交往接触的历史在千年以上，他们的语言和文献把骠人与孟人、养人、克伦同称为"孟"或"养"，认定他们是孟高棉语系民族，这可以说是判定"骠"的族属的有力依据。因此，我们可以说中国史记载的"骠国"，是个南亚语系民族建立的国家。并不是氐羌民族建立的国家，当然在骠国范围内有较多氐羌人居住，隶属骠王国则是符合历史实际的。

（三）鸠僚

鸠僚，过去学术界都将其归入百越系统，涉及永昌境内的鸠僚也将其归入傣族，随着我国民族历史研究的深入，特别是贵州史学界已有比较充分的依据否定了鸠僚为百越族系民族之说，普遍认为鸠僚其后裔为当今的仡佬，属百濮族群民族。永昌境内的鸠僚，当为僬侥的同音异译，也应当归入百濮系统。《辞海》也说："鸠僚，仡佬族的古称。"

根据以上资料可以这样认为，《华阳国志·南中志》记载的民族应是：闽（缅，氐羌族群）；濮（南亚语系民族）；骠（南亚语系民族）；越（傣）；鸠僚（僬侥——南亚语系民族）；裸濮（南亚语系民族）；身毒（印度人）这些民族。只要作些简单考察比较，就可明白在古代永昌郡内并不存在"闽濮""闽越濮""骠越"这类民族称谓。

二、"空荒不立"时期永昌的闽、濮

如果我们进一步探讨永昌地区的古代史，倒有一件大事是值得研究的。蜀汉时诸葛亮南征，孟获归附，李恢大量迁移濮民，调整了郡县设置。这时设的永昌郡有"不韦、永寿、比苏、雍乡、南涪、巂唐、哀牢、博南"八县，已将云南、楪榆、邪龙三县划入云南郡，而在永昌郡内新增了永寿（今双江、耿马，南诏时在此设银生节度）、雍乡（镇康）、南涪（景洪）。晋时的设置与此同。但到了东晋成帝咸康八年（342 年），把永昌郡省了。这是什么原因呢？那就是《华阳国志·南中志》记载的"（吕）凯子祥，太康中献光珠五百斤，还临本郡，迁南夷校尉。祥子元康末为永昌太守，值南夷作乱，闽、濮反，乃南移永寿，去故郡千里，遂与州隔绝"。这里的"闽、濮"是些什么样的民族呢？我们认为闽即缅，与古哀牢人同属氐羌族群，其后裔的主体部分是现今的拉祜族，在古代他们或许和缅甸的缅人有渊源关系，只是他们很早就分开了；其中大部分南下进入缅甸，而少部分留在云南境内发展成为拉祜族。傣族至今仍称"拉祜"为"缅"，今日的临沧，在历史上一度曾是拉祜人居住，傣族把这个地方称为"勐缅"；勐为地方，缅即缅人（拉祜），勐缅即"缅人的地方"。至于濮人，其后裔为茫（望、莽）人——蒲人——布朗、佤、德昂诸族和克木人等。

元康末，闽（缅，主要是拉祜）、濮人联合反抗吕氏家族的统治，并把吕氏的势力驱逐到永寿（南诏时设银生节度，在今双江、耿马一带）。他们能把自汉武帝以来势力不断壮大、拥有很大势力的吕氏家族打败，可见其势力是强大的。吕氏被驱逐之后，东晋王朝更无力统治这些地方了，永昌（今保山地区）自然是由这两个民族统治了，因此在永昌（保山）地区有许多哀牢人和濮人的遗迹，这当然是有历史根源的。但是这一切是发生在公元 299 年的事，与东汉永平年间的哀牢是不能混在一起的，一是反抗者是以"闽"（缅）为主的，缅人与古哀牢在民族渊源上是有一定关系的，他们也是以虎作图腾而被濮人称为"阿倮"的民族，但这时，哀牢是隶属于闽（缅）、濮的。二是古哀牢与这时缅人前后已相隔近两个半世纪了，中间会有许多变化，自然是不能将他们等同看待的。《爨龙颜碑》载："岁在壬申（元嘉九年，公元 432 年）百六遭衅，州土扰乱，东西二境，凶竖狼暴，缅戎寇场；君收合精锐五千之众，身抗矢石，扑碎千计，肃清边峭。"这当是永昌地区和临沧、思茅地区的缅（拉祜先民）人的强盛时期，他们从新平、元江一带发展，与爨氏势力发生冲突；结果拉祜

（缅）人的势力被爨氏的势力打败了。

从公元 299 年起，永昌郡已脱离东晋王朝，《南齐书·州郡志》的记载，萧齐时期的宁州所领县中虽有永昌郡，下属七县，其中已没有哀牢、比苏两县（有的学者认为此二县已归属云南郡），新增了西城、犍夏两县。但在郡下注云"有名无实，空荒不立"。即是说从公元 299 年到 5 世纪末的两个世纪中，永昌郡是脱离了中原地区而自立的，即是在闽、濮控制之下的。又从云南的中东部地区看，公元 4 世纪中叶至 8 世纪前期，是爨氏称霸时期，而爨氏的势力也没有进入永昌地区。据方国瑜先生考证，隋初"韦冲任南宁州总管设恭、协、昆三州，即在北周时之朱提、建宁、兴古三郡，不及云南郡地。至史万岁征南宁，自越嶲入，先至西洱河"[1]。《隋书史万岁传》说："入自蜻蛉川，以弄栋，次小勃弄、大勃弄，至于南中。……渡西二河，入渠滥川，行千余里，破其三十余部，虏获男女二万余口，诸夷大惧，遣使请降，献明珠径寸，于是勒石颂美隋德。"这里所记地名都在云南郡地，未涉及永昌地区，这即是说到这时永昌郡地区居民仍然是在当地民族控制之下。直到唐初，西南设置的州、县，新、旧唐书《地理志》所记录的地名都没有跨过澜沧江以西。唯《新唐书南蛮传》曰："姚州境有永昌蛮，居古永昌郡，咸亨五年（674 年）叛，高宗以太子右尉副率梁积寿，为姚州道行军总管讨平之。武后天授中（690—692 年），遣御史裴怀古招来，至长寿时（692—694 年）大首领董期率部落二万内属。"《通鉴》延载元年（694 年）曰："天授中遣监察御史寿春、裴怀古安集西南蛮。六月癸丑，永昌蛮酋董期率部落二十余万户内附。"这或许是公元 299 年以来对永昌地区比较有实质性的记载。南诏势力崛起，不断征服邻近地区和民族，盛罗皮（713—728 年）时已向澜沧江以西的越赕、朴子地区拓展。阁罗凤（749—779 年）继续经营，到贞元十年（794 年），南诏王异牟寻进一步征服了"茫人部落"，掳掠其人口，并令其服兵役。唐咸通三年（862 年），南诏调往安南（今越南）与唐军作战的军队中就有茫人。樊绰《云南志》说："咸通三年十二月二十一日，亦有此茫蛮于苏沥江岸聚二三千人队。"樊绰《云南志》："通计南诏兵数三

---

① 方国瑜：《中国西南历史地理考释》，中华书局 1987 年版，第 256 页。

万，而永昌居其一。""南诏及诸城镇大将出兵，则以望苴子为前驱"。永
昌成了南诏王国的重要兵源和作战先锋。同时，南诏在此区域设立了永昌
节度、开南节度、银生节度进行管理。在这期间，南诏归唐，永昌自然属
唐，南诏自立时，永昌即是南诏的一部分。到南诏衰落时，金齿（茫人部
落）又逐渐强盛起来，并建立了自己的区域统治，成了元代史书记载中的
"金齿国"。公元 1253 年，元军攻占大理后，继续向金齿地区发展，金齿
国日渐衰落。

（原载《云南文史》2007 年第 4 期）

略论宋元明时期傣族之北迁

"茫蛮"和"金齿"不是傣族先民的问题，笔者已在《茫施蛮并非傣族先民》《茫蛮和金齿族属试论》① 两文中作了探讨，但因古代茫蛮部落住居的许多地区，今以傣族为多，而且茫蛮、金齿为傣族先民说已在学术界流行，所以，本人的拙说已引起了争议。为了进一步说明茫蛮、金齿并非傣族先民，本文对傣族向茫蛮区域迁徙问题作些考察。

傣族，其语言属汉藏语系壮侗语族的傣语支，它和我国境内的"壮""侗""布依"及老挝的"老"，泰国的"泰"，缅甸的"掸"等在族属渊源上有密切关系。五六十年前，西方一些学者认为：元代云南境内傣族大量南迁。但从傣族、布朗族、佤族、崩龙的社会历史调查资料及古代史籍证明，云南境内的傣族不是大量南迁，恰恰相反，而是不断北进。

现今云南境内的傣族有四个较集中的聚居区：一是西双版纳；二是德宏州；三是思茅专区及元江县；四是耿马、沧源、孟连地区。此外还有一些零星分散住地。下面拟分区将傣族在宋元明时期北迁的情况加以探索。

一、西双版纳地区

西双版纳傣族自治州的傣族人口约 20 万，是云南境内傣族住居最集中的地区。现今住居这里的傣族、布朗族、傻尼人（哈尼）等族都公认：在此定居最早的是补角（布朗的一支）、布朗，其后是傻尼，傣族是最后

① 参见云南省历史研究所编《研究集刊》1979 年第 3 期，1980 年第 1 期。

来的。① 下面从各县情况看一看：

（一）景洪县

西双版纳用傣文记载的史书和在傣族人民的传说中，普遍认为他们的古代英雄叭阿拉武带领其下属头人和百姓从寮国的勐巴纳管外出游猎，追金鹿进至景洪坝（今景洪县），他带出来的人到寮国与西双版纳交界地时还有 4 万。或说叭阿拉武追金鹿发现土地肥美的景洪坝，随后带来他所属的一千男人和一千女人，号树封沟，开始进行农业生产。傣文史书还记载道：当叭阿拉武越过澜沧江进入景洪坝时，不幸遇上了"披雅"（景洪的地方神，最大的魔鬼），"披雅"要吃掉叭阿拉武，叭阿拉武请求饶恕，并承担每七天送一个百姓给"披雅"充饥的义务。开初，叭阿拉武把犯罪的人送去，不久罪犯被吃完了，百姓又反对拿自己的子女去送死，叭阿拉武无法，只好把亲生子送去，后来遇上"帕召"（佛祖）带领着佛爷、和尚及泰国大官叭阿索，战胜了"披雅"，叭阿拉武的儿子被救出来了，但还得为"披雅"建庙，每年送槟榔、蜡条、糖、米和水牛三头作祭品。②

这是经佛教徒篡改成的似乎十分荒唐离奇的神话，但长期流传在耿马傣族中的一个成语故事却是它的绝妙注解：在耿马勐董建寨的傣族，对佤族头人有贡纳，傣语称为"锡比熬马，哈比熬朗"（十年送马，五年送姑娘）。有一次送给绍兴佤族王子的姑娘虽然长得很漂亮，但她回娘家后不愿再来，屡派人去叫也不来，叫的人不耐烦了，干脆把她的头砍了带回给绍兴王，后被埋在砍头地，佤语称班碟（意为平头山）。送给刚黑佤族头人的是个缺嘴姑娘，送去时用纸封住缺口，迎接的人看了发笑，姑娘也笑，纸被吹掉了，刚黑王一看是个缺嘴姑娘就不要了。从此，勐董（傣族）与绍兴（佤族）商定，改为"锡比熬马，哈比熬牟"（十年送马，五年送牛）就不再送姑娘去了。③

---

① 全国人民代表大会民族委员会办公室编：《云南省西双版纳傣族自治州社会概况·傣族调查材料之三》，第 2 页。

② 中国科学院民族研究所云南民族调查组，云南省民族研究所编：《云南省傣族社会历史调查材料·西双版纳傣族史料译丛》（六）。

③ 《云南省历史研究所调查资料》第 173 卷第 41 号。

若用后者校正前者，剔除佛教徒的篡改附会，那么，傣族进入西双版纳初期，人少势孤，力量薄弱，受势力较强的布朗族头人的统治，向他们纳贡的遗迹仍然可见。

傣文史书《朗丝本勐》（本地史书）载，传说在傣历一百三十年（770年）左右，这里还没有"勐阿纳米"（傣语，景洪古名）这个最早的名称，勐（坝子）上住的尽是山头的民族——米沙的枋（不信佛教）。① 又说：当勐巴纳囡召哈先的子孙，由勐南掌（老挝琅勃拉邦）阿提武出发，经过七个月二十五天时间，到达大江三岔河（即今补远江、南阿河汇入澜沧江地带），这个被称为"荒三拱"之地（今大勐笼）曾经是"哈西先马麻"（四十万兵马）大国的住地。因勐巴纳巴要建立佛教中心，这里要成为勐巴纳囡的住地和首都，因此"所有的哈西曼马都迁到勐的西面去。"② 从此景洪县的大勐笼成为西双版纳傣族最早的佛教中心之一，并于公元1204年建立了佛塔（此塔后经两次重修，今尚存）等佛教的发展状况考察，与上述记载是相互印证的。以上材料提供了西双版纳傣族从老挝迁入的线索。

（二）勐海县

勐海，原是名叫岛白的偻尼王管理着，至今曼海等地尚有偻尼人的旧城石基。傣族首领为争得地方，初以武力进攻，失败后改变策略，把一个最漂亮的姑娘送给偻尼王，当偻尼王去迎娶时，傣族头人杀猪宰牛设宴招待，并用酒把偻尼王及其卫士灌醉，然后将其杀死，从此偻尼人迁往山区。傣族为纪念其首领艾海，故取名"勐海"③。

勐混，原是八个布朗族领袖和三个偻尼人领袖率领的人民居住，传说八百年前（傣族土司世系仅三百余年），布朗族叭卡圈统治时，由"十二

① 中国科学院民族研究所云南民族调查组、云南省民族研究所编：《云南省傣族社会历史调查材料·西双版纳傣族史料译丛》（六）。

② 中国科学院民族研究所云南民族调查组、云南省民族研究所编：《云南省傣族社会历史调查材料·西双版纳傣族史料译丛》，第14页。

③ 全国人民代表大会民族委员会办公室编：《云南省西双版纳傣族自治州社会概况·傣族调查材料之三》，第3页。

个土锅"分出来的傣族在叭景汉的带领下，由南面的"濮满（布朗）山"进攻，相持数十年，至叭卡圈死，傣族头人用重金收买其子叭龙真，加之长期战争，百姓贫困，叭龙真带领布朗、僾尼退居山区。叭卡圈的坟在旧城南开河大桥边的白塔下，叭龙真的坟则在西山腰的白塔下。①

勐满，原是佤族住地，后来从勐卯（今瑞丽）迁来的傣族在曼赛建寨，并常和佤族械斗，佤族失败后退出坝子，其首领被傣族头人囚禁至死，葬于现今曼赛的后山上，有 15 户百姓守坟，现今曼西人即是守坟者的后裔。传说佤族头人死后变成"披佤"（佤族鬼），当地傣族每年要祭它一次，以求消灾免难。②

（三）勐腊县

据调查，在此定居最早的是"补角"（布朗的一支），势力很强，傣族初进入时受其统治，该县的磨歇盐矿，原是"岔满"（布朗支系）发现和开采，后被傣族统治者占有，进入 20 世纪 40 年代，又被国民党兵痞夺去，所有权几经转移，但每年杀猪祭盐灶神都得请岔满人来主祭，祭毕，祭祀用品亦归岔满人享用，这项权利一直保留到解放，他人不得侵犯。③而这里的傣族，说他们的祖先在宋末元初从文山专区的广南、丘北等地打仗出来，经过越南奠边府、勐莱，到老挝的勐乌、乌得，再迁到勐腊，迄今已有八百年的历史。④

大约是 16 世纪中叶用傣文写成的西双版纳《本地史书》（朗丝本勐）及《叭真以后各代的历史》记载，都说傣历五百四十二年（1180 年），叭真作了勐泐（今景洪）之主，诏陇法名菩提衍者颁发给虎头金印，并为一方之主。到傣历五五二年（1190 年），叭真建都于景栏（今景洪南之曼景栏），并说，叭真"战胜此方各地之后"，以"天朝皇帝为共主，有勐交（越北）酋名那刺昆朗玛，景龙酋蒙猛，兰那（今泰国清迈）酋名提罗阁者以及刺隗、金占、唷厓、埂腊、琺南、空峒各酋长，俱会商劝进，举行

① 《云南省历史研究所调查资料》第 105 卷，第 6 号。
② 《云南省历史研究所调查资料》第 105 卷，第 6 号。
③ 《云南省历史研究所调查资料》第 107 卷，第 28 号。
④ 《云南省历史研究所调查资料》第 107 卷，第 12 号、28 号。

滴水礼，推叭真为大首领"、参加集会时还有"唷厓，金占、古刺、帕西、埭腊、珐南及空峒等国人员"①。

从这里可以看出，叭真战胜此方各地建立起比较统一的政权是在12世纪后期（1180—1190年），但它的疆域尚未越过澜沧江以东。傣族普遍传说，在很久以前，召片领（傣族土司）建都于景洪后，有个"四十万兵马"的大国（可能是金齿国），建城于"勐敢"（今景洪县勐养附近的澜沧江边），是一个军事重镇，也是一个很热闹的商业集市，召片领很想征服它。准备了很久之后，扬言要去攻打，话刚说出口就被其首领"召法四达合碟"听见，因为这个首领有四只眼睛能够看千里，有四只耳朵，什么都能听见。他多次把召片领的兵杀败，召片领只好逃走。后来召片领改用美人计，把姑娘嫁给"召法四达合碟"，利用联姻关系破坏了他的战斗力，"召法四达合碟"终于被召片领打败。②

勐腊的克木人说，他们沦为傣族土司的家奴，是因为祖先上了傣族土司的当。据说，傣族土司因打不过克木人，就将公主送给克木首领为妻，并言定三年一次"树先宰"（即续亲续盟之意），轮流在克木首领及傣族土司处设宴。头一次，傣族土司亲自送女儿上门，带着大量的金银首饰及陪嫁物品，到克木京城赴宴，订立友好互助盟约，麻痹了克木人。三年后，傣族土司请克木首领及文武官员赴宴，在宴会上把克木首领和官员们灌醉后杀死，克木人知道首领被杀后纷纷向南逃走，未逃走的虽留得性命，但从此沦为傣族土司的奴隶。③ 以上传说，考诸历史当是元代中期的事。

据元代史书记载，现今的思茅（今普洱）及景洪的橄榄坝原是腊人（佤族、布朗族）居住，傣语也把这里称作"勐刺"（腊），即腊人的地方。元代中期，这里的腊人经常遭受正在兴起的傣族统治者的攻击和掠夺。元贞二年（1296年）十一月"车里蛮浑弄（即胡伦）兴兵，占夺甸砦十又三所"④。这时，由于傣族统治者的扩张，与澜沧江东岸的腊人处于

① 《泐史》，李拂一译，云南大学西南文化研究室印行，1947年。
② 《云南省历史研究所调查资料》第105卷第6号，第227－228页。
③ 高立士：《克木人的历史传说与习俗特点》，1980油印本。
④ （元）佚名：《招捕总录》。

严重的军事对峙状态，到了十二月，大车里白夷头目胡念，由于和腊人战争，"日与相距不得离"，顾不得去向元朝皇帝朝贡，只好遣其弟胡伦代理。胡伦向元朝皇帝陈述："小车里复占扼地利，多相杀掠，要求别置一司，择习蛮夷情状者为之帅，招其来附，以为进取之地。"① 这里记述了澜沧江以西的傣族统治者和澜沧江以东的腊人之间的斗争，说明傣族统治者这时还不能完全控制澜沧江以东地方，因此要求另外设治"招其来附"，并建议选择了解腊人情况的人为首领去统治。到了大德五年（1301 年）情况就不同了，"车里白衣八里日等，杀掠普腾（思茅普文），江尾（橄榄坝）二甸，夺麦康（今勐康）、忙龙二砦，杀忙阳（今勐养）二十四砦"②。此处所记之地名，恰是腊人民族（四十万兵马大国）居民住地。又泰定二年（1325 年）"开南州阿都剌伙头大阿哀，引车里陶剌勐等万余人，围腊砦，攻破十四处"③。《元史·本记》作"蛮兵万人乘象寇陷朵腊等十四砦"。傣族称佤崩民族先民为腊，近代还有称佤族为"卡腊"的，这里的"腊砦""朵腊"等都是佤族寨子。以上历史记载说明，澜沧江以东的腊人住地，是在元贞元二年（1296 年）至泰定二年（1325 年）这三十多年中才被傣族统治者夺取的。

在这场战争中被战败了的布朗族、佤族等民族，多数已迁往其他地方，现今住居缅甸仙岛的布朗人，传说他们祖先就是在上述地区打了败仗之后迁去的。布朗人迁走后留下了不少水田，傣族称之为"卡欢田"（傣语称奴隶为"卡"，称大家庭或父系氏族为"欢"）；含有"奴隶大家庭的田"的意思。被战败而未能迁走的布朗族和倮尼人则沦为傣族统治者的奴隶。景洪坝的景傣、景蚌、景坎这些寨子原被称为"允卡"（奴隶城）。西双版纳有些属于"滚很召"等级（由奴隶演变而来的，在傣族封建领主制中地位最低的阶层）的村寨居民，从服饰、语言、宗教信仰均和傣族一样，除语音稍有不同之外，和傣族没有什么区别，但从他们的体格及肤色考察则更接近于孟高棉语系民族，说明这部分傣族是由孟高棉人融合进去的，这类村寨橄榄坝有，尤以大勐笼为多。这些村寨有的早已取得自由民

---

① 《元史·本纪》《元史·地理志》。
② （元）佚名：《招捕总录》。
③ （元）佚名：《招捕总录》。

资格，他们是以整个村社为单位，向土司缴纳相当数量的白银赎得自由民地位的。土司在收取白银后，颁发给一块"恩片"（长约八市寸，宽约二市寸的银制薄片），上面镌有傣文，其内容是当她们成为自由民后要安分守己，完纳赋税，不能造反，要像芭蕉果一样团结在官家下边，违反这些就要天诛地灭，并祝五谷丰登，人丁兴旺等。从此，傣族土司就不再抽他们的子女去做家奴、寺奴和陪嫁奴隶了。至于那些未融合于傣族中的布朗族、傈尼人，被傣族统治者称为"卡"的民族，除受土司任意剥削和驱使外，在和土司见面时要称土司为"波勐"（土地的父亲），对傣族一般成年男子要呼"波"（父亲），对傣族妇女要喊"咩"（母亲），这条民族压迫的锁链，一直延续到解放才被废除。

据唐代樊绰《云南志》记载："开南城，在龙尾城（今下关）南十一日程。管柳追和都督城。又威远城、奉逸城、利润城，内有盐井一百来所。茫乃道并黑齿等类十部落皆属焉。"上述诸城各为现今何地尚难确定，但在现今的景东（开南）、景谷（威远）、镇沅、墨江这一带盐井最丰富是毫无疑问的。"茫乃道并黑齿等类十部落"在今西双版纳及其以南的一些地区（见《中国历史地图集》），茫乃道，史家多认为是茫蛮部落的一部分，茫蛮系孟高棉语系民族，已在《试论》中论述过了，至于"黑齿"，一般说来，住居云南南部的傣族、布朗族、佤族、德昂族、景颇族等民族，以及东南亚地区的许多民族都嚼槟榔、芦子、砂基等，齿皆黑，凡牙齿黑的民族都可称为"黑齿"。西双版纳傣族少女有边织布边用特制黑汁染齿之习，佤族少女有用鸡屎藤灰拌和烟油涂于条形叶片上，睡前贴在齿上使之发黑，显然，不能说黑齿专称傣不称佤，反之也不能以此推断黑齿是佤族不是傣族。因此，有必要辅以其他条件去探讨。南诏《德化碑》云："建都镇塞，银生于墨嘴之乡；候隙省方，驾憩于洞庭之野。"这里的银生有两种解释：一是当地名，南诏银生节度驻地为银生（当是晋时的永寿，系佤语）城，住地在今双江境。双江，傣语称"猛猛"，即猛人坝子，在傣族大量迁入之前，是以佤族为主住居的。二是不当地名。"银生于墨觜之乡"，从其语法看，把它理解为白银出产于墨觜"地区"是会更恰当的。墨觜，史学界都认为是"黑齿"，黑齿之乡的特点是出产白银，这当是蕴藏着丰富银矿的澜沧、沧源这些佤族住地。银生虽然可作两种解释，但两种解释都能说明南诏《德化碑》中记载的"墨觜"主要是佤族先民，在唐代他们已是一个很大的势力，南诏将领中的"大军将赏二色绫袍金带黑觜罗"即是他们的首领。从以上记载中可以看到现今的临沧、思茅南部及西双版纳一带，在南诏强盛时仍是以布朗族、佤族、哈尼族这些民族先民为主住居的。

既然，布朗族、佤族、僾尼人是迄今所知西双版纳最早的居民，傣族是后来迁入的，那么，傣族在进入西双版纳之前他们又住居何地呢？

傣族，唐、宋、元、明历代均称他们为"白夷"（或白衣），据《新唐书·南诏传》云："开成、会昌间，再至大中时，李琢为安南（今越南北部）经略使，苛墨自私，以斗盐易一牛，夷人不堪，结南诏将段酋迁，陷安南都护府，号白衣没命军，南诏发朱弩佉苴三千助守。"这里的"白衣"史学界普遍认为是傣族先民，住地在今"越北偏西区"①，宋时赵汝适的《诸蕃志》关于"交趾……西通白衣蛮"，周去非《岭外代答》关于"安南国……西有陆路通白衣蛮"也说明了这点。又樊绰记录现今文山州广南县一带的民族是"棠魔蛮""桃花人"等，"棠魔"即宋时的"特磨道"（今广南县境）。棠魔和桃花人一般都认为他们是傣族先民的一部分。在泰国的北部，泰永人在 8 世纪曾建立过一个有名的古国——庸那迦，最初，它的中心在景线，于公元 1296 年迁都清迈，建立兰那国。② 此外，在古代高棉帝国繁荣时期，泰人分为许多部族，在柬埔寨的统治下居住着。在 11 世纪的占婆碑文中有关暹人奴隶及俘虏的纪事，在 12 世纪"吴哥窟"的浮雕中，也刻画了暹人雇佣兵的形象，这些所谓暹人就是泰人。③

这样，我们大体可以看出，在唐代至宋初，白衣的活动主要出现在云南文山壮族苗族自治州的广南县，越北偏西区，真腊境内（包括老挝）及泰国北部。西双版纳的傣族，除勐腊地区说他们从广南经越北到老挝北部的勐乌、乌得再迁入勐腊外，其他不论文献记录及调查所得，普遍认为他们是从老挝北部迁入，而且与"兰那"有密切联系。傣族先民进入景洪坝

① 方国瑜：《元代云南行省傣族史料编年》，云南人民出版社 1958 年版，第 41 页。
② 参见余定邦《中国和八百媳妇的关系——古代中泰关系史上的重要一章》，《世界历史》1981 年第 4 期。
③ 参见中山大学历史系东南亚历史研究室编《东南亚问题》1974 年第 3 期，第 5 页。

— 210 —

的时间应当是比较早的，可能是在 8 世纪前后，到 12 世纪后期它已建立起自己的区域统治——景龙金殿国。

二、德宏地区

德宏傣族景颇族自治州，是云南境内第二个傣族住居比较集中的地区，人口也在二十万以上，与西双版纳相当。

据调查资料载："各地一致传说，崩龙是边六县（潞西、梁河、陇川、瑞丽、盈江、莲山）历史较早，分布较广的一种民族"①。这里的傣族有句谚语："尚过法，腊各领"，即"天是天神造的，地是腊（佤崩民族）人开的"。这句成语是反映了傣族与佤崩民族定居德宏地区先后顺序的。为便于说明这个问题，以下分县作些考察。

（一）潞西县（今芒市）

远在唐代，这里就是茫蛮部落之一部的"茫施蛮"住地，元代曾在这里设立过"茫施长官司"，元朝后期的土官阿利，德昂人认为是他们的官，傣族也说"芒市（茫施）曾有过崩龙族土司"②。但也就是元代的后期，茫施地区曾发生过较大的战争，元《招捕总录》记载："至治元年（1321年），怒谋甸主管故，侵茫施路鲁来等砦，烧百四十一村，杀提控案牍一人，有司奉诏书开读，管故不跪听，亦不出降。"茫施路的居民受到侵犯，战争中一次烧去村寨一百四十一村，这在古代的茫施地区，可说是一次较大的战争了。战败者或迁离或归附为奴，这一史实与调查所得是基本相同的。经过元末大变迁之后，明代初期的茫市土官不再是阿利的后裔，而是由傣族首领刀放革及其子孙世袭，其世系一直传到解放。

明嘉靖二年（1523 年），怒江沿岸的腊人（佤、德昂）造反，当时芒

---

① 全国人民代表大会民族委员会办公室编：《云南省德宏傣族景颇族自治州社会概况·景颇族调查材料之三》，第80页。
② 全国人民代表大会民族委员会办公室编：《云南省德宏傣族景颇族自治州社会概况·景颇族调查材料之三》，第93页。

市傣族土司放福，差派属官玉达带兵镇压，起义人民反攻，把土司兵包围起来，玉达突围后只领着几个残兵回芒市。这次镇压失败，土司处死了玉达，但已无力再去征讨，从此芒市土司丧失了勐牙、勐板这些地区。这事实本身证明到明代中期在勐牙、勐板（今龙陵境），佤崩民族尚有相当实力。

现今潞西的轩岗坝（今芒市轩岗乡）、法帕、芒市河两岸，直到清代中期仍是以德昂族为主居住，从三台山的拱别、邦宛、勐丹到长山、大营盘、茶叶箐这一带山梁上，芒市背后的芒龙山，遮放东山也都是德昂人住居。直到清嘉庆十九年（1814 年）冬，德昂族为反抗芒市傣族土司的压迫，举行武装起义，曾一度赶走了傣族土司，后因芒市土司得到清朝地方官吏的支持，又有盈江、梁河、陇川土司武装的支援，土司又求助于景颇山官及勐戛汉族地主的势力，对德昂族四面围攻，才把德昂族起义军镇压下去，德昂族人民也全部迁离了，现今的一些德昂族村寨都是在这次起义失败十多年后又陆续建立的。许多德昂人离开了潞西（今芒市）地区，但留下的轩岗坝遗址，至今仍保留着德昂人建造的三座石拱桥和残存的石板路面，还有石砌"拱母"等。弄庄佛寺原是德昂人建立的，由于建筑质量好，德昂人败退时不忍放火烧去，只在中柱上砍了三刀，这座佛寺和刀痕，新中国成立初期仍可见到。

以上历史事实说明，古代"茫施蛮"及其后裔子孙是经过几次大的斗争之后才逐渐迁离的，傣族是在元朝后期直到清代中叶才成为这里的多数民族的。

（二）盈江县

盈江，元时名干额（崖），傣语称"勐腊"，即腊人（佤崩民族）的坝子，旧属镇西路（今缅北新城一带），元时这里已有相当数量的傣族先民（白衣）住居，但干额总管仍是金齿，不是白衣，这是有明确记载的。据盈江傣族土司家谱记载，盈江傣族土司的政治中心，最早是设在今缅北新城一带（可能是镇西路），以后由镇西迁入今盈江境内的弄璋，再北上到旧城，又由旧城北迁至凤凰城（今新城），这个事实说明盈江土司的政治中心也是沿着大盈江左岸从南往北迁徙的。

在盈江、陇川两县接壤的南部地区，古代曾有些德昂族的大村落，元《招捕总录》载：至治二年（1322 年）镇西路（今缅北新城）大甸伙头阿吾与三阵作乱，夺不（邦）岭、雷弄二砦，阿吾说："吾破不岭，杀伤甚重，掳五十人，破雷弄甸烧四百余户，管别砦惧而降我，我迁其民二百五十家于我弟拜法砦中，不岭所掳人，其族各以银三百两（永昌府文征作三两）赎一人，尽赎去迄。"这里记载的雷弄、不（邦）岭，均为德昂族村寨。据调查，解放初景颇族儿童在雷弄遗址放牧，还掘得德昂人埋藏的陶罐，其中有银首饰及散碎银子等物。对于傣族阿吾的这次掠夺，元朝曾派使臣招谕，但这时正是傣族势力发展之期，由于元朝军事上的失败，麓川对元朝的招谕并不理睬，根本不出来接受榜文，而且对"所夺之地，亦不付回"，并以"须与之相杀"相威胁。从此德昂族四百余户的雷弄，二百五十户的管别及不（邦）岭砦的腊人也就消失了。

（三）陇川县

陇川景颇族社会性质调查报告说："在傣族未进入该地区之前，德昂族多居于坝区边缘，种水田并培植茶园……傣族进入该地区后，征服了德昂，德昂退至山区，傣族通过政治、经济、宗教长期统治着德昂族。"[1] 当地傣族也说："明代以前，本地德昂人很多，陇川曾有过德昂王，住在蛮蚌寨。"现今的陇川县城也是建立在德昂（旧称崩龙）族的村寨遗址之上。

调查材料还说：从"陇川坝子的德昂族的住房和寨子的建筑来看，他们不但有比傣族和景颇族高明得多的竹木工，而且也擅长石工。每一个寨子都有他们整齐的石板路，这是德昂寨的特色，是除阿昌族外其他族所没有的"[2]。

（四）梁河县

梁河的邦歪"有德昂族住居过，遗址还很多，现在全寨用的水井是德

---

① 全国人民代表大会民族委员会办公室编：《云南省德宏傣族景颇族自治州社会概况·景颇族调查材料之六》，第 51 页。

② 全国人民代表大会民族委员会办公室编：《云南省德宏傣族景颇族自治州社会概况·景颇族调查材料之三》，第 93 页。

昂所修理（建造），全系石头石板所砌，尚有三个'拱母'（塔式香亭）的遗址及经烧过的陶砖"，并"在'拱母'之中及四边地里很多人都挖掘出火葬罐，铜铸手镯及小铜锣等"①。现今梁河县中学背后二台坡苗圃地，也是德昂寨遗址。

（五）瑞丽县

瑞丽，地接缅甸掸邦，史家多认为傣族是古代掸人后裔的一部分，住居瑞丽的时间较早，而且成了傣族首领思氏的发祥地，但傣族也仅住坝区，低山区仍是德昂人住居。

以上材料清楚地表明德宏州各县（瑞丽除外），在傣族统治者征服之前，这里的主要民族当是腊人（佤崩民族）。明初李思聪《百夷传》记载："至正戊子（1348年），麓川路土司思可法，数有事于邻境，诸路以状闻，乃命搭失把都鲁为帅讨之，不克而旋，遂乘胜并吞诸路而有之，乃罢土官，以各甸赏有功者。"这条记载是很有价值的，它真实地、概括地反映了德宏地区民族关系演变的历史。

明代前期，"麓川王国"的政治、经济、军事都处于极盛时期，不仅拥有缅甸北部的大片土地及我国境内的德宏州，割据一方，而且常向北进攻明朝驻永昌、腾冲守军。麓川军队于洪武十五年（1382年）曾攻入永昌（保山）俘去明军守将王真，以后又相继进扰景东、新平、南涧等地，直到明朝正统年间三征麓川战败思氏之后，才阻止了他们继续北进。

三、思茅专区（今普洱市）北部及元江县

景东、景谷、镇沅、普洱一带，唐时是南诏开南节度地，当时在这些区域住居的主要是濮（布朗）、和尼（哈尼）、洛（拉祜、彝）诸民族，后来逐渐迁入了较多的傣族，这在《元史·地理志》有明确记载。如：

---

① 中国科学院民族研究所云南民族调查组、云南省民族研究所编：《云南省德宏傣族景颇族自治州社会概况·景颇族调查材料之七》，第59页。

"开南州，在路（威楚，治今楚雄）西南，其川分十二甸，昔朴、和泥二蛮所居也……至蒙氏兴立银生府（应为段氏兴，南诏称节度，大理时才称府），后为金齿白蛮所陷，移府治于威楚，开南遂为生蛮所据。"

又"威远州，州在开南州西南，其川有六，昔朴、和泥二蛮所居，蒙氏兴，开威楚为郡，而州境始通，其后金齿白夷酋阿只步等夺其地"。

这些史料清楚地表明开南地区的白夷是后来才迁入的。这个史实不仅《元史·地理志》有记载，明代史书也肯定这个历史事实，并对元史记载不足之处作了重要补充。《明史·土司传》云：

"威远，唐南诏银生府之地，旧为濮、落杂蛮所居，大理时为白夷所据。"万历《云南通志》与此相同。明代史书所补充的"大理时为白夷所据"，这对于确定白衣（傣族先民）何时夺取开南地区无疑是十分重要的。清康熙《元江府志》又补充了元江傣族首领那氏于宋仁宗皇祐四年（1052年）占据元江这个更为具体的时间，这就使人们对傣族向开南、元江地区迁徙的了解更具体了。

思茅，傣族称"勐腊"，这里的普文及今属西双版纳的橄榄坝，直到元代后期才被车里的傣族统治者占领，前面已作了论述。

四、耿马—沧源—孟连等

耿马、沧源、孟连一带的最早居民是佤族，不论从历史记载及调查资料都说明这里的傣族是从勐卯（今瑞丽）迁来，从地理方位看虽不是往北，而是往东南，但因迁入地区系茫蛮部落住地，今日仍属我国版图，所以还是作一个重要区域考察。

（一）耿马县

耿马，包括历史上孟定、耿马两个土司辖区，元时孟定势力较强，明时耿马势力逐渐超过孟定。据调查资料说："耿马土司和孟定土司一起从勐卯迁来，到了滚弄江边才分道，耿马土司向勐董、勐角去了，孟定土司则先到四方井（今孟定北），然后再南下到景允，再至罕洪，最后才到今孟定镇住下来。"又说"傣族迁来耿马时，当地住的是佤族和拉祜族，于是互相发生战争，帮助罕家和佤族打仗的是南宋文武二臣，所以叫南宋保罕"。

傣族定居在孟傑等地之初，还是受佤族领袖的统治，其领袖即今大寨佤族马绍武的祖先。罕家为了要夺取政权，便与佤族的领袖通婚，将公主嫁与佤王为妻，后假称公主有病，要吃洗印水才能治好，佤族领袖将印给罕家后，即为罕家夺取。傣族土司得了金印，即可调兵遣将和征粮派米，并开始用武力攻打佤族住居区勐撒，双方争战很激烈，胜负难分，死亡甚重，于是通过和平谈判使佤族退居四排山一带，傣族把和平谈判成功取得的地方取名勐撒，以资纪念。"撒"在傣语里为和平的意思。同时傣族在与勐永佤族的战争也取得胜利，便把胜利后表扬官兵的地方称为勐永，"永"在傣语里是表扬的意思。①

用傣文撰述的《孟定历史》记载："尚过法（天神）下来开辟，首先有佤族，世世代代都这样说，世世代代就有史书记载。"《耿马历史》又说："耿马傣族从勐卯迁来，当时勐卯地方乱（即统治集团间争权夺利），罕川、罕谢两兄弟带着百姓出来找地方"，并说，从勐卯出来后，"经过许多大森林和高山，沿途都是和佤族打仗，打败佤族，争得地方；但是来的人很多，不够住，经商量分东西南北四路去寻找。罕谢带领百姓继续前进，找到了四面环山的园坝（今称戛街），即建寨盖房定居，一年后又找到耿马（原名尹田，即佤族地之意），并于傣历七五九年（1397年）建立了耿马城和'九勐十三圈'"的统治区。②

以上的调查资料及傣文记载，其中难免有附会之词，但都证明佤族是这里的土著民族，傣族是后来迁入的。傣族初来时，"掌金印而统治整个耿马的是佤族的领袖"③。《元史·地理志》记载，元朝在孟定地区设有"孟定路军民总管府"及"金齿孟定各甸管民官"，《元史·本纪》云：

---

① 中国科学院民族研究所云南民族调查组、云南省民族研究所编：《云南省傣族社会历史调查材料·耿马地区》（七），第6页。

② 《云南省历史研究所调查资料》，第169卷第32号。

③ 中国科学院民族研究所云南民族调查组、云南省民族研究所编：《云南省傣族社会历史调查材料·耿马地区》（七），第7页。

"至元三十一年（1294年）……以金齿归官阿鲁为孟定路总管，佩虎符。"被称为金齿归附土官的"阿鲁"，按其取名特征与元时蒲人一致，与傣族在这一区域的贵族刀、罕、景诸姓都不同，可知元代前期耿马孟定这一区域以佤族为主住居，统治者也是佤族领袖。至于傣族迁入此区域的时间，多数都说在明初，但清初毛奇龄《蛮司合志》记载：孟定"正统间知府刀禄孟为麓川所侵，远徙他部，会木邦舍目罕苗以从征功，靖远伯王骥令筦食其地"。这说明在罕家来之前，此地已有一些傣族部落住居，因此傣族进入孟定的时间应早于明初，不过这时迁入的人不多，而三征麓川后迁入的数量大则是符合历史事实的。

（二）沧源县

《沧源县勐角区勐角乡傣族社会经济初步调查》说：勐角、勐董（今县治）很久以前是大森林，后来绍兴佤族迁移来此种地。勐角佤族即在勐角建立寨子，设官"召格勐"，勐董的佤族在现今的芒腊建立寨子，设官"召格重"，当时坝子水多，地种不好，有个老人建议把旱地开成水田，但不会用牛犁，只是用人挖田。

后来，傣族由勐卯迁到耿马定居，常到勐董、勐角一带，经过长时间的来往，傣族百姓向其官家说：耿马、勐角、勐董这一带地方很好，傣族官家听了之后就想着来占领，傣族又得汉官帮助，开始用火线枪，后来用铜炮枪进攻佤族，勐角、勐董的人（佤族）在这次战斗中惨败，官家、百姓一齐跑上山去，傣族从此占领了勐董、勐角坝子。

傣族虽然打败了佤族，占领了坝子，但还是给绍兴王送礼，意思是以后不要一个打一个，绍兴王叫傣族头人"西比熬马，哈比熬俄"（即十年进马，五年送牛），傣族头人答应了这个要求。①

（三）孟连县

上允下城刀正记保存的《孟连历史》记载：傣历六百四十年（1278

①　中国科学院民族研究所云南民族调查组、云南省民族研究所编：《云南省傣族社会历史调查材料·孟连沧源和金平傣族地区》（九），第32页。

云南文库·学术名家文丛

年），明皇帝永乐（1403—1424 年）派兵征勐卯，勐卯所有的头人、百姓都逃难，有的逃到南孔江以西，有的跑到江东地区，一部分逃到山上，一部分住在坝子里，到江西的多是老百姓，土司到江东来了。

孟连土司从勐卯来时，共有一千户过南孔江来找能居住的地方，找到孟连之前，先在班根山上住了一年（靠孟连坝西边的三大山）。傣族没来之前，孟连附近的大山都是佤族住居，佤族住有四弟兄，孟连傣族向佤族四弟兄求地盘，四弟兄答应后，便划分地界。结果，所有水淹到的地方都归傣族，火烧着的地方归佤族，因此傣族得坝子。佤族的四弟兄岩阿（原管勐阿）、依马（原管勐马）、三梭（原管勐梭）、赛龙（管孟连）都搬到南河以南去住，将所有的坝子都让给傣族。

又《孟连宣抚司历史情况》说：七百年前，约在宋朝末年（一说是明代），傣历六百年（1238 年）左右，勐卯地区土司死，弟兄因互争权位而造成内乱，造成勐卯傣族大量外迁，其中有思德法率领其家臣、奴隶和百姓，沿怒江南下进入阿佤山区，住居勐板、港色一带，又到马散（佤族部落）寄居，为了寻找新的领地而和马散部落酋长和亲，随即剽牛盟誓，订立盟约，将象牙砍成很多截，牛角砍成许多段，分给部落酋长，表示象牙、牛角不烂，谁也不能离开，像一家人一样。以后傣族王子又给马散酋长送礼讨地方，送了黄牛、水牛各一百头，男女衣服各一百套。

傣族首领的家臣驱使家奴们开辟新地芒掌、帕当，在山谷里发现了许多有水可开垦的盆地，傣族便称为孟连，即找来的地方。①

耿马、沧源、孟连，从文字记载到调查资料都说明，在傣族迁入此地区之前，这里已有佤族和部分拉祜族住居。迁入的时间多数记载为明永乐时或三征麓川时，明代德宏地区发生过大的战争，有较多傣族流入此区域当是事实，但孟连历史记载的时间是宋末，或傣历六百四十年（1278 年），原因是统治者内部互争权位，因此有部分傣族在宋末元初已进入此区域也是有可能的。至于《孟连历史》把傣历六百四十年与明永乐皇帝连在一起，或许是把两件事混为一谈了。

_____

① 中国科学院民族研究所云南民族调查组、云南省民族研究所编：《云南省傣族社会历史调查材料·孟连沧源和金平傣族地区》（九），第 15－19 页。

五、其他散居区

傣族，除聚居上述几个区外，尚有二十余万人口散居于云南的三十多个县市。见于史籍较早的如下：

蒙自《元史·地理志》说："蒙自……有故城，白夷所筑。"

建水《元史·世祖本记》载："至元十五年（1278 年）四月，云南行省招降临安白衣、和泥分地城寨一百九所。"

蒙自与建水（临安）地处文山与元江之间，他们定居此区域的时间，或许与进入元江、景东一带相当。这里值得提及的是金沙江流域的傣族，因为西方的一些传教士和专家们发现了这些傣族之后，他们即成那些专家们论证傣族发源于黄河流域，后渐向四川、云南、泰国迁徙的理论依据。其实，金沙江沿岸如永胜、鹤庆等县的傣族，只见诸于明清时的史书。其中唯一例外的是宾川县牛井的"小百夷"，景泰《云南图经志书》记载："传云，段氏时（937—1253 年），海东地广民稀，又炎热生瘴疠，乃于景东府移此百夷以实之。"这是大理国的统治者利用政权的力量把他们从景东迁去的，并非像某些西方学者所断言的，是傣族南迁时遗留下来的。

此外，武定、楚雄、澄江、曲靖等也散居着一些傣族，但只见于明清记载，而且越靠北的地区记载得越晚，这在一定程度上反映出他们进入这些地区的时间晚。这一点，江应樑教授早在 20 世纪 60 年代初期所著《傣族在历史上的地理分布》中已论述过了。

六、结束语

前面对现今傣族的聚居区和散居区分别作了考察，概略可知今日住居古代"茫蛮""金齿"区域的傣族多数是后来迁入的。西双版纳在唐末宋初已有较多的傣族先民进入。景东、景谷、元江地区傣族大量迁入应是宋仁宗时期，即 11 世纪中叶，他们是沿元江、把边江向上发展的。德宏州的瑞丽为麓川王国的中心，盈江在元代已有较多傣族先民外，其他各县的傣族更多的是在元末明初战败其他民族之后才大量迁入的。耿马、沧源、孟连的傣族，除少数可能在宋末元初进入外，多数在明代迁来。这里所说的迁徙是就其主要部分而言，并不排除这些区域在此以前间杂着少量傣族居民。

　　还需说明的一点是：在今日云南这块土地上，汉晋时期的史书就记载着这里是"羌""濮""越"三大族群民族间相杂处之地。一般认为"羌"为藏缅语族群，"濮"为孟高棉语族群，"越"为壮侗语族群。这些间相杂处的民族，随着历史的发展，有的融合了，有的则又分裂了，某个民族在某个时期由于政治经济发展快而强盛，有的则由强盛而走向衰落，也有的由于自然迁徙或战争等原因，住地有局部变迁，在同一地区初以甲民族为主，后变为乙民族为主等等复杂情况。鉴于此，本文在论及傣族大量北迁时，仅限于我国历史上的宋元明时期。在此之前，古代永昌郡内的越人如何发展、变迁、移徙的情况，当是另外著文论述的问题了。

（原载《研究集刊》1982 年第 2 期）

景颇　阿昌

论近代景颇族社会的半部落半封建性质

　　近代景颇族社会是从部落①或部落联盟社会（原始社会末期）向封建领主、地主经济过渡的。由于它脱胎于部落社会，必然带有部落社会的胎痕，又因为它受封建社会的强烈影响，许多封建的政治、经济、文化因素渗透其间，因而许多尚未消亡的而且是比较浓厚的部落因素与发展着的封建社会诸因素同时并存，甚至在某些方面还受到资本主义的影响，就形成了近代景颇族社会中部落的、封建的（包括领主、地主两阶段）、小商品经济的因素都共存的复杂状态，内容十分丰富。因此，学术界对近代景颇族社会性质的看法也是观点林立，而且差别较大。从 20 世纪 50 年代的调查资料开始，就有用"部落""酋长"或"山官制度""山官"进行描述的，相继发表的文章和论著则用"原始社会末期""部落酋长制""封建社会萌芽""过渡性的社会""初期封建社会"，按不同地区、不同经济发展水平划分为"部落经济为主、领主经济为主、地主经济为主"三种类型的社会，或认为景颇族社会是"处在保持浓厚原始公社制残余"及"处在向阶级社会过渡"社会等。学术界的这些论点是各有所据的，但从包容着多种社会经济成分的景颇族社会看，哪些经济成分和与之相适应的上层建

---

　　① "部落"一词，《辞海》（人民出版社 1980 年版）解释为"原始社会的一种社会组织，由两个以上血缘相近的胞族或氏族构成"。笔者认为这样的解释是不全面的，因为恩格斯在论述部落时除讲了血缘部落外还论述了地缘部落。恩格斯指出："十个这样的单位，即德莫（自治区—引者）构成一个部落，但这种部落和过去的血缘部落不同，现在他们被叫做地区部落。"（《马恩选集》第四卷，人民出版社 1975 年版，第 113 页）。因此，部落应包括血缘部落和地缘部落两个阶段，而《辞海》及《政治经济学辞典》等仅解释血缘部落，而大量的资料证明地区部落是部落发展的一个阶段。这里提及景颇族的部落社会，就是从地区部落这个意义上理解的。

筑所占比重大？哪些社会因素起主导作用呢？至今仍众说纷纭，尚未取得一致认识，是需要继续研究的。本文即出于这一目的，根据自己占有的资料和认识作些探讨。错误之处，敬希指正。

一、景颇族的近代社会是从部落向封建过渡的

对景颇族的古代社会，我们知道的不多，从他们的语言系属、居住地域、迁徙传说及汉文献记载考查，学术界普遍认为他们的语言属汉藏语系藏缅语族，其中景颇语可成为独立语支，载瓦、勒期（茶山）、浪峨（浪速）属缅语支。他们是古代住居我国青藏高原上的氐羌族群后裔的一部分，是沿大西南藏彝走廊由北向南迁移的民族。根据《史记·西南夷列传》载，西汉时住居滇西的两大族群是"嶲""昆明"。他们中谁是景颇族先民难以找到确切依据，对其先民有比较直接了解的还是在南诏势力兴起，阁罗凤（749—779 年）开拓"寻传"时期，樊绰《云南志》首次对"寻传""野蛮"作了简要的、但基本上反映了他们当时社会状况的记录。

按唐代史书记载，"寻传"人较为先进，他们主要以狩猎为生，狩猎与战斗工具主要是弓箭。被称作"野蛮"的部分，社会发展层次更低一些，他们也有弓箭，氏族仇杀较严重，生活来源主要靠妇女采集。存在着多妻现象。但不论是"寻传"或"野蛮"，他们仍处在原始采集、狩猎为主的时期，尚未形成较大的社会组织，故史书说"亦无君长"。

"寻传"人，明清史书都确认他们是阿昌族先民。20 世纪 50 年代，党政部门和学术界，对景颇族的社会历史进行了调查研究，普遍认为今日景颇族中载瓦、勒期（茶山）、浪峨（浪速）这几个支系也是"寻传"后裔，而"野蛮"属景颇支先民，即是说今日德宏州的景颇民族是由唐宋时的"野蛮"和"寻传"的一部分融合而成的民族。

南诏把他们置于自己的统治之下，直接在当地"择胜置城"，派兵驻守，需要时令他们服兵役，促进了景颇族先民与南诏的政治、经济、文化交流，输入先进工具和生产技术，是会引起景颇族古代社会迅速变化的。到明朝永乐初，他们中已出现较大的部落，明王朝在部落的基础上设立了

"茶山""里麻"两长官司，由本民族的部落首领任长官司长官。到明朝万历年间，"寻传"以西的"野蛮"发展更快，元代李京《云南志略》还说他们是"不事农亩，入山林采草木及动物而食，食无器皿，以芭蕉叶藉之"的民族，而这时他们的一些酋长已向周围开疆拓土了，茶山、里麻两部落的一些领地已被他们夺取。原为阿昌人的茶山、载瓦、浪速的部分居民也逐渐归属景颇族酋长。由于部落间的械斗频繁，社会很不安宁，加之原住地山高土瘦，气候寒冷，农作物产量低，人口增加，土地不足及清代初期招募他们运军需物资等原因，景颇各支系的人民于明代后期至清代中叶纷纷南迁进入德宏山区定居。初期，他们多系有婚姻关系的十余户或二十余户找到适当地点后建立村落，再由原部落派一有贵族血统的人，或自己去找一个有贵族血统的人来当酋长而建成独立的新部落，也有的自身为贵族血统，有能力，但无权继承酋长职位，他们便带领一些自由民寻找新地方自立部落，自己便是酋长。这些事实告诉我们，景颇族进入德宏州初期，他们仍处于部落或部落联盟（原始社会末期）的历史发展阶段。但他们进入德宏州后所建立的部落，多与早已进入封建领主经济的德昂族、傣族和处于地主经济的汉族为邻，封建领主、地主的政治、经济迅速渗透到他们的社会中，促使其向封建社会过渡。

二、几种主要观点简评

为便于论述及对问题进行比较研究，对已公开发表的几种重要观点须作些简要评论。

（一）"原始社会末期"和"部落酋长制"

中华人民共和国（以下简称共和国）建立初期，党和政府派往景颇族地区的工作队，多是在景颇族居住的中心区，接触到他们的主要生产资料（土地、森林、牧场）公有，不计报酬的协作，生活中某些带有原始平均主义的分配方式，比较完整的原始宗教，单方面的姑舅表优先婚及"串姑娘"等习俗，以及与之相适应的种种社会观念，多主张近代景颇族社会仍处于"原始社会末期",或称"部落酋长制"。这两种提法虽然不一致，但内涵比较接近，他们的论据偏重于景颇族社会中的原始因素。我们在前面已经提到，景颇族在进入德宏州初期，他们的社会性质属原始社会末期，系部落社会这一点是没有多大疑问的，也是多数学者的共识，但他们进入德宏州已两三百年，他们的原始部落除政治上隶属封建领主（土司）、清朝廷和国民党政府，对土司贡纳土特产和负担一些劳役外，封建领主、地主经济的因素，社会道德观念，通过社会交往、集市贸易和日益频繁的文化交流已逐步渗入其社会内部。不论从土地的部落或村社公有制到水田逐渐私有化；劳动组合由"吾戈拢"，不计报酬的大协作（或称伙干）到"吾太拢"（换工互助）；原始的无息借贷到高利贷，再到水田的抵押、典当乃至出售等，都深受封建土地所有制及高利贷的影响。甚至在交通沿线与汉族接触较多的地区，如梁河帮角（今属陇川），盈江县的邦瓦、盏西，潞西县（今芒市）的弄丘等地的封建经济因素已有相当发展，有的已居主导地位。在这种情况下，仅以保留"原始社会"或"部落社会"特征为依据，而以"原始社会末期"和"部落社会"去界定整个景颇民族，忽视或较少关注封建因素的渗入和增长，不足之处自然明显地呈现出来。

（二）"封建关系萌芽"论

持此观点的同志认为："除梁河县的邦角、盈江县盏西的部分地区已经进入封建社会初期外，绝大部分地区尚处在封建关系萌芽阶段，因此，既有正在产生的封建关系特点，又有浓厚的家长制特点。"云南省党政部门为进行民主改革在20世纪50年代初期所作调查研究的结论是民族内部虽然有阶级分化，少数大山官和王子已形成世袭，并产生了家长奴役和封建剥削因素（如山官对本民族有官工、官谷、高利贷的剥削，对外族则征收官烟和保头税等），形成几种矛盾关系，交织在一起，阻碍着民族的发展前进。但整个说来封建经济并未发展起来，封建剥削的绝对数字很小……以景颇族地区为例，将所有富有的剥削户多余的土地全部分给农民，每人也只能分到80斤粮食的水田。这些观点，比"原始社会末期"和"部落社会"的提法进步了，这是无疑的，它对"原始社会"因素和封建社会因素都给予了关注，但从更广泛深入的角度研究，人们接触的封建因素是各方面的，不仅是萌芽的问题，而且已有一定程度的或说有相当程度的发展。

（三）初期封建社会

关于"初期封建社会"问题，我们仅见到这个结论，未见到立论依据与系统论证，但无疑是认为景颇族社会已初步完成了从部落（或原始社会末期）到封建社会的过渡，封建因素已在景颇族社会中起主导作用。但是，这一提法对景颇族社会中还存在着浓厚的原始部落社会因素这一点没有作出适当反映，而过多地看重封建因素，这亦是不足之处。

（四）分类考察定性问题

有的将景颇族社会划分为原始部落经济为主地区、领主经济显著地区和地主经济占主导地位地区三类，也有的分为"走封建领主制"和"走向地主经济"两类的。

由于景颇族居住地区不同，接触外来因素不同，因而表现出差异性，有些学者据此把它划分为两类或三类，这种分解法，从某个角度看有一定道理，但就在一个不大的区域，把一个仅十万余人口的民族分割为几种社会成员，一则不能让人们从总体上认识一个民族；二则，这些不同类型从某几个典型事例看似乎可取，但它们之间的大量的中间型是难以把它们归入某一类的。而且三种类型中哪种起主导作用也是悬案。

（五）关于"过渡形态"

景颇族迁入德宏州后，受到强有力的汉族地主经济及傣族、德昂族领主经济的渗透与吸引，促使其部落社会向封建领主、地主经济过渡，这是客观事实，比较容易为人们所认识，许多文章大同小异，只不过有的主张先向封建领主制跳跃，领主制尚未发展成熟又向地主经济跳跃；有的认为景颇族的社会经济"一是具有封建领主所有制倾向，一是具有地主经济所有制倾向"；有的认为不论是领主经济成分多或地主经济成分多，总的趋势都是地主经济。

我们认为近代景颇族社会发展的总趋势是封建地主经济的观点是有理

由的，但它并不完全像"连续跳跃"所说的先是向领主经济跳跃，在领主经济尚未发展成熟时又向地主经济跳跃，因为定居靠内地一线和交通沿线的村社，多与汉族村落为邻，汉族地主经济的高利贷、水田抵押、典当、买卖与租佃关系直接渗透景颇族社会中，他们并没有先发展领主经济，并在领主经济未成熟时又向地主经济跳跃，因为它没有这个条件，也没有这个必要。只有那些四周领主经济比较强的地区，他们所吸收的封建经济中，前期是领主经济为主，后期则随着封建领主经济自身也在向地主经济过渡而增加了地主经济的成分。

"过渡论"是学术界多数学者所持的观点，这种论断从表示发展趋向的角度看是毫无疑义的，但实际上是个很笼统的提法，也难以说明景颇族近代社会的实质。因为从原始社会末期到地主经济是一个很大的跨度（部分地区还夹着领主经济），而且是在和平环境中缓慢前进的。可是这种理论并没有指出共和国建立前景颇族社会过渡到什么程度，即景颇族向封建社会过渡的航船从大江大洋此岸驶向彼岸二百余年了，那么航船是离此岸不远，到达终点还是接近彼岸呢？这是这一理论没有解决的问题。

三、半部落半封建的社会特征

以上就景颇族的历史发展及学术界论述景颇族社会性质的各种观点作了论述，下面将从景颇族社会的经济、政治及其文化特征的半部落半封建性作些探讨。

（一）半部落半封建的生产资料所有制

景颇族初进入德宏山区时，他们的主要生产资料是旱地，系部落或村社公有，而且是部落或村社集体砍烧，由酋长或村社头人划分给各小家庭分别播种、中耕和收获。这种情况到民国时期在片马地区仍能见到。《片马紧要记》载，景颇族"春来则聚全寨，男女老幼同耕一处"。然而，共和国建立前的绝大部分景颇族，因受汉族、傣族、德昂族等族的影响，情况有了很大的不同。他们仍然保留着旱地的村社或部落所有，但不再由村社领袖或部落酋长统一组织砍烧林地和分配土地，而演变为各家各户视自己的劳动力和人口多寡的需要去选择土地，也不要求统一行动，只要遵守未祭"能尚"（当地汉语称官庙）祈求天鬼、地鬼、部落保护鬼之前不动土的规则即可，一旦祭过"能尚"和遵守禁忌之后，各家各户即可自由安排生产劳动。统一砍烧林地已为个体家庭砍烧所代替，"不得多耕，亦不得乱耕"的禁律已被冲破，百姓家人多劳力强的可多耕了，大大解放了生产力，促进了个体家庭经济的迅速发展。

　　盈江县卡场地区有一定特殊性，由酋长分配土地的权力在"贡龙运动"（19世纪70年代发生的以自由民为首，并有家内奴隶参加的，旨在推翻世袭酋长的武装斗争）后已被取消，土地基本上划归部落成员使用，但属轮耕的大山森林地，单家独户不便经营管理，仍保留集体轮耕形式。与前不同的是各自砍自己的原耕地，不再分配。若这部分耕地不够，还可在公有地上再增开，显然已冲破了不得多耕的规定。

　　同时，景颇族的水田农业有了迅速发展。住居坝区的傣族、半山区的德昂族及交通沿线的汉族，都有悠久的水稻种植历史。水田土地固定，产量稳定的优越性很快被景颇人认识到了，于是他们又从单一的旱地种植逐步进入旱地、水田同时耕作。水田具有永久性，一经开垦耕作之后，可以长期耕作使用，成为景颇族村社或部落成员长期占有使用和可以继承的生产资料，表现在水田上的"私有性比较明显"。也由于景颇社会中水田的私有化是受封建经济强烈影响的，因此反映在水田的买卖和经营方式上都与封建所有制紧密相连。共和国建立前有部分酋长和社村领袖，对个别户的水田仍有抽调、调整的权力，部落成员迁离时，他们所耕种的水田只能归村社公有，由酋长管理或分配给新迁入户。多数地区的水田，部落成员已有继承、典当、抵押、出租权，有的可以直接买卖而不受干涉。据调查，陇川县邦瓦部落在19世纪中叶就已出现土地买卖事例。有些部落酋长，为了维护固有权益，保护其辖区的完整性，常以"不能出卖我的土地"为由去限制土地买卖，但部落成员的回答是：我没有出卖你的土地，它仍然在你的辖区范围内，别人无法把它搬去。只是出卖了我家的力气（劳动），因为田是祖辈或自身用"力气"开垦出来的。部落酋长已无法抗拒水田自由买卖这一现实。有的虽然不准卖出部落以外，但可在同部落成员间买卖，这也只是有条件的买卖，最后也是无法控制自由买卖的。还有些部落酋长一方面在限制其成员出卖，而另一面又在变相卖水田。如其成员不给他送重礼（牛或货币）就借故抽走水田，然而当他们收了部落成员的重礼后，也就失去了对水田的调整权，对部落成员来说，他送了重礼，已换得了对水田的所有权，日后酋长无权再抽调。

部落酋长对水田也是十分器重的，他们也利用各种机会和条件，把较多较好的水田集中在自己手中。瑞丽县雷弄酋长占该部落总户的 3%，占有该部落水田总数的 19.2%；陇川县邦瓦酋长占总户的 0.74%，占有水田总数的 28.76%；潞西县（今芒市）弄丙酋长占总户的 1.54%，占有水田总数的 6.26%；弄丘酋长占总户的 2.56%，占有水田总面积的 33.4%；盈江县邦瓦酋长占总户数的 2.56%，占有水田总数的 10.17%。

水田除私有和买卖关系在日益加深外，经营方式也日益封建化。雷弄部落出租的水田占总数的 27.77%，陇川邦瓦占 11.79%，弄丙占 6.24%，弄丘占 35.14%，盈江邦瓦占 37.46%。从田租、债利、雇工、官工（劳役）、官谷（实物）这几项封建剥削看，瑞丽县雷弄占水旱谷年总产量的 8.54%，陇川县邦瓦占 10.65%，潞西县（今芒市）弄丙占 11.27%，弄丘占 36.99%，盈江邦瓦占 11.76%。据全国人大民委派出的云南民族调查组于 1956 年 12 月至 1957 年 6 月在潞西县（今芒市）的弄丙、弄丘，瑞丽县的雷弄，陇川县的邦瓦，盈江县邦瓦这五个景颇族聚居点的调查统计，当年有 665 箩种（每箩 30 市斤，播出秧苗可移栽水田 4 亩）的水田，旱地 652.8 箩种，水旱谷总产量为 49914.1 箩，其中水稻为 41920.5 箩。这五个点的水田面积，水稻产量已大大超过旱地产量而达总产量的 80% 以上。他们从旱地为主转到以水田为主了。虽然，这项水田统计数字中有一部分是建国后在党和政府的帮助下新开的，但扣除这部分之外，仍然是水田和水稻占着重要地位。就整个景颇族地区来说，水田面积比旱地面积少得多，但水稻产量已占水、旱稻产量的一半以上，反映出景颇人民的主要生活资料（粮食），有一半来自公有旱地，另一半来自私有水田，我们不能在水田与封建经济之间画等号，但在处于封建经济包围之中的景颇社会来说，它对衡量景颇族封建经济的发展程度无疑是一个重要标志。

（二）原始协作与换工互助并存的劳动组合形式

景颇族初进德宏州时，多是全村共同砍烧一片山岭，然后由酋长按户划分给各小家庭耕作，收获归己。一些耗工多的工序仍实行不计报酬的大协作"伙干"，称为"戛缩格罗"（载瓦语叫吾戈拢）。当时，各家各户耕种土地面积是由酋长按户平均划分，相互之间差距不大，不必计算各家各户使用多少劳动力，而是以共同完成属于同一部落或村社成员的耕作与收获任务为原则。自从部落成员获得自由选择耕地权之后，不仅劳动力多的人家可以多耕，劳动力少的人家也可以多耕，即使自己的劳动力不足，也可通过"吾戈拢"的方式得到补充。但这种不计报酬的大协作，必然形成一些人多占用另一些人的劳动，对于耕种土地少耗费劳力不多的人家来说是不公平的，与正在发展着的私有制是相矛盾的，于是换工互助应运而生。一般是甲方邀约过乙方几次"吾戈拢"，则在乙方需要时，甲方也参与乙方几次"吾戈拢"，甲方来了几个人，原则上乙方也去几个人，于是景颇人又称这种形式为"吾太拢"（换工）。当然换工标准仍受旧观念的影响，不论大人小孩，亦不论强劳力或半劳力都是一工换一工，因为每个人都有小的时候，年轻力壮和老的时候，小孩是会长大的。若到秋收完毕，相互间换工数出现不平衡，仅一两个工日即略去不计，要是有更多差额，用工多的户可向用工少的户支付一些谷物或货币作为补偿，于是雇工发展起来了。到20世纪50年代初，陇川县邦瓦地区雇工量占水、旱谷年总产量的6.17%，潞西（今芒市）弄丘占11.13%，弄丙占4.3%，盈江县邦瓦占4.58%，瑞丽县雷弄占4.23%。此外还有些景颇族群众住地距傣族村寨不远，傣族农忙需要劳动力时他们也受雇于傣族，以获得谷物或货币。不少村社和部落，耕种土地多的人家，常与酋长或筹备祭"能尚"牺牲的"纳颇"协商，愿意出一头牛或一头肥猪作祭"能尚"用，然后每户村社成员出一定劳力帮他劳动生产。这是雇工的一种特殊形式即工资统一支付作为祭祀公用而已。

固有的原始协作，在婚、丧、起房建屋等方面还比较浓厚，不论是谁家办事，一般都是全村社成员齐集帮助，如系建房有些人还要背些茅草、带些竹篾支援建房，主人家只招待饭食，从不计较谁家来了多少人将来还多少等，相反，如家里有劳动力不去帮忙，村社里的老年人会互相邀约到他家中质问为什么不去帮助。甚至还要罚酒一瓶供老人们饮。

（三）普遍使用先进生产工具

景颇族初进入德宏地区时，他们从事农业的耕作方式也是比较原始的，处在"无犁锄，唯以刀砍伐树"，"以竹签戳洞布种"水平。过了二百年后，到20世纪50年代时，景颇族使用的生产工具种类增加，形状基本相同，质量大大提高。据20世纪50年代中期统计，他们使用的工具有34种，其中铁制15种，木制8种，竹制6种，骨制1种，石制1种（石磨）。这些工具中竹木工具系自制，铁质农具如犁、锄、刀、斧等均从集市上向阿昌族、汉族、傣族等族的工匠那里购得，其质量、规格均与当地傣族、汉族、阿昌族使用的相同，要说有什么差别的话，那只是数量问题，即按人平均占有量低于其他民族而已。原有的小农具用铁皮包口的"灰作"（点种用的小手锄）和薅草用的铁制"科作"（载瓦语，汉语叫括子）除少数交通极为不便，经济发展水平比较低的部落还在使用外，多数地区已淘汰了，仅在原始宗教举行播种仪式中使用。另有一种骨器即用牛肩胛骨装上木柄制成，用以括牛粪、括土，这在20世纪50年代也难以见到。

（四）身上烙着封建印记的酋长

古代景颇族的部落酋长，他们有保护本部落辖区完整和部落成员不受侵犯，组织武装抵抗外侮，为部落成员复仇，调解内外纠纷等权利和义务。在生产领域里，每年春耕开始，他们要主持农业祭祀，然后带领部落成员集体去砍烧一片森林，并按部落所辖户数平均划分，每户一块，由各户播种、中耕、收获，谷物归己。同时也划出一块"拾瓦约"（公地），由部落成员共同播种、中耕管理，收获的谷物存放酋长家，用于祭祀部落神隻，青黄不接时救济孤老人家，或调解纠纷时招待饭食，接待土司署或其他过往人员，部落成员断炊时也可到酋长家吃几餐等。酋长们能无偿享受的主要是"宁贯"，即百姓猎获野兽及杀牛献鬼时向酋长贡纳一条后腿，此外没有更多的剥削。

近代景颇族已不再由部落或村社集体砍烧旱地，也不必每年给各户划分土地，仅有部分酋长仍保留着调整个别水田的权力。每年春耕之前，他们只要主持祭"能尚"就行了，祭过"能尚"之后，部落成员可自行破土播种。平日他们的主要职责是协调部落内外关系，调整部落成员间的纠纷。在这方面，他们虽然仍以本部落首领身份出现，但已丧失了原有公仆的基本品质，掺进许多封建德性。他们不再为纠纷双方及调解人员提供饭食，反要当事者双方备办伙食，部分酋长学着土司、国民党官僚接受贿赂，收取费用，名曰"开口费""柴禾费""打扫衙门钱""烟盘钱"等。部落成员缺粮去他家吃一两餐饭后，他就要安排活计让来吃饭的人做，不能白吃。生产中雇长短工、出租田地收租的就比较普遍了。

前面已经提及酋长们利用手中的权力集中了较多的水田，他们进而采用地主经济的雇工和出租等方式经营。瑞丽雷弄酋长年收入水、旱稻谷854.5箩，其中田租、债利收入355箩，占粮食总收入的41.5%；陇川邦瓦酋长年总收入稻谷1454.75箩，田租债利收入155.75箩，占总收入的10.7%；弄丙酋长年收入稻谷731.92箩，田租、债利收入213.32箩，占总收入的29.1%；弄丘酋长年收入稻谷1694箩，田租、债利、官谷（土地税）收入772箩，占总收入的45.55%；盈江邦瓦酋长年总收入稻谷903箩，田租、债利为186箩，占年总收入稻谷的20.5%。以上五个点的酋长的粮食总收入中，田租、债利这类封建式收入的比例平均为29.5%左右，如加上雇工和向周围其他民族勒索的"保头税"（主要为谷子、鸦片），则远远超过此数。陇川邦瓦酋长，1862年（同治元年）帮助嫡系土司家属杀死篡权者而受褒奖，土司从其辖区内拨出一些傣、汉村寨世世代代让他征收"官租"。仅这项收入，邦瓦酋长年可增加稻谷200箩，大烟420两，卢比（缅币）100文，约占年总收入的50%。加上田租、债利收入，靠封建领主、地主剥削方式取得的收入已占其总收入的60%以上。

同时，景颇族的许多部落辖区内，多有其他民族居民，其中主要是汉族。早在咸丰、同治年间，云南回民起义，腾冲、保山、永平乃至大理一带的一些汉族，纷纷迁往德宏山区，杜文秀起义失败后，有些返回原籍，有些便定居下来。有些在原籍没有田地的贫苦农民流落到边疆山区后，得到景颇族酋长的同意定居下来，渐而有亲友继续迁入而建立独立村寨；也有铁、木工匠和农业生产经验丰富者，部落酋长多欢迎他们到自己辖区内

云南文库·学术名家文丛

定居，因为他们能制造先进工具和有先进技术，对促进部落经济发展有积极作用，也可以给部落酋长们提供更多的财富。

部落酋长们对经济发展水平不同的民族，也采用不同的统治与剥削方式。"陇川县邦各（原属梁河县）酋长是把景颇族和汉族、傣族等其他各族劳动人民分别对待的，对景颇人，除了收祭鬼的牛腿、征兵和放高利贷外，别的不再征收负担，而对汉族、傣族和其他民族，特别是对邦各的汉族，则进行更残酷的剥削。"除田租、官租外，还征收鸦片、派劳役等。汉族劳动人民为了求生存，虽然多受一些剥削也只有忍受。有相当部分的酋长，依靠其部落的势力，对辖区周围的一些汉族、傣族、德昂族等民族村寨征收"保头谷"，有部分是因酋长对土司有功，土司同意的，更多的则是酋长利用自己的势力胁迫其他民族成员接受的。

随着景颇族社会内部政治经济的变化，原有的等级关系也发生了重大变化。百年前，景颇族人民公认的社会等级是三个：世袭贵族（包括当权者与非当权者）、百姓（自由民）、奴隶。景颇族的奴隶，多为酋长家蓄养，百姓等级中仅有个别原始宗教祭司蓄养。最多的二三十人。奴隶称酋长夫妇为父母，与其子女兄妹相称，酋长家人与奴隶共同劳动，属家长奴隶制。但进入德宏州后，奴隶来源受限制和易于逃跑，到共和国建立时已寥寥无几，只数人而已。原有的社会等级在强烈的封建政治经济的冲击下急剧衰落了。虽然这三个等级在现实生活中尚未完全消失，在人们观念中还普遍存在，但它的基础已受到极大的削弱，而新的社会等级在悄悄形成，景颇人已明显地感到他们的社会里已呈现出三个新的等级：都瓦（原意是主人，后演进为酋长，进而具有官家含义）、六疏（富裕人家）和木者（贫穷人家）。现实生活中也有把酋长、威望高的祭司和较大的村社头人称为"果敢"（大人），而自称"德热"（小人）的。据《景颇族社会历史调查》（三）的一些统计表，均按经济状况划分为"富裕户""中等户"和"贫困户"。在统计表中，酋长多为富裕户，而百姓中少数上升为富裕户，多数是中等户和贫困户。但在景颇社会中并非所有的酋长都是富裕户，也有相当一部分酋长是贫困者，少数则已成为富裕户的雇工。这些人作为酋长，有权向所辖百姓收取"宁贯"，叫"官工"，收"官谷"，但他贫困的经济地位，使他必须向富裕的酋长或百姓借高利贷，出卖劳动力来维持生活。他们既是特权者又是雇工，具有二重身份。其他有的则是特权者和富裕者，或是酋长兼地主、富农等。这个问题可参见《景颇族山官问题初论》(《民族学研究》第五辑)，该文作了较系统的论述。

四、结　语

马克思在研究人类社会历史发展时揭示了一条规律，当一种旧制度转变为新制度时，作为新制度来说必然带有母体（旧制度）的某些痕迹。近代的中国是从封建社会向殖民化发展的，但它尚未完全殖民地化，形成了半封建半殖民地的特性。而景颇族是从原始部落社会向封建社会过渡的，在其社会经济基础中，旱地公有，水田私有，水田面积虽然少于旱地，但水稻产量已超过旱地产量，相对来说各占一半，而在原始宗教、社会习尚、道德观念中原始因素有浓厚表现。景颇族从酋长到百姓，对于土地的经营、劳动组合方式，都是部落的和封建的并用。酋长的统治方式中也渗入了许多封建因素。旧的等级观念虽然仍在一定范围内发挥作用，而新的等级（封建性的）已明显地呈现出来等等。这些都说明中华人民共和国建立前的景颇族社会，一方面保留着原始部落社会的许多痕迹，另一方面也存在着封建领主、地主制的不少特征。如果仅就个别小区域来说，部落因素与封建因素之比可能是三七开、四六开或对半开，或者比例是倒过来的；若与"半殖民地半封建"的近代中国社会做些比较，中国有些城市资本主义发展快，帝国主义势力强，而有些地区则是封建势力强，还有些处于部落、奴隶、农奴等历史发展阶段的少数民族，但起主导作用的政权是封建的和殖民地的结合体，具有半封建半殖民地性质，参照这个结论去观察认识景颇族近代社会或许是有益的，因此我们认为用"半部落半封建"去反映近代景颇族的社会性质似乎更恰当些。我们也曾设想是否用"渗透着封建因素的部落社会""残存着浓厚原始社会因素的封建社会"去表述它，但从各方面看还是觉得用"半部落半封建"好一些。

（原载《云南社会科学》1992 年第 3 期）

“部落”释义补正

“部落”一词，《辞海》解释为：“原始社会的一种社会组织。由两个以上血缘相近的胞族或氏族构成。通常有自己的地域、名称、方言和宗教习俗，以及管理公共事务的机构……”①《政治经济学辞典》则作这样的解释：“原始社会中以血缘为基础的胞族或氏族的联合组织……两个相互通婚的氏族，便组成了早期的部落。”“氏族、胞族、部落代表着不同程度的血缘亲属关系。部落是氏族制度所能达到的最大界限”，“随着原始社会的解体，部落逐渐为以地缘关系结成的部族或民族所代替”②。

恩格斯在《家庭、私有制及国家的起源》中说过：“正如几个氏族组成一个胞族一样，几个胞族就古典形式来说则组成一个部落；而那些大大衰微的部落往往没有胞族这种中间环节。”③ 不可否认，这两部辞书“部落”条目的撰稿人是参照恩格斯的这个结论及他所归纳的印第安人部落的特点来阐释的，但笔者认为，仅依据这段话，便断定只有血缘部落一种形式，仅仅用血缘部落概括整个部落发展过程，这是不准确的，也没有完整地反映恩格斯关于“部落”的看法。为什么这样说呢？因为恩格斯在该书“雅典国家的产生”一节中又指出：“十个这样的单位，即德莫（自治区——引者注），构成一个部落，但这种部落和过去的血族部落不同，现在它被叫做地区部落。地区部落不仅是一种自治的政治组织；它选出一个菲拉尔赫即部落长，指挥骑兵；一个塔克色阿赫，指挥步兵；一个兵法家，统率在部落境内招募的全体军人。其次，它提供五艘配有船员和船长

① 辞海编辑委员会编：《辞海》，上海辞书出版社 1989 年版。
② 许涤新主编：《政治经济学辞典》，人民出版社 1980 年版。
③ 《马克思恩格斯选集》第四卷，人民出版社 1975 年版，第 86 – 87 页。

的战船；并且有阿提卡的一位英雄作为自己的守护神，英雄的名字也就是部落的名称"①。可是这个十分重要的论述，在两部辞书的条目中都没有受到应有的注意。

从以上两段引文中可以看到，恩格斯十分明确地指出，"部落"是包括"血缘部落（血族部落）"和"地缘部落（地区部落）"两个阶段的。恩格斯所阐明的这两类部落的观念，是在占有大量材料进行了科学的分析研究后得出的结论，是全面的、经典性的。近几十年学术界对我国各民族的调查研究所提供的大量资料说明，地缘部落是客观存在的，也是部落发展的一个历史阶段，它是在不同氏族、胞族、部落居民杂居，原来的血缘部落瓦解后形成的社会组织，但它还不具备国家形态，仍属部落范畴，而且是以地域为特征组成，故称地缘部落。由于两部辞书只阐述了"血缘部落"，只解释了部落的初级阶段，而对"地缘部落"也就是部落的高级阶段没有阐述，所以说它们没有全面反映恩格斯有关"部落"的论述，是不完整的。

与上述两部辞书有些差别的是《中国大百科全书·民族》卷。该书的"部落"条释文中有"部落一般由低级阶段发展到高级阶段，即从血缘部落向地缘部落发展。澳大利亚人的部落可能是部落发展中的最低阶段；而印第安易洛魁人的部落则正处在母系制兴盛时期；古希腊荷马时代的各部落已进入父系制阶段，并且部落内各氏族和胞族成员已经互相杂居，形成了地缘部落"。这里扼要地提及部落的发展历史，提到"地缘部落"，这是对的，但在开头总的解释中依然说部落是"原始时代的一种社会组织，由两个或两个以上血缘相近的胞族组成。有些部落由几个氏族组成，中间缺胞族这一环节"。因此，从总体上说，它依然没有完整地阐释"部落"的含义。

根据恩格斯的论述及几种辞书的比较，笔者的理解是：部落，分为"血缘部落"和"地缘部落"（或称为"血族部落"和"地区部落"）两个阶段，它是原始社会一定历史时期的产物。血缘部落，它通常是由两个以上血缘相近的胞族或直接由血缘相近的氏族构成，有自己的地域、名

①《马克思恩格斯选集》第四卷，人民出版社1975年版，第113－114页。

称、方言、宗教和习俗，以及管理公共事务的机构。地缘部落，是随着农业、手工业、商业之间的分工和私有制的发展，因各个氏族、胞族、部落成员相互杂居而形成的、由非血缘关系居民组成的自治区或村社。过去部落成员之间的平等关系，由于高利贷、土地买卖的产生和发展而被打破；财富占有不平等的现象日益加深，社会也不再用氏族、胞族划分成员，而是按"贵族""农民""手工业者"；"贵族""自由民（百姓）""家庭奴隶"或"贵族""富有者""贫困者"之类的等级来划分社会成员了。部落由部落酋长（多为世袭）统管政治和军事，此外还产生了不同形式的军事组织和军事首领等。

摩尔根在《古代社会》中曾记载处于母权制阶段的印第安易洛魁人各部落的情况。古代希腊荷马时代处于父权制阶段的各部落，其酋长称"巴赛勒斯"，享有祭司和审判的职能，对这两种部落，有的学者分别称之为"母系氏族部落"和"父系氏族部落"。此外，学术界尚有把主要依靠农业为生的部落称为"农业部落"，把主要依靠畜牧为生的部落称为"畜牧部落"的，等等。

以上仅就部落含义作了简要阐述，其内容可扩展也可简化，但要全面解释它，血缘、地缘这两种类型均应包含其中。

（原载《辞书研究》1992 年第 6 期）

景颇族山官问题初论

一、问题的提出

景颇族的山官，这是大家都很熟悉的名词。在群众的口语中，以及过去的一些调查资料和学术界的一些论文中，凡提及景颇族的头人时，都统称他们为"山官"；当涉及新中国成立前景颇族的社会性质问题时，也常用"山官制度"① 来表述。有的学者承认景颇族社会发展不平衡的客观实际，区别出部分景颇族在向地主经济转化，但在主要之点上，他们仍然认为新中国成立前景颇族的社会是"土地的村社公有制向山官所有制发展"②。这就把新中国成立前景颇族的土地所有制（就其主要部分而言）归结为"山官所有制"，并进一步泛称景颇族的社会制度为"山官制度"等。

把景颇族的土地所有制称为"山官所有制"，从表面看似乎有一定道理，因为早期的山官作为村社的头人或部落酋长，有权同意或拒绝新成员迁入，代表村社给新来户一份水田。这部分田的来源多是迁出户或绝嗣户的遗产，抑或是辖区内的无主荒田，也有从田多的人家份内抽出部分给予的。当村社成员要典当或出卖水田时，有的山官也会出来干涉说，"不能

---

① 全国人民代表大会民族委员会办公室编：《德宏傣族景颇族自治州概况·景颇族调查材料之五》，德宏民族出版社 1986 年版，第 62 页。

② 方岳，朱华：《新中国成立前景颇族的社会经济形态》，云南《学术研究》创刊号，第 25 页；并参见朱家桢《景颇族农村公社土地制度的历史考察》，《历史研究》1963年第 6 期。

卖吃我的田"（"卖吃"为云南方言，意为"卖掉"）等。但如果村社较大，山官之下有"寨头"时，山官在划拨土地之前需与寨头协商。因此山官在处理迁出、迁入户土地等问题时，可说是在行使村社赋予他的权力，并非土地属山官所有。关于这个问题，就是持"山官所有制"观点的学者们，也认为山官有权支配的这些公田，"不论在事实上和观念上，都有别于山官自有的私田，它尚未转化为山官的私产"①。因此，把作为村社头人的山官对村社土地的管理权归结为"山官所有制"，是难以成立的。至于在地主经济比较发达的地区，山官利用调拨水田的权力把较多的水田、好田集中于自己手中，进行佣工或租佃剥削，或向新来户勒索重礼（牛、猪、一定数量的货币）后再分给水田，甚至盗卖村社公有水田等，则是另外的问题了。

景颇族迁入德宏州后，其社会经济有很大变化，山官的情况也如此。到新中国成立前夕，他们当中有的政治地位高，辖区大，百姓多，剥削量大，家庭富有；有的则辖区小，政治地位低，生活贫困。他们之间的政治、经济地位悬殊，同样是山官，有的是国民党的国大代表，有的则是地主、富农的长工。在阶级社会里，官僚地主和帮工是不能纳入同一个阶级范畴的，因此笼统地称他们为"山官"，便不能区别他们各自的阶级属性。至于由此而引申出来的"山官土地所有制"和"山官制度"，那就更不容易使人清晰地了解它与人类历史发展的哪个阶段相适应了。

二、"山官"一词的起源与景颇族进入 德宏山区初期的社会特点

据调查资料和文献记载，景颇族定居德宏州境仅有二百五十年至三百年的历史。就目前所知，瑞丽县雷弄寨勒蚌家是该地区迁入最早的，世系传至十一代。其迁入时间，当于清康熙二十五年（1686 年）左右。陇川土司家谱记载："山头（景颇族）甲子年（1684 年）入陇。"盖雪山官账

---

① 朱家桢：《景颇族农村公社土地制度的历史考察》，《历史研究》1963 年第 6 期。

目中有清乾隆五十六年（1791 年）曾向邦瓦第二代山官功陆借银一两四钱的汉、傣文并书借据。这说明邦瓦第一代山官应当是 18 世纪中期进入邦瓦的。此外潞西（今芒市）、盈江等县景颇族山官的世系也是十一二代。因此，德宏州境内的景颇族是近三百年来迁入的一个民族。

　　当景颇族进入德宏州时，坝区住的是傣族，半山区住的是德昂族。景颇族原住地气候寒冷，不适应坝区的湿热气候，定居的村落均选择和建立在气候温凉的山岭上。和他们比较接近的汉族，依据其居住山头的特点，称他们为"山头族"；对他们的世袭头人（酋长）则称"山官"，具有"山头人的官"的含义。新中国成立前的一些史书也使用"山头族""山官"（山头官）这些名称，如旧云南省民政厅发行的《云南全省边民分布册》就把景颇族称为"山头族"。由此可知，山官是一个形象的俗称，是对"住居山头民族的官"这种现象的表述，并不是景颇社会某一发展阶段的专有名词。新中国成立后，根据党的民族政策和本民族的意愿，废除"山头"名称，改为"景颇"，但由"山头"派生出来的"山官"沿用下来，没有随之消失。以致有些材料和文章又进一步把景颇族的社会制度引申为"山官制度"和"山官所有制"等等。这或许是人们的意识落后于存在的缘故。其实"山官"一词，在今日的语言中，只不过和"汉官"这类词的含义相同。"汉官"是汉族的官，不论是汉、唐、明、清的皇帝委派，也不论是国民党委派，都是"汉官"。这个名词本身区别不了他们是封建制度下的官吏还是半殖民地半封建性质的官吏。因此，"山官"这个词不是表述景颇族社会发展所处特定历史阶段的准确名词。

　　景颇族在进入德宏山区时，多数是三五户，七八户或一二十户自由民自愿组合起来，找到适当地方就建立村落定居下来的。这些由自由民组合建立的村寨，不再是血缘关系的，但不同姓氏间往往有婚姻关系。初期的村寨，人户较少，以后随着迁入人户的增加及自然增长的原因，村寨随之扩大。这时往往由原来的世袭贵族派其后裔去管理村寨，或由百姓们推选出代表，带上些礼物，去接一个有贵族血统的人来当头人（官）。这就是人们常说的"先有百姓后有官"。也有另外一种情况，由于景颇族习惯上实行幼子继承制，世袭头人的长子和次子们没有承袭头人的权利，但有能力者，往往纠集一些百姓（自由民），带领他们去寻找新的住地，建立新的村寨，他们即成为当然的头人。

这种自由民和世袭头人组成的村寨有以下一些特点。

一是村寨范围内的土地、牧场、森林公有，每个成员都有平等的使用权，可根据实际需要去"号"地和开垦耕种，经过种植后抛荒的土地复归公有。个体小家庭除房屋、牲畜、农具、籽种及各种家庭用具、衣物私有，屋基地和园地可以长期使用外，没有土地所有权。

二是从事旱地农业、生产中已使用铁制工具，但数量很少，普遍使用竹、木制的尖嘴小手锄（载瓦语称为"科作"）从事耕作。生产技术落后，都是"砍倒烧光"，不犁不锄，仅以竹、木制的尖嘴小手锄在灰烬上挖穴点种，方法是妇女身背籽种箩，右手持小手锄挖穴，左手下种，男子在后用竹制"扫帚"扫土盖种。中耕一般是拔一次草，然后就等待收获。这时开垦的是原始森林，表土肥沃，耗费劳力不多，可是产量并不低，一般是籽种的六十到八十倍，高的为一百多倍。

三是劳动组织上盛行的是原始的互助协作方式，载瓦语称之为"吾戈拢"，即是不计报酬的协作。村寨成员之间，包括世袭头人在内，当他"号"定了土地之后，根据生产季节的需要，可以选定日期，准备好酒和饭菜，邀约村寨成员来帮自己砍地、烧地、薅草、收获等，其他成员需要吾戈拢时，自己必须同样去参加。这种相互进行的吾戈拢，并不计算劳动量是否相等，而是以完成各家的农活为原则。

四是百姓与世袭头人之间已显示出了深深的鸿沟。当山官（酋长）者，必须具有山官的血统，有的百姓虽然很有才能，但不能当头人，因为他不是"官种"。所谓"南瓜不能当肉，百姓不能当官"，就是这种现实的概括表述。虽然如此，百姓也有一定的自由迁徙的权利，迁到另外的村寨时，可以带走自家的牲畜、农具等。但一旦迁离，即丧失对原村寨的土地使用权；加入新的村寨之后，同样能取得对新村寨公有土地的使用权利。这时的山官（酋长）同样是劳动者，对百姓似乎还谈不上经济剥削，而只有轻微的特权剥削，如百姓猎获野兽，要给头人送一条后腿，称为"宁贯"。此外，百姓每年出几天工，共同耕种一块地，收获的粮食存放于头人家，作为祭祀社神（当地汉语称"官庙"）及解决群众生产、生活中的困难用。同时，头人有解决村寨内外纠纷，收养孤儿及保护村社成员的义务。如本村社成员被其他村社成员杀害，头人要组织本村社成员为死者复仇。群众生活困难，头人要帮助一两箩谷子（每箩 30 斤），困难的群众也可以去头人家白吃几天。如果因天灾，粮食歉收，百姓缺口粮，头人要去其他地区借粮帮助百姓度荒，叫做"帮助百姓过日子"。百姓生病，经董萨（巫师）打卦后，如要杀牲献鬼，百姓家中无牛、猪时，只要头人家有，可借用，无利息，无限期，待有了时再还。

以上几个特点说明，景颇族初进入德宏地区时的村寨是由不同姓氏的自由民和世袭头人组成。自由民的生活用品、生产工具，牛、猪等私有，土地则是公有的。每个村落（有的是几个村落）是一个整体，有共同的社神，具有原始社会最后阶段，即农村公社（农业公社）的基本特征。因此，这时的山官，具有农村公社世袭酋长的性质。

三、新中国成立前山官的不同类型

前面已经谈到景颇族初进入德宏山区时的社会与山官的性质。这已是两百年前的情况了。景颇族在德宏山区定居后，就和周围的傣族、汉族、德昂族、阿昌族这些政治经济比较发展的民族密切交往。在接触交往过程中，曾直接间接地受到这些民族的影响，从这些民族中得到先进的铁制生产工具和水田的耕作技术。在政治上，他们多数与傣族土司关系密切，隶属于土司，但在经济生活方面汉族地主经济对景颇族的影响更为深刻，特别在交通沿线是如此。内地的商人和手工业者常往来于景颇族地区。他们中的一些人与景颇族妇女结婚而融合于景颇族中。有些手工业者经常到景颇族地区打制和维修生产工具，有的村社头人对这类技术工匠常给以较好的待遇，留下他们在景颇族村寨定居。还有些内地的贫苦农民，在内地丧失土地之后流徙于边疆，在交通沿线定居或取得景颇族某些村社头人的同意而留住其辖区。这些人把封建地主经济的生产关系带进来，于是高利贷，土地的典当、买卖随之而来，促使景颇族的村社迅速向封建地主经济过渡。在这个变化过程中，景颇族村社头人的变化更为迅速和显著，并出现了一些富有的、封建化的头人。据说，百余年前，梁河就有这样的说法："盆都韦家的银子，邦角官家的牌子，罗朗官家的烟包，木寨官家的谷子，俄穷官家的瓦房。"并说："盆都官家的银子，买得起腾越州，盆都官家，因帮腾冲商人运货，养有五六十匹骡马，收入可观，银子无地方放，便用皮口袋装好后堆码起来。韦家的这些银子直到杜文秀起义时才在战乱过程中散失掉。"社会上流传的这些说法，未免过于夸张，但有些景颇族的村寨头人在百余年前就已变成相当富有的剥削者，这应是事实。其次，和傣族领主经济接壤地区则受傣族的影响较多。这类地区主要是边疆各坝区边沿地带，傣族土司政治势力可直接渗入的地区。而景颇族居住的中心区，地主、领主经济势力进入的少而且时间也较晚，是本民族原始农村公社残余较多的地区。到近代，资本主义因素也开始渗入景颇族社会中。上述各种原因促成了景颇族社会发展相当不平衡，在他们的社会经济中也包含有多种经济因素。这就带来了与这种多成分的经济基础相适应的上层建筑，也不可避免地具有多种形式，因而山官的性质也就各不相同了。

据考察，以山官的政治、经济情况分析，大体有以下四种类型。

（一）残存农村公社特点较多的类型

这种类型可以瑞丽县的雷弄山官为代表，该山官下属三个景颇族小寨，64 户，324 人；2 个傣族保头寨，15 户，59 人。

雷弄，地处瑞丽县境的低山边沿。这里原是德昂族住居，属缓坡地，开有较多的水田。德昂族迁离后，景颇族来建寨并继承了这些水田，因此，这里的耕地95%是水田。水田是固定耕地，村社成员只要不脱离村社即可长期占有使用，世代继承，并出现了出租、典当事例，但还未出现买卖事件。迁离户和绝嗣户的水田、屋基地、竹棚等可转交直系亲属（父母、兄弟、儿子、招赘女儿）经营，无直系亲属的归还村社，由山官掌握。有新来户时，山官要无代价地分给他们一份水田。多余的公有水田，山官可以把它出租，租谷由山官支配；作公益支出后，剩余的则归山官所有。这里的租佃、雇工已成定制，但在整个社会经济中所占的比重较小。

雷弄山官占有水田 19 箩种（每箩 4 亩，合 76 亩），自己经营 6 箩（24 亩）。全家有 3 个劳动力，雇季工 3 个及每户出 3 个白工，年收入近

500 箩，折合 15000 斤。出租 13 箩（52 亩），租谷 205 箩，折合 6150 斤。债利收入 130 箩，折合 3900 斤。全年地租和债利收入已占总收入的 43.5%。此外还有一些雇工及特权剥削，剥削量已占相当比重。但该山官的收入中应扣除一些公益支出，如祭官庙，帮助解决群众生活困难，收养孤儿，这些都要支出相当部分。山官在处理村社事务上也比较民主，一般都邀集苏温（寨头，家族代表）和寨内老人参加商讨，不专断。特别在抚养孤儿这个问题上，村社成员甚为钦佩。这反映出作为村社领导的山官在经济上、政治上和思想上仍然与群众保持着比较密切的关系。因此，1957年当他赴昆明参观返回时，村社成员听到消息后，就带着酒连夜下山迎接，到家后稍有不适，群众常往探望。这种密切关系说明，这里的山官在一定程度上仍保持了村社公众领袖的遗风。

（二）具有封建地主、领主特征的类型

这种类型中又有几种不同的情况。下面把具有代表性的梁河邦角山官，陇川邦瓦山官、潞西（今芒市）弄丘山官的政治经济情况分别作些考察。

1. 相当于官僚地主的梁河邦角山官

邦角山官的祖先于 19 世纪初进入邦角任世袭酋长（山官），那时仅有 3 箩种（12 亩）水田。但这里是中、缅商业通道，为保障商道畅通，清朝地方官吏和腾冲等地的一些大商人，需要他来保护往来客商，因而大力加以扶持。同时，邦角的历代山官们，也充分利用了地方官吏内部、地方官吏与傣族土司的矛盾，发展自己的政治、经济、军事实力。到国民党时，还为该山官建立了统治各族人民的衙门，并给他当上伪国大代表、"保商队长"等职。其势力在民国初年最强盛，辖区扩大到 48 寨，居民 2300 多户。到解放时略有缩小，但仍有 39 寨，1700 多户，9350 多人。19 世纪末到 20 世纪初，他家的经济收入中，地租已占绝对优势。新中国成立时，他家有 32 个成员，男 14，女 18。当权山官有妻妾 4 人（有本民族的和汉族的）。家庭成员不从事劳动，养有长工、童工 12 人，长工经营旱地，种包谷、大烟，童工放牛养马及给他的妻妾、女儿、儿媳当丫头。此外，他

家里常有一二十人投靠的保镖、无业游民和国民党的散兵游勇之类。这些人只要投靠其门下，一律给饭吃，给大烟抽。新中国成立后从他家中收缴出六〇炮一门，炮弹 35 发，炸药 3 包，重机枪 1 挺，战防机枪 1 挺，轻机枪 2 挺，卡宾枪 1 支，步枪 12 支，冲锋枪 2 支，各类子弹 5740 余发。此外还有一些指挥刀、刺刀、望远镜、雷管、土炮等军用物资。

该山官新中国成立时的经济收入情况如下。

田租：出租水田 189 箩，收租谷 2300 箩，折合 99000 余斤。

官租：本辖区内种水田户（不包括佃耕部分），每箩种向山官交 4 箩谷的负担。这种官租，从表面看，似乎是领主经济下的实物地租，但它仅具其形式，因为水田可以由田主自由买卖，仅保留种田出负担的躯壳，在某种情况下它已具有粮食税的性质。

官烟：新中国成立前，居住其辖区内的汉族，多种大烟，山官即按每把锄头（即每个劳动力）15 两征收。全年收入 1200 多两大烟，其价值可买谷子 1800 箩，合 54000 多斤。

保头税：是对间接统治区人民的剥削。这类地区本不属他管，但地域上接近其辖区，他势力大，以"保护"这些村寨的百姓为名，每户征收稻谷 2 箩，半户（鳏夫、寡妇）收谷 1 箩，全年收入 150 箩，折合 4500 斤。

劳役：每年向本村寨派白工 400 余个，折谷 5000 多斤。

保商款：邦角山官辖区处于交通孔道，而且有相当实力，因此国民党腾冲县政府委任他为"抚夷"，腾冲商会委他为"保商队长"。他每年向商会领取银洋 1440 元，另外还在二台坡设岗，向过往客商收捐，每年的路捐收入也有 2000～3000 元大洋。

在经济上，邦角山官占有相当多的生产资料，主要是水田，仅出租的就有 750 多亩，地租收入占各项收入的首位。在政治上，邦角山官统治和剥削景颇族、汉族、傣族、傈僳族等族人民，全家过着寄生生活。虽然在他的经济收入中还保留着"官工""官谷"这些劳役和实物负担形式，但已不是原来意义上的"官谷""官工"了，而且这部分收入，在其家庭的总收入中仅占次要地位。所以，可以说他和其辖区内各族人民的关系，主要是地主与农民的关系。同时，邦角山官与国民党、傣族土司关系密切，当了国民党的官，购置了相当数量的武器，用以镇压人民，以维护其统治权益。这些又给他增添了小官僚的色彩，因此这类山官已具有官僚地主性质，或者说相当于官僚地主了。

2. 和傣族土司近似的邦瓦山官

陇川县的邦瓦山官，在其高祖时，1862 年（同治元年）陇川土司衙门内部争袭爵位，土司多蔚桢之妻线氏，依靠部分属官及借助邦瓦山官的力量，杀死其弟多葆桢。事前，线氏与邦瓦山官协议事成后给予重赏，并说："陇川土司的领地有簸箕大，邦瓦山官的辖区就可以有筛子大；土司骑骡子，山官就可以骑马。"邦瓦山官有功，线氏酬谢纹银 200 两，大锣 1 对，布帛 15 匹，鞍马全套，并划出一些傣族村寨让邦瓦山官去征收官租（赋税），免去邦瓦山官对土司衙门的负担，因此邦瓦山官的势力得到迅速发展。以后的几代山官，继续扩张地盘，把附近的一些中小山官置于自己的权力之下，对不愿服从他的那些弱小的村社头人加以排挤，以至直接杀害，并吞其辖区和百姓。解放时，他直接统治 40 个村寨，下属 7 个中小山官和 31 个寨头，加上陇川土司和户撒土司划给的一些官租（负担）寨，他有权在 202 个寨子征收负税。他每年从景颇族、傣族、汉族那里以官谷、官工、门户钱、官烟等名义剥削到的实物和货币相当于 70000 多斤稻谷。

除上述收入外，邦瓦山官拥有水田 108 亩，旱地 34 亩，大烟地 14 亩，包谷地 10 亩；水牛、黄牛共 37 头，骡马 8 匹。本人及家属都不劳动，田地全靠雇长工 9 个及短工 400 多个劳动日去耕作。年收入稻谷约 30000 余斤。另外还有一些杂派及高利贷收入。

邦瓦山官依靠官租、门户钱、雇工、保头税等项剥削，年收入相当于 10000 斤左右的稻谷。

这里还需提及的是，邦瓦山官统治区内的水田已属私有，土地所有者可以出租、典当、买卖，致使水田逐渐集中于地主、富农之手。旱地也有部分为私人长期占有使用，虽然还有部分旱地属于公有，但原开垦者抛荒后，他人要使用时，需征得原开垦者的同意。从这里的生产资料所有制形式看，封建地主经济已占主导地位。但从山官的经济收入中，雇工经营土地的收入仅占总收入的三分之一，官租的比重较大，又保留了较多的领主剥削形式。这与其土地所有制不甚协调，可能是由于邦瓦山官参与了陇川土司内争后，得到土司酬赏的结果。因此，这种地主经济的土地关系和山官的领主性质相结合，或许是由于汉族的地主经济和傣族的政治关系，共同促成的一种特殊形式。

3. 具有一般地主经济特征的弄丘山官

潞西县（今芒市）东山弄丘山官，新中国成立前，势力所及的有8寨，有百姓176户。山官住居的弄丘寨，共有景颇族39户，有水田97箩，合380亩，山官一户占有130多亩，占全寨水田总数的35%；还有水牛3头，黄牛12头，马6匹。水田自己经营12箩（48亩），主要靠雇长工5个，及官工约700个劳动日来耕作，收入稻谷约600箩。其余80多亩出租，每年收入田租约400箩，这两项共收入稻谷1000多箩，合30000多斤。

此外还有官谷。凡有田者，按拥有水田面积计算，每箩面积纳官租10箩，每年征收官谷770多箩，上交给遮放傣族土司200箩左右，其余500多箩，约15000余斤被据为己有。

在弄丘山官辖区，百姓迁入要给山官送一头牛或相当数量的钱，山官才划拨给一箩或半箩水田。不送牛或钱的只能种旱地，没有种水田的权利。即使是自己付出了劳动代价去开出的水田，山官也会采取没收的方式据为己有。

弄丘附近，汉族较多，高利贷，土地典当、抵押、买卖产生得比较早。这里的水田可以出售给任何人，但买主要送给山官一头牛，不然就无法成交。这里土地买卖关系比较频繁，而且多数发生在汉族与景颇族之间。从整个生产关系看，地主与农民的关系已居首位了。

山官还有些特权剥削，如规定德昂族无代价地帮他打谷子，平均每户要负担15－20个劳动日；汉族除全寨每年交官烟50两外，要帮助他把谷子全部驮运回家；过年过节时要送酒肉；如遇官家有婚、丧大事，辖区内的每个村寨都要共同送一头牛，甚至汉族家有婚丧事，山官也要勒索一些礼物；种有山官划拨给水田的户，办事要送一头牛，水田属自己购买的要交卢比（缅币）10文，无田户也要交2文。

这些情况说明，弄丘地区地主经济的土地关系已占主导地位。山官对新来户要收牛、钱后才拨给一点水田，数量越往后越少，这实际上是在拍卖水田。由于农民是用牛或钱买得了耕种权，山官收了牛、钱之后，对这部分土地就失去抽调的权利。总的说来，这里山官的经济状况具有地主经济的实质，并有一些领主的特权剥削形式，而原始农村公社的特点，在三四代以前还有一些，而到新中国成立时已丧失殆尽。

以上3户山官虽各有特点，但就其土地所有制及土地买卖、租佃情况看，地主经济已占主导地位，同时也有一些领主经济成分，而原有的农村公社的特征，仅是残余形式了。

（三）具有富农经济特征的类型

潞西县（今芒市）瓮角山官管14个寨子，248户，其中汉族132户傈僳族66户，景颇族50户。

山官全家8口人，有3个劳动力，山官本人参加部分劳动占有水田10箩，合40亩，其中32亩新中国成立前曾典当给汉族地主，新中国成立后收回自己经营24亩，收入180箩，合5400斤；出租16亩，收租1500多斤。此外每年种2~3箩旱地，经济作物有茶树6000株，咖啡30株。年收入茶叶100矼，合400斤；咖啡10余矼，合40多斤。每人平均收入100元以上。特权剥削，除对本辖区内的成员有吃宁贯的权利外，每年可收官谷120箩，官工150多个劳动日。

这类型山官，占有一定数量的生产资料，家庭成员参加主要劳动，本人也参加部分劳动，以劳动收入为主，剥削收入也占相当比重，家庭生活较一般人富裕，具有富农经济特征。

（四）山官具有劳动者和特权者双重身份的类型

在这一大类型中，又有以下几种情况。

1. 具有中农生活水平的帕欠山官

潞西县（今芒市）石板乡帕欠山官，辖景颇族14户，汉族13户，德昂族5户，有2个保头寨，50户。

山官家10口人，全劳动力4个，半劳动力2个，当权山官参加劳动。

有水田 7 箩半，合 30 亩，自耕 12 亩，产量 250 箩，约 7500 斤；还有些旱地，收入包谷 3 箩，大烟 30 两，豆子 10 余斤。出租水田 18 亩，收租谷 115 箩，合 3450 多斤。此外，德昂族每户出官谷 2 箩，汉族和两个保头寨内的百姓，每户出大烟 3 两，约 190 两。

该山官全家劳动，家庭经济中自己劳动收入占主要地位，有特权收入但不多，还有一些公益支出，实际上只有中等人家的生活水平。

2. 相当于贫苦农民的巩令山官

潞西县（今芒市）巩令山官辖区有百姓 80 户，其中汉族 4 户。山官全家 9 人，6 个半劳动力，本人参加劳动。生产资料有水田 4 箩种（16 亩），典出 2 箩，自耕 2 箩，产稻谷 80 箩，约 2400 斤。另外种 2 箩旱地收入 40 箩，包谷 10 箩，大烟 10 两，豆子 3 箩，租用耕牛 1 头，付租 10 箩。山官也有一些特权收入：每户每年派工 3 个，全年约 240 个劳动日；百姓杀牛祭鬼或猎获野兽时交一兽腿；过年时，汉族每户送酒两碗，肉一斤半至二斤，粑粑 2 个。这些收入由山官家和 3 个寨头 4 家均分。但从总的收支情况考察，收入不足以维持生活，常向谷洞山官借债付息。

3. 相当于雇农的户孔山官

瑞丽县户孔山官，仅有几户百姓，特权收入只有二两五钱大烟，缺乏必要的生产资料，生活困难，只好去给其他山官当长工来维持生活。

这类山官，由于生产资料逐渐丧失，有特权收入，为数甚微，本人参加主要劳动，但每年收入不够支出，还要出卖部分劳动力或靠采集野果、野菜出售来弥补不足，甚至像户孔山官则主要靠出卖劳动力来维持生活。这类山官的经济地位实属贫苦农民。

前面我们就被统称为山官这些人家的不同情况分为四种类型作了考察。这些类型的划分不一定确切，但景颇族的村社领袖们，在经过二百多年的发展变化之后，他们各自的政治、经济情况差别甚巨，则大致如此。据新中国成立初潞西县遮放区（今芒市遮放镇）东山、西山 33 个寨子，23 个山官的调查统计，他们的政治经济情况可分为四类：一是辖区较大，占有较多的水田和耕牛，全家不劳动，大部分水田出租，收取地租，少部分则雇长工（个别还养家奴）、短工经营部分水田和少量旱地，过着不劳而食的生活，这类相当于地主的山官有 5 户，占 21.7% 。二是家庭成员参加劳动，山官也参加部分劳动，同时出租土地，放高利贷，有部分保头村寨，也有一些特权收入；家庭生活富裕，相当于富农的有三户，占 13% 。三是占有生产资料不多，辖区较小，特权收入有限，主要靠自己劳动维持生活的 3 户，占 13% 。四是辖区很小（最多的 24 户，少的仅 1 户），无保头区，特权收入很少，往往缺乏水田和耕牛，他们都从事农业劳动，生产生活上都存在一定困难，有的还要出卖一部分劳动力才能维持生活，在一些情况下，他们还要听从大山官的指挥，这种类型有 12 户，占 52.3% 。又据瑞丽县 16 个当权山官的考察，相当于地主的 5 户，占 31% ；相当于富农的 3 户，占 19% ；相当于中农的 3 户，占 19% ；相当于贫农的 4 户，占 25% ；相当于雇农的 1 户，占 6% 。

以上材料说明，现今称为山官者，在早期具有世袭村社酋长的性质；经过 200 余年的发展变化之后，由于封建地主和领主经济的渗入，使他们的政治、经济有很大差别，客观上已成为不同的阶级。这些特点从全州或一个县的材料里都能反映出来。

四、山官性质探讨

根据前面的材料及论述，归纳其要点于下。

一是新中国成立前夕的景颇族山官，其政治、经济地位差别甚大，大山官能统治几千户，中等山官还能统辖一二百户，而小山官仅有百姓二三十户，有的少到四五户。山官，从传统观念说，都应当是独立的，互不隶属，但事实上中小山官在政治上是受附近大山官左右的。势力强的山官常把敌对山官赶跑或杀死，并吞其辖区及百姓。对那些势力弱小，但并不持敌对态度的小山官，大山官往往采取在其辖区内委派寨头，名为协助山官，实际是安排亲信，并逐步把小山官纳于自己权力之下。有些小山官对大山官还有贡纳，有的是分封出去的小山官在过年过节期间，向山官老家送礼，更多的是政治上的隶属而带来的负担。主要形式仍然是在过年过节及大山官家有婚丧事务或举行目瑙（纵歌）时，小山官要送牛、酒等礼物给大山官。因此，景颇山官不仅与傣族土司之间存在封建等级关系，而且在一部分大小山官之间也明显地表现出隶属关系。

二是同样被称为山官的人，其经济地位悬殊，而且经济来源的形式也各不相同。随着水田的私有，并可以出租、典当、抵押和买卖，部分山官利用特权集中了较多的水田和其他生产资料，进行剥削；也有不少在这个变化过程中丧失水田及其他生产资料而日趋贫困。原来的百姓中也有少部分集中了较多的水田等生产资料上升为剥削者。潞西县（今芒市）青龙乡的4户地主中，有一户系山官，2户为寨头，1户是百姓；7户富农中有五户是百姓。这说明景颇族社会过去按血统划分为世袭贵族、百姓和奴隶的农村公社中，逐渐渗进了封建地主和领主的经济成分，并在景颇族社会中形成了相当于地主、富农、中农、贫雇农这样一些阶层。因此有的山官是地主、富农，而有的山官则是贫、雇农。

三是世袭村社酋长（山官），他们的政治经济地位已出现极大的差别，但作为他们必须具有官的血统这一点又是一致的；即使很少特权，如户孔山官仅有二两五钱大烟的收入，但它依然是特权。所以说世袭的躯壳依然存在着。

鉴于以上情况，新中国成立前在景颇族山官身上，同时体现着民族、世袭贵族和封建等级关系这样三重性质。因此在考察新中国成立前山官的实质时，必须从他们各自所处的不同的经济、政治地位及民族身份去分析，即从民族、血统、阶级这几个方面综合衡量之。如第一类型的雷弄山官属"有一定剥削的村社世袭领袖"，或称"有一定剥削的头人"。第二类型的梁河邦角、陇川邦瓦、潞西（今芒市）弄丘山官，可以说他们具有"头人兼地主"的身份。第三类型的瓮角山官，具有"头人兼富农"的性质，或称为"富裕的民族头人"。第四类型的山官则是"村社头人兼劳动者"。若考虑历史习惯，也可以用"山官兼地主""富裕山官""劳动山官"等去加以区别，而笼统称之为"山官制度""山官所有制"，是不妥的。

（原载中国民族学研究会编《民族学研究》第五辑，民族出版社1983年版）

试论景颇族历史上的家长奴隶制

奴隶，景颇语称"木样"，载瓦语称"准"，在景颇族社会中是一个人身全由主人支配，社会地位最低下的等级。从德宏州各县的调查材料看，新中国成立前景颇族社会的发展已很不平衡，并具有多种经济成分，封建经济已占相当比重，但仍明显地残存着"官种"（即世袭贵族，其中又分为当权者与非当权者）、"百姓"（自由民）和"奴隶"三个等级。奴隶的数量虽然不多，但未完全消失。

据 1956 年调查，从 391 户，1921 人的统计看，仅有奴隶 5 人，占总人口的千分之二点六。[①] 但如果往前追溯，在景颇族的历史上，世袭头人蓄养奴隶的数量就比较多。盈江、盏西一带的景颇族普遍传说，在 19 世纪初至 19 世纪中叶，盈江支丹山、昔董、铜壁关一带的景颇族中，世袭村社首领蓄奴不少，有多达四五十人或二三十人的。据"斋瓦"（景颇族"董萨"——祭司中地位最高者）沙万福谈，乌帕官家早陇（距新中国成立 70～100 年）蓄奴 30 余人，其子巩札时少了一些。腾腊碘山官早端，与巩札同时代人，也养有 20 多个奴隶。到新中国成立前夕新娃利到乌帕寨当官时，仍有奴隶 10 余人。沙万福祖上并非官家，因是念鬼祭司，几代前也曾蓄养过奴隶，最多时达 20 人。群众回忆，新中国成立前四五十年内，支丹山一带还有奴隶 51 人，其中属"董萨"及经济条件较好的百姓蓄养的为 25 人，占 50%。据粗略估计，这部分地区（不是全部）奴隶最多时可能达到总人口的百分之四五。因此，在景颇族历史上（19 世纪初

---

① 全国人民代表大会民族委员会办公室编：《云南省德宏傣族景颇族自治州社会概况·景颇族调查材料之四》，第 156 页。

至中叶），曾经存在过有一定数量的奴隶等级，进入 19 世纪下半期则迅速走向衰落，到新新中国成立时已经很少了，可是它仍保留在人们的记忆及传说中。

既然奴隶在部分景颇族地区已经是一个有相当人口的等级，那么就存在一个问题，即这些奴隶是属家长奴隶制下的奴隶，抑或是奴隶占有制下的奴隶呢？这在学术界仍是一个有争议的问题，但已往的论述，对景颇族奴隶状况的史料，缺乏系统搜集和整理，因此分析较多，而依据不足。本文拟根据调查所得及文献记载，对景颇族社会中奴隶的来源、社会地位、生产生活状况作些探索，并对景颇族奴隶所处的历史发展阶段作进一步考察。

一、景颇族奴隶的取得方式及用途

景颇族的奴隶来源于景颇族、汉族、傈僳族、傣族等民族，其取得方式不尽一致，大体有以下几种：

一是有钱有势的官家（世袭贵族），用钱收买个别百姓去其他地区掠夺，拐骗幼童卖给官家，官家给一头牛或一定数量的钱作报酬。史书记载说："不肖土目，唆使抢劫。"商人运货入其境，如没有取得保家，"不惟全没其货，人且为奴，或卖之他处……"①。另外是贫困人家将子女卖给官家为奴。盈江县邦瓦排勒札养有一女奴，名叫雷木兰，因父母双亡后，被舅父以一条牛的代价卖出。盈江盏西曼胆寨一汉族，因生活困难，将一小女儿以 2 箩谷子（每箩 30 斤）卖给景颇族张麻弄家，解放时已 10 余岁。

二是抵债奴隶。景颇族地区，历史上"拉事"、仇杀较频繁，常有人命案发生，有人命者往往没有足够的财力物力去抵偿，便用子女去顶人命款。这种人即成为债主的奴隶或转卖给官家为奴。早巩札家的一个女奴名麻保，1957 年有 40 多岁，即是因其父犯人命案，将她作为赔礼抵出，后因雷泡脚家娶巩札（官家）之姐，便将麻保作为礼钱的一部分送给巩

① 李学诗：《滇边野人风土记》，载《永昌府文征·纪载》第二十八卷，第 21 页。

札家。

三是收养孤儿为奴。梁河盆都寨孙头目家有两个十七八岁的女奴，一名木日崩，原系曼胆汉族，父母生活困难给了孙头目家。一名麻东，系滚塘景颇族山官与一汉族妇女发生关系后的私生子，孙家抱去养。汉族米招（女）与其母（已死）因无依靠，生活无着，流落于梁河盆都景颇族张文光家为奴，张家未出过钱。

四是替身（或称"赎身"）奴隶。如百姓要娶官家女奴时，娶者也要买一个奴隶送给官家，为所要娶的女奴赎身。盈江邦瓦寨金应约的母亲，原系邦瓦山官家的女奴，被金应约的父亲看上后娶出的。金应约的父亲还从腾冲古勇那边弄了一个小女孩送给官家作其妻的赎身奴隶。送了赎身奴隶的，聘礼可以减少；不送赎身奴隶的，聘礼要比娶百姓女儿高一些。景颇族赵干，父亲死时无钱埋葬，向梁河邦瓦景颇族官家借半开 40 文，本人去头人家抵债，抵债结束又在头人家住了几年，并与头人家的女奴麻图结婚，赵干与麻图夫妇离开头人家时，头人又叫赵干的妹妹去官家作女奴，为麻图赎身。

五是从战乱过程中得来。邦瓦官早怒家有一个奴隶叫张腊门，是杜文秀起义时收留下来的。另外雷春富的祖父、杨狗的祖父（汉）及朗家的二人，都是回民起义时带来的，中寨到浪速地打仗时也带回一人。腊保及永广兰父子是不知何原因从坝尾强拉来为奴的。

以上各种奴隶，在未取得自由民资格前，他们本人及子女依然是蓄奴主的奴隶。

从调查资料看，景颇族产生奴隶的渠道大致是以上几种，其中比较多的是购买得来，因此在景颇族中流传着"谷子不舂哪有米，奴隶不买哪里来"的俗语。其次比较多的是孤儿及赔偿人命的债务奴隶。再是上一代奴隶繁衍的后代子孙。但景颇族奴隶的来源中，没有发现历史上常见的由战争俘虏沦为的奴隶（前述回民起义时得的几个奴隶尚属例外）。因为景颇族的战争，规模不大，相互俘获不多，被俘者都以交换或由所属村社集资赎回的缘故。

景颇社会中奴隶的用途有以下几种：一是从事农业生产及家务劳动。世袭头人（官家）购买奴隶，主要用于生产生活资料及从事家务劳动，在景颇社会中尚未形成专业分工，奴隶之间也如此，下地时即从事农业劳动，回家时即从事家务劳动，他们的负担比主人要沉重得多，维持其生存的生活资料由主人支付，劳动成果全归主人所支配。主人对其行为不满时也常打骂，甚至虐待。二是作为官家婚娶的礼物。在景颇族社会中，长期形成了官家娶妻订婚时要用一两人或三四人作聘礼，结婚时女方也要陪嫁一定数量的奴隶，称为"生南"，即服侍新娘的人，汉语称为陪嫁奴隶。婚嫁时使用奴隶的数量，主要看联姻双方的经济情况，原则上是对等的，男方送来几人，女方也要陪嫁几人，但到近代，随着奴隶数量的减少，在婚嫁中继续使用奴隶的为数不多了。三是作殉葬品。景颇族蓄有奴隶的世袭贵族有用奴隶殉葬的习俗，调查中得到这样的材料，150余年前，潞西（今芒市）遮放西山弄丙世袭头人（俗称山官）功代利死，埋葬时，其子早卡令一奴隶打扫墓穴，奴隶下墓穴后即被早卡杀死，与功代利同葬于墓内。同是百余年前，陇川邦瓦第二代世袭头人功陆死，也杀死一奴隶殉葬。此外，从整个调查中没有发现更多的事例，但用奴隶的"魂"去殉葬的事则比较普遍。景颇族人死后有送魂的习俗，即请"董萨"（宗教祭司）把死者的魂送往祖先的发祥地，而蓄有奴隶的官家在给已故的世袭当权者送魂时，通常令一两个奴隶背上死者常用器物到主人坟上，由"董萨"念鬼，即向死者表示：××是你的奴隶，你在生之日他侍奉你，你死后他也应当去服侍你，现在你的魂要回阿公阿祖在的地方，把××（奴隶名）的魂带走吧！让他永远跟随你。经董萨向死者表明上述意图后，令奴隶给蓄奴主守坟四天，然后让他自行离去另谋生路。抑或令奴隶背上死者遗物，跟随"董萨"往送魂路上走，经两三天或十余天后，董萨念鬼让死者魂带上奴隶的魂自行回老家，然后叫奴隶离开去自寻生路，而董萨则沿原路返回。在景颇人的意识里，被死者带走了"魂"的奴隶，成了没有"魂"的人，不能再回官家，社会地位也特别低下。

世袭头人们蓄养的奴隶，除从事农业生产、家务劳动，作为娶妻的礼品、陪嫁奴隶及殉葬品之外，一般不出卖，习惯上认为"官家卖奴隶是不光彩的"，当然个别出卖的还是有的。

二、景颇族奴隶的生活状况及社会地位

（一）景颇族奴隶的人身完全隶属蓄奴主

官家买到奴隶后，要用献官庙后埋于地下的猪肉给他吃，官家和百姓（自由民）是禁食的。因为在景颇族的思想意识里，奴隶吃了这种肉之后，将会失去智慧，变成愚昧的人。这完全反映了统治者的愿望。沦为奴隶的人没有人身自由，行动全受主人支配。盈江县邦瓦寨世袭头人巩札家，有个名叫麻保的，因其父有人命，无足够的钱物赔偿，最后用女儿抵债，正遇上一户百姓往巩札（村社头人）家娶妻，即将麻保买回送往巩札家，作为娶官家女儿的礼品；后因邦瓦巩札家又到春头塘雷家说聘，又将麻保作为礼品送往雷家；过了几年，因雷家姑娘嫁了盆都的傈僳族，邦瓦巩札家因没有得到雷家女儿，于是又从雷家把女奴麻保叫回，到1957年已40余岁，仍是巩札家的奴隶。从麻保的情况可以看到新中国成立前景颇族社会中奴隶命运全由主人掌握的梗概。

（二）奴隶的婚姻情况

在景颇族社会中，凡是沦为"木样"（奴隶）的人，不论男女，没有权利到景颇族人家的"恩拉达"中去。"恩拉达"是景颇族未婚青年（自由民）谈恋爱、唱情歌的地方，多数人家的房屋里都有设置，即在进屋的一侧，用竹壁间隔成房间，中间设火塘。然而，这里仅属有自由民身份的青年男女才能进入，而奴隶是被剥夺了与自由民在公开场合谈恋爱权利的。奴隶与自由民之间虽然可以谈恋爱，但只能在野外进行，但要成为夫妻，建立自己的家庭那是很困难的，是没有自主权的。如官家的男奴隶与百姓（自由民）妇女发生性关系并有私生子后，蓄奴主可以出一头牛为女方献家鬼，私生子长大后仍是蓄奴主的奴隶。若女方愿意，蓄奴主也可以再出一点聘礼，把女方娶作男奴隶的妻子，但这样一来，女方的身份即由自由民降为奴隶，除少数情况可以实现外，在多数情况下自由民的妇女是不愿去蓄奴主家做奴隶的。反之，如果女奴隶与自由民男子发生关系有了私生子，按习惯法男方应出一头牛和一些酒，到蓄奴主家献鬼，经过祭鬼后私生子将成为男百姓的合法后代。蓄奴主为了使私生子继续保持奴隶身份，因此不要求甚至阻止百姓到蓄奴主家杀牛祭鬼，于是私生子被母亲抚育长大后依然是奴隶。潞西县（今芒市）弄丙寨世袭头人（山官）昆先的祖父时，因别龙寨头人娶其家姑娘，送给一个女奴，叫木万麻，木万麻与本村一自由民（百姓）发生关系生了一女儿，没有祭鬼，女儿仍然是奴隶，长大后与一姓马的自由民交往，生了一个儿子名干丁，又与一姓石的百姓交往生了一女叫木究，均未祭鬼，照例是官家奴隶。木究长大后与一姓董的百姓往来生了一私生女叫木润，解放初尚年幼。从木万麻至她的重孙四代为奴，其中除干丁系男孩，长大后逃离外，其他四代女性无一逃脱奴隶命运。

（三）景颇族奴隶的生活状况

奴隶在蓄奴主家，习惯上是作为官家的养子或养女，他们和官家子女以兄妹相称，对主人以父母称，对上一辈以祖父、母称，在他们名字前边可加官姓，男的可冠以"早"，女的可冠"南""札"，而百姓（自由民）是不能加官姓的。同时，百姓当面也是以"官家老大""官家老二"相称，只有在背地里议论时才说他们是官家奴隶的，或者是在吵架时，对方很生气的情况下会骂出"奴隶"这样的语言，而在一般情况下是不会这样的。至于衣着方面则和常人差不多，因为景颇族的衣服，多为妇女自纺自织，女奴自纺自织的多自用，如女奴聪明，纺织技术好，而且会打扮的，穿着就更好一些。男奴每年由主人做给一两套衣服。吃饭多数是和主人同吃，也有的蓄奴主吃的比奴隶要好一些，但差别并不很大。至于奴隶比较多，以及这些蓄奴主发展成为地主、领主的，或经济生活比较富裕的，主人、奴隶分锅吃饭的则有所不同。

（四）景颇族奴隶的几种归宿

奴隶的人生大权是操在蓄奴隶主（世袭酋长）之手的，但由于各自所处的条件及奴隶与主人的关系不同，所得到的结果也不一样，大致有以下几种。

1. 世代为奴

在景颇社会中，头人（酋长）是世袭的，奴隶也是世代继承的，前面所举潞西（今芒市）弄丙寨头人的奴隶木万麻四代为奴的事实就是例子。

2. 绝 后

由于官家的后代仍是官，奴隶的后代仍是奴隶，因此有的奴隶为了避免其后代继续为奴而自愿绝后。潞西县（今芒市）弄丘山官（世袭贵族）家，因早相（民国初期人）的姐姐嫁往缅甸瓦房大山官家，瓦房官家送来了一个叫麻果的女奴，弄丘官家也买了一个叫木鲁的女奴作陪嫁。瓦房官家送来的女奴麻果，新中国成立后仍在官家生活，但她不愿和男子往来，而只望孤独地度过一生。她说：如果与男子往来，生育了子女仍然是奴隶，她不愿她的下一代继续为奴，因此决心不和男子交往，以绝后代。

3. 演变为自由民

头人（山官）的男奴，如果对主人比较忠实，人又聪明能干的，成年后蓄奴主（山官）给他娶妻，允许他在官家附近另建新宅，建立自己的家庭，在经济上和百姓有同等的"号地"和耕种权，平时官家有事他多出力帮助即可；这是比较常见的，如排姓中有的称为"准（载瓦对奴隶的称呼）排"，即奴隶变的排家。也有个别得到主人赏识的奴隶，主人令去管理一个小寨子，成为一个小头目的。

4. 在特殊条件下可以继承头人（山官）

景颇族村社头人的继承，必须是官种（有贵族血统），但在山官绝嗣的情况下，奴隶可以当头人（山官）。在调查中群众提出了以下几个事例：新中国成立前盈江县蛮缅寨头人（山官）巩札娃死了，无子继承，他家的一个男奴名叫勒保，即与已故头人之妻结婚，继承了官位，已生子育女，此人解放时还活着。又新中国成立前五十年左右，瑞丽县木柯寨山官早达是官种，但无继承权（景颇族是幼子继承，老家官位只能由其弟承袭），他自己到缅甸去找官做，后因该寨继承头人者（早达之弟）死亡无后，他家的奴隶早木那即继承了头人（山官）行使职权，后来早达又从缅甸归来，但官位已被奴隶继承，于是他把继承官位的奴隶杀了，但百姓并不支持他，因此只好离去，头人仍由奴隶的后代继承。潞西（今芒市）弄丘官家从缅甸娶来的官娘（山官的妻子）也说，官家绝嗣后，奴隶可以继承官位，在这个特殊条件下，陪嫁奴隶也可继承。再如盈江县龙盆寨头人麻弄到陇川龙准排一官家娶妻，可是官家的两个女儿都是哑巴，外貌不扬，但该家的一个女奴隶却聪明伶俐，长得漂亮，于是龙盆官家便娶了这个女奴为妻，因此女奴隶晋升为贵族等级。

5. 逃　跑

德宏山区的景颇族，处在政治、经济、文化比较发展的傣族、阿昌族、汉族等族的包围之中，各民族间相互接触交往频繁，奴隶脱离主人后容易找到生活出路，不易被主人找回，给奴隶逃亡以有利条件。19 世纪末期，英国占领缅甸后，为招募军队、开发矿业、修建公路、铁路需要大量劳动力，曾在缅甸景颇族中解放过奴隶。进入 20 世纪初期奴隶逃亡的较多。逃亡者有男有女，但以男性为多。

6. 被杀死或释放

这类主要是殉葬奴隶，景颇族的世袭头人兼蓄奴主死后，要用奴隶殉葬，直接杀死陪葬的事例虽不多，但在景颇族历史上曾出现过。另外是用奴隶的"魂"去殉葬，经"董萨"念鬼用他的"魂"为奴主殉葬后即释放，令其自寻生路。

三、从景颇族社会性质看其奴隶制发展阶段

要正确分析景颇族奴隶所处的历史发展阶段，对景颇族的社会经济概况有必要作一简略回顾，因为它关系着景颇族的奴隶是在什么样的社会条件下存在和生活这样一个重要问题。

　　据现有资料说明，我国境内的景颇族是由景颇、载瓦、茶山、浪速四个支系所组成，除部分居民在元代或更早时期已进入德宏州外，多数是在近三百年来逐步迁入而发展起来的一个民族。当他们初进入德宏山区时，多数是三五户，七八户或一二十户自由民自愿组合起来，找到适当地方就建立村落，定居下来，史书记载他们是"杂居山谷，自立头人"。这些自由民组合建立的村寨，不再是血缘关系为纽带了，但不同姓氏间往往有婚姻关系。初期的村社，人口较少，辖区也不大，以后随着迁入人户的自然增长，村社随之扩大，这时往往由原来的世袭贵族派其后裔去管理村社，或由百姓们推选出代表，带上些礼物，去接一个有贵族血统的人来当头人（官），一个头人管理一两个村寨，各个世袭头人之间并无相互隶属关系，与原始社会后期的村社极为相似。也有另外一种情况，即是有些虽属贵族后裔，无继承权而又有能力者，往往纠集一些百姓（自由民），带领他们去寻找新的住地，建立新的村社，他们即成为当然的头人（俗称山官）。

　　早期定居德宏山区的景颇族，即是由自由民（百姓）和世袭贵族组成的村社，有以下一些特点（这里需撇开后来渗入的领主、地主经济成分）。

　　一是村社范围内的土地、牧场、森林公有，每个成员都有平等的使用权，可根据自己的实际需要去"号"地和开垦耕种，经过种植后抛荒的土地复归公有。也有的村社是集体选地，按户划片耕作。个体小家庭除房屋、牲畜、农具、籽种及各种家庭用具、衣物私有，屋基地、园地可以长期使用外，没有土地所有权。

　　二是百姓与世袭头人之间已划出了深深的鸿沟，当世袭酋长（或头人）者，必须具有贵族血统。有的百姓虽然很有才能，但不能当头人，因为他不是"官种"，所谓"南瓜不能当肉，百姓不能当官"就是这种现实的真实反映。虽然百姓不能当官，但有一定的自由迁徙权利，他们若不愿继续在原村社居住下去，可以迁往其他村社，可以带走自家的牲畜、农具等私有财物，但迁离时即丧失对原村社土地的使用权，在加入新的村社后，同样能取得使用新村社公有土地的权利。

　　三是从事旱地农业。生产中已使用铁制工具，但数量很少，普遍使用竹、木制的尖嘴小手锄（载瓦语称为科作）从事耕作。生产技术落后，都是"砍倒烧光"，不犁不锄，仅以竹木制的尖嘴小手锄在灰烬上挖穴点种。

云南文库·学术名家文丛

方法是妇女身背籽种箩，右手持小手锄挖穴，左手下种，男子在后用竹制扫帚扫土盖种，中耕一般是拔一次草，然后就等待收获。初期开垦的原始森林，表土肥沃，耗费劳力不多，可是产量并不低，一般是籽种的六十倍至八十倍，高的达百余倍。

四是劳动组织上盛行的是原始的互助协作方式，景颇语称之为"吾戈拢"，即是不计报酬的协作。村社成员之间，包括世袭头人在内，当他"号"定了土地之后，根据生产上的需要，可以选定日期，准备好酒和饭菜，邀约村社成员来帮自己砍地、烧地、薅草、收获等，其他成员需要"吾戈拢"时，自己必须去参加。这种相互进行的"吾戈拢"，并不计算劳动量是否相等，而是以完成各家的农活为原则。村社头人除每年固定向百姓叫三四天白工外，其他劳动都与百姓一道"吾戈拢"，在较早时期，百姓"吾戈拢"，头人要带头参加，若有事不能参加，必须叫自己的妻子或儿女去参加，头人是后来才逐渐不参加劳动的。

五是无息借贷。在早期的景颇族社会中，不论是自由民相互之间，或自由民与头人（山官）之间的借贷，不论是货币或实物，也不论数量的多少，均不计时间，不付利息。如果数量较大，借期较长的则以刻木为凭，偿还时按木刻所记符号付足。至于新中国成立前的景颇族地区，已广为流行的高利贷，则是在汉族地主经济与傣族领主经济渗入其村社肌体后才逐渐发展起来的。

具有以上基本特点的景颇族社会，史学界多数认为仍属原始公社后期。这一点，应是我们认识景颇族奴隶制发展阶段的出发点。

现今我国境内的景颇族，是由景颇、载瓦、茶山、浪速四个大的支系组成，历史上这几个支系各自的社会经济发展水平并不平衡，其中以景颇支发展较快，和其他三支间的区别也较大。如景颇支，其社会内部早以分化出世袭贵族、百姓、奴隶三个等级，在其住居的中心区（江心坡，今属缅甸），世袭贵族蓄奴之风盛行，拥有奴隶的数量亦是很可观的，据说有的首领蓄奴达五六十至百余人，民国时腾冲人尹家令在其《琥珀厂（今缅甸克钦邦境）记》说"每一山官蓄养奴仆二三百，四五百不等"。至于边缘区则有所不同。而德宏州的盈江支丹山和昔马、铜壁关一带，由于在地理上比较接近于景颇人南迁的路线，因此景颇族的蓄奴在这一区域也有所发展，据调查，有的世袭头人蓄奴也有四五十，二三十人的，少数经济、政治地位上升的百姓也有蓄奴的，虽然这是少部分地区，但它终究在景颇族历史上出现过。至于载瓦、茶山、浪速几支的人口多集中在陇川、梁河、潞西（今芒市）、瑞丽一带，其世袭首领（山官）都由景颇支中有贵族血统的人来担任。他们到上述地区担任世袭首领之后，蓄养奴隶之风也随之进入，但数量不多，很难见到上十人的，一般只有两三人，四五人，有七八人的也不多。这部分地区占景颇族人口的绝大多数，因此从个别地区看，奴隶的比重并不低，似乎具有家长奴隶制进入奴隶占有制的某些特点，但从全区看则奴隶的比重并不高。又从盈江支丹山等地看，距新中国成立前七十至一百年间，曾发生过"贡龙起义"，这是一个以经济地位上升的自由民为领导，有自由民和奴隶参加，以反对世袭贵族的特权为内容的起义。这个运动本身表明斗争的焦点并不是蓄奴主与奴隶的矛盾，而是自由民中的新兴势力反对旧世袭贵族的斗争，在运动过程中也有两个蓄奴主被奴隶杀死，但这次运动的领导者及主力军皆不是奴隶，战斗的目标是摧毁世袭贵族的特权。

马克思在论述商业发展的作用时曾说："在古代世界，商业的影响和商人资本的发展，总是以奴隶经济为其结果；不过由于出发点不同，有时只是使家长制的、以生产直接生活资料为目的的奴隶制度，转化为以生产剩余价值为目的的奴隶制度。但在现代世界，它会导致资本主义方式。由此可以得出结论，这些结果本身，除了取决于商业资本的发展以外，还取决于完全另外一些情况。"① 从这段论述看，马克思是用不同的生产目的去区别家长奴隶制与奴隶占有制的，指出了家长奴隶制的特点是以"生产直接生活资料为目的"的，而奴隶占有制则是以"生产剩余价值为目的"的，当然"还取决于完全另外一些情况"。这里就用这个标准衡量一下景颇族奴隶的状况。景颇族社会中的商业是很不发达的，除了住居于中缅商道附近村社的一些头人和百姓，由于受汉族商人的影响，在百余年前已分离出少量商人，在本民族语言中出现了"普夏"（生意人或商人）这个专有名词外，就整个景颇族而言，商业和手工业还没有从农业中分离出来。近

---

① 马克思:《资本论》第三卷，人民出版社1975年版，第371页。

代，中缅交界一带部分景颇族群众，逐渐做些小买卖，主要是受国内外商业影响所致。在商业和手工业均不发达的景颇族社会中，奴隶主要用于个体农业和家务劳动，还是没有超越以"生产直接生活资料为目的"的程度。从这点看，景颇族历史上的奴隶仍处于家长奴隶制阶段。

"家长奴隶主还没有完全脱离生产劳动而专靠剥削奴隶的剩余劳动过活，但他支配着全家的财产，支配着妻子、儿女和奴隶，对奴隶有生杀予夺之权。"① 如果用这段话对照景颇族社会中蓄奴主和奴隶的情况是极为相近的。据调查："数十年前准（奴隶，载瓦语）较多的弄丙山官曾养六人，山官及家属和准共同劳动。"② 也有的蓄奴主参加劳动是带有监督奴隶劳动的性质，如新中国成立前七十年至一百年，盈江县腾腊碘世袭头人（山官）早端家有奴隶二十余人，有一次他吩咐奴隶下地干活而自己未去，第二天奴隶们以为蓄奴主早端也不会来，便在田棚睡懒觉，恰好早端于次日晨到了地上，发现奴隶们消极怠工，便用弹弓打奴隶，引起奴隶们不满，在"贡龙"时期，奴隶们把他杀死了。景颇族的蓄奴主还没完全脱离劳动而依靠剥削为生，正说明他们还具有"家长奴隶主"的性质。

以上就其经济状况比较，下面再从上层建筑领域作些考察。大家知道"国家是阶级统治的机关，是一个阶级压迫另一个阶级的机关"。但在原始社会是不存在国家权力的，它是适应奴隶主的需要，始建立于奴隶制经济基础之上的。正如恩格斯说："国家和旧的氏族组织不同的地方，第一点就是它按地区来划分它的国民，由血缘关系形成和保持下去的旧的氏族公社，正如我们看到的，已经很不够了，这多半是因为它们是以氏族成员与一定地区的联系为前提的，这种联系早已不复存在。地区依然，但他们已经是流动的了。""第二个不同点，是公共权力的建立，这种公共权力已不再同自己组织为武装力量的居民直接符合了……这个特殊的公共权力之所以需要，是因为自从社会分裂为阶级以后，居民的自动武装组织已经成为不可能了……这种公共权力在每一个国家里都存在。构成这种权力的，不仅有武装的人，而且还有物质的附属物，如监狱和各种强制机关，这些东

① 许涤新主编：《政治经济学辞典》（上），人民出版社1980年版，第188页。
② 全国人民代表大会民族委员会办公室编：《云南省傣族景颇族自治州社会概况·景颇族调查材料之四》，第156－157页。

西都是以前的氏族社会所没有的。"①

　　这是从上层建筑方面区分原始公社与奴隶制国家的两个基本条件，考察景颇族社会也是不能例外的。景颇族初进入德宏州时即已按地域（不按血缘）关系建立村社，这是原始公社后期发展起来而成为建立国家的基础条件之一，景颇族已具备了这一条件。从另一个条件看，景颇族虽然是长期隶属于中国封建政权，受到了汉族地主和傣族领主政治经济的影响，但它与蓄奴并存的原始农村公社的基本特征仍能明显地看到，还没有出现专门为拥护奴隶主利益组成的"特殊武装队伍"，仍然保持村社成员男子都是战斗人员，战斗结束即从事生产的特点，也没有监狱等物质附属物（这里不包括后来封建化了的那些民族头人兼地主、领主的人物）。从景颇族社会中械斗及战争的性质看，更多的是体现着原始的血族复仇及因婚姻、偷盗、抢劫而引起的拉事（械斗），赤裸裸地专门以掠夺奴隶而进行的战争并不多见。从民族内部的战争看，双方被俘人员都以交换、赎取办法处置，并不使之沦为奴隶。道光年间，曾出现古勇、盏西边外之老草坡、十家等处的景颇族头人纠集一些人到"古勇、河西、栗子园、崩麻各汉寨，先后掳去男女二十六丁口并牛马牲畜财物"的事件。从清乾隆末乃至清代后期，景颇族的世袭贵族及内地犯法逃亡、散兵游勇互相勾结，潜入土司边境抢掠的事常有记载。他们对掳去的人"扣留役使，并欲勒赎"②。从这个意图看，他们掠夺人的目的，更多的是着重于"勒赎"，以换得更多的财物，当然勒索不到财物时，把人转卖为奴也是可能的，但常受封建朝廷的武力镇压而受制约。杜文秀起义失败后，有几个参与战斗的景颇族头人曾带回几个其他民族的人做奴隶，这是比较特殊的。根据以上情况看，我国境内景颇族在向封建制转化前，还没有建立起专门统治和镇压奴隶的"特殊武装队伍"，专门为掠夺奴隶而发动的战争难以看到，从这些特点看景颇族的社会更接近于原始社会末期，与这时并存的奴隶制应属家长奴隶制。

　　以上就我国境内景颇族早期的社会经济及上层建筑的基本情况作了初

---

　　① 《马克思恩格斯选集》第四卷，人民出版社 1972 年版，第 166 – 167 页。
　　② 《剿办腾越厅外野夷情形疏》，载《永昌府文征·文录》第十五卷。

步考察，说明景颇族的社会经济尚未进入奴隶占有制，即奴隶社会，景颇族社会中的奴隶仍属家长奴隶制的范围。至于景颇的家长奴隶制为什么没有继续发展而迅速衰落呢？这主要是因景颇族进入德宏山区后，其周围都是政治、经济、文化相对比较发达的傣族、汉族、阿昌族、德昂族等民族，他们早已进入封建社会，各民族人民间的交往，促进了景颇社会内部封建经济的发展，蓄奴主们的周围民族中掠夺奴隶的行动，常受中国封建统治者武装镇压，掠夺奴隶困难，内部又缺乏广泛产生奴隶的条件，加之已有的奴隶易于逃亡等原因，家长奴隶制迅速没落了，而封建经济却迅速增长起来。

（原载《研究集刊》1983 年第 1 期）

《景颇族原始宗教资料集成》绪论

一、原始部落特征浓厚的景颇社会

　　景颇族现有 119209 人（据 1990 年人口普查公报），主要分布在云南省德宏傣族景颇族自治州的盈江、潞西（今芒市）、陇川、瑞丽、梁河各县山区及畹町市。在怒江傈僳族自治州的泸水县，临沧地区的耿马傣族佤族自治县，思茅地区（今普洱市）的澜沧拉祜族自治县境内有少量分布。我国友好邻邦缅甸境内的"克钦"族，50 余万人，与景颇支语言相通，历史渊源关系密切。

　　史书记载及调查资料表明，景颇族由景颇、载瓦、喇期（茶山）、浪峨（浪速）等支系组成，系古代"寻传"和"野蛮"后裔的一部分，于明末清初才逐渐形成的民族。他们的先民在唐宋时以采集狩猎为生，没有农业，手工纺织也尚未发展起来，以兽皮御寒。元明时，社会经济有较快发展，以农业经济为主的村社、部落和部落联盟组织逐渐发展起来。但当时似乎以种植芋类、薏苡为主，载瓦支的梅何（意为"栽芋"）、梅掌（"整理芋墒"）、梅普（"黎芋"）这几个氏族（姓氏）皆因种植芋而得名。

　　明代中后期，景颇族因人口增长，原住地地瘠土寒，不能提供足够的农产品，需要寻找新的土地；同时，部落间不断的战争造成社会动荡及清康熙政府时招募景颇人运输军需物资等，故有较多的景颇人于明末清初迁入和滞留在德宏州山区。当他们定居德宏山区时，多由一些不同姓氏（氏族）的自由民组成十户二十户，或三四十户的村社（或部落）。村社成员的住宅、牲畜、生产工具、日常生活用品均属个体家庭所有，子孙可以承袭。农作物以旱谷、小米、包谷为主。作为主要生产资料的土地、牧场、森林均为村社公有。每年冬末春初，村社集体去选一片山林地，全体劳动力共同砍去林木杂草，晒干后放火焚烧，然后将旱地平均划给各户播种，中耕管理、收获归各个体家庭所有。后来逐渐演变为各户自己选地。户主选中一片林地时，先抓些土用树叶包好带回家放在枕下，如在三日内做吉梦或不做梦，那就可以在这块地边砍去一些小树尖，在树桩上破个丫口夹些茅草或树枝，称为"号地"。这些标志即是"原始公告牌"，表示这块地已经有人要开垦。其他成员见到这类标志后就不会再来占用开垦这块地了。村社成员号定土地后即可去砍伐树木和杂草，有的村社和部落则要报经村社领袖或部落头人认可后才能开垦。开垦的工具主要是长刀和斧，砍去林木晒干后即焚烧，然后用削尖的竹木棍在火烧地上戳穴点种，或用树枝桠、竹桠削成尖嘴小锄（恰卡、董苟），挖穴点种，用竹扫帚扫土盖种。随着铁器的大量输入，许多地方采用犁锄耕作了，但原始的耕种方法在播种仪式中依然保留着。景颇族的刀耕火种农业，耕作虽然十分粗放，但由于天然肥料充足，杂草少，薅锄用工不多，产量一般能达籽种的五六十倍或七八十倍，或更高一些。村社或部落成员对土地的使用期限，在盈江县的卡场、铜壁关等乡，山林地比较充足，多系砍烧林木后种一季旱谷即抛荒，休耕七八年，十年后再开垦。这种方法耕作期短，森林易生长，地力易于恢复。而陇川、潞西（今芒市）等县要种三年后才轮歇。这种方法第一、二年产量高，第三年后土壤肥力急剧下降，杂草丛生，如薅锄不及时，连籽种都难以收回，且抛荒后树木不易生长，地力难以恢复。但不论使用几年，抛荒后的土地即是村社所有，日后本村社其他成员选中时均可开垦。

关于劳动组合，景颇族的男女之间有比较明显的分工，砍伐林木、草地、开田、犁地、堆谷、平整打谷场，编织箩、篮等农活由男子承担，下种、薅锄、摘棉花、纺线织布做衣服、舂米、煮饭、饲养猪鸡由妇女承担。家务劳动很繁重，但男子是不会帮忙的。男子做了妇女做的活计就会被人耻笑，对男子来说，"没有妻子便没有饭吃，更没有衣穿"。景颇族虽然以个体家庭为生产单位，在农忙季节和一些较大的农事活动中，还保留着"伙干"（景颇语叫戛缩格劳，载瓦语叫吾戈拢）与换工互助形式。各个小家庭每年在从事砍伐林地、薅草、割谷、堆谷这些需较多劳动力的工序时，即采用"吾戈拢"。他们根据农活的需要，选定日期，备办酒肉，邀请村社成员到自己地里劳动。到预定日期，被邀者在家吃过早饭后（有的还要带上午饭）到邀约者地里劳动。午间，主人把准备好的酒、肉、菜、饭送到地边招待应邀者，劳动结束后各自归家。凡是参加过自己"吾戈拢"的，他们需要"吾戈拢"时，自己也必须去参加。原则上是来往人员对等，但不计劳力强弱，强劳力、半劳力、少年儿童都是一工抵一工。他们的观念是任何人都是从小到大再到老的，小孩是会长大的，有的并不计较"吾戈拢"时双方出的劳动力是否对等，而是以参与"吾戈拢"人家的农活是否做完为准则，即使有的多一点有的少一点也不再找补。村社头人或部落酋长也不例外，在他们居住村社的百姓"吾戈拢"时，他们也要参加，并号召和组织所属成员搞好这项活动。如头人们有事不能参加时，要督促自己的妻子、儿女参加。

他们的手工业均属副业，都是在农业劳动之余进行，男子长于编竹器，妇女进行纺织。成年人个个有这些技能，技术高低各异。全家的衣服都靠妇女纺织。纺织工具原始，只有纺锤、经盘和几根木棍。织布之前要花大量时间纺线，妇女们总是千方百计地挤时间去完成，即使是下地干活或在赶街路上她们都是边走边捻线。景颇妇女除织布外，还能织出有多种花纹图案的独具民族特色的裙子，据统计，她们能织出三百余种图案。

过去，景颇族内部使用的等价物，主要是牛。聘礼、赔偿财产、清偿债务多以牛只为准。民族内部的借贷早已存在，但在村社内部或亲友之间借贷，不计时间和利息，如果数量大，刻一木刻剖为两半，借贷双方各持一半作凭据，三年五载或更长一些时间均可，何时有何时还，这一代人还不起，下一代人还。原则上是借钱还钱，借物还物。

景颇族居住的亚热带山区，植物种类多，生长期长，野菜野果丰富。有些人家除七八月间靠园地、旱谷地收取瓜菜外，其余大部分蔬菜靠采集。在青黄不接、口粮不济时，也采野枇杷、挖野山药（一种块根植物）补充，常采的野菜有五六十种，野果有四十余种。男子在冬末春初农闲时节常三五人或十余人纠合起来去撵麂子、野猪之类。集体围猎时，由枪法好的人去守口子（野兽出逃处）射杀，其他人则带着猎犬从山顶及山凹两侧向凹底抛石和呐喊，赶出野兽。集体猎获物按原始平均主义方式分配，猎物的皮归猎中者，留一条后腿给酋长，其余按参与围猎的人数平分；有人虽未参加围猎，但分配时来到现场的，也分给同等数量的一份，称为"见者有份"。

明末清初以来，景颇族内部逐渐形成等级社会，社会成员划分为贵族、百姓、奴隶三个等级。贵族是景颇族中社会地位最高的等级，景颇语称为"都瓦木九"，载瓦语称"早户"，汉语称"官种"即世袭贵族。酋长世袭，要有贵族血统，在人们观念里，酋长没有贵族血统，就是"没有老虎本"。百姓中有本领的人或是砍草立寨有功的姓氏也不能当酋长，"南瓜不能顶（代替）肉，百姓不能当官（酋长）"，严格加以区分。贵族中又分当权者和非当权者，当权者作为部落领袖管理本部落内外事务。百姓，景颇语称为"勒塔"，他们是景颇族社会的基本力量，政治上隶属于部落首领。奴隶，景颇语称为"木样"，载瓦语称"准"，是景颇族社会中地位最卑贱的人。他们多是买来的孤儿或因父、兄长有人命债而被迫抵债的儿童，在大多数地区，只有酋长家可以蓄养。奴隶可以姓主人的姓，称主人为父母，与主人的子女以兄弟姐妹相称，与主人同吃同住，但人身不自由，主人可以将他出卖，也可在女儿出嫁时作陪嫁，亦可赠送他人，奴隶的子女依然是奴隶，老酋长死亡，其子女也会指定家中的一两个奴隶背着死者的几件遗物，跟随巫师"董萨"去送魂。到目的地，董萨请死者的祖先来把亡魂领走，并告诉死者的亡魂把奴隶×××的魂带走，然后让奴隶自寻生路。这种人在景颇社会中地位特低，被看作是"没有灵魂"的人，往往只好离开住地到很远的地方谋生。

近代社会中的景颇族，受到傣族领主经济和汉族地主经济的影响，渗入了许多封建因素，学术界对他们的社会性质有多种观点，这里为了与原始宗教相衔接，故偏重于部落社会的特点部分。但从宗教观念看，90%以上的群众还是信仰固有的、基本上是与部落社会相联系的原始宗教（仅有少数群众于本世纪初接受基督教）。就目前所见到的研究景颇族宗教信仰的文章，如《景颇族的原始宗教习俗》《景颇族的原始宗教形态》《景颇族的原始宗教》《景颇族的原始宗教与两个文明建设》《景颇族的有神论观念》《试论德宏州原始宗教崇拜种类》等，都认为景颇族的宗教依然是崇拜万物有灵，以口头念鬼祈祷形式和大量杀牲献鬼为内容的原始宗教。

二、景颇族的原始宗教

（一）景颇族原始宗教的特点

1. 万物有灵观念

在景颇族的原始宗教观念中，"万物有灵"观念处于支配地位，用"董萨"（祭司）们的话说，即是"不论什么都有鬼，天地、日月、风雷、山川、鸟兽、虫鱼、树木、草莽、巨石等万事万物都有鬼"。平时人们常祭献和比较熟悉的，数得出鬼名的有 130 余种。但有的鬼是董萨在占卜时因某些偶然因素指出的。如梁河县景颇族有一石姓娶了孔姓女子，新娘刚接到家便生疾病死去，经董萨占卜指出，是蒿子鬼作祟，原因是新娘在来新郎家的路上，踩断了一根蒿子秆，由于蒿子鬼发怒咬死了新娘。说起蒿子鬼，平时群众没有想到它会害人和要祭献它，就连经常替人占卜的董萨们也是难得听到的，然而基于"不论什么都有鬼"，因而个别董萨占卜出蒿子鬼也被认为是正常的，可以理解的。

景颇族原始宗教的"万物有灵"观念已有很大发展，它已不是物质本身有灵气，而是一种以实物为载体，与载体可以结合可以分离的实体，景颇语通称它为"南"（拿），即鬼。

2. 有鬼魂世界，无地狱观念

景颇族的神话故事说，宇宙原是漆黑的，是"凡因赏木干"和"斯米能量木占"创造出来的，但他们并不靠手，而是靠主观想象。当他们想天空应当有太阳、月亮、星星时，它们就在天空出现，又想应当有大地和万物，果然大地、万物出现了。也有的说自然界是"借宁掌、帕灵散"想象出来，也有说是造天、造地、造万物的"宁贯娃"创造出来的，创造者名称虽然说法不一，但靠主观想象这一点则是一致的。然而鬼的世界与自然界不一样，它们是由"彭干寄伦"（男性）和"木占威纯"（女性）生育出来的，他们首先生育了"木作毛难"（天鬼）、"木作肯娃弄"（天鬼）、"省腊"（天鬼）、"阿木"（雷鬼）、"阿占"（太阳鬼，女性）、"子卡"（天鬼）、"木代"（天鬼）。至于风鬼，她是雷鬼的女儿，虽然也属上苍的鬼，但她是衍生的了。以上这些天鬼是景颇先民最早信仰的鬼。故事还说，彭干寄伦和木占威纯生育了天鬼之后，已经衰老，后来返老还童，继续生育了一些木代鬼，由景颇、浪速、克怒、傣、黑人、康（佤）等民族供奉，这是景颇族先民在接触到这些民族之后才发展起来的观念。

地上的大鬼，拾滴门曼·子胖木占（女性），董萨们也说她是彭干寄伦和木占威纯的后代，却没有说明如天鬼那样是巨匠直接生的。传说她是个脸难看、眼角堆满眼屎的女性（也有说她是个漂亮的姑娘），只有大的部落酋长家才能供奉，一般的酋长可以供"木代"鬼，但不能供"拾滴"鬼，即使是从有"拾滴"鬼官家分离出去另建部落的酋长，均无权带走这个鬼，只有新部落领袖付出重大财礼，到老家举行隆重的祭祀，并取得老家的同意后，方能分出来供奉。这个鬼是随着部落酋长势力的发展而出现的，供有此鬼的酋长，社会上承认他最有威望，因此，这个鬼对部落酋长们来说，是正统和权力的象征。

在景颇族的鬼魂世界里，女鬼占着重要的地位，太阳鬼阿占，她作为天界大鬼之一享受人们对她的祭献，而她的丈夫月亮鬼则排不上名次，人们仅在祭太阳鬼时附带祭一下，从不单独祭献他。仅有少数大酋长才能供奉的"拾滴"（地鬼），是地上之王，地上的一切是服从于她的，这或许反映了古代景颇族社会中妇女地位高于男子的母系时代的历史。风鬼虽是雷鬼的女儿，但在祭祀雷鬼时必须祭祀她，祭祀标志各设一个，祭品各供相等的一份。虹，是水鬼，也是女性，雨后天晴出现的虹，是水鬼纺织的五彩布，传说景颇妇女织布技能就是这个鬼传授的。

天鬼住在上苍，雷鬼住在云头，山鬼、树鬼、水鬼与其实体同在。属于正常死亡的人的鬼魂，要请董萨送往祖先在的地方。祖先生存的世界也和活人生存世界一样，靠劳动生产过活。活着是百姓的，死后的鬼魂也是百姓；生时是酋长的依然是酋长。回到祖先鬼魂世界的一切鬼魂，都不会再来祸害活人。而那些天鬼、地鬼只有在人们得罪了它们时才施罪于人。至于那些死于非命的鬼魂，不能送往祖先鬼的世界，只能送在阴森的山箐中成为孤魂野鬼，它们经常害人，使人生病、死亡。也有些正常死亡者的鬼魂，虽请董萨送魂，但送过之后，家里出现不吉，再三送也送不走。将这些祖先鬼供在家中，他会向子孙后代要祭品。人们还说，有些鬼送不走，是董萨水平低，指错了路，回不到祖先那里，也有的是魂虽然送到祖先那里，但此人活着时做过坏事，违背祖宗教导，祖先不承认其为后代，不收留他，也使这些鬼成了孤魂野鬼。

景颇族鬼魂世界的一个显著特征是，这个世界是在遥远的北方，而不在阴间与地狱。景颇族也没有死人的魂可以转世超生的观念。祖先鬼送走后就算完事。在送魂的念词中，也没有发现希望死者鬼魂转世超生的语言。过去景颇族婴儿死亡率特别高，一两岁之前都算不得人，还是鬼娃娃。盈江盏西地区景颇族，把婴儿鬼魂送往果树下，祝词中希望他不要悲伤，他会像果树一样重新开花、重新结果。这里似乎包含着投胎再生的因素，但尚未体现出鬼魂经过阴间地狱鬼魂世界重新安排转世投胎成人的观念，对于夭折的儿童也不认为他们是"短命鬼"投胎的结果。

关于人魂的数量，各地说法不一，盈江盏西地区的景颇族说，男人有六个魂，三个近魂（真魂），三个远魂，真魂起主要作用。而女性有七个魂，比男性多一个，由于女性的魂单着一个，故妇女胆小。卡场的董萨们说，人有六个魂，两个是大魂，四个是小魂。两个大魂中一个与身体形影不离，另一个可以离开身体外出，当人做噩梦惊醒时，就是外出的魂遇到危险。而附体的魂及时把人叫醒，让遇险的魂及时回来。但卡场地区在魂的观念上与盏西地区有一个很重要的区别，即盏西地区认为女性都有七个魂，而卡场地区认为女性要是有了七个魂，那就变成"阿披"鬼（咬人最厉害的鬼），是人们最痛恶的鬼。过去谁要是被诬为"阿披"鬼，都要把她赶出部落或村社。

3. 梦幻是景颇族鬼魂观念赖以产生和长期存在的基石

景颇族和许多古代民族一样，由于社会生产力低下，科学知识贫乏，在巨大的自然力面前束手无策，对许多奇异现象难以理解，于是产生了鬼

云南文库·学术名家文丛

魂观念，但更实际的则是人类自身的生理和精神的奥秘——梦幻这一客观现实，是景颇人相信鬼魂存在的合理而又令人信服的依据。不论是在董萨或一般群众的观念中，都认为一切事物都有躯体和鬼魂，他们的依据就是神志清醒的人和睡眠做梦时的人的不同反映。他们都认为，当人的神志清醒时，就是人的躯体和灵魂的统一，即魂未离开躯体，当人昏昏入睡后，魂便会离开躯体，人的神智也就不清了。人在家中熟睡，为什么会梦见在很远的地方与他人交往或争斗，这都是自己的魂离开了躯体在外活动时遇到的事。如梦见与死去的人相会就是活人的魂与死者的魂相会的证明。魂可附着于身体，也可离开身体到处行走活动，而且有比活人更大的能量；有许多在梦中能做到的事，活人却无法做到就是例证。梦幻说明鬼魂世界是存在的，鬼魂是来无影去无踪的，凡眼看不到的，但人们相信它的存在。这个看不见的鬼魂世界，活人的白天是他们的夜晚，活人的夜晚是他们的白天。

由于梦幻这个奥秘难以被人们认识，把人导向虚幻世界，而这又长期制约着人们的生产和生活。景颇族进入农业社会已相当久远了，但直到中华人民共和国建立时，他们在选择耕地时还要靠"梦地"：一个农民在选定一块土地后，要从地上取一撮土，用树叶包好带回家置于枕下，若在三日内做吉梦或不做梦，说明这块地可以开垦；如做怪梦、噩梦，必须放弃重新选择。一个人如果计划几天后外出探访亲友或办事，在尚未成行时就做不吉的梦，便会取消原订计划另选日期，若在旅途中做不吉的梦也会返回。一个董萨做了过桥的梦，便认为是天鬼暗示他可以晋升等级，他可借此提高在群众和同行中的威望。

4. 原始粗糙的鬼魂象征物

一个部落，有部落神祇供奉地，称为"能尚"（当地汉语称官庙），它是一间由竹木架支撑的草棚，室无四壁，里边排列着许多竹筒，筒内放些水或水酒，再用芭蕉叶封盖，用竹篾扎起，每一对竹筒即代表一个鬼。列首位的是天鬼和酋长家的"木代"鬼，有"拾滴"鬼的则拾滴排首位，接下来的才是酋长家的祖先鬼，最早建立本部落氏族的祖先鬼，为保卫本部落有功的成员的鬼等等。这些鬼通称"拾瓦拿"（共同的鬼）。即部落鬼，人们赋予它保护整个部落人畜兴旺、五谷丰收的职能。

每个景颇族家庭，都在靠鬼门一端的一个角落里设置鬼台，上置鬼魂象征物。所谓鬼台，是用竹片编成宽约一市尺、长两市尺左右的篾笆，再用竹篾把它固定在屋角上方，放置上一些长约半市尺，直径一市寸左右的竹筒。这些竹筒里放水或酒，再用芭蕉叶封口，每对代表一个祖先鬼。本来，景颇族只供新亡故一代的祖先鬼，若鬼台上原供有代表曾祖一代竹筒，到祖父一代亡故后，新做一对代表祖父或祖母的竹筒，将代表曾祖父母的竹筒抛弃，如父辈亡故后又抛弃祖辈的象征物而供父辈。但有少数人家除供近故祖先外，也供有多代以前某个祖先的鬼，那是因为他的子女已为他送过魂，但每次送魂后家中都有灾异出现，故认为是送不走的祖先鬼魂，只好世代供在家中鬼台上。

除祖先鬼外，有几个天鬼在景颇族家中也有固定的位置。正门右侧角落上方设台供雷鬼"阿木"，煮饭火塘上方的横梁是天鬼"木作毛难"的位置，后门（鬼门）左侧的屋檐下是天鬼"子卡"的位置。这些鬼平时住在天界。祭祀它们时请它们下凡人间，到各自的位置休息，享受人们对它们的祭祀。祭祀它们的牺牲就在各个天鬼位置旁宰杀，董萨念鬼也在鬼位附近。献祭完毕，仍由董萨将它们送回天界。

景颇族不论是以村社或部落举行"目瑙纵歌"时，都竖立"目瑙示栋"作标志。这是由四块竖牌、一块横牌组成。牌上绘有花纹，由红黑两色组成的，也有用黑白红绿诸色绘成的花纹，各地略有区别，但大同小异。对"示栋牌"上花纹的解释，一般都认为，中间一对，代表男性，花纹是舞蹈路线，外边一对代表女性，上面花纹代表妇女裙子上的花纹。它是古代男女两性的象征。

除了竹筒，雌雄牌（目瑙示栋）外，也有极为粗糙的人头偶像。他们在为死者举行送魂仪式时，要在野外建立送魂标志，用一些小树干搭成圆锥形或方形架，上覆以茅草或树叶的简易"魂屋"，顶端立一象征人的木刻（景颇语称为"雇不戎"）。在潞西（今芒市）、陇川、盈江的盏西一带，木刻有粗糙的眼、鼻、嘴，并用红、黑色彩绘；而在盈江县的卡场地区，木刻就更为原始，上方下圆，没有眼、鼻、口形象。用黑白或黑红涂料绘成。据调查，只有在一种特殊情况下（出现时间较晚）制作较完整的人形偶像。那是当某户人家无法依靠自己的力量去杀死仇敌，便请董萨秘密地施巫术使仇敌死去。在施巫术时就用芭蕉根做人头，麻做发，泡桐做心，草扎成四肢，具有完整的人的象征物，祭念咒语后，由主人用矛、铜炮枪戳烂草人的头和心脏，或把草人捆在森林中的禾木树干上，用枪射击草人的头和心脏，日后禾木树枯死，说明巫术成功，仇敌或迟或早会因此而死亡。

从以上看，景颇族的鬼魂象征物是比较简陋和粗糙的，就多数地区看，人格化的偶像尚属萌芽状态。我们有时在景颇族的家堂鬼台旁看到挂有藤圈，这是家中有人生病，董萨占卜后确定要牛或猪献，而当时主人家中又没有，只好欠下，董萨就随手用藤绕圈挂上，以后杀牲献鬼即还了债后才取下。这和景颇族社会中刻木、结绳记事完全相应。

5. 原始宗教已超越于部落之上

中华人民共和国建立前，景颇族社会中地缘部落特征比较明显，各部落酋长，政治上是独立的，各有自己的辖区和百姓，酋长与酋长之间不存在隶属关系。在宗教方面，各部落都有"能尚"（供天鬼、部落鬼的茅屋），没有酋长的村社则没有"能尚"，有的大部落，所属村社多又分散的，酋长可以授权建立"能尚"，由村社领袖主持祭祀。各部落"能尚"供奉的部落鬼各不相同，他们有的是酋长家的祖先鬼，有的是建立部落的功臣，也有的是早已亡故的反对旧制度的群众领袖，后因部落里遇到灾异，由"明团"（董萨中一种，在举行大的祭祀时，代天鬼传言）提出由部落供奉祭祀。但除部落鬼外，"能尚"中供奉的天鬼、地鬼各部落都相同，各支系在语言上虽然存在很大差别，但所供天鬼、地鬼则大同小异。甲部落的酋长是不能到乙部落去行使职权的，但甲部落的董萨可以到乙部落乃至不同支系间去看卦念鬼，通行无阻。景颇民族的每个成员，政治、经济上分别隶属不同的部落，但他信奉的天鬼、地鬼，举行"目瑙纵歌"时立的标志（目瑙示栋）、送魂时制作的"雇不戎"也是一致的。总之，原始宗教的文化和意识在景颇族社会中成了超越部落集团、支系甚至不同语言之上的民族文化意识，是景颇民族内在联系的一条重要纽带。

（二）自成体系的董萨（祭司）阶层

在景颇族社会里，一般七八户或十余户之中便有一人为"董萨"（原始宗教祭司）。以人数而言，他们超过部落酋长和村社头人的总和，一个百余户的部落只有一个酋长，两三个村社头人，却有八九个或十余个董萨，他们在景颇族社会中已形成一个阶层，他们没有贵族血统，是百姓等级，但地位高于百姓。不论酋长家或百姓家有人生病或有婚丧大事，要请董萨们占卜念鬼；家中有人亡故要请董萨把亡魂送往祖先发祥地；每年下种前祭祀部落神祇和各种祈求平安、幸福和禳灾的活动都由他们唱主角。因此，"寨子里没有董萨就过不成日子"。在景颇族社会中，没有董萨的部落或村社仅是个别的，而且是暂时的。一个部落或村社，如果没有董萨，酋长就会以优惠条件，给几箩田（每箩种面积约四市亩）和几头牛，招聘一个有威望的董萨来辖区内定居，要他来处理部落成员间发生的疾病、死亡，吉凶祸福的占卜、祭献。酋长的一些重要决策与活动，如出征时刻、战斗先锋的选择都要靠董萨占卜。他们是部落里的精神领袖，"酋长管寨子，董萨暖人心"就反映了董萨的作用与他们在社会中的地位。同时，董萨也是景颇族古代文化的继承者和传播者，在没有文字的岁月里，景颇族的一些神话故事、历史传说主要靠他们一代一代口传下来。

景颇族的董萨，已初步形成体系，他们内部有等级也有分工。以等级而言，他们分为"斋瓦""戛董萨""董萨""努歪董萨"等。"斋瓦"是董萨中地位最高者，他们掌握着本民族的历史传说、神话故事和念鬼的丰富知识，当部落酋长、百姓或是村社群众共同举行盛大庆典——"目瑙纵歌"时，他能念最大的天鬼"木代鬼"（有少数地区董萨念木代鬼的权要由部落酋长授予）。这种人在董萨中为数不多，一般是在一个较大的部落或若干个部落的区域内才有一两人，他们在从事高层次的念鬼活动时，仅有"斋让"（斋瓦接班人）和少数戛董萨能参加，聆听他念词，得到亲身传授。

"戛董萨"在宗教活动中的地位仅次于斋瓦，他们能念以牛做牺牲的大鬼。与这个等级相当的还有"西早""明团""戛强仲"。"西早"，在董萨阶层内部分工中，主要分担为死者送魂，也承担帮群众占卜、念鬼，但其主要职责是"送魂"。"明团",是代替天鬼向活人传话的中间人。凡举行大的庆典,如"目瑙纵歌"时,整个活动安排由他口中说出。在代天鬼说话前,先要净身,请天鬼来附在自己身上,然后把它要向人们说的话告诉"明团",再由"明团"告诉人们。在庆典期间,每日活动一两次,如早上安排,下午检查;或头天安排,第二天检查。检查的内容是,过去的一天,杀了牛、猪,献了鬼,鬼是否满意,祭祀过程中还有哪些不足之处,人们的哪些行为还值得注意等。"戛强仲",他们并不念鬼,其职责是给要祭祀的鬼制作祭品。剽牛、杀猪后,对某一种鬼要制作几份祭品,每份祭品包括牛、猪的哪些部位及摆设的位置等。能在"目瑙纵歌"时给"木代鬼"制作祭品的,人们习惯上称为"戛强仲",董萨们和群众观念中认为他们的地位相当于"戛董萨"。

董萨一般年纪较轻,祭鬼的经历不长,能念的鬼也不多,地位低于前两种。群众找他们帮献的鬼,多是用鸡、干鱼、小猪做祭品的鬼。努歪董萨只帮人家占卜而不念鬼。

此外,"强仲""盆弄""因斗腊"这几种职事人员,群众从广义的角度上通称他们为董萨,董萨内部也认为他们是董萨组织中的一部分,而且是很早的时候就有了。"强仲",专司切肉,配置献鬼祭品、包扎肉包;"盆弄"负责剽牛、杀猪、杀鸡;"因斗腊"负责烧肉(景颇族祭献鬼魂的牛、猪宰杀后,先剖腹取出内脏,再将肉砍成若干块,放在火上烧,刮去毛,用清水洗净,投入锅中煮熟)。

做董萨的必须严守宗教规范。身为董萨的人,不论谁家的人生病,也不论什么时候来请,对于董萨来说则是"有请必去",这也是受鬼魂观念制约的。若病人家属来请,而自己不去,天鬼会降罪于己,得罪不起。由于职业所决定,随请随到是董萨的职责,即使在播种和收获的关键时刻,他们也得放下家中农活去占卜和念鬼,常常贻误生产。同时,他们的行为必须端正,不能偷盗、抢劫或做违反社会公德的事;不食病死、被虎豹咬死的家畜或野物。如行为不检点,暗自盗窃他人财物,或在帮人念鬼过程中行为贪鄙,便会失去群众信任。

景颇族的原始宗教祭司帮群众或酋长进行宗教活动都有报酬,数量多少,要看宗教活动规模的大小及主人家的经济条件而定,如祭祀牺牲为牛、猪的，念完鬼后董萨得一条后腿。酋长家或村社举行大的祭典——"目瑙纵歌"时，要给念最大天鬼（木代鬼）的斋瓦两三头牛和其他礼物，念其他鬼的大董萨给一头牛。凡正常死亡的景颇人，都得请董萨送魂。若董萨是为亡故的酋长或年高德重的老人送魂，董萨往往要送出十天半月途程。董萨送魂去时念的地名，回转时也要念，还不能错，如果记不清、念不准，自己的魂会走错路，回不了家，将导致自身生病或死亡，董萨对这项职业多存戒心。主人对帮助送魂的董萨，也给比较高的报酬，一般是送给一头牛或相当于一头牛或半头牛的钱。平时为群众家念鬼，一般是招待饭食、酒，对吸食鸦片的要买给二三钱鸦片，念鬼结束，主人再送上三五元人民币，具体还要看祭鬼活动场面大小及主人的经济条件，一般都是从优支付的。

董萨阶层中，仅有少数不参加主要农业劳动，因为群众家祭鬼活动多请他们，收入较多，家庭经济比较宽松，或属年纪较大，儿孙也长大成人，田地里的农活都不靠他们，平时他们在家里也仅从事些编竹器、整理园地或放牧等轻微劳动。除此以外，绝大多数的董萨都参加农业生产，年轻力壮的董萨都是家中的主要劳动力，所以他们一方面是原始宗教祭司，另一方面也是劳动者，需要念鬼时去念鬼，不念鬼就参加劳动生产。

景颇族董萨的传承有一定的开放性。一般说来，长辈是董萨的，他们的儿孙只要愿意学，老董萨去帮人祭鬼时便带他们去，耳濡目染，掌握了念鬼知识；有时老董萨也有意识交给一些念小鬼活动锻炼他们，逐渐培养成董萨。但也有些董萨是自学而成的。景颇族董萨念鬼，群众可以旁听，有的则是大董萨唱一句，跟着学的人唱一句，记忆力强的人听几次也就会念了。掌握了念鬼知识而且也愿意从事这一职业者，当群众来请他们去念时他们就去念，就成了董萨。念得好，请的人多，名声渐大，有了威望，就可以升级。潞西（今芒市）地区的董萨则增加了世袭的因素，如果是自学而成的董萨，一般都追述祖辈当董萨的根子，如父亲一方没有，则从母亲一方去找，说明自己是继承祖辈事业。如这两个系列都挂不上钩则要拜师，说明他念鬼知识和技能是从前辈董萨师傅那里承继来的。人们认为只有这样，天鬼才会承认他们是董萨。一般说来，未结婚之前就从事董萨活动的人，人们认为是真的、好的董萨，结婚后再去作董萨的，在群众观念中的地位低于前面的，多认为这是为了吃才去当董萨的。

在景颇族中也有一些人懂得念鬼知识，但他们不愿做董萨，只作普通劳动者，原因是他们认为当了董萨人会懒惰，子孙后代不发达等。

（三）景颇族的原始宗教与历史文化

1. 宗教文化中的历史缩影

景颇是个自北向南迁徙的民族，其先民系氐羌族群，从其语言以及中国古代史籍中都可以找到线索，然而，景颇族原始宗教的送魂仪式却是最直接、最现实的说明。每当成年人正常死亡后，家人除在两三天内将尸体埋葬之外，还要为亡人举行一次送魂仪式，仪式可与埋尸同时举行，也可以在半年、一年乃至两年后举行。送魂时董萨除向亡魂交待主人给他些什么牺牲和物品外，要沿着景颇族祖先南迁的路线把亡魂送往北方。各姓氏在南迁过程中停留、居住的地方不同，因此董萨念的路也不同，但总的是往北方。死者如系年高德重的长者或部落酋长，为这类亡人送魂，董萨就更加认真，往往要沿南迁路线北走十天半月乃至一月路程。到达预定地点，董萨请亡人祖先来将其子孙领去，董萨方能返回。送魂仪式代代相传，可说是对景颇族南迁历史的很好说明。

过去，每个景颇族家庭，在他们住宅的鬼门一侧专设有供祖先鬼的地方，普遍供着昆榜（载瓦称尤木）和背楞（勒丕）。景颇族为什么要奉他们为祖先鬼呢？故事说他们是亲兄妹，因相爱发生性关系，后来被父母处死。在临刑时，他们说："我们做的事，祖先都做的，为什么要杀死我们？我们死了以后要咬你们。"因此，其氏族成员和父母在处死他们之后就把他们的魂供起来，以免危害活人。故事较明确地反映了该民族古代由氏族内婚转化为氏族外婚的变迁史迹，这种婚姻文化后来演变为同姓不婚。故事还说明了景颇族祖先在革除血缘婚姻制度方面，对违禁者是采取了十分严厉的手段的。从 20 世纪 50 年代调查情况反映，直到 20 世纪 40 年代末，景颇族社会中对违反氏族外婚原则的男女，一经发现仍采取严厉措施，处死男方，把女方卖到远方为奴。

2. 宗教活动中的生产和知识

景颇族从渔猎、采集为生进入到农耕为主、畜牧为辅的社会已有相当长的历史了，在农业经济的时代，获取丰盛谷物和六畜兴旺，是保证安定和充裕生活的前提。要想如愿以偿，必须选择到好的土地，排除风、雨、雷、电、鸟、兽、虫等自然灾害，但在生产力水平低，抗御自然灾害能力弱的情况下，必然是风调雨顺就丰收，遇上灾害就减产。自然气象并不是年年风调雨顺，灾害也不是年年都有，原始宗教把这些现象归之于鬼魂的作用。鬼魂给人降灾或赐福，又取决于人们是否取悦于它。因此，要获得谷物丰收与六畜兴旺，必须祭献鬼神，求得他们的恩赐。同时，原始宗教师们又把行之有效的生产经验与人们共同的愿望纳入祈祷之中，一些主要作物、牛、猪及生产工具则绘图或制成象征物用于祭祀仪式。备耕前要整修"能尚"，重新制作两块绘有谷物、工具、牲畜的木牌立于"能尚"前。祭祀社神和地鬼时，董萨要说：丢了旧年，换了新年，过了春节，人们砍柴、织裙子、盖新房已经很累了，但是肚子告诉我们，不种粮食是不行的，身体告诉我们不种棉花做衣服也是不行的。现在小伙子听见布谷鸟叫了，小姑娘听见田鸡叫了，洼子里的青蛙在叫，河里是石头，河头是云雾，生产的季节到了，人们着急了，我们要到某地砍伐树木杂草，烧地播种，请村社保护鬼保佑我们，土地鬼不要怪罪我们，让全村社（或部落）生产顺当，获得丰收，不要有灾害等。劳动生产者在生产实践中积累的一些物候，如布谷鸟叫，田鸡、青蛙叫及河头出现云雾（雨季将来临）等时令知识，也就为宗教文化所运用，其他生产环节的经验也不例外，贯穿于生产祭祀之中。

3. 原始宗教对社会生活的渗透

随着景颇族原始宗教的发展，它对社会生活的影响也日益加深。农业生产是景颇族人民赖以生存的基本活动，从选地、开荒、播种到谷物归仓，都伴随着梦地、祭"能尚"、叫谷魂等一系列的宗教活动，中间如遇风、雨、虫、兽灾害，需临时增加祭祀。婴儿降生要向祖先鬼报告家里增加人丁，死了要把亡魂送往祖先发祥地，至于疾病是人们经常碰到的。病了，只要找董萨占卜，必然是鬼魂作祟，动辄杀猪、剽牛祭献。"景颇族的鬼、董萨的嘴"深刻反映了客观现实，原始宗教渗透到生命、疾病的每个角落。婚姻，是人生中的重要关节，景颇族有自己的传统习俗：单方面的姑舅表优先婚制，姑妈家的儿子有优先娶舅舅女儿的权利，但舅家儿子不能娶姑妈的女儿，称为"血不倒流"。这种婚制本身并不以宗教认可为前提，但随着原始宗教对社会生活的渗透，原始宗教在婚姻中起着日益重要的作用。20世纪50年代调查说明，从选择对象上就受到原始宗教的制约，当某男青年看中某女青年时，必须暗中取到她使用过的一件物品或一点衣角、一缕头发交董萨占卜。决定婚姻大事，一般说来董萨比较慎重，多取烧爆竹方式重复两三次才最后判定。若爆竹占卜结果不尽如人意，男青年只好放弃另选。只有占卜后认可的才能请媒人去说亲和办理结婚事宜。新娘接到夫家，要举行过草蓬仪式，三四个董萨在草蓬脚念咒，驱除附于新娘身上的鬼魂，方能进新郎家的门。进屋后董萨也要向男家祖先鬼报告，家中添了新成员，要祖先鬼和天地鬼保佑。原始宗教还认为，只有经过这种念鬼仪式，夫妻死后的鬼魂才能在一起。而这反过来又影响着景颇族的某些婚姻习俗，景颇族历史上有转房习俗，寡妇必须转嫁给丈夫的叔伯、兄弟，若接受转嫁的男子尚未婚配，即使已有转嫁来的妻子还必须再娶，因为转嫁来的妻已与原夫共同念过鬼，死后的鬼魂是到其原夫那里，所以自己必须再娶一个妻子，否则死后的鬼魂就要独身。在封建因素比较发达的地区，当男方家长选中女方后，要征求女方家长意见，取得女方生辰八字后再请董萨占卜定夺，因此，景颇族青年的婚姻的支配权在很大程度上操在董萨手中，景颇人把这种状况概括为"父母包办，董萨作主"。

此外，景颇族在对外作战方面，从选择出征先锋，选定出征时刻，出征前的祈求部落神祇保佑，都离不开占卜、祭祀活动。对于习惯法无力解决的疑难案件，最终求助鬼神，听凭神判。

（四）原始宗教对民族文化生活的束缚

景颇族的原始宗教，对保存本民族的古代文化和历史，发展民间文学，发扬民族优良传统，以宗教形式宣传生产知识，促进人们不误农时地从事生产等许多方面有它一定的积极意义。当社会经济政治利益集团之间矛盾激化时，有些董萨还站在被压迫者一边，以天鬼授意为外衣，为反抗世袭贵族提供理论依据，积极参与宣传组织群众等。这是从积极方面来说明的。同时我们也应该看到景颇族原始宗教的消极、保守的一面。

首先，原始宗教观念束缚景颇人民的思想。原始宗教把自然界和人类社会神秘化，认为统治着景颇族的各种自然力和人类社会的一切都是有意志的，是神圣的，人们既无法抗拒，也无法逃脱，更无法改变它，谁要对它不恭敬，将有更大的灾难临头，对灾害只能逆来顺受，不能反抗，因而限制和削弱了景颇族人民与自然、社会抗争的力量，妨碍他们积极地去认识世界和改造世界。

其次，杀牲献鬼严重地破坏着生产力的发展。景颇族的原始宗教观念认定人的生死、疾病、吉凶、祸福，都是由看不见的世界里的鬼魂所决定的，人们对这些鬼魂力量又只能祈求祭祀，不能亵渎，当人们遇上灾祸时就认为是鬼魂降罪，要用牺牲赎罪。当人们获得丰收或有意外收获时要杀牲酬谢。不论吉凶，都得杀牲献鬼。俗话常说：景颇族的鸡是献牲用的。据20世纪50年代调查，一个百户人家的部落，一年内用于祭鬼的鸡为1500多只，猪80余头，牛50多头。如果加上盛大祭典——"目瑙纵歌"，集中祭献与日常生产、生活有关的各种大小鬼，一次需杀牛20～30头，猪40～50头，鸡1000余只，还要消耗大量的酒和大米，多年的积累一次便消费完了。

过去举行"目瑙纵歌"，总共要献上百个鬼，但核心是祭"木代"鬼（部落酋长的保护鬼），早期都是由部落酋长家提供祭品、牺牲，宰杀的牛、猪、鸡和大米、酒供来参加盛典的人吃；酋长家每隔五至六年举行一次，可以提高在群众中的威望，但这样大的耗费却是许多部落酋长难以承受的，酋长常因举行"目瑙纵歌"而衰落，因而他们对"木代"鬼是既喜欢又不喜欢，喜欢的是可借助于它炫耀自己的特权，不喜欢的是每次祭祀代价太高，费用难以筹措。但也有的酋长比较聪明，善于转嫁负担，他们宣传举行"木代"盛典，是为了全部落的安宁、幸福，把祭祀所用的牛、猪、鸡、米、酒分摊给村社去承担，有的收支后还有盈余，这又促使了这部分人举行"目瑙纵歌"的积极性。但不论这些牺牲和祭祀费用是由酋长或百姓提供，财富的大量消耗，牲畜的大批被宰杀，对景颇族生产力的发展及财富的积累，无疑是严重的破坏，必然导致人民的贫困落后。

再次，阻碍医学和其他科学技术的发展与应用。原始宗教把人之所以生病归之于鬼魂作祟，而疾病痊愈的希望完全寄托于杀牲献鬼之上。在景颇人的神话故事里说，因为牲畜和鱼等偷吃了给景颇人治病的药，人病了就没有药可医治，故用偷吃药的那些禽畜的生命去鬼那里换回人的生命，所以景颇族要杀牲献鬼。董萨们在祭祀祈求鬼时，也希望它去找药来把人的病治好，但他们自己却不去找。在现实生活中，董萨只念鬼，不研究药物，故在董萨中难以见到神药两医的，这不仅无法治病，也束缚医学的发展。原始宗教对其他先进技术也是排斥的，20世纪50年代初，在景颇族住居的中心区，有几户人家曾联合聘请汉族师傅烧瓦建房，瓦房比草房具有很多的优越性是无疑的，但第一幢瓦房落成后，其主人有成员生病，经董萨占卜，原因是景颇族从来都是在草下住（草房），不在土下住（瓦房），鬼不喜欢，于是刚落成的瓦房又拆去，其他人家建房的计划也取消了。历史上也常有董萨说，那是某个民族的，不是本民族的，找出种种借口抵制先进技术的传入和采用，这对景颇族科技文化发展是很不利的。

（五）中华人民共和国建立后景颇族原始宗教状况的变化

中华人民共和国成立后，中国人民解放军进驻德宏地区，安定了边疆社会秩序。1950年冬，中央人民政府派出了中央民族访问团到德宏地区向各族人民进行慰问。云南省委、保山地委于1952年和1953年先后派出了数百人的民族工作队，深入边五县景颇族地区工作，在民族工作队中配备了医务人员。工作队一面宣传党的民族政策，一面为群众做好事、和群众交朋友，帮助群众发展生产，积极宣传医药卫生知识，翻山越岭，叩门访病，热情地为病人免费治疗，但因群众的鬼魂观念根深蒂固，对吃药打针（几个小片片和一小支针水）会把病治好，是不大相信的，加之有人造谣说"吃药打针后不会生孩子"等，当时接受治疗的并不普遍。但科学终究是要战胜迷信的，一些接近工作队的积极分子生病吃药好了。群众中有的多次祭鬼，耗费大量财物仍然无效，便以"死马当活马医"的试试看的侥幸心理来工作队治疗，接受治疗后痊愈了。盈江县合作乡弄颇寨董萨长期生病，几年中杀了 3 头牛、8 头猪、32 只鸡多次献鬼无效，卫生员帮他治好了病，他很高兴，并说："鬼不帮我的忙，是医生帮我的忙，不相信鬼了。"最相信鬼的人怀疑鬼了。

为了从根本上帮助景颇族人民摆脱宗教迷信的束缚，工作组在边疆开办医务人员训练班，选派部分民族干部到昆明医士学校、昆明卫生学校学习，少数有文化基础的送到高等医学院校学习，有的则在实际工作中以师傅带徒弟的办法，帮助景颇族人民掌握医药科学知识和医疗技术。到 1958 年，已培养景颇族医务人员 20 余人，其中有一人为高级医师，二人为中级医师。内地医务工作者也大力支援边疆，在景颇山区建立 13 个卫生所，国家每年拨给德宏的卫生费在 50 万元以上。中华人民共和国成立初期由于医疗条件及医务工作者水平限制而不能治疗的疾病，在很短的时间内就能治疗了，特别是对人民生命威胁严重的恶性疟疾及一些地方流行病很快得到控制，医药普遍为群众接受了。由于医药治愈的病人日益增多，死亡率迅速下降的现实，群众过去那种靠鬼神治病的观念变化了，多数人反映："共产党带来了药，吃了药病就好，鬼也跑了。""人解放了，鬼也解放了，人吃'解放药'擦'解放药'，病就好。"一位景颇族妇女说："过去几年，病得饭不能吃，水不能喝，天天躺着，快死了，医生来帮治病，开始不相信，但药把病治好了，现在信药不信鬼了。"有的因病每年祭鬼两三次，杀牛六七头皆无效，还是靠药治好。陇川县长兴寨一位景颇族妇女，生育了七个孩子无一成活，第八个孩子是共产党医生为他接生，得到健康成长，其父母称他为"共产堵"，王子树梅林寨一位景颇族妇女，情况略与前同，将自己的女儿取名"幸福锐"。医药知识的传播，景颇人民深得其益，因而相信医药了。也有半信半疑的，他们的看法是：有的"杀牛献鬼人还是死了，有的杀猪献却献好了；有的吃药病好了，但也有吃了药而病不愈的。可以先吃药，不好再祭鬼。"他们还可举出某某的病是吃药好的，某某的病是献鬼献好的。或认为"鬼这种东西是信就有，不信就没有，但不可不信，也不可全信"。随着群众鬼魂观念的变化，宗教祭司们的观念也发生变化，他们也说："以后群众生病先吃药，不好再祭鬼，祭鬼的牛腿我不吃了，大伙一起吃。"

这一时期反映在鬼魂上的新旧观念，在祭"能尚"（官庙）方面也充分反映出来。村社头人和宗教祭司多认为"不祭不行，不祭庄稼不会好"。或认为"这是祖先传下来的，后代子孙不照办不好"。而群众中思想比较激进的说："天鬼地鬼给过我们什么?! 拿过什么东西给我们?! 我们越祭鬼生活越贫困。景颇寨中也有不祭能尚的，庄稼同样长得好，从现在起不论谁来主持祭祀，我都不参加。"也有的主张先试试看，"停祭一年，如果全寨清吉平安，粮食丰收，以后就不必祭了"。还有的群众是要看领导人的态度，说"祭能尚是祖先传下来的，就看带头人献不献了，带头人要大家用新道理就不献了"。也有的说献不献、杀牛不杀牛要看董萨的意见。

景颇族人民在短短几年间亲身领会了医药科学的优越性，同时科学也迅猛地冲击了长期形成的根深蒂固的鬼魂观念，不仅群众如此，那些宗教祭司在现实面前也不得不改变一些旧观点，以适应新的潮流。

景颇族群众对生病与鬼无关的新认识，导致杀牲献鬼活动的大幅度下降。陇川县邦瓦寨 1951—1952 年，祭鬼杀牛 15 头，杀猪 31 头，杀鸡 365只；1953—1954 年，杀牛 11 头，猪 20 头，鸡 492 只；1955—1956 年仅杀牛 3 条，猪 15 头，鸡 205 只。

瑞丽县南京里，1953 年祭鬼杀牛 10 头，1954 年杀 11 头，1955 年仅杀 1 头。工作基础差的地方，杀牛献鬼还比较突出。潞西县（今芒市）谷洞村 27 户人家，1953—1955 年献鬼杀牛 57 头，每户平均 2 头多，但就整个景颇族地区而言，杀牲献鬼活动都在迅速下降。

1957 年，景颇族地区都是社会秩序安定，生产发展，六畜兴旺，人民生活水平和健康状况逐步提高，一派欣欣向荣景象。但由于对原始宗教在其他方面的影响认识不足，以致一些地区在一段时期内虽然不再因病而杀牛献鬼，但为祈求清吉平安、六畜兴旺而献鬼的却增加了。潞西县（今芒市）三台山有个 45 户的村子，1957 年出现家家杀牛献鬼祈求幸福。这是个新出现的突出问题。1958 年后，当地政府注意了这方面的工作，到 20世纪 60 年代中叶，杀牲献鬼的总趋势是越来越少。相当一部分人家丢了鬼筒（家堂鬼的象征物），撤去鬼台（供祖先鬼的架子），不再杀牲献鬼。

十年浩劫中，由于推行了一套"左"的政策，在"破四旧"和"横扫一切牛鬼蛇神"的口号下，一些较有威望的董萨也受到批判。在工作基础差，杀牲献鬼尚有一定程度保留的地方，有的造反派强迫董萨背着牛头骨，由民兵押着游村寨。但这种做法没有从根本上解决问题。

1978年后纠正了"左"的错误，贯彻了宗教信仰自由政策，但在基层工作那里，并不把原始宗教看作宗教的一部分，仅仅把它视为一种习俗，放松了正确的引导，因而除少数原来工作基础较好的地区，上述现象继续得到扼制，如潞西（今芒市）西山有个合作社部分社干提出要祭"能尚"，但20世纪50年代成长起来的老人说：新中国成立后，山官（酋长）的世袭制变成人民当家做主了，祭能尚过去是山官的特权，现在要恢复，谁来主祭，谁来当新"山官"？一句话使社干们思想开朗了，从此，这里祭"能尚"的事不再有人提出。原来工作基础差、交通闭塞、医疗条件也受限制的地方，祭鬼杀牲又有不同程度的恢复，盈江县的盏西、支那、卡场这些景颇聚居乡，有的还比较突出。卡场乡直到1982年全乡因献鬼就杀牛百余头，占全乡所有黄牛、水牛总数的6%左右。草坝村40户人家，当年献鬼杀猪46头，鸡361只，有的村寨在十一二月献鬼高峰期，大鸡基本上杀光。盏西普关1981—1983年3月献鬼杀牛31头，每年约有10%的人家杀牛献鬼，个别寨子平均每年每4户人家就杀1头牛。

这类地区，除了杀牲祭鬼之外，还出现直接损害人的权益、诬蔑某些人为"阿披"鬼的。在景颇人的观念里，"阿披"鬼是咬人最厉害的鬼之一，谁人身上附着这个鬼，谁就不受欢迎。卡场乡，被诬为"阿披"鬼的有13户，有12个女青年已达婚龄但无人娶，有的还是共青团员、初中毕业生。支那乡芦山村一位景颇族小学教师和一位女社员相爱，已生孩子，但因群众中有人说这个姑娘附有"阿披"鬼，男方家庭及寨子里一些迷信思想严重的人均不赞成把她接到男方家。乡里出面做工作，但工作很难做。

1985年后，各级政府加强了这方面的工作，除了加强医务工作外，发展交通，把公路修到这些长期封闭的地区，加强文化教育，把录音机、电视机送到山区，努力发展商品经济，这些对克服封闭落后，冲击鬼魂观念都起到了重要作用。

（原载吕大吉、何耀华总主编《中国各民族原始宗教集成·景颇族卷》，中国社会科学出版社1999年版）

景颇族的原始宗教信仰与两个文明建设

景颇族的原始宗教，直到新中国成立前仍保留着较多的固有特点，而且对社会生产力的发展起着一定的阻滞作用。本文拟从新中国成立前原始宗教的基本特点、新中国成立后的变化、今后怎样加强对群众的无神论教育、克服原始宗教的消极影响等方面进行论述。错误之处，敬希指正。

一、"万物有灵"观念与多神崇拜

原始社会人们的"万物有灵"观念与多神崇拜的产生，是人们尚处于低下的生产力之下而产生的"幻想的反映"。和其他古代民族一样，景颇人认为天、地、日、月、风、雨、雷、电、巨石、大树、鸟、兽、虫、鱼等都有神灵存在。他们相信在自然界、人类社会这个有形的世界外，还存在着一个无形的超自然的世界，而无形的世界主宰和支配有形的世界。他们认为，人们在生产活动中粮食是否丰收、在日常生活中家庭是否吉祥平安、身体是否健康都由各种鬼神来决定；风调雨顺、粮食丰收是鬼神的赐予；灾害与疾病是鬼神作祟或对人间的不满而降灾祸于人。要使鬼神赐福于人，或遇灾祸时能转祸为福，化凶为吉，那就得用人间最好的食物，最美好的语言和最虔诚的态度，求得鬼神的喜悦和宽恕。人们又总是希望避害趋利，去凶得吉，于是便杀牲祭献以了结人们的心愿。

由于信奉"万物有灵"，景颇人祭献的鬼也特别多。他们认为，这些鬼神的大小、作用是不同的。天鬼最高，地鬼最大，头人（官家）供奉的鬼特别尊贵。但人们经常祭献的鬼神主要还是与生产生活直接有关的。一般村寨的景颇族官庙里，供奉着二十多个鬼神的象征物：太阳神，主宰人们的吃、穿；天神，主宰五谷丰收；雷神，会打雷击毁房屋、电死人畜、烧毁庄稼等；风神，能刮倒大树、房屋，也能使六畜兴旺；阿崩腊、阿崩里原是一对夫妇，因违反了天神意志，被贬作洼子鬼，司狩猎和下雪；虹，是个女神，她善于纺织，给人以衣服；宁速鬼，是咬人最厉害的；宁当鬼会使妇女在分娩时死亡；子戛神，能保护庄稼不让他人偷窃；乃模木沙，类似钟馗，是个鬼头；拾滴神是官家供奉的，司人畜兴旺，五谷丰收，使人免受疾病、灾害之苦。此外还有一些官家先辈或村社、部落英雄人物被奉为神灵的。官庙中供着这许多鬼神，按信仰者的愿望看，其中一部分，主宰人们的衣食，给人们以幸福，人们需要感激它们，祈求它们多多赐予；另一部分对人、畜、五谷造成危害，给人们带来灾难和疾病，对人简直没有一点好处，人们惧怕它们，把它们供入官庙，祭祀它们，是乞求它们勿降灾祸于人；再一部分是山官家及某些村社英雄人物的亡灵，他们对建立和保卫村社有过贡献，供入官庙是缅怀他们的业绩。

景颇人对神灵表示感激、乞求宽恕或缅怀业绩的主要方式是杀牲祭献，小则一只刚出蛋壳的小鸡，大则水牛、黄牛。据解放初调查，一个百户人家的寨子，一年内用于祭鬼的鸡1500多只（平均每户15只），猪80多头（每户0.8头），牛50多头（平均两户杀1头），如果是举行盛大的祭典——目瑙纵歌，需杀牛二三十头，猪上百头，鸡上千只，此外还有水酒、大米等各项耗费，如此大量地杀牲和消耗社会财富，对发展生产力，提高人民生活无疑是很大的阻碍。

二、新中国成立后原始宗教的变化

新中国成立前景颇族治病靠祭神献鬼。他们居住的德宏州是闻名的瘴疠之区，据卫生部门调查，1950年潞西县（今芒市）的疟疾发病率高达71.6%，死亡率达15%。景颇族多住居气候温和的山区，对炎热的坝区很不适应，尤其对恶性疟疾缺少抵抗能力，染病者痊愈的较少。此外，鼠疫、霍乱、天花也常有流行，像毒蛇猛兽一样吞噬着人民的生命。潞西县

（今芒市）遮放弄莫寨，1940 年前后是个 70 多户人家的景颇族村寨，由于疾病流行，死的死，走的走，到新中国成立前夕仅剩下 3 户人家。

新中国成立后，为了帮助景颇族人民防病治病，中央第一防疫队、西南防疫队、西南妇幼卫生工作队、省民族巡回医疗队、省防疫队等三百余人，对边疆和景颇族地区的地方病、流行病进行了全面防治，同时，省、地派往景颇山区的民族工作队也专门配备医生一道开展工作。他们一面宣传党的民族政策，一面宣传医药卫生知识，叩门医病，热情地为患者免费治疗。随着医药卫生事业的发展，州、县医院和卫生所、大队卫生室相继建立，在短短的几年内，对景颇族人民健康和生命危害最大的疟疾、天花、霍乱、鼠疫等都得到了有效控制。医疗卫生事业的发展，景颇族人民深得其益，健康水平大大提高，死亡率大大下降。盈江县合作乡弄颇寨景颇族董萨（巫师）长期生病，几年中多次献鬼，杀去 3 头牛，8 头猪，32 只鸡均无效，但是医生不要他一分钱，将他的病治好了，他很高兴地说："鬼神不帮我的忙，不相信了。"医药科学使广大景颇族群众和宗教职业者对鬼神产生了怀疑，对医药科学有了好感。同时，党和政府经常向景颇族干部、群众宣传无神论，利用党校、民族干部学校，对景颇族干部进行系统的历史唯物主义和无神论教育。1958 年、1965 年在两次群众性的社会主义教育运动中，又广泛宣传了无神论，使景颇族群众相信医药科学、不献鬼神的思想逐渐树立起来。那些从不怀疑鬼神存在的老年人，在大量的活生生的事实面前，也逐渐改变了看法。由于景颇人相信医药科学思想的逐步树立，过去那种有病就去找董萨看鬼，动辄杀牲献鬼的状况大为改观。工作基础好的地区、村寨，基本上克服了宰杀大牲畜祭神献鬼的状况。

"文革"中，由于推行了一套"左"的方针政策，在"破四旧"和"横扫一切牛鬼蛇神"的口号鼓动下，党的宗教信仰自由政策受到了严重破坏，一些较有威信的董萨被批斗，并强迫他们背上牛头骨，由造反派、民兵押着游村寨。结果适得其反，并出现了这样的情况：有的董萨白天被批斗，到晚上又被群众请去念鬼，为防止造反派发现，祭神献鬼的人家还为董萨站岗放哨。在原来工作基础薄弱、医疗条件较差的盈江县支那、盏西、卡场等地区，大量杀牲、祭神献鬼的情况仍很普遍。1982 年卡场区的调查资料表明，这里有相当数量的群众还认为在人们的生产、生活活动后面，都有鬼神起作用，是鬼神支配着人们的幸福和疾苦，不论遇到什么吉凶祸福都要献鬼，卡场区每年献鬼杀牛一百多头，占全区水牛、黄牛总数的 6%。支那区崩董乡每年约有 10% 的人家杀牛献鬼，个别寨子达 25%。据一个 70 余岁的大董萨谈，他帮人家念鬼一生，用了 200 头牛，"文革"他外出，从 1974 年回来至今，用了 50 多头牛，至于用去的猪、鸡则不计其数了。这个乡像他这样有威望能念天鬼的有 3 人，比他低一级，能念以牛做祭品的有 16 人，能念以猪、鸡做祭品的就更多一些。

群众中有被诬为"阿披"鬼（即枇杷鬼）的妇女，是十分不幸的。有个乡被诬有枇杷鬼者 13 户，有 12 个姑娘已达婚龄，但无人娶。因为按原始宗教的观念，附有"阿披"鬼的姑娘，魂会变成动物去咬人致病致死。于是，这些姑娘便只好远走他乡，或由父母带他们远远迁走。总之，这类景颇族地区的原始宗教使广大群众蒙受着极大的精神折磨和财富耗费。十年动乱中，在原来工作基础、医疗卫生条件较好，经济、文化比较发达的潞西县（今芒市）、瑞丽县和陇川县等地区，杀牛献鬼的虽仅个别人家，杀猪的也不多，但杀鸡的则较普遍；特别值得注意的是过去已经抛弃了的家堂鬼又普遍恢复起来，有些地区的杀牛祭神献鬼活动是以乡、村的名义集体祭献官庙，费用各户分摊。把十年动乱前后的情况比较一下，我们就可以看到极"左"路线的危害之大、党的宗教信仰自由政策的英明正确。

三、坚持宗教信仰自由，加强两个文明建设

新中国成立前，景颇族笃信万物有灵，大量杀牲，祭神献鬼，严重破坏了生产力发展；新中国成立后，经过各级党委和政府部门的不断努力，到 20 世纪 60 年代中期，已得到很大改变。但十年浩劫又给景颇人民带来灾难，使不少地区原始宗教回潮，又不同程度地束缚群众思想，大量耗费社会财富，乃至直接破坏生产力的发展。对此，正确的方针政策应是，在坚持宗教信仰自由的同时，加强两个文明的建设，促进经济、文化、科学

的发展，促进民族的繁荣。具体有以下几方面。

（一）努力发展生产，迅速克服贫困状态

景颇族人民的解放，使他们得以避免陷入半封建半殖民地的泥坑，并越过资本主义历史发展阶段，和全国各族人民一道进入了社会主义社会。这说明景颇族的原始宗教已失去了它赖以存在的经济基础，但从另一方面看，"宗教偏见的最深的根源是穷困和愚昧"①。这就要求我们努力发展农业、工业以消除穷困，发展科学文化以代替愚昧。如果现代的科学成果为景颇族群众所掌握，广泛用于本民族的农业、工业领域，科学知识大大普及，人们就日益相信自己的力量，抛弃宗教的欺骗。

（二）加强基层干部的唯物主义和无神论教育

新中国成立后，党和政府十分重视用马克思主义的辩证唯物论和历史唯物论武装景颇族人民，而且有了很成功的经验。一位景颇族干部介绍，他小时信鬼，年纪稍长时信过基督教，新中国成立后参加了工作，学习了革命道理，使他转而相信无神论了。这个事实说明，对干部、群众进行辩证唯物主义和历史唯物主义的教育，历史地说明宗教的起源、发展、消亡过程，是会产生良好效果的。"从历史上说明它"是一个很重要的方面，"而这一任务甚至连自然科学也是无力完成的"②。因此，恢复 20 世纪 50 年代那种利用各种会议、学校（特别是党校），见缝插针地宣传马克思主义的无神论的做法是十分必要的。

（三）继续加强医疗卫生工作

新中国成立后，德宏地区的医疗卫生事业是从无到有，从小到大迅速发展的。全州的卫生机构从新中国成立前的 3 个增至现在的 81 个。卫生人员从新中国成立前的 9 人增至 1577 人，其中：高级技术人员 231 人，占 14.6%；中级的 1234 人，占 78.4%；初级 110 人，占 7%。景颇族的医务

---

① 《列宁全集》第 28 卷，第 163 页。
② 《马克思恩格斯全集》第 18 卷，第 654 页。

技术人员从零开始，现有 162 人，其中技术人员 145 人。这一发展无疑是十分迅速的、巨大的。但从景颇地区地广人稀、山高路远及医务人员水平较低等实际情况看，加强这些地区的医疗卫生工作仍是十分必要的。盈江支那区卫生所四位医务人员，都是从乡卫生员中选出，由州卫生学校帮助培养出来的，比较难一点的病当地无法解决，如到县医院治疗又要几天路程。因此希望内地医学院校在定向招生中适当照顾，给他们一些内科、妇产科、五官科、外科名额，这样，几年后就会改观了。上海医疗队在陇川工作期间，了解当地的实际需要，接受了八名医务工作人员到上海进修，这些同志进修返回后都成为当地医疗卫生骨干。这一做法受到了普遍欢迎，是值得倡导的。

随着农业生产责任制的建立，基层卫生事业也存在如何适应这一新形势的问题。目前在景颇族居住的某些地区，看病难的问题还比较突出。有的反映，20 世纪 50 年代群众生病，还没有去请董萨念鬼时，医生已经到病人家了，而今请也难请来；还有的说，祭鬼之所以有较多恢复，其原因是"董萨好求，医生难找"。反映出医疗作风亟待改进的问题，特别是一些边远村寨，交通不便，更需要给以特别的关心。如果医疗卫生事业进一步发展，充分满足人民群众的需要，那么，群众有病就不想去祈神献鬼了。

（四）有针对性地普及科学知识

自然界奥秘无穷，但却是有规律的、可知的。有的已被人们认识；有的尚待认识；有的虽已被科学证实，但在闭塞的边远山区还没有普及。因此在科学知识不普及的地方，许多自然现象只好照旧用鬼神的观念去解释。如傈僳族的"上刀杆"，表演者从捆着雪亮的 36 把长刀的木杆上逐级上爬，脚掌踩在锋利的刀刃上不会划破，是何原因呢？在其秘密尚未揭开之前，各民族群众观后，只好归于神的保佑。在德宏地区，大青树不少；当少雨干旱之年的五六月间，赤日暴晒时，人们在树下会感到有细微水珠下落，大青树叶所庇荫的边沿地上会湿润。这是一种不常见的现象，当人们不认识这种植物的特性时，往往会崇信鬼神，释之为大青树哭了，是不祥之兆，将会有大灾难出现。于是在树下用餐者要撒点饭菜，喝酒者要奠

酒。类似情况，如能有针对性地宣传有关科学知识，对消除神鬼观念肯定
会起良好作用。

（五）把原始宗教摆在一定位置上

目前有两种倾向值得研究，一种认为宗教指的是佛教、基督教、伊斯
兰教，崇拜鬼神的算不了宗教，只是封建迷信；另一种认为宗教信仰自
由，群众信仰，不必管他，使信仰自由趋于自流。根据历史和现实的经验
看，这两种倾向都是错误的。1981 年陇川县邦瓦寨闹"阿披"鬼，经过
政府部门及时调查，弄清了事实，做了工作，问题顺利解决了。这说明不
放任自流，问题就可以圆满地解决。但崇拜鬼神的原始宗教，是宗教整体
的一部分，应摆在一定的位置上予以重视，加强研究，在实行信仰自由政
策的同时，加强正面引导，是非常重要的。

（六）做好董萨的工作

董萨在景颇族中是原始宗教观念的传播者和祭司，对本地区各支系、
各户所供鬼神情况比较熟悉。他们善于掌握人们的思想，把话说到人们的
心坎上，或使祈求者愉快，或使其悲伤。因而，做好他们的工作很重要。
他们一方面传播宗教迷信，往往起破坏生产力和束缚人们的思想的消极作
用；另一方面，在一定程度上，他们又是群众"不可少的人物"。他们的
态度也不同于过去，有的善于适应形势，在祭鬼时，传统的念一些，党的
政策道理也背一些。20 世纪 50 年代开办董萨学习班，帮助他们提高思想，
表扬那些觉悟高的董萨，让他们互相启发、互相帮助的经验是值得提倡
的。对其中威信较高、社会历史知识丰富、有一定代表性的董萨，有条件
的地方还可整理他们所记忆的历史和原始宗教的起源、发展等传说，把他
们吸引到对社会有用的方面来。

目前，景颇族的原始宗教，比较严重地束缚着群众的思想，危害人们
的生命财产，也妨碍两个文明的建设。这些后果引起了本地区、本民族中
思想先进的干部和群众的忧虑。他们中有的寄希望于立法，有的则主张公
开号召群众先改信基督教（可不杀牲献鬼），以后再慢慢转向不再信教。
违法者政府依法治罪是必要的，但思想意识的改造仅靠行政手段是不能解

决的，还必须做好经济、政治、思想、文化教育等各方面的工作。至于公开号召群众改信基督教是没有必要的（自愿改变的不加干涉），因为基督教对原始宗教来说，只不过是用高一级的神代替低一级的鬼而已。

　　（原载中国民族学研究会编《民族学研究》第八辑，民族出版社 1986 年版）

景颇族董萨及其社会功能

一、景颇族的董萨阶层

"董萨"，景颇语，当地汉语称为"魔头"。学术界普遍认为近代景颇族的宗教系原始宗教，因此，我们把他们称为"原始宗教祭司"。

在景颇族社会中，他们是行使原始宗教神权的社会集团。一般七八户或十余户人家就有一人，一个百余户的部落或村社，往往有八九个或十余个董萨。就人数而言，他们超过了政治统治集团，在景颇族社会中形成一个有一定势力的阶层。

不论从历史上看或从现实宗教习惯法规考察都可以看到，景颇族董萨并不像部落酋长那样是世袭的，在社会等级中，他们属于百姓阶层，就其形成看，有自学而成的，有祖传的。景颇族原始宗教的祭鬼活动是开放性的，董萨在帮群众占卜看鬼、举行祭鬼仪式念鬼都是公开进行的，他人可以旁听，有些场合则是祭司念一句，跟着学的人重复一句（只有一种情况例外，那就是要请"勒要坡"和"毛难丁"这两个鬼暗中去咬死仇敌时则严格保密，他们认为如果泄密，仇敌知道了也会把鬼送回来，自己反而受害）。有些聪明的、记忆力强的人，特别是青少年，听几遍就掌握了。这部分人常在董萨周围，当他们获得一些原始宗教的知识后，平时对村社内外的宗教活动热心，渐渐就有群众请他们去帮念鬼；开初，一般都是帮人家念小鬼，如用干鱼、干老鼠、小鸡做祭品的鬼，重要的是要有好的口才，能够流畅地诵出口传经以及能清楚地表达主人的愿望。有时还碰上偶然因素，如念完鬼后病人的病情好转，照董萨占卜所指方向、范围找到自己牲畜等，群众就会认为这个董萨真的有"灵"，博得人们信任。群众请去占卜念鬼的多了，念鬼经验积累的就多，在群众和同行之间的威望、地位就逐渐上升。有些人祖辈或父辈是董萨，但其子孙无兴趣学和继承他们的事业，就成为普通劳动者。由于存在自学成才和董萨不世袭的客观现实，因此董萨们认为"自己之所以成为董萨，是天地生成的。应该做董萨的，一学就会了，不该做董萨的，再学也不会"。

有些青少年，因父亲或爷爷是董萨，他们比一般人更容易获得祭司的知识，如长辈有意培养他们而自己也愿意学的，长辈去帮人举行祭鬼活动时就带他们去当助手、见习，所以又有数代都是董萨的人家。在潞西县（今芒市）遮放西山等地，董萨在念天鬼时，首先要向天鬼报告，告知他的念鬼知识和技能是得到祖辈董萨的真传，并有祖辈董萨祭祀鬼魂使用的刀和毯为据。他们相信天鬼验了法器认定确属先辈董萨真传才领受其祭祀，否则天鬼不理睬，祭了无效。有些自学而成的董萨也要从历代祖先中去找继承关系，如父系祖先中找不到，就到母亲家系中找联系，两方面均挂不上钩，就得去拜有名望的董萨为师。当师傅接收徒弟后，就负责指导他占卜、叫谷魂、献小鬼，带他去参加祭鬼活动。到具有独立念鬼技能时，徒弟就给师傅送礼：衣服、水酒、墨顶（祭鬼用花毯），相当于一头牛的价值。师傅收礼后端一碗酒念鬼，说明他的徒弟在自己指导下经过几年的祭鬼活动能独立祭鬼了，请"琐"（祖师）承认他是董萨，并指导他今后的念鬼活动，念毕把酒交给徒弟喝了，传授完毕。这里的承袭关系比较明显，主要证明他们是真董萨并非假冒。

徒弟得到"琐"之后，还要摆两碗酒、干鱼、姜等认祖师——"琐"。说拜你为师，以后占卜念鬼都要请你来指导。景颇族董萨，不论占卜或进行祭祀都要先请"琐"来站在自己头顶和肩上，指导自己进行占卜与祭祀，忘记了的要请他提醒，而且用十分谦恭的语言表达自己的愿望。董萨们认为如不拜"琐"，占卜的卦不灵，念鬼念到中途会忘记，念不下去。请了"琐"，占卜的卦灵，念鬼时忘记了的他会提醒，念不到的他会补全。这样，董萨就披上神秘的外衣，董萨的话变成鬼神的话。

董萨必须注意自己的行为规范，不能进行偷盗和抢劫，要模范地遵守社会习惯法规。他们不能吃病死的猪、牛肉，特别是念天鬼、"拾滴"（地鬼最大者）的大董萨，连虎豹咬死的家畜，野兽也不能吃，有的连吃饭碗筷也专用。

景颇族中也有这样的人，他们也懂得一些看卦、念鬼、祭祀的基本知识，但他们不愿跻身于董萨行列；他们认为做了董萨常影响生产，而且人会懒惰，子孙后代不昌盛。考其原因是做董萨后不论谁家有人生病，不论白天黑夜，只要病人亲属来请了，必须随请随到，农忙时节丢下家中的农活也得去为病人占卜念鬼。他们的戒律是，有人来请，自己不去，鬼会降灾祸于己，会有大祸临头，得罪不起。只要有人找到头上，他们是不敢不去的，但是节令不等人，等你去献完鬼再来搞生产，常错过生产上的关键时刻，往往造成减产减收，家庭生产受损。同时，董萨帮人献鬼，主人家希望病人早日痊愈，希望董萨虔诚念鬼，酒肉烟茶殷勤招待。特别在一些大的剽牛祭鬼场合，他们往往是边念边饮酒，或念完就饮，醉了就睡，醒来又念，长此下去，自然要好吃懒做了。或因饮酒过量，酒精中毒，影响后代子孙是免不了的。

二、董萨的等级与分工

董萨，是景颇族对从事原始宗教活动的全体职事人员的总称呼，但是在内部，他们相互之间又是有等级的。以等级而言，他们分为"斋瓦""戛董萨""大董萨""董萨""小董萨""努歪董萨"。

"斋瓦"，是董萨中的最高等级，对原始宗教的鬼魂知识和本民族的历史传说有比较多的了解，社会阅历丰富。他们不仅能念日常占卜到的各种鬼，在部落酋长、百姓或村社群众集体举行盛大庆典——"目瑙纵歌"时，他们能念最大的天鬼——"木代鬼"，因此，有时人们也称他们为"木代董萨"。这部分人在董萨中的比例较小，一般是在大的部落或若干个中小部落的范围内才有一两人。

"戛董萨"，即有资格祭地鬼的大祭司，他们的地位仅次于"斋瓦"。每年春耕秋收前，部落都要祭能尚（当地汉语称官庙），其中的地鬼即由他们专门祭。

由于地鬼的重要地位，对祭地鬼董萨的要求也要高些，不仅念鬼的水平高，社会道德、行为规范也应是表率。这部分人一般是从大董萨中推选出来，在瑞丽雷弄部落中，酋长对推选出来的戛董萨还要给以正式任命，每年要给他一件衣服和一条裙子。

大董萨（载瓦语称董萨幕），平时，群众杀猪、剽牛献鬼、送魂多请他们主持，他们对大祭"子桐""毛难""省""勒丕""尤木""章枯"这些鬼都能胜任。因为念这些鬼要将其产生、来历的故事都念出来，要求有比较丰富的鬼魂知识和神话、历史知识。遇有部落酋长、村社成员集体或私人家举行"目瑙纵歌"时，他们可以和"斋瓦"一道进入高层次的祭天鬼范围，其中部分作为"斋瓦"的助手和接班人。念"木代鬼"内容多，而且一念就是二三十个小时，中间仅吃饭稍作休息，比较劳累。但"斋瓦"感到累时，也从参与高层次祭鬼的大董萨中选一两人接替自己继续念完。

董萨，在人们的观念里，他们已经不是初学念鬼的人，已有多年的念鬼经历，积累了较多的念鬼知识和经验，但他们念鬼的水平低于大董萨，平时被请去主持祭祀的鬼魂多系以猪鸡作祭品，或是大董萨能念的那些重要的鬼中，他们只念过部分，尚不能完全承担。这部分人是比较接近于大董萨的，把做大董萨应念的那四五个不同类型的鬼都念了，同行和群众便认为他是大董萨了。

小董萨（载瓦语称董萨作），这是祭司中的最低等级。他们初进入祭司行列，年纪轻、经验和知识都不足，一般只能念以干鱼、干老鼠、鸡做祭品的小祭。

努歪董萨，他与以上各级董萨不同，上述董萨都会占卜和念鬼（只是不能为自己占卜和念鬼）而他们仅会占卜不会念鬼，人们只把他们当作小董萨看待。

景颇族董萨中还有"明团""西早"，这两种人比较特殊。"明团"（有写作迷退、迷推的）他们属大董萨行列，平时也代群众占卜、念鬼，但在举行"目瑙纵歌"这种大的庆典活动时，他就专门作为天鬼和人间的居间人，庆典开始前，他要先用蒿子薰身子，用鲜姜片擦手，再放几片在口中咀嚼，喝些生牛血，作些巫术，请天鬼降到他身上，对这次庆典有什么要求要向百姓传达的就告诉他。在旁的职事人员向"明团"提出问题，如这次祭祀的董萨如何分工，祭祀中应注意些什么事，怎样才能把这次庆典搞好，让天鬼、地鬼都满意，等等。"明团"一一回答到问题完毕为止。在整个庆典过程中，"明团"每天都举行一次这种活动，一方面征求天鬼、地鬼意见，询问天鬼对已进行过的祭祀是否满意，他可根据祭祀中存在的问题告诉人们如何改进等。"明团"也要把人们的愿望向天鬼报告，求天鬼赐福。承担这项任务的董萨也不多，也是在一个较大的区域内才有一两人，职责比较专一。景颇族信奉的有些鬼就直接出自他们的口。盈江县卡场拱劳寨"能尚"中供的"乌干娃"，原是这块地上的部落领袖，因发生瘟疫，他和部落成员死亡殆尽。过了数十年后，现今拱劳部落祖先又迁来居住，到 19 世纪后期，当地的一个老"明团"说，乌干娃死的心不甘，也没有人祭祀，拱劳人要祭祀他，否则部落不会安宁，于是拱劳部落就把他供在部落的"能尚"里直到现在。

"西早"和"明团"一样也属大董萨的行列，职责偏重于帮助新近亡故者送魂。景颇族人死后，家人都要为死者举行送魂仪式，有的在埋葬尸体时送，有的在半年一年后送，全由主人家决定。高寿老人、部落酋长的亡魂，往往要沿着他们祖先南迁的路线往北送出十天半月甚至一月路程。后来有的不那么虔诚，送自半途就放飞（让鬼魂自行飞回祖先鬼所在地），甚至一般人仅送出几天路程。如属刀枪、溺水、难产而死于非命的，不能送往祖先鬼魂所在处，因为祖先不接受非正常死亡的鬼魂，只好把它们送往阴森的山谷，成为孤魂野鬼。婴幼儿死亡，其魂送往果树下，但愿他能像果树一样重新开花结果，出现了再生的萌芽，但从景颇族原始宗教的整个观念看，他们尚未形成转世与鬼魂通过另一世界投胎的观念。董萨为亡魂指路，所过之村落、河沟、桥梁都要一一唱名，让鬼魂知道到了什么地方。不论走出十天半月，返回时也要一一告诉自己的魂已回到某地了，如果记错了或念错了，董萨的魂会迷路回不了家，日后会生病死亡，因此人们多请年老董萨从事这项活动，报酬高于一般祭鬼活动。

董萨的等级是根据他们自己所掌握的原始宗教知识，在祭祀鬼魂、举行宗教庆典活动中所发挥的作用和地位而言。这种等级，从主要方面看是属于自然形成的，一般说来，念鬼的经历长，博得群众信赖，群众请去主持祭大鬼次数多的威望就高，请去祭"木代鬼"的地位最高。董萨中存在的比较严格的等级，对低级别的董萨起着限制作用，低级别的董萨不能祭祀高等级的鬼，而高级别的董萨则不受此限。景颇族董萨内部的等级制与原始宗教中鬼魂的等级是有联系的，原始宗教鬼魂的等级与景颇族的等级社会是相对应的；景颇族社会中部落酋长的地位最高，而且是幼子继承，在七个主要的天鬼中，"木代鬼"的排行最末，但在诸天鬼中的地位最高，它也是地上世袭部落酋长的特殊保护鬼。

董萨在从事宗教活动中，可以得到一些报酬，报酬多少要看他主持祭祀场合大小与主人的经济条件而定。举行"目瑙纵歌"这类大的活动，斋瓦的报酬较高，可以得到一两头牛和一些其他礼物，作为其助手的那些大董萨可以得到相当于斋瓦报酬的一半左右。帮人家送魂，主人经济条件好的也会送给一头牛或相当于一头、半头牛的钱。主持一般的杀牛、杀猪祭祀，他可得一条后腿和几元钱；一些小型的祭祀活动，群众只给几元钱，如果董萨吸食鸦片，主人还要给他买一二十克鸦片。

董萨中还有一部分人，他们并不占卜，也不念鬼，其职责是剽牛、杀猪、烹调肉食制作献鬼的菜包和指导搭献鬼台等。这部分人也有专门的名称和职责。"盆弄"，职责是剽牛、杀猪、杀鸡，按祭鬼的传统要求分部位宰割猪牛；"因斗腊"负责将猪、牛肉外皮上的毛烧去和清洗干净；"强仲"（也称肉匠），负责分部位烹煮和切拼肉包。能够在举行"目瑙纵歌"这类大型祭祀场合、负责为"木代鬼"包肉的强仲，他们在原始宗教祭司中的地位与大董萨相当，其他的地位较低。在原始宗教祭祀的仪礼中，献鬼的肉包里必须有猪、牛各个部位的肉，它代表着献给鬼的是一头完整的牛或猪，是对鬼魂表示虔诚。至于只杀鸡念鬼的则不需要这么多职事人员，董萨带上一个助手或由病人亲属中找一人去帮忙，在董萨指导下去做即可。

三、景颇族原始宗教祭司的功能

董萨在景颇族社会中起着重要作用，其重要性从景颇人常说的一句话中可以充分体现出来，那就是"寨子里没有董萨就过不成日子"。近代景颇族社会是从部落社会向封建社会过渡的，而群众普遍信仰的是与部落社会密切联系的原始宗教。在笃信原始宗教的景颇人观念中，鬼魂世界和人类社会是两个类似而又有根本区别的世界。鬼魂世界的天鬼住在天界和高山之巅或云之上，亡人的鬼魂是回祖先鬼的世界（祖先发祥地），亡魂在那里与活人一样从事生产，烧地种粮，人与人之间也和现实社会一样划分为等级。这个看不见的鬼魂世界主宰和制约着人类社会；生产的丰歉，人的生老病死，苦难与欢乐，天灾人祸等，都是鬼魂在暗中起作用。这一切普通人是无法知晓的，只有董萨们在其祖师指点下进行占卜才能知道。因此，凡是百姓家、酋长家有婚、丧、疾病或遇到特殊灾异事故发生，都得请董萨占卜看鬼和祭鬼魂。每年春耕播种前要祭祀部落神祇，家中有人亡故，死者的魂要送回祖先鬼所在地才不会危害后代子孙。至于生病，对于每个人来说都是常见的，有的在一年中会碰上几次，在科学技术和医药知识都十分贫乏的景颇族中，每年每户总有几次或大或小的祭鬼活动。群众中这些大量的祭鬼活动，都是请祭司帮办的。祭司在帮助群众念鬼时，总是代表活人的愿望，把话说到人们的心坎，让人们在遭受灾害、苦难和思想忧愁时得到宽慰和精神上的解脱。因此，宗教祭司与群众存在密切的联系，是景颇人离不开的人物。

祭司是部落酋长统治群众的重要助手。祭司，就其职责来说，他的作用在于沟通人鬼关系，但这些人聪明，能说会道，而且因职业关系，常出东家进西家，知道情况多，酋长的一些重大决策，也听取他们的意见，而且在一些问题上董萨的话起决定作用，因此董萨对部落酋长来说又具有政治参谋的作用。部落与部落或与其他民族发生纠纷要谈判，当地称为"讲事"，双方的酋长、祭司、长老要参加。当双方矛盾不能协商解决发生武装冲突时，酋长也常请董萨参与领导。战斗开始之前要剽牛祭祀，董萨要念鬼祈求部落鬼保护自己的战士，帮助自己的战士去战胜敌人。出征前选择谁做指挥，谁做先锋以及出征时刻都由董萨占卜决定。因此，每个部落和村社都有董萨，虽然也有没有董萨的村落，但这在景颇族社会中只是暂时现象。一个部落里如果没有董萨，酋长会以一两头牛和一份好的水田作优惠条件，从外部落或其他村社"招聘"一名有威望的董萨来主持本部落的宗教活动和协助自己管理部落。群众对酋长与祭司的看法是"都瓦（酋长、山官）管寨子，董萨暖人心"。这个评价充分反映了这两者关系和两者在景颇族社会中的相辅相成的作用。

董萨是景颇族古代文化的保存者和传播者，直到近代，景颇族社会的发展层次还比较低，在漫长的历史长河中没有出现本民族的文字，从 20 世纪 30 年代起，有部分景颇族使用拉丁化景颇文，主要用于印刷圣经和宗教读物，使用范围和地区有限，大量的神话故事和历史传说主要靠董萨保存下来，一些有威望的大董萨，他们本身也是景颇族中知识渊博的人。他们在帮助群众念鬼时都要追根溯源，送魂就真实地记载了景颇族南迁的历史。董萨为了把各家新亡故者的魂送回祖先发祥地，他们必须对每个姓氏和人家迁徙的路线有比较清楚的了解，送魂时必须沿这条路线往回走，代代相传不误。在祭祀天鬼、庆祝新房落成、为死者辞世祝福的口碑中，一方面保留着祭鬼的口传经典，同时也是景颇族的口头文学和语言精华。这些对于研究景颇族的历史和文学具有很重要的价值。

19 世纪 70 年代，在景颇族中爆发了规模较大的武装反抗世袭贵族的斗争，反对传统的"贡沙"制度，人们称它为"贡龙运动"或"贡龙起义"。它以自由民为领导，有家内奴隶参加，以反对部落酋长特权，推翻旧制度为宗旨的运动。在这次运动中，一部分董萨站在自由民一边，从原始宗教角度为起义者提供理论依据和积极鼓动宣传。在这场斗争中依附于部落酋长的成为"贡沙董萨"，他们念鬼时祈求的是："保护酋长，保护祖先传下来的制度，酋长的统治像磐石一样稳固。"站在自由民一边的成为"贡龙董萨"，他们念鬼时祈求的是："贡沙制度已经倒下，贡龙制度发展很快，这里没有世袭贵族，大家负责。我们贡龙社会百姓团结如磐石，要求鬼神保护贡龙，保护地方。"这种状态一直保留到 20 世纪 50 年代初，现在还祭能尚的一些村社，董萨在念部落鬼时，仍按原来所属类型表达自己的目的、愿望去念。

董萨在景颇族社会中是一个有势力的阶层，是人们离不开的人物，但也反映出他们是原始宗教控制景颇族群众思想观念的有力工具。事实上，在景颇族社会中群众在遇到疾病与灾祸需要求得精神解脱时，只要去找他们，他们便通过占卜告诉来者是某某鬼危害，要把该鬼送走，必须杀牲祭献等，除此之外是没有第二个答案的。据 20 世纪 50 年代统计，一个百余户的部落，一年内用于祭鬼的鸡为 1500 余只，平均每两户杀去一头猪，每四户杀去一头牛。从历史上看，部落酋长们每隔四五年或七八年要举行一次大的庆典——"目瑙纵歌"，这是维系酋长们的世袭制和提高他们在群众中威望的重要手段。因为庆典主祭天鬼中最有权威的木代鬼，其女儿在原始宗教的神话故事中，是世袭酋长的女始祖，百姓没有这个血统；举行这类庆典，一次杀牛十几头或二三十头，还有大量的猪、鸡、粮食消耗，家庭经济发展较好的酋长还能应付几次，经济条件差的祭一次即大伤元气，从此而衰落，于是有些酋长对"木代鬼"是又爱又不爱，爱的方面是维护酋长世袭制，不爱的方面是祭祀一次代价高昂难以承受。有的酋长变换手法把负担转嫁到部落成员头上，但不论由谁承担，它都是一项无效的消耗。由于大量的杀牲献鬼，部落或村社内每年繁殖的牛、猪、鸡都消耗了，不能变成财富积累起来，不仅生产难以发展，连简单的再生产都难以为继。因此，董萨阶层对社会生产力的破坏也是相当突出的。中华人民共和国建立至今已四十余年，部落酋长的世袭制已由乡村人民政权所代替，医药卫生的发展使祭鬼活动大大减少，但董萨的职能没有被代替，改革开放以来，有的地区把原始宗教活动作为民族习俗看待，忽视了对董萨的积极引导，于是杀牲献鬼又迅速回升，特别是边远山村，恢复得更多些。因此，在原始宗教还有相当基础的景颇族地区，除加强医疗工作外，应加强对董萨的思想教育和管理工作，减少祭鬼牺牲，这对于保护生产力，发展社会主义经济是有积极意义的。

（原载《云南宗教研究》1992 年第 1 期）

景颇族的原始宗教与"贡龙"[①] 起义

19世纪70年代，住居卡苦（江心坡）地区的景颇族，爆发了规模较大的武装斗争，并波及现今德宏州盈江县的一些景颇山区，景颇人称这次运动为"贡龙起义"。部分董萨（原始宗教师）也直接投身于这次社会变革之中，以天鬼授意为由，给"贡龙"起义提供了理论依据和宣传鼓动武器，对推进这次运动起了重要作用。中国历史上用宗教形式发动起来的农民运动屡见不鲜，如东汉时期的黄巾军靠太平道，宋元明时期的农民革命运动多依靠白莲教，太平天国拜上帝会等，但都是成文历史时期的宗教，而以原始宗教发动农民推翻享有特权的世袭部落酋长实属罕见。本文就此作些论述。

一、部落社会与原始宗教

有关历史记载及调查资料表明，现今的景颇族来源于唐宋时住居恩梅开江、迈立开江流域的"寻传蛮"和"野蛮"，当时他们以采集狩猎为生，农业不发达，血族复仇严重。元明时发展较快，已出现较大部落，明王朝曾在江心坡地区建立过茶山、里麻两长官司。由于部落间兼并战争频繁，大约在17世纪末和18世纪初，有相当数量的景颇人陆续南迁入德宏州。据史书和调查资料记载，当时他们从事刀耕火种农业，一般是由若干

---

① "贡龙"为景颇语，"贡"意为"站起"，"龙"意为"突起的山峰"，起义者赋予它"起来建立新制度"的意思，与"贡沙"（旧制度、老规矩）对称。而维护旧制度的贵族们，则把"贡龙"视为"造谣破坏"与"动荡不安"的"罪恶"行动。

个姓氏，二三十户或五六十户人家组成村社，由世袭酋长（俗称山官）管理，有的酋长辖区较大，可包括若干个村社和一两百户人家，但部落间各自独立，互不隶属。主要生产资料土地属村社公有，劳动力组织基本上是以村社或部落（有的村社即是个小部落）为基础，由"纳破"（主管农业祭祀）选地，全村社或部落的劳动成员共同砍烧森林，再由部落酋长或村社头人划片分配给各个体农户播种、中耕，收获归己。部落酋长世袭，不论百姓再有本领或酋长多么无能，都不能改变"南瓜不能顶（代替）肉，百姓不能当酋长"的制度。百姓对部落酋长要交纳"宁贯"，即遇上家中杀牛祭鬼和猎得野兽时要给酋长交纳一条后腿。部落成员每户每年公务劳动三天，如砍树木杂草，烧地下种、收割，所得粮食由酋长保管，用于公益支出。社会内部有一定数量的奴隶，盈江乌帕部落第一代酋长（约18世纪中）曾蓄奴三十余人，到19世纪中，有一户百姓等级的董萨蓄奴二十余人。而当时奴隶与奴隶主的关系则是奴隶称主人为父母，与主人子女以兄弟姊妹相称，奴隶与主人同吃同住，除少数较大酋长外，奴隶主一般都参加劳动。因此，学术界多认为景颇族进入德宏初期的社会是由世袭贵族（当权者与非当权者）、百姓（即自由民）和奴隶三个等级组成的，具有家长奴隶（或说早期奴隶制）特征的部落社会。

　　与部落等级制相适应的景颇族的鬼神观念，仍属万物有灵，他们认为天有天鬼，地有地鬼，日、月、风、雷及各种鸟兽、石头等的身上都附着"拿"（通常称为鬼），而在人身上则附着"斯表"（通常称为魂），但在许多情况下又是鬼神和灵魂不分。他们相信各种自然及其变化，人们日常接触到的生病、死亡、吉凶祸福、自然灾害、农作物的丰收与歉收，都是鬼魂作祟，要杀牲祭献。他们相信各种人在社会上的地位也是由"拿（鬼）"决定的。部落酋长之所以能世袭，享有特权，是因为他们有"木代（天鬼）""拾滴（地鬼）"的保护，这两个鬼只有酋长家才能供奉，特别是"拾滴"，连一般小部落酋长也不能供奉。对各种鬼魂的祭献，主要由董沙念祷词，景颇族使用文字的时间还不长，而且仅在景颇支中流行，董萨念鬼全靠背诵，学术界普遍认为景颇族的宗教仍是原始宗教。

二、原始宗教与贡龙起义的宣传

在景颇族聚居的江心坡地区，经明代后期和清初的兼并战争，逐步形成了一些较大的部落集团，经过三个多世纪的发展，部落内部产生新的矛盾，特别是自由民私有经济的发展，旧部落体制已成为阻碍其发展的极大障碍。而进入德宏州的景颇族，初期虽然生产工具原始，生产力低下，但因德宏山区森林多，土质肥，气候条件适宜，所种旱谷、包谷、荞等农作物的产量比在江心坡地区为高，又直接和汉族的地主经济、傣族和德昂族的领主经济接触，逐步采用了先进的生产工具，促进了生产力的发展，使德宏州内景颇社会迅速变化，到 18 世纪末和 19 世纪初，他们的社会出现了一些新特点：第一，随着人口的增加，部落与部落间划分出严格界限，互不侵犯，其他村社成员如需用本村社或部落的土地，必须以借用方式取得土地所有村社首领的同意，方能开垦耕种。第二，酋长分配土地，对土地有较大的支配权力，百姓中劳动力强、生产工具较好、籽种耕牛充足的人家，他们则要求有自由使用土地的权利。但这种要求常受到酋长的限制，自由民与酋长间产生了新的矛盾。第三，酋长的特权不断扩展，对百姓的剥削加重。过去百姓对酋长只交"宁贯"，而今，酋长家娶妻或举行大型祭祀——"目瑙纵歌"，所属百姓要按姓氏或村社为单位，分别送一头牛和一面大铓锣，百姓还要集中几天时间去采集野菜、捉鱼、围猎供待客之用。酋长家办丧事、祭鬼或为死者送魂，百姓要以村社为单位送猪、鸡、大米、水酒等；百姓迁离时，要向酋长交一头牛或一面铓，作为拔去房屋木桩的费用，称为"夺沙木脱"。此外在新房落成时也要百姓送水酒、糯米饭祝贺。第四，有些自由民由于私有财富增长较快，经济地位上升，政治欲望随之而来，为提高自己的社会地位，他们也愿意杀十头、二十头牛举行"目瑙纵歌"，也要祭祀天、地鬼，这是只有部落酋长家能供奉的特权鬼，百姓没有，因此只好以数头牛的代价去向酋长借来祭祀。在许多情况下，酋长也怕百姓祭祀"木代（天鬼）""拾滴（地鬼）"后，政治地位上升，对其世袭统治不利，即使百姓送厚礼也不愿将代表自己特权的鬼借给富裕百姓祭祀，以卡住百姓借以提高政治地位的欲望。第五，由于周围多是封建势力，奴隶来源困难，也容易逃跑，奴隶制得不到发展，奴隶数量越来越少。

从上述情况可以看到，19世纪初景颇族部落社会的政治、经济制度已很不适应生产力发展的客观实际。经济地位日益增长的自由民迫切要求改变旧有的世袭部落酋长的特权制，包括部分具有进步思想的董萨亦投身于社会变革之中，并对当时发生的"贡龙"运动，发挥着积极作用。

在发生过"贡龙"运动的景颇族地区普遍流传着一个传说，说景颇族有个董萨（原始宗教师）名叫拉乱（一说叫恩度），不仅会念各种鬼，而且念得十分动听，天鬼听后很高兴，就令儿子到人间把拉乱请到天宫去念，当拉乱到了天鬼殿堂门口时，发现在祭鬼桩上拴着的那头牛，正是他不久前在地上帮人家念鬼时使用的那条，因它有一个明显的标志，额头上少了一小块皮，这是念鬼过程中不留心被弄掉的。拉乱正纳闷时，天鬼告诉他，这头牛前额少了一块皮，这里的董萨没有本领把它送到更高一层的天鬼那里，只好请你来念了。经拉乱念后，牛又进到更高一层的天鬼那里去了。天鬼为了答谢拉乱，问他需要什么？拉乱一时难以回答，只说"你给什么就要什么"。于是天鬼带他到殿堂外，指着一个部落对拉乱说：这个部落有世袭酋长，百姓要出负担，受压迫厉害，酋长家还养着奴隶，人民生活很苦。拉乱顺着天鬼所指方向看去，果然是房舍稀疏，人丁零落，一片凄凉景象。天鬼又指向另一个部落说：这里没有世袭酋长，谁能干有本领谁就是领头人，百姓也不出负担。这时展现在拉乱眼前的却是一个人烟稠密，屋舍整齐，六畜兴旺，人民幸福，一片欢乐景象。于是拉乱说"我喜欢这个部落"。天鬼就给了拉乱一筒水酒，一包糯米饭和一棵大青树，并嘱咐说：回去后把大青树栽好，把水酒和糯米饭分给大家，如遇到困难，到大青树下求援。拉乱回到人间，向百姓讲述了在天上的所见所闻，并照天鬼吩咐把酒和糯米饭分给大伙，但在分酒和糯米饭时，两次都是轮到酋长就没有了，酋长很生气，认为是拉乱故意与他作对，丢他的面子，要制裁拉乱。这时百姓们便组织起来保护拉乱，与酋长对抗，而且坚持了长期的斗争。

是否确有"拉乱"其人，姑且不谈，但有些原始宗教师参加"贡龙"

起义，起义者在原始宗教外衣下组织发动群众这是无疑的，同时，故事本身明确提出了起义者的政治纲领，对这次起义是十分重要的。首先，它对解放被压迫者的思想，起来推翻"贡沙"（旧制度），建立"贡龙"制度提供了理论依据。在部落社会里，百姓在世袭酋长的长期统治下，深受鬼、神思想的束缚，认为酋长的特权是天鬼赐予的，受天鬼保护，是神圣不可侵犯的，要反对酋长，会触犯天鬼，难免受天鬼惩罚。然而"董萨"拉乱指出，"贡沙（旧制度）"已是人丁零落，一片凄凉了，而"贡龙"制下的部落正兴旺发达，以"贡龙"取代"贡沙"这也是天鬼的旨意，这就为推翻世袭部落酋长统治的"贡沙"制，起来建立"贡龙"制提供了精神支柱，鼓舞他们去奋斗。其次，故事把董萨在分酒和糯米饭给人们吃时，部落酋长都没有得到这一点上，说明他们明确地提出斗争对象，在组织队伍时已充分注意到自身的纯洁性，不让革命对象混入其中。最后，为"贡龙"起义提供了奋斗目标，即建立没有世袭贵族，没有特权，谁有本领谁当领导，生产发展，人人平等、幸福的社会。可见，董萨拉乱托天鬼意旨告诉人们的，是"贡龙"起义的理论依据、组织队伍、奋斗目标的蓝图，对"贡龙"起义起过重大作用。

三、贡龙起义的胜利和原始宗教变革

"贡龙"运动，终于在原始宗教外衣包裹着的革命理论鼓动下，于19世纪70年代首先在景颇族中心住地江心坡爆发了，而且很快发展到载瓦支系地区，并越过独坝河，波及盈江县支丹山、龙盆、芒棒等地。支丹山草坝酋长早当，腾腊拱酋长早顿相继被百姓和奴隶杀死。这时，支丹山乌帕部落酋长的长子住腾腊拱，幼子住乌帕，老酋长与幼子媳不睦，便到腾腊拱长子家住，幼子担心继承权会落入其兄手中，散布其兄要夺他的继承权（景颇为幼子继承），其兄想让其父离开回到其弟住处，以免矛盾加深，密嘱部落成员达芒用，将老酋长住宅烧去，但酋长的长子反过来又加罪于达芒用并烧了他的住宅。因达芒用这一家族的势力比较强，他们原来对酋长的特权统治就不满意，对酋长大儿子利用他又烧了他的住宅更是恼怒，就联合本部落的娃麻干、乌帕部落的公推阳、干甲部落的盆诺等在百姓中有威望的人，加上江心坡"贡龙"发起人罗孔札丁的支持，达芒用等索性把腾腊拱酋长长子新建的住宅烧了。酋长和贵族们见群众起来反抗他们，看形势不妙便逃到麻竹岭岗（冷细冷康）部落避难。"贡龙"势力在支丹山起来后，昔马、乌帕、帕腊、户回、腾腊拱等部落的酋长们都集中到麻竹岭岗部落，谋划对付"贡龙"起义，从各方面聚集力量，曾请了盏西地区的载瓦人和勐典地区的汉人帮助，于是形成了酋长势力与"贡龙"势力之间的厮杀械斗，斗争断断续续达三十年之久，"贡龙"的军队先后四次烧毁部落酋长们的大本营麻竹岭岗，"贡龙"首领达芒用的住宅也先后被酋长武装焚烧八九次，双方都有很大损失。一次"贡沙"（酋长）武装去进攻"贡龙"的新浪寨遭伏击，帮助酋长的人中，仅汉族人就死了三十余人。百姓们越来越团结，酋长们看到大势已去，无法战胜"贡龙"了，"贡龙"起义的领导人中，有的也希望结束这场旷日持久的战斗，提出了只要酋长放弃特权，可以不杀他们，允许他们回原部落当酋长，但多数酋长不敢返回，仅乌帕部落酋长，拿出了一些牛（有说 8 头，有说 12 头或 18 头不等），交由"贡龙"首领们杀了祭鬼和慰劳起义士卒，以表示认错和放弃特权。至此，酋长们的武装力量最终瓦解，"贡龙"起义取得了胜利。

这次"贡龙"起义的结果，江心坡一带的酋长多被推翻，盈江县支丹山 18 个部落中，除 4 个部落未参加"贡龙"而继续保持"贡沙"制，乌帕部落放弃特权与"贡龙"领导者妥协返回部落外，其他部落酋长均被推翻。此外，在支丹山的影响下，盈江县盏西地区的松坎、和松、支那 3 个部落的酋长也被赶走，领导权落入自由民手中，实现了"贡龙"制。

新建立的"贡龙"制与"贡沙"制有很大的不同。旧部落体制瓦解了，原乌帕部落下属五个村社，实行"贡龙"制后，各自独立，互不隶属；酋长被赶走了的部落，废除了世袭制，村社领导人系自由民中有能力的人来担任，或由各大姓推出代表（多为氏族长老）共同协商办事，百姓不出负担，原部落酋长对土地的支配权取消了，土地向私有转化，可以赠送、出租、典当等；严格的等级关系被打破了，酋长在婚、丧、生产乃至命名中的特权，随着酋长权力的丧失而消失。

在"贡龙"取得胜利地区的原始宗教，随着政治、经济制度的变化也进行了变革。首先，原始宗教祭师们把代表酋长特权的"木代""拾滴"鬼及其祖先鬼的象征物从官庙（能尚，供部落、村社神祇处）中抛弃了，把酋长们的保护神驱逐出去了。其次，念鬼的内容也发生了根本的变化，凡是"贡龙"掌权地方念鬼祈求时要念："陇总陇通，肯曼灵夏"（这里没有世袭酋长，大家负责），"贡龙能布，贡札腾怒"（我们"贡龙"社会，百姓团结如磐石一样），"勒木贡龙贡札"（要求鬼神保护"贡龙"，保护地方）。对"杀瓦"鬼（死于刀枪等非命的鬼）的观念也变化了，过去董萨们念"杀瓦"鬼是以厌恶的态度和语言对待它们的，祭品只用狗，念后把它送往阴森的山凹，不准再返回害人。这时却念的是："贡沙"已经倒下，"贡龙"社会发展很快，你们是"贡龙"的勇士，有了你们才出现"贡龙"制度……为"贡龙"事业献出了生命的人的鬼从一般"杀瓦"鬼中区别出来，以追悼、缅怀的态度对待他们了。而那几个仍由世袭酋长统治的部落，则依旧念："早拢早发木夏"（保护世袭制度，保护酋长），"早拢能布，早发腾怒"（酋长们的统治像磐石一样稳固）。最后，杀牛祭鬼树立的标志（俗称鬼桩）也与过去相反，贡沙地区祭鬼的牛头桩是三根竖的，两根横的，这两根横木为上根在里，下根在外；而贡龙地区则相反，变成上一根在外，下一根在里，这种状况在盈江支丹山地区沿袭了六十余年，直到中华人民共和国建立后，地方党政部门的工作组进入景颇山区几年后，在民族团结的新形势下，这两种制度的代表人物（包括董萨）于 1952 年经过协商改为三根直立木桩在里，两根横木都在外，祭祀时两边的保护鬼都念，表示平等，互不压迫歧视。

四、两种宗教观的雏形

景颇族的"贡龙"运动，是产生于受到一定外界影响的家长奴隶制（或原始社会末期）基础之上，其领导核心是那些有相当经济实力和在群众中有较高威望的自由民代表人物，其中有的则是酋长授权的非世袭的村社头目，如鼎仁部落的颇夺扁，腾腊拱的达芒用等。也有部分是原始宗教师，如乌帕部落的公推阳，曼东部落的"明团"（地位较高的宗教师）。这些人，在景颇族社会中，地位高于一般百姓，但他们不属贵族等级，他们的职务不世袭，也没有酋长等级的特权。从"贡龙"起义队伍的基本力量看，主要成分是自由民，虽有奴隶参加，但不是领导者也不是主力军，还说不上是奴隶起义。因此，"贡龙"运动是自由民以原始宗教作理论宣传武器而反抗世袭部落酋长特权的斗争，实质上是经济地位上升的自由民要求建立与其相适应的政治制度，反对世袭贵族对他们的特权剥削，保护自己的经济利益的斗争。同时也说明"有压迫就有反抗"的公理。

在这次运动中，景颇族的原始宗教，随着宗教师们政治态度的不同，有的参加社会变革，有的站在反对变革一边，而划分为"压迫者宗教"和"被压迫者宗教"（这是在肯定"宗教是麻醉人民的鸦片"这一前提下说的），站在世袭贵族一边，维护部落酋长"贡沙"制统治的宗教是压迫者的宗教，而与"贡龙"起义同时诞生，站在"贡龙"一边的，在一定时间内和一定条件下，反映被压迫者的要求，是被压迫者的宗教，他们各自用代表不同政治、经济利益，反映不同思想观念的语言为自己的服务对象祈祷和唱赞歌。

（原载《思想战线》1992 年第 1 期）

景颇族的风俗改革

云南省德宏傣族景颇族自治州潞西县（今芒市），在州县一些景颇族干部的倡导下，于 1988 年 2 月初召开了"潞西县景颇族风俗改革座谈会"。民族风俗的改革在各民族中有其共性，对从事民族风俗研究与实际工作者来说，都是值得探讨的，但笔者对这一领域的知识甚少，文中错误之处敬希指正。

一、民族风俗是可以改革的

风俗，是社会上长期形成的风尚、礼节、习惯等的总称。一般认为它包括经济生产、交易、消费生活习俗；社会组织、交往、仪礼习俗；信仰及民间传统文化娱乐活动诸方面。

每个民族都有与其社会经济发展阶段和民族意识相适应的风尚、礼节和习惯，成为他们的独特文化现象。一个民族的风俗是该民族社会长期发展的产物，因此它本身也是随时代的发展而变异的。社会发展中存在新与旧、适应与不适应、积极与消极的矛盾，而在风俗中也同样反映出这些矛盾。在迫切要求发展社会生产力，努力实现现代化的今天，正确认识民族风俗对该民族发展及其制约作用，自觉运用其积极因素，限制、改造乃至革除有害于民族发展和现代化建设的落后习俗，树立为促进民族繁荣发展的新风尚，对于加强两个文明建设，实现民族繁荣发展是有重要意义的，特别是在改革开放这个新的历史时期尤为重要。

进行风俗改革，必然要触及一些习惯势力，困难多，阻力大。千百万人的习惯势力是最可怕的势力；但只要是符合广大人民的利益，适应社会发展，不是不可以改变的。事实上，景颇人民对自己的风俗也是不断进行改革的，就以"目瑙纵歌"而言，新中国成立前举行这样的活动，首先由董萨（祭司）进行一系列宗教活动，祭祀只有部落首领（俗称山官）才能供奉的"拾滴鬼""木代鬼"及普遍信奉的天鬼、地鬼、野鬼。之后才是群众性的歌舞活动。而今的"目瑙纵歌"已由自治州法定为民族传统节日，节日的主持人不再是部落首领、祭司、或村社头人，而是由州、县、乡政府主持。祭鬼仪式革除了，代之而起的是促进民族进步繁荣，沟通民族感情，增强民族团结，提倡精神文明，进行经济交流的群众性娱乐活动。不仅内容不同，形式也发生了很大变化，就从群众日常生活中的祭鬼来说，随着卫生医疗事业的发展，吃药、打针比祭鬼奏效千百倍；生病求医的多了，请董萨打卦献鬼的大为减少。这些都说明民族风俗是可以改革的，群众对于旧的，不利于生产生活的一些陈规陋俗是愿意革除的。

二、景颇族进行风俗改革的必要性

景颇族有悠久的历史和文化，也是个勤劳勇敢、团结互助、积极上进的民族。但由于受历史、环境和文化、科学技术等方面的制约影响，与国内其他先进民族比较是有较大差距的。新中国成立后，在党和政府的领导、扶持下，政治上人民翻了身，当家做了国家的主人，经济、文化生活等各方面都发生了巨大变化。他们送走了野菜充饥、刻木记事的时代，绝大多数人的温饱问题得到了解决，特别是党的十一届三中全会以来，除粮食生产不断增长外，经济作物有了初步发展，科学技术的作用逐步为广大群众所认识，商品经济也有了新的起步。有些景颇族老人说，现在群众生活好了，牛也多了，有些人家的牛群比新中国成立前官家的还多。景颇族住居地区的自然资源虽不能算得天独厚、也属优越的；从景颇族人民的年平均收入来看也不算低下。然而就同等条件下与其他民族一比较，不难看出，无论从生产发展速度、规模、经营管理以及建设等方面，都显示出较大的差距。为什么是这样呢？可以说这与他们的一些不利于生产力发展的习俗是有密切关系的。

（一）饮酒过量问题

往昔景颇族虽爱喝酒，但一般是饮自制的低度水酒。即用大米、小红米、高粱配合煮熟冷却后拌以酒曲发酵成甜白酒，饮时兑水，一般只有10—20度左右，人们又称它为景颇族的啤酒。而高度酒要去市场购买，在经济条件不允许的情况下，是受限制的。现在粮食增多了，现金收入比过去增加了，从市场上购买高度酒的数量大大增加了，许多景颇族人家都已学会自酿60度白酒。由于有了饮用高度酒的条件，部分人又不善于限制自己，往往因饮酒过量产生消极因素。饮酒面日益扩大，耗粮量大量上升。据调查，一个有250人的村落，80%的成年男女都饮酒（其中男性高于女性）。有的村子在秋后粮食归仓时，可以说是家家酒香。有个社员因母亲去世，杀猪宰牛自不必说，仅招待酒就是2000市斤（值人民币2000元）。过去景颇族喝酒，多在起房盖屋、年节、办婚丧事及劳累后饮水酒。而今，客人来了，见面后首先用酒招待，路上遇着亲朋好友，只要身上带着酒，也是先倒一杯给对方，表示对对方的热情、友好与尊敬，犹如其他民族传烟、握手、语言问候等。有的人上集市或供销社买到酒后就尽量喝，往往要一醉方休。诚然，勤劳的景颇族群众，为了解除劳作了一天的疲累以及婚丧、喜庆、接待亲朋好友等欢庆及礼仪上的需要而饮酒是无可非议的。但不分时间、地点，又不严加限制，易形成过量饮酒。尤其值得重视的是过量饮酒耗费了大量钱财，不利于积累资金扩大再生产，同时也严重地影响了群众的身心健康。从一个9000余人的乡考察结果，有1.7%左右的人，有酒就尽量喝，喝后就神志恍惚，胡说乱道，被群众称为"酒疯子"。参加工作的干部中，也出现长期过量饮用烈酒造成酒精中毒或导致其他病症而死亡的，有的年仅四五十岁，因长期过量饮酒，昏昏沉沉，丧失工作能力、不得不提前退休等。

（二）婚丧讲排场，大操大办，铺张浪费问题

景颇族青年娶妻，历史上有用牛、锘、铜炮枪作聘礼的习俗，过去一般聘礼要三五头牛，少数为十多头；而今，结婚费用越来越多。盈江县支

那地区的景颇族青年，讨一个媳妇竟要十二三头牛，有的是十五六头。有的除要锘外，还要钱要物（如：手表、缝衣机等），群众称之为"土洋结合"。办一场婚事要花三五千元，因而，有的说"就是万元户也只经得起两台婚事就花光了"。高额的结婚费用，使结婚人家不仅倾出多年积蓄，还要借债。有些人家因为债主登门讨债，生活困难，生产投资缺乏而发生家庭纠纷，影响家庭和睦；生产难以发展。

景颇族老人或中年人正常死亡后，家庭要为其举行隆重的葬礼和埋魂（送鬼）仪式，往往要杀数头牛、数头猪祭祀。有的为举行这些仪礼不得不杀生产用牛，甚至借牛来杀。

（三）杀牲献鬼问题

新中国成立前，景颇族的生产力水平比较低下，科学技术不发达，医药知识贫乏、迷信鬼魂，总认为人们的生老病死、吉凶祸福，都是受天鬼、地鬼和祖先灵魂主宰，为了求得他们的保佑，许多鬼魂都要靠宰牛杀猪杀鸡去祭献，严重地阻碍了社会财富的积累和生产力的发展，也妨碍了人民生活的改善。新中国成立后，由于医疗事业的发展，科学技术知识的广为宣传，信科学、信医药的多了，十年动乱中又受到了冲击，群众中的祭祀活动大大减少。但在医药条件较差的边远山区和一些中老年人中，生病后去找董萨看卦祭鬼的仍有相当比例，还有部分人是既求医，又献鬼，认为是"双保险"。十年动乱后，宗教信仰自由政策落实了，生活习俗也得到充分尊重，但原来潜藏在群众思想中的鬼魂迷信观念又有抬头，原来不公开活动的董萨又重操旧业，进行看鬼、念鬼和杀牲祭鬼活动。由于看卦祭鬼常延误了吃药治病时间，加重了病情，甚至无法抢救而死亡。有个别边远山村，因杀牲祭鬼频繁，鸡猪难以发展，因此群众说弄得"鸡快绝种了"。对发展生产力，提高群众生活水平是很不利的。

景颇民族风俗中存在的几个突出问题，它确实直接地破坏或阻碍了生产力发展，是束缚景颇族人民前进的绳索，如不加以改革，是难以跟上时代步伐的。

三、本民族干部和知识分子的重任

不适应新时代生产力发展的旧习俗，是应当改革的，但它在本民族中具有群众性，属于意识形态和思想认识上的问题，是在民间长期形成的，与本民族人民有情感上的密切联系，不能用法令或强制手段去废除和禁止，也不能由先进民族越俎代庖。若处理不当，反而会使民族干部和群众产生反感或抵触情绪，错误地认为是别的民族嫌他们落后，歧视他们，看不起他们，同时也是不符合《中华人民共和国宪法》精神的。《宪法》第9条明确规定，各民族"都有保持或者改革自己的风俗习惯的自由"。因此，改革不利于民族发展的陈规陋俗，这一重担无疑地应由本民族干部肩负，景颇族的一些代表人物和先进知识分子们清醒地认识到，整个国家在改革开放中大踏步前进的今天，景颇族要跟上时代，对一些有碍发展生产力和民族进步的落后习俗也必须进行改革。他们改革风俗的愿望得到州委、州政府的积极支持。近年来，他们提出要求，从事调查研究，在景颇族聚居乡选点试验，召开座谈会，介绍本民族中勤劳致富、利用先进科学知识建设家乡的典型人物和事例，通过各种途径向本民族干部和广大群众宣传科学文化知识和提倡移风易俗的教育。在今年景颇族传统节日——"目瑙纵歌"盛会上进一步明确地向景颇族广大干部和群众提出了5条倡议："努力发展教育事业，迅速提高本民族人民的文化素质；努力学习和普及科学技术，提高社会生产力；树立计划观念，学会用计划管理生产、生活和社会交往；发挥地区优势，发展商品生产；破除落后习俗，树立新风尚"等。倡议书中提出："全体景颇族干部、职工群众，在落后的习俗面前，不能有任何的犹豫和动摇，应该拔出锋利的长刀，勇敢地砍断束缚我们前进的绳索和锁链。"景颇族的先进分子，在改革的浪潮中，决心带领本民族的广大群众，更快地建设起富强、民主、文明的新生活，使景颇族早日跨入先进民族的行列。

四、对景颇族风俗改革的认识

景颇族的风俗习惯，不仅保持了本民族文化历史传统，同时，对加强民族自尊、自信和协调个体、群众及社会关系等方面都有积极作用，对这些有利于民族发展进步的积极因素应予以保持、发扬。但是，传统风俗中也存在着一些带有消极、落后、封建、迷信的因素，若不加以革新改造，无疑地将会阻碍景颇族社会进程，也不适应两个文明建设的新形势。建设精神文明就是要对历史上遗留下来的阻碍社会发展的陈规陋俗加以革新改造，建立起社会主义的新道德、新风尚、新习俗，这也是社会主义物质文明建设必不可少的条件。因此，景颇族代表人物和先进知识分子带领群众，帮助群众提高认识，增强移风易俗的自觉性，不仅是景颇族社会发展的实际需要，也是适应当前我国社会的客观形势的。因此，必然会得到本民族广大群众的支持。

景颇族风俗改革在一些兄弟民族中具有典型意义。云南省怒江傈僳族自治州贡山县，仅有3万余人，可是该县每年进酒量却达70多万斤，每人平均消费酒23斤，若加上每家每户用粮自烤的酒，那就远不止这个数量。澜沧拉祜族自治县木戛区大班利村四社共18户人家，1984年全寨用于买酒的钱占当年实际收入的23%，占现金收入的49%。该区1984年4月—1985年4月的一年时间里，因酒精中毒死亡的就达6人，因饮酒导致疾病的为数不少。西双版纳傣族自治州勐遮乡曼根村，有299人，1984年全寨的宗教开支达13568元，人均43元，占人均现金纯收入的16.5%，个别的高达25%以上。西盟佤族自治县岳宋乡的一位佤族老人，1985年为群众祭鬼300余次，杀鸡300余只，猪20余头。这就清楚地说明，景颇族先进分子倡导的风俗改革对许多民族都是值得借鉴的。

景颇族先进分子倡导的风俗改革，为各民族提供了自己的问题自己解决的榜样，其他民族（包括汉族）可以此为借鉴，对本民族社会中存在的不利于民族发展的旧习俗，是保护？还是要改革？不言而喻，都是愿意改革的，但要变成实际行动并不容易，各民族具备的条件不一样，民族代表人物和先进分子能否站在改革前面？改什么？如何去创造条件？这些问题，都需要认真分析研究，真正做到在党和政府支持下，依靠本民族的力量，解决自己的问题。相反，没有本民族的先进分子倡导和推动，没有党和政府的积极支持，不跟上改革的步找，要在两个文明建设中发挥积极作用，加速社会主义事业的进程是难以实现的。

（原载杜玉亭主编《传统与发展——云南少数民族现代化研究之二》，中国社会科学出版社 1990 年版）

略论发展景颇族经济中的几个问题

　　景颇族，有九万余人，主要住居于云南德宏傣族景颇族自治州的山区，这里虽属自然条件优越的亚热带山区，但由于景颇族社会经济发展水平较低，以及在较长时期内受到极左思想的干扰，因此景颇族的经济一度发展缓慢，自十一届三中全会以来，德宏州委和州政府认真清除了"左"的思想影响，落实了联产承包责任制，努力纠正领导方法上的"一刀切"和"瞎指挥"，实事求是地制订和贯彻了"粮食自给，林畜为主，多种经营，全面发展"的方针，有力地调动了景颇族群众的生产积极性，推动了景颇族社会经济的发展。据州经营管理站资料，对景颇族比较集中的十五个区的统计：到一九八四年，粮食虽因水稻受灾略有减少，但总收入已增长一点二五倍，每人平均收入已由 104 元上升到 203 元。生产生活都有了较大改善。目前除少数合作社的社员尚缺部分口粮外，多数已实现粮食自给，部分已自给有余，个别的已走上致富之路。

　　在此情况下，州委和州政府及时地向景颇族人民提出努力发展商品生产、增加现金收入的要求，这无疑是符合景颇族人民的本质要求的，但是，如何达到这个目标，我们认为有几个问题值得研究解决。

一、旱地必须固定

　　新中国成立前，景颇族农业，总的说是旱地和水田兼作，由于旱地耕作粗放，每亩平均产量仅 200 多斤，低而不稳，因而也已开始重视水田种植。但所占水田有限，水稻产量还占不到粮食总产量的一半；每年仍不得不开垦大量的森林地或疏林地种旱谷。过去的旱谷地，由于本身固有的弱点，即人们说的"水田三年一坨宝，旱地三年一块草"。每当景颇族农民，砍烧一片森林，开垦一块土地，有的只种一季，有的虽然种三年，第一、二年因火灰和腐质土层厚，天然肥料充足，产量较高，但种上两三年后地力耗尽、水土流失，杂草迅速增长，若不及时薅锄，就会导致收成特别低或全无收成，得不偿失。这时，农民们只好把它丢荒，又重新砍烧一片森林地。如此循环往复，不仅森林遭到严重破坏，而且土地分散，管理困难，劳力浪费，社会劳动生产力也难以提高。新中国成立后，党和政府为帮助景颇族人民解决基本口粮问题，曾在兴修水利增开水田等方面做了大量的工作，使景颇族每人占有水田面积大大增加，水稻产量在景颇族粮食总产量中占居了主要地位。然而另一个客观事实是人口在不断增加，粮食的需求不断上升，轮歇地数量也就有增无减，近年因种粮食每年约毁林三万亩。据统计，现在全州森林面积仅有解放初的60%左右。森林面积缩小，不仅造成森林财富的浪费，而且带来了生态环境上的一系列问题，洪水的危害加重，河水中泥沙含量增大，旱季水流下降，严重影响农业生产。对于这些问题，多年来各级领导都很重视，但苦于缺乏有力措施，景颇族山区旱地难以固定，关键是草害和不稳定的产量，耕作三年后的旱地再使用已是得不偿失了。因此，不解决这些问题，无法保证旱地耕种到第四年仍能获得较好的收成，在这种情况下，要群众固定旱地，不毁林开荒是难以办到的，因为吃饭仍然是个首要问题。

　　最近几年的情况也完全说明了这个问题。自放宽政策以来，长期处于自给自足经济状态中的景颇族人民，首要的还是解决吃饭问题，而且更多的是使用扩大轮耕旱地的老办法来解决。景颇族比较集中的15个区，共有3.2万多户，10.2万人（内含其他民族），去年耕种水田10.92万亩，比1978年增加0.39万亩，增加3.6%；轮耕旱谷地6.64万亩，增加3.7万亩，增加1.26倍。在粮食总产量中，水稻产量由76.4%下降到70.3%；大春杂粮及小春粮食由17.5%下降为9.7%，而旱谷产量由7.9%上升到20%。近六年来，水稻减少540万斤（因种甘蔗，水稻面积减少），但旱谷却增加了787万斤，这说明毁林开荒仍在迅速上升。同时，建立在这种轮耕旱地基础上的粮食生产也是不稳定的。15个景颇族聚居区，1983年的粮食已比1980年增长 753 万斤，增长 12.1%。但 1984 年又下降了 310 万斤，下降了 4.7%。

上述材料也还说明，景颇族人民在长期积累的经验中，已经认识到水田种植的稳产高产性能，因而四年中增加的水田已达每户平均一分多。但是，在山区开垦水田，由于水利和坡度等自然条件的限制，不可能满足"粮食自给"的需要。因此，虽然已经知道轮耕旱地所带来的种种问题，但为了立竿见影地解决粮食这个首要问题，加之历史上长期居住山区所形成的习惯势力，所以不得不仍然从轮耕旱地上寻找出路。

当然，我们看到州委近几年提出帮助山区人民建设的十多项具体目标，有的已取得较好的成效，其中两化（化肥和化学农药除草）上山可以说是一项具有意义深远的、效益显著的成果。据州农科所三台山旱谷样板点提出的材料说，1982 年，这里的旱谷地，每亩平均单产为 210 斤（另说为 174 斤），1983 年开始在这里进行旱谷丰产试验，由于按照科学的方法整地、播种、施肥与管理，使 606 亩旱地的平均产量达到 411 斤，净增 200 斤，增产幅度为 94%，扣除增施化肥农药的成本 11 元后，每亩比试验前增收 12.1 元。还有 31.7 亩的旱田栽杂交稻，平均亩产达 831 斤，有大片地方良种的产量也达到 629 斤。

这项实验证明，随着农业科学技术和农药的发展，山区在较小的面积上获取较多的粮食是完全可以办到的，如果这项成果在山区普遍推广，每年毁林三万亩的状况将会逐渐改观，同时可以使生产力提高两倍左右，按过去刀耕火种的老办法，种一箩种旱谷生产 600 斤粮，约需 90 个劳动日，现在只需 30 个劳动日就能得到 600 斤粮食，点播上多花点工，但薅草工可以节省出来，总的来说可以节约出 60% 的劳动力，对改变景颇族农民长期以来用主要劳动力和精力去搞饭吃的状况，开展多种经营，发展商品生产，增加现金收入是很有帮助的。由于这项成果具有明显的经济效益，景颇族群众也很欢迎，同时，对尚存在刀耕火种地区也是适应的。

如果再把这些经验加以完善，将固定旱地建立在村寨附近，并全面规划统一安排，合理划定固定旱地、牧场、经济作物区和自留山林，则效益将会更好，景颇族山区的建设也将会更加理想和加快，为什么这样呢？因为一是基地建在家边，可以节约远距离劳动的往返消耗，可以进行更精细的加工；二是固定旱地连片，可以统一协作管理，防止牲畜践踏和减少鸟兽危害，节约管理用工，保证收成；三是统一安排规划，可以更好地同时发展畜牧、经济作物、经济林木和粮食，互不妨碍干扰；四是由合作社统一安排掌握土地，更有利于建立新的集体观念，摧毁旧的"村社公有"的概念，有利于竞争思想的树立和新的商品基地的建设。

二、积极帮助发展商品生产

景颇族多住居于1000多米的低山至2000多米的中山地带，"立体农业"在他们生产活动中表现得很明显，住居低山或坝区边缘的景颇家农民，他们与坝区有些共同点，如气候较热，山麓和山谷小凹水利条件较好，水田面积比中山区多，而且还可以种植甘蔗、橡胶等一些经济价值较高的作物。但海拔1000米以上的地带，橡胶就不适宜了，甘蔗虽然可以种到海拔1300米左右，但由于水利条件限制，产量难以保证，而且含糖量是随着海拔的升高而降低的，经济效益远不如坝区，这一气候带宜于种植旱谷、茶叶、紫胶、草果、砂仁、咖啡、八角、木耳、笋片、核桃、杉木等，因此住居低山和坝子边缘的景颇族农民和住居中山区的农民，他们拥有的生产条件和经济效益都不同。鉴于以上情况，在景颇族农民中发展商品生产也就不能一概而论，应分别考虑。

自1981年农村政策放宽以来，景颇地区的产业结构已经开始发生了一些变化。据景颇族比较集中的15个区的统计，自1978年至1984年的六年中，总收入已增长1.25倍，每人平均收入已由104元上升至203元，其中：粮食收入增长27.1%，但占总收入的比重却由70.1%下降到40%；粮食以外的经济作物等收入增长10倍多，占总收入的比重由5.2%上升到28.3%；林业收入增长2.15倍，比重由5.7%上升到9%；工副业收入增长1.75倍，比重由12.6%上升到15.4%。出售商品的收入已占到总收入的40.4%。变化特别大的是属坝边低山地带的瑞丽县勐休区、户育区和陇川县碗瓦区。这三个区总收入增长1.75倍，每人平均收入已由138元上升至331元，已超过全州平均数46元。三个区变化之所以特别突出，主要是种植甘蔗。去年三个区共种甘蔗1.15万亩，收入242万元，占总收入的

38.5%，每人平均达 127 元。1984 年，15 个区中出现的 14 户万元户中，有 13 户就出在这三个区，两户万斤粮户也出在这三个区。

勐休是一个紧靠国境边沿的低山区，居住着景颇、汉、崩龙（今德昂）、傈僳等民族，经调整农业结构，改变单一的粮食生产后，充分利用瑞丽制糖工业的优势，大力发展甘蔗生产，总收入由 1980 年的 99.7 万元增到 1984 年的 278 万元，增长 1.8 倍，每年平均增长 44.7%，每人平均总收入由 141 元增到 358 元。出售农产品的收入已达总收入的 65.7%。由于商品生产发展快，群众的生产和生活条件也迅速改善。据 1984 年初的调查，该区群众已购置了电视机 3 台、收录机 45 台，自行车 200 多部，手表 2500 多只。

上述材料充分说明，在低山和坝子边沿地带居住和垦殖土地的景颇族农民，由于水田较中山区多，粮食收益较好，同时还可以种植橡胶、胡椒、砂仁、甘蔗等经济作物。特别是在种植甘蔗上有着以下这些优越条件：一是气候好、土地多、自然条件十分优厚，还可以扩大种植；二是种甘蔗的技术不太复杂，生产周期短，价值高，见效快，能吹糠见米，很适应景颇族人民的生产水平和要求；三是政府已下了巨大的投资，到 1985 年底全州可建成日处理一万吨甘蔗的蔗糖生产能力，为他们解决了产品的加工和运销等一系列重大问题。因此，低山和坝子边沿一带的景颇族农民，已经在他们居住地区的多种自然优势中，优先选择了甘蔗生产优势，自然优势开始变成了经济优势，是可以以此为起点走上富裕之路的。

但是，上述这种低山和坝子边沿能大力发展甘蔗生产的地区，在整个景颇族地区中，大约只占三分之一即三万人左右。虽然这些地区的商品生产问题已经走出了较好的路子，但还有三分之二（约六万）人口的地区又怎么办呢？这就是一个值得进一步加以研究和探讨的问题。

景颇族地区的大头，即约六万人口的地区，都是地处海拔 1500 米左右的中山区。土地广阔，人口较坝区稀少，气候温和、雨量充沛、土地肥沃，有不少森林资源和疏林地牧场，有不少竹笋、木耳、野果等林副产品资源，可以种植砂仁、草果、茶叶、咖啡、紫胶寄株树、核桃、油桐、竹类、杉木等经济作物和经济林木，有不少地方还有一定的矿产资源等等。自然优势是丰富的。但是，地区分散，交通闭塞，文化技术等不发达；水田少，粮食难过关；森林不仅数量有限又多是阔叶林，经济价值不高，种植经济作物和经济林木生产周期长，远水难救近火等等。那么，这些地区如何发展商品生产，如何走富裕之路呢？在粮食自给的基础上，以"林牧为主"来考虑，从战略观点，即长远的观点看，那无疑是正确的，发展林业，效益高，但周期长，一般要十多二十年时间才能见效，目前在景颇族中已出现投资造林的人家，但对绝大多数景颇族农民来说，迫切需要的是"吹糠见米"的短期商品生产。现在这些地区林业收入只有151万元，占总收入的7.2%，但主要是依靠旧有的杂木林和用材林，人工林产品比重甚微。目前要靠林业来增加收益，出路是多采伐，这不是上策。适当采伐更新解决群众建筑和生活燃料需要，仍然是一条道路，但采伐后必须及时育林造林，克服采伐量远远超过自然增长量的局面。当前在林业上的出路应是增加投资，增加对林副产品的利用，而不是增加采伐量。景颇族山区土地面积比坝区广阔，草场约有1000万亩，牲畜可比现在20多万头再增加50%。从理论上说发展畜牧业有良好的条件。15个景颇族聚居区的畜牧业收入只189万，占总收入的9%。实际上山区的草食牲畜的发展并不快，其原因还是"病多和草缺"以及缺乏良好的管理等问题。同时这里的草场分布不均，村落附近草场不多，有广阔草场的地方，距村寨远，无人去放牧，加之德宏山区的牧草是受着干湿两季气候支配的，夏秋牧草过剩，冬春则不足；再是甘蔗面积成十倍二十倍增长，旱地面积的扩大，都涉及草场，存在着以农挤牧的问题，牧场减少和旧的放牧方式，造成牛、蔗之间的突出矛盾，仅瑞丽一县，近年因牛吃甘蔗，即被蔗主用枪打或刀砍死牛九条，伤三条，存在养牛难的问题。因此在医药条件、饲草余缺调剂和饲养管理未解决之前，要在景颇山发展大量的商品畜，还缺乏一些必要的条件，如草场改良（包括引水灌溉）、青饲料储存研究、干饲料糖化加工到草场优良区发展畜牧专业户及医药等。照目前情况，只能根据村寨附近草场多少，扶持几家专业户或由群众另行饲养。

　　茶叶，是德宏州蔗糖以外的拳头产品，在山区的增长速度也是迅速的。如1989年的产量11200担，与1983年的2万担比较，增长了78%。但15个景颇族聚居区1984年的茶叶只有15000亩，产茶2600担，只占整个茶产量的13%。如果从当前德宏茶叶销售市场说，发展前途是广阔的，在景颇族山区可继续发展，若在管理与加工上加以提高，会有更好的效益。如果每亩茶叶的产量达到 150 市斤干茶，那么它的经济效益将等于或略高于一亩甘蔗的收益。

从以上情况考察，靠增加林业采伐量增加商品收入不是良策，而迅速增加大牲畜，则面临较大的投资，以及要解决科研和草场建设的问题，从全州正集中人力、财力、物力建设糖厂的情况考虑，要求大量投资是不现实的。

那么，从当前情况看景颇山区有什么长处呢？怎样才能致富呢？看来还是应当从"无工不富""无商不活"这几方面找出路。就德宏州来说，没有制糖工业的发展没有蔗糖的销售市场，坝区和低山区的产业结构调整和商品生产的发展，就不会有今天的速度。德宏坝区有着比山区优越的土地、水利、气候、交通等条件，是全州工农业的大头，主要经济命脉，在指导思想上确立依托坝区，发展山区这样的观点无疑是正确的。当然在坝区产业结构调整有一定规模，对景颇山区，乃至整个德宏山区给以更多的关注是必要的，而且对整个州的经济发展也是有益的。由于山区有它自己的特殊条件，不仅在交通、气候、作物生长条件等方面都与坝区不同，就山区的这个区与那个区，这个乡与那个乡之间也有着很大的差别。难以用一个大的项目，如坝区的制糖工业一样把整个景颇山区的商品生产带动起来。但就帮助开办一些充分利用当地资源的小型加工厂或许是会取得较好效益的。如盈江县有些山区的竹笋资源很丰富，如果能加工成高质量的笋干或鲜笋罐头，运往城市销售，景颇山区的农民只要把它采集来出售就有收益。如在野生酸木瓜、刺梨、楂子果资源丰富的潞西（今芒市）东山，利用这些野生资源加工副食品和果酒之类，当地群众即可从这些野生水果资源中得到经济收益，随着野生资源的开发利用，野生的果木也将得到人工管理而变为家种了。有些地区木耳、香菌资源丰富，常因不能及时烤干而霉烂，如果有了人工烤房，可收购群众采集来的鲜货加工，也可以为山区群众开辟商品门路增加收入。如有矿产资源的地方，开发矿业自然是比较理想的事。

此外，还必须修通道路，打破闭塞状态，改变人们的精神面貌和物质条件；但是交通能致富，是以资源为前提的，没有资源，没有产品也是富不了的。

总之，景颇族山区的商品生产，从目前看，缺乏坝区的那些条件，集中搞一两项工业来带动它，还没有开辟出这样的路子来，但就根据现有国内外市场价格和当地的自然优势，选择确定一些适应小区域的小型的工业加工项目是必要的，鉴于此，这类山区可考虑选择在粮食自给的前提下，走以加工开发山区资源的途径。至于具体到某个山区有什么资源可以利用，开办什么样的加工业，加工厂设在山区或坝区城镇，需要多少投资、如何筹集资金等问题，那是需要作充分调查之后才能行动，是不能盲目从事的。但就一般情况而言，由于山区交通不便，能源较困难，资源的小区域性及人才和资金缺乏，因此在办加工业时应走规模小、产品小、耗能小、运量小的"四小"道路。在茶叶有一定种植面积和产量的地区，可以优先选建小型机械制茶厂，州里在技术、资金方面给以扶持，而且应以扶持家庭及联合体为主，这将有利于这些企业的管理。

三、关于历史原因的分析

在同等自然条件下，掌握先进生产技术和管理理念的民族种的庄稼长得更好，产量更高，出售交换的产品更多，生活安排得更有条理，财富积累的更快；反之，虽然有好的自然条件，但不能发挥其优长，缺少长远观点，则效益较差。具体说来，景颇族中的大多数是属于后者。因此，常常出现这样一些现象：有的给了茶籽，给了种茶补助费，但种下后不管理，到干天又被一把火烧了，白浪费劳动。有的粮食拿回家后，人吃一点，猪吃一点，鸡吃一点，不几个月就吃光了，不该缺粮的缺粮了。有的十多个人宁可花几天时间去撵一个麂子，却不愿意花点时间去管理一下茶园；有的收入并不低，但缺乏计划性，结果生活还是困难；有的一年喝酒用去的钱，足够买手表、缝衣机、收音机等。表现在生产管理、家庭经济管理、耕作技术、消费方式与当代不相适应的这些问题，多与新中国成立前景颇族的社会经济较多地受到原始农村公社残余因素的制约有关，也与历史发展阶段有关。因此，人们又把存在这些问题的原因，统称之为"历史原因"。对于这些原因，直到现在还是人们担心的问题。有个别人认为景颇农民可以增加收入，但不能致富。这种说法是片面的，把问题绝对化了，但是必须承认，在引导景颇族人民致富的道路上，必须付出更大的精力去帮助他们，克服这些历史原因。原总书记胡耀邦要求我们"条条思路要考虑使国家和人民尽快富裕起来"。但是景颇族社会中还有某些弊病，又是景颇族农民致富道路上的障碍，不消除这些障碍，要使景颇族人民尽快富裕是快不起来的，那么这些问题该如何解决呢？

第一，必须树立和充分相信景颇族农民是会尽快富裕起来的观点。要改变贫困落后面貌，尽快富裕起来，是我国各民族的本质要求，也是景颇族人民的根本要求。对于这一点，只要回顾一下新中国成立以来的历史是不难明白的。解放初党和政府对景颇族的社会经济和历史发展，以及德宏地区的内外关系，作了深入细致的调查研究之后，制订了"直接向社会主义过渡"即不把民主改革作一个运动来进行的方针，由于它符合了景颇族的历史实际，使景颇族人民顺利地进入了社会主义。这是经历史经验证明了的。现在各级和各条战线上的许多景颇族干部，解放初多数也是文盲，有的还不懂汉语。由于有党的民族区域自治政策，对外来干部提出了"培养民族干部来当自己的领导"的光荣任务，通过送学校培养，实际工作锻炼，师傅带徒弟等多种渠道帮助之后，民族干部就像雨后春笋一样成长起来了。解放初景颇族中仅有住居接近汉族地区的极少数上层弟子到汉族区学校上学，而现在景颇族的学龄儿童入学率已和当地汉族相等，远远超过傣族和当地其他民族。在经济发展方面，也不例外，新中国成立初党和政府制订了帮助景颇族群众克服缺吃少衣的方针，引导他们增开水田，种好旱地，曾一度调动了他们的生产积极性，只是由于后来在生产关系变革中受到极左思想的干扰，脱离了景颇族地区的实际，挫伤了他们的积极性，而延缓了景颇族经济发展进程的。至于现实生活中，如盈江县被称为"景颇山寨双万户"的景颇人排金明，就靠改变"刀耕火种拿粮，猎获采集找钱"的方式，而走"种丰产水稻得粮，种甘蔗、搞运输、养猪找钱"的新路，使1983年的总收入达2.2万元的。被人们称为"景颇山上致富花"的瑞丽勐休景颇人排勒弄靠承包瓦窑、拖拉机运输、放电影、照相、经营小百货，收入一万元左右。现已有瓦房两幢，电影机一部，手扶拖拉机一部，照相机一部，缝衣机一部。又如陇川县被誉为"有远见的景颇人董勒栽，靠种植水田和甘蔗，总收入达1.35万元，而且他看得远，想得宽，积极开发利用广阔的山地，种下了570亩、9万多株杉木树苗，现成活率达 78% ；去年到北京参加专业户座谈会回来后，又育下了 12 斤八角籽，准备发展食用香料。这样的景颇人，各地都涌现出了一些，虽然从比例上来看，还不多，但它毕竟证明在一定条件下景颇人不仅可以增加收入，也能致富，关键是要从政策上，生产上给他们多创造一些适合的条件和帮助他们抛弃旧观念。鼓励他们勤劳致富。瑞丽县勐典景颇族能荣堵靠种粮种甘蔗年收入近万元，他的体会是"在山区要收入一万元，比坝区困难得多，要付出更高的劳动和汗水，什么都是苦出来的，一万元不会自己跑来，要偷懒那就什么也搞不成"。这样的典型要大力表彰和宣传。

第二，对景颇族社会中旧的习惯势力要认真对待。回顾新中国成立以来景颇族地区的工作，党和政府对景颇族人民的困难是给了极大帮助的，是必要的，今后也还需要帮助，但值得注意的是，在某些方面成效显著，而在某些方面又收效甚微，原因何在呢？总的说来就是我们对景颇族社会状况的研究与认识不够，特别是对他们旧的习惯势力认识与克服不够，这主要反映在三个方面：一是生产关系的改革问题。在相当一段时间里受到"左"的干扰，甚至认为某些原始社会残余的"原始平均主义"，可以用来为社会主义服务。这个问题随着联产承包责任制的落实和大锅饭的打破而基本解决了。二是认识问题。目前比较突出的是，过去合作社的积累还大部分被社员占用。15 个区中被占用的积累达 644 万元，占积累数的83.5% ，每人平均达 62.7 元。有的欠数百，有的竟欠上千。而且积欠较多的人认为麂子马鹿见者一份，既是大家的积累，那人人都可以吃用。他们认为占用是理所当然，而且希望像国家无偿补助那样，总有一天要宣布借欠作废；有的甚至认为国家长期大量帮助是应该的，这都是由原始平均主义残余基础上发展起来的吃大锅饭思想，个别的已经由吃集体发展到吃国家吃先致富的劳动者了。这对勤劳致富是十分有害的，因此，很有必要采取措施，从各方面继续改变那些由原始社会遗留下来并在合作化过程中加以保护的"原始平均主义"，必须突破"阿公阿祖的道理"以真正树立"各尽所能，按劳分配"的原则。在这方面当前还要做好两件工作。首先是采取有力措施，坚定地帮助和保护勤劳致富户，从正面冲击"原始平均主义"；其次是加强教育，并采取适当措施，不让"白吃、白拿"者得益。三是具体工作问题。在帮助景颇族农民发展茶叶、橡胶、咖啡这类经济作物上，茶籽、橡胶幼苗由政府无偿提供，还按种植面积给报酬，但这些经济林木要三年、五年甚至七八年才有收益，远水不解近渴，这与景颇族社会经济基础薄弱、重视现实、忽视长远的旧习惯相矛盾。因而群众以拿到种植费，解决当前急需为满足，而且数年后的收益究竟有多大亦未可知，因而他们总是不愿去从事眼前没有收益将来不知收益多大的投资，所以今年种了，明年野火烧了或牛群践踏死了并不可惜，也无所谓。结果投资没有收益，而且浪费了劳动力。在这类许许多多的事实教育下，工作队改进了办法，如把种植费分成若干部分，第一年给百分之几十的种植费，第二年、第三年各给百分之几十的护理费，这样较好地体现了三分种、七分管的问题，只种不管的现象有所克服。虽然如此，但验收检查又是一个关，将来的经营管理和采摘加工又是一个关，这都还需要我们不断地帮助解决、落实。这些情况说明我们的指导工作存在不足之处，经多次失败提高了认识，正如毛主席教导的"错误和挫折教训了我们，使我们比较地聪明起来"了。如果我们吸取了教训，对景颇族的特点有较深刻了解的话，不论在制定措施或资金、人力、物力安排上，都充分考虑一下他们的历史原因，堵一下漏洞，自觉地和原始落后残余作些斗争，将会创造出好典型、好样板，也便于他们克服自己的弱点。鉴于这种历史条件，必须处理好以短养长的关系，而且不论是短与长，都要与他们当前实际利益和长远利益结合得更紧密，结合得更好，否则无效劳动还会重演。

关于一些旧消费方式的改革，如饮酒多，婚丧用费高以及积累观念薄弱等，是要做好宣传教育的，要提倡文明饮酒、节俭办婚、丧事。也要提倡为扩大再生产积累资金。在实际工作中办好这些事，有许多困难，列宁也说："千百万小生产者的习惯势力是最可怕的。"又说"真理要是违反习惯势力也会遭到反对"等。这说明在克服旧习惯势力上是存在相当困难的，但不是说不能克服，新中国成立后新成长的一些景颇族干部群众，他们已经逐渐摆脱了这些旧的影响，而且在改革旧习俗上迈出了新的步伐，关键是要去总结、宣传，用本民族干部、群众中的先进事迹带动和教育其他干部与群众。据说陇川有位景颇族女青年，是茶叶辅导员，她和武警支队一青年相爱，家长要男方出2400元钱，可以抛弃景颇人的老规矩，不要牛、锒等礼物。女青年对家长说，不应当要那么多，要多了我就不嫁。

这种好典型要总结宣传。克服旧的习俗，以节省消耗，积累资金，加快景颇族经济的现代化建设是代表景颇族人民的根本利益的。只要坚持不懈地去做，不会是没有成效的。

第三，帮助提高经营管理水平。实行了联产承包责任制以来，景颇族中也出现了一些专业户和万元户，有的还开办有开发性的生产项目，这些事实说明，其他民族能办到的，景颇族也是能办到的。但这只是问题的一方面。从另一方面看，景颇族的专业户、万元户所占的比例是不高的，而且多在交通比较方便，文化水平较高，自然条件较优越的地区。就多数地区来说，这方面的能力是比较差的。要解决好这个问题，政府、企业部门在积极扶持开办社队企业、小型加工业及各种具有典型示范性的基地时，应从当地民族中选拔领导人，也可根据实际情况，从其他民族或内地招聘副职当参谋，或在一定时期内担任正职，负责培养出接替自己的经营和管理人才。过去有这样的经验，干部在时，管理尚好、收益不错，干部一走，基地也结束了。1980 年，陇川县农村部在麻栗坝组织景颇族社员种了几十亩甘蔗，第一年收入 5000 多元，第二年因干部调走了，甘蔗无人管理，牛吃马踏，最后只收入四百元，第三年则成牧场了。还有的基地，目前尚好，一旦抽走干部，基地会瘫痪下去。对这类基地，应向指导干部明确提出培养本民族管理人员的要求，与过去培养民族干部当自己领导一样光荣。还有些企业，本民族中一时选择不到适合人才或无人投标承包时，也可以从外民族中招聘管理人员，报酬从收益中支付。州县应设山区经济开发服务部，组织一些专业技术人才，每年拿出一半时间到景颇或其他山居民族地区，调查了解社队企业及"两户"经营情况，具体帮助他们向前发展，经营遇到困难者，帮助寻找补救办法及出路，尽量避免专业户或开发性企业破产。

第四，搞好示范工作。典型引路是行之有效的经验，但怎么才能提供容易学、见效快、效益好，适合景颇族山区的样板呢？这需要调查研究，投资实验，取得效果后才能推广的。在这方面值得总结的是我们曾在山区试办了几个畜牧场，均没有成功，景颇族的茶园、橡胶等经济林，多数管理不好，收益差。而且在扶持上又多重视经济上的无偿帮助，从而形成了依赖性，他们的自力更生精神得不到充分发扬，这说明要取得一项典型经验并不容易，

云南文库·学术名家文丛

然而必须去探索。种甘蔗见效快、经济效益好，看得见、摸得着，只要有条件，景颇族的积极性不低于其他民族。瑞丽勐休过去办过红糖厂，因收益不佳停办了，有的社员发誓再不种甘蔗；1980年又号召种甘蔗时，他们不愿种，但由于收益好，他们的态度也变了，由不愿种到积极地去种了。现在三台山推广两化上山，取得旱谷丰产和固定耕地的经验，东山景颇族主动要求派技术人员去指导他们试验。又据州税务局的一位负责同志介绍，他过去在县上工作时，家里有老人、小孩，只有妻子一个劳动力，实行家庭联产承包责任制后，别的人家都大片大片地去开垦火烧地，妻子见了十分着急。一个妇女无法去开地，而自己工作又忙，抽不出时间开地，他就向省里来的山区工作队学习了种丰产旱谷办法，在家边园地上种了约五分地的旱谷。由于底肥足、耕作细致，苗长很好，最后怕不得吃，按景颇族老习惯，把稻叶剔了一部分。秋收时，仅这一小块旱谷就收八九箩谷子，可达到每亩五百多斤水平。实践结果使他的妻子相信只要用先进方法耕种，有平常三分之一的土地也会收得同样多的粮食，不必去离家很远的地方开大片旱谷地了。根据这位同志的切身体会，要使山区景颇族尽快接受科学知识和先进生产经验，示范是很有效的，推广一些本民族中的先进典型尤为有效，他们会认为他是景颇人，我也是景颇人，没有什么怀疑的。

第五，景颇山区工作干部的培养与训练，对尚存有一定原始农村公社残余的民族，实行直接过渡到"各尽所能，按劳分配"的社会主义社会的改革，是一场极为广泛而深刻的变革。它既涉及现代的科学技术，也涉及历史上的种种社会因素。因此，领导这场改革，就必须要有一支具有一定现代科学技术和经营管理知识，又具有一定社会历史知识的领导队伍和参谋队伍。现在景颇地区的区乡干部及专业辅导员，已是一支很可观的力量，要充分调动他们的工作积极性，同时把现有的培训机构和人员动员起来，多办些短训班，对他们分期分批轮训，争取在一定时间内能有三分之一或四分之一的干部学习，争取每次解决一两个问题。自然也要从各方面选择调用，聘请有关的人才，积极争取接纳有关专业的大、中专毕业生，补充新鲜血液，充实各级山区领导班子和机构等。

（原载《民族学与现代化》1986年第1期）

阿昌族历史简述

阿昌是本民族的自称，我国元明时期的史书多写作"峨昌""萼昌""蛾昌"等。这一名称最早见于元《元史·缅传》："至元十四年（1277年）……大理路蒙古千户忽都……奉命伐永昌之西腾越、蒲骠、阿昌、金齿之未降部族。"《元史·地理志》金齿等处宣抚司载："土蛮凡八种：曰金齿、曰白夷、曰楚、曰峨昌、曰骠、曰繲、曰渠罗、曰比苏。"阿昌为金齿区域的八种民族之一，名称至今一脉相承。

一、族源及民族形成

阿昌，属藏缅语族民族，学术界普遍认为他们渊源于我国古代的氐羌族群。《尚书·牧誓》就有"庸、蜀、羌、髳、微、卢、彭、濮人"的记载，蔡沈《注》说"庸、濮在江汉之南，羌在西蜀"。《后汉书·西羌传》说秦献公初即位时（公元前384年），想恢复秦穆公（公元前659—前621年）的业绩，"兵临渭首，灭狄獂戎"，羌人首领"忍季父卬"畏秦势力，带领他的部落迁离"赐支"（今青海省贵德西河曲地带），到了"河首"（今青海积石山一带），其后裔的一部分进入四川西部的越嶲（今西昌）一带，称为"越嶲羌"，他们中的一部分继续南迁进入云南西部。羌人南迁的历史比这更悠久，而且是多次的，这或许是规模较大并载入史册的一次。

云南西部的古代民族，据《史记·西南夷列传》载"西至桐师以东，北至楪榆（今大理）名"嶲""昆明"。《华阳国志·南中志》记载，三国、两晋时这里的民族有"闽（缅）、濮、鸠僚、僄、越、裸濮、身毒"诸民族。一般都认为"嶲""闽"均系古代源源不断南迁的氐羌人形成的族群，阿昌族是他们后裔的一部分。

自 20 世纪 50 年代至今，我国民族学和历史学界，对阿昌族的社会历史作了许多调查研究，认为古代的阿昌族也是许多部落和若干支系组成的。如现今景颇族中的"载瓦""浪峨""勒期"几个支系，直到明代中期他们还是阿昌民族中的一部分。阿昌人中有"浪峨"支系，有学者认为他们直接来源于唐代樊绰《云南志》记载的"三浪诏"（浪穹、剑浪、邓赕）的"浪人"，并认为南诏国王家族也是浪峨人。如说：远在公元 6 世纪"曾有一部分浪峨人部落因避难向东迁移，后来在蒙舍川（阳瓜州）一带建立了蒙姓的两个诏，蒙舍川就是'蒙撒'（近代傣族仍称户撒阿昌为勐撒掸）的变音"。并认为汉代史书所记的"兰津"（今澜沧江）也因"浪"人得名。① 也有的学者从近代阿昌人还是立石作寨神，结合《云龙记往》所记古代阿昌人崇拜"石羊""石骡"与羌人的白石崇拜紧密相关，或认为阿昌人崇拜"盐婆神"与他们很早就畜养羊群住居四川盐源地区后迁入滇西云龙县的盐井地区有关。② "语言学者将阿昌族语言中一些古老的词汇和一些基本的语言成分，同彝语支各族语言作了相应对比研究，认为阿昌族语言同彝语支各族语言更为接近，这与阿昌族和彝语支各民族同源于古代氐羌部落族群有关系。"③ "随着历史的发展，西南地区的民族部落又不断分化。直至唐初，出现了许多不同名号的部落，其中与藏缅语族彝语支各民族有渊源关系的有僰、叟、摩沙、爨等。阿昌族作为彝语支民族之一，在民族来源方面，亦当与唐代以前的这些部落族群有着渊源关系。这就是当今考察阿昌族的族源时必然要追溯到古代氐羌族系的由来。"④ 许多学者从不同角度探讨了阿昌族的族源，得到了基本相同的结论，即阿昌族为古代羌人或氐羌族群后裔的一部分。

---

① 杨浚：《从语言看阿昌族的族源》，《孔雀》1988 年第 1 期。

② 赵橹：《阿昌族大石崇拜与诸羌文化的辐射》，《民间文学论坛》1987 年第 6 期；《略论阿昌族的"盐婆"神》，《民族文学研究》1987 年第 3 期。

③ 《阿昌族简史》编写组：《阿昌族简史》，云南人民出版社 1986 年版，第 3 页。

④ 《阿昌族简史》编写组：《阿昌族简史》云南人民出版社 1986 年版，第 11 – 12 页。

阿昌这一名称到元代才出现在我国史书，他们的民族也是由氐羌部落族群中的阿昌、寻传、浪人等发展融合而成的，其形成时期或许在我国历史上的南宋时期。

二、历史演进与发展

（一）阿昌先民的渔猎游牧时代

《史记·西南夷列传》载："西至桐师以东，北至楪榆（今大理）、名嶲、昆明，皆辫发，随畜迁徙，无长处，无君长，地方可数千里。"这反映了公元前一二世纪，我国西汉时期洱海区域诸民族的游牧生活比较突出的特点。

住居澜沧江、怒江中上游地区的阿昌族先民，他们的社会发展要晚于洱海区域。唐樊绰《云南志·名类第四》载："寻传蛮……俗无丝棉布帛，披波罗（虎）皮。跣足可以'践履榛棘。持弓挟失，射豪猪，生食其肉，取其两牙双插顶旁为饰，又条其皮以系腰。每战斗，即以笼子（竹盔）笼头。"从这些记载中可以看到当时阿昌先民的社会生活是以渔猎为主，男子居主导地位，狩猎、血族复仇，氏族部落间的战斗都由男子承担。农业和纺织手工业尚未发展起来，妇女们的主要任务是采集。

（二）世袭酋长制的产生

据《云龙记往》载：阿昌先民等称酋长为"头人"，"凡一山所居，或十余家内（据董善庆本补），有膂力过人与善射与走者，即自为之，不相统属，无官职，亦无赋役"。这时，阿昌父系氏族制的层次尚低，氏族首领或酋长系自然形成，条件是体力强、箭术高、跑得快，一个首领有居民十余家或几十家。头领们之间各自独立，无隶属关系。《云龙记往·阿昌传》也说：阿昌有名猛仰的，"力可倒牛，射中刀齿，夷众服之，威名曰盛，传五六世至猛猎，有女名奴六，牧山上，戏作一塔，高七尺余，数年欹左，数年欹右，日久不倾，人皆奇之"。这里记载奴六建塔传说，反映了佛教已影响到阿昌族社会，从时间上看，或许是在 10 世纪左右，南诏崇圣寺千寻塔多主张建于 9 世纪。传说奴六有个儿子名早慨，"年十二龄，力能搏虎，走可追禽，能上直木，与人较弩、射悬海肥，中其心，植刀，中其刃。"他为父母报了仇，杀死蒲人酋长，被群众推为酋长。又说"慨掘地得铁印，夷众亦畏服，以为天授。前此，酋长任自立，至慨，定以铁印券，无券不得擅立，又定酋长以长子继"。同时，早慨"又能揲占，用法著三十三茎，九揲以通其变，以卜吉凶。夷人服其神明，呼为阿弥（天人）"。这些记载说明阿昌人首领早慨是个酋长兼原始宗教祭司的人物，他成为管理着牛山、雪山、马山、鹿山、鹅山、卯山、凤山等地的小头人，开始了"岁贡物产"。这些记载说明云龙地区的阿昌族于公元 10 世纪左右建立起由长子继承的世袭酋长制。而且这时部落已由血缘部落发展到地缘部落的高级阶段了。

三、逐渐向封建社会过渡

《云龙记往》载：阿昌族象山（云龙松牧村）酋长傈作，他的一个男部落成员因狩猎误将他人射死，傈作令其出数只羊赎罪，但家中无羊，其子猛仰去求一老妇人，愿出卖自己去买羊以赎父罪。羊只可以为私人所有，人可以买卖，可以和羊只交换，反映阿昌族历史上私有制的存在，并出现了家长奴隶制的萌芽。唐时的南诏是奴隶制国家，其政治、经济、文化对阿昌族先民起着促进作用是很自然的。而且自 10 世纪早慨时他已进入部落酋长世袭制。《云龙记往》又说，早慨后十余世地拓民众，金齿（今保山）、僰国（大理国）皆通商贾。又传四五世至早疆时，大理国段氏派人招抚早疆，早疆接受大理国的诰命，向大理国纳贡。从政治上隶属于封建制。

阿昌族在进入农业社会时，只会刀耕火种，到了与大理国、金齿国开通商业之后，阿昌地区森林多，野生芦子资源丰富，商人采摘后出售获利颇多，因而进入阿昌地区的客商日益增多。客商渐向阿昌人传授开水田种水稻技术，促使阿昌人的粮食年年丰收。同时，白族居民也大批进入开垦，于是水田日开，栽种水稻技术普及，社会经济有新的发展。

　　随着客商和先进民族的迁入，封建社会的高利贷和土地典当、买卖关系接踵而来。有些客商遂以金钱或权势掠取了阿昌人的田地，又将土地租还阿昌人耕种，向他们收取租谷。景泰《云南图经志书》就记载当时的阿昌人："善孳畜，佃种，又善商贾。"这时，阿昌族地区的封建经济已有相当发展。

　　从政治上看，明清时期中国封建朝廷在阿昌民族中普遍推行土司制度。元末，云龙阿昌部落长早褒，以长女招客民李贯章为婿，以次女招客民段保为婿，明军统帅傅友德、沐英率军进攻大理，段保招阿昌士兵40余人随沐英攻大理，沐英奏段保破大理有功，明朝廷敕封段保为云龙州"掌印土知州"，世袭。明洪武十六年（1383年），蒙古残余势力普颜笃叛乱，傅友德令段保征讨，段保招集所属士卒千余人，攻破佛光寨（今洱源县佛光山麓）擒普颜笃。建文四年（1402年），段保的承袭人段海去国都朝贺，永乐十年（1412年）编户口册、绘地图献给朝廷，被封为"奉训大夫世袭土知州"。以后于宣德十年（1435年）、成化初、嘉靖三十五年（1556年）、天启元年（1621年）数次递夺土司职或改土归流，但因流官仅能治民（客民），不能治"夷"（阿昌等民族），或是"土官虽褫职，而夷人仍听役使"，曾于正统元年（1436年）、成化五年（1469年）、嘉靖四十年（1561年）数次恢复土司制。吴三桂据云南时，仍授予土知府职。

　　洪武十六年（1383年），云龙漕涧坝阿昌族酋长早纳率部归附明朝，明朝授以"漕涧土千总"职，早氏任世袭土千总传至第十四代时，民族头人段进忠叛乱，计擒段进忠有功，明朝廷恩赐冠带，赐姓左，土司由早姓改为左姓。据早陶墓碑记载，明、清两朝漕涧阿昌族土千总统治区域东至雪冲与旧州段氏土司接壤，南至栗柴坝与保山瓦窑接壤，西至孙足河底，北至分水岭与外夷相连，包括今日的漕涧乡、民建乡及老窝等地，面积1000平方千米左右。这里的阿昌族土千总世袭了475年，一直沿袭到清朝咸丰年间，在以杜文秀为首的回民起义浪潮冲击下才最终瓦解。

　　茶山长官司（今怒江州泸水县片古岗乡及缅甸北部部分地区）：据天启《滇志》载，地处腾越州西北，距州府五日程，原属"孟养"。永乐三年（1405年）孟养土司与上江土司纠合叛乱，阿昌族首领早章不从，并于五年（1407 年）朝觐，明朝赐印，授早章为茶山长官司长官。其后传至明万历末，其他部落势力崛起，早氏战败后携部落迁入腾冲县境。

里麻长官司（今缅甸北部江心坡一带）：其地东与茶山长官司地相接，西北有整冬、温东二山，辖区内主要是阿昌人居住。永乐三年（1405 年），孟养叛，部落首领早姓有拒贼功，六年（1408 年）明朝廷颁印，授世袭长官司，传至万历中，刀思庆袭正长官，早奔为副长官，大约与茶山长官司同时遭受其他部落杀掠，迁离故地进入腾冲、德宏等地。

户撒长官司，腊撒长官司：今属陇川县的户撒阿昌乡之地，似一船形的山间平坝，海拔较高，气候温和，无瘴疠之害，又介于干崖、陇川两宣抚司之间，属交通孔道、战略要地，明朝统帅王骥"三征麓川后，于正统七年（1442 年）令左哨把总赖罗义驻守"，今朗光村有"沐城坡"，因明军戍守城而得名，墙基石尚存。令把总况本驻守腊撒。这些守军后来多融合在阿昌民族中，赖、况两姓成了户撒、腊撒两地阿昌族的头人，后升为长官司长官，管理阿昌族地区事务。

户撒、腊撒地区，初为腾冲卫屯区之一，后因戍守军逃亡或融合于其他民族，官吏豪强侵夺，原来的屯田变成了"官庄"，户撒演变为"沐氏勋庄"。清康熙十二年（1673 年）吴三桂又将户、腊撒撮为己有，称"吴氏勋庄"。到康熙二十一年（1682 年）废除勋庄，归原赖、况两姓承袭。雍正二年（1724 年）土司获罪革职，户、腊撒划归腾越州管辖，改设伙头，历时五十余年。到清乾隆三十四年（1769 年）干崖赖邦俊进京求复土舍职时又恢复了两长官司职。历明、清至民国，多数时间为赖盖（即况后裔）二氏承袭长官司职，直到中华人民共和国建立。

四、土司制度下的阿昌人民

在汉族、白族、傣族封建经济的影响下，阿昌族的社会经济有了长足发展，其政治制度则以土司制度形式逐渐向封建领主、地主政治制度演进。他们的一些大部落首领被封建朝廷封为"掌印土知州""长官司长官""土千总""土守备"等职。他们一方面要对朝廷、上司纳贡，一方面要满足自己养尊处优的生活，对百姓的特权剥削与税赋总是有增无减，导致人民无法正常生活，屡次引发贫困人民的反抗，户撒地区表现得尤为明显。

户撒地区，自明正统建立军屯之后，演变成了"沐氏勋庄"，继而被吴三桂据为己有，吴三桂叛清灭亡后归腾越州管理。乾隆三十六年（1771年），户撒土司后裔赖邦俊，伴随勐拱土目兴堂进北京朝觐，请求朝廷恢复旧职，经副将军阿桂、总督彰宝查明，恢复了户撒、腊撒两长官司，仍以赖、盖两姓世袭，但需"缴价买回旧日爵土"，于是户、腊撒的土地"是以爵土而兼私土"形式出现，与其他土司地区不同。户撒地方本来窄，人口不多，人民既要负担对朝廷的贡纳，又要承受两家土司的贪婪榨取，"致使供奉有增无减，追乎不胜其烦"。十分贫困的阿昌百姓被迫组织起来，于乾隆五十八年（1793年）进攻土司衙门，杀死腊撒土司盖荣邦。清朝地方政府虽然派兵把人民起义镇压下去，但也看到土司的残酷剥削，百姓负担十分沉重。永昌知府屠述廉明文规定，革除土司向百姓征收"日用柴、肉、霜降、赏练并婚、丧费用"，并刻石碑要土司、百姓共同遵守。百姓中还流传着，如果土司剥削过重时，百姓们可抬着石碑向上告状。

咸丰元年（1851年），梁河县芒丙、河西等五撮（乡）阿昌联合其他民族起兵反抗，烧毁南甸土司的永安司署。百姓对土司的横征暴敛十分痛恨，起义队伍斗志高昂，所向无敌，节节败退的土司武装把他们视作"仙人兵"，"能呼风唤雨、飞行"的天兵，土司只好逃离。直到他们把干崖（今盈江）、芒市土司武装请来才把起义军镇压下去。从此土司把衙门从曩宋迁往遮岛。

清咸丰年间（1851—1861年），干崖土司与陇川土司对抗，当时户撒、腊撒两长官司隶干崖，阿昌族的一些青壮年男子被征调与陇川土司作战，因途中遭伏击，几乎全部惨死。死难者家属十分气愤，特别是失去丈夫的阿昌族妇女们，组织起来到干崖土司衙门进行斗争，直到土司作了补偿和善后处理才罢休。

进入民国时期，不畏强暴的阿昌族人民继续发扬反封建传统，民国三十二年（1943年）又组织起来向土司衙门发起进攻，迫使土司潜逃陇川。土司们因政治、经济利益相一致，世为姻亲，多互相依存，互相支持，在阿昌族土司的要求下，他们又勾结起来镇压阿昌族人民。阿昌人民以坚强的意志，顽强战斗了五昼夜之后，终因寡不敌众，起义失败。

1949年10月，中华人民共和国已经诞生，云南各地反蒋武装非常活跃，面临最后灭亡的户撒、腊撒阿昌族土司，仍在继续搜刮百姓储备粮草，又"两丁抽一、三丁抽二"强拉百姓填充土司武装，企图负隅顽抗。土司对强拉来的壮丁随意惩罚，无故毒打，激起了群众愤怒，他们便拿土司发给的枪打死土司，并于1950年初围攻土司衙门。户、腊撒土司仍借助其他土司和国民党残兵败将的力量镇压阿昌人民，因时局骤变，难以组织起统一的武装力量。盼望迅速得到解放的阿昌族人民，派出了三位代表，避开土司和国民党残余势力的封锁，绕道经缅甸八莫、密支那，由昔董进入腾冲，找到了中国人民解放军。中国人民解放军从稳定边疆的大局出发，多次派人与土司们谈判，最后达成协议。人民解放军和平进驻边疆，阿昌族、傣族、景颇族等各族人民都得到解放。

（原载德宏史志编委会办公室编《德宏史志资料》第十九集，1999年3月）

《阿昌族原始宗教资料集成》绪论

一、阿昌族简况

　　阿昌族现有 20412 人，90% 以上的人口分布在云南省德宏傣族景颇族自治州陇川县的户撒乡和梁河县的曩宋、九保、河西几个乡，在潞西县（今芒市）的高埂田，保山地区的龙陵县，大理州的云龙县境也有少量分布。元、明时期阿昌族先民在云龙、兰坪、永胜、泸水等县均有部落，而且人口较多。在保山、腾冲两县的西部也有分布，许多史书在记载龙川江源头时，都说："源出阿昌人界。"

　　阿昌，系本民族自称，最早见于我国的元代史书，称他们为"峨昌"，明清史书有的把他们写作"萼昌""娥昌""峨昌"等，用字虽然各别，但都是"阿昌"的近音字。历史上傣族称他们为"掸"，现在仍称户撒阿昌人为"蒙撒掸"，周围其他民族多称他们为"阿昌"。

　　阿昌族有自己的语言，属汉藏语系藏缅语族的缅语支，和景颇族载瓦支的载瓦语关系密切。他们的语言又分为梁河、陇川、潞西（今芒市）三种方言，潞西（今芒市）阿昌人多系由腾冲、龙陵、梁河迁去，语言与腾冲、云龙、大小蒲窝相同。明清时云龙阿昌人多背食盐到腾冲、保山贩卖。户撒阿昌人从事制铁手工业的较多。他们生产的长刀、锄、犁等生产生活用具都销售给周围民族，户撒阿昌族除在市场上出售商品外，经常走村串寨为各民族制作和修理铁器，与其他民族交往频繁，因此，阿昌男子普遍会讲汉语、傣语，不少人还会说景颇语、缅语、傈僳语。大体上是与傣族接触多的，多会讲傣语，和汉族接触多的就会讲汉语。中华人民共和国建立以来，他们借用汉语词汇数量迅速增加，总趋势是不断吸收新的汉语成分。阿昌族没有本民族的文字，梁河、潞西（今芒市）使用汉语，早在中华人民共和国建立前，该民族已有部分读汉书、懂汉文的知识分子，现在的小学初中都使用汉语文教学。陇川县户撒地区因信奉南传佛教，除使用汉文外，也有些人懂得和使用傣文，但多为佛寺用作抄写佛经等。

史学界一般都认为阿昌族系我国古代氐羌族群后裔的一部分。远在周秦之际乃至以前，有部分氐羌人就沿藏彝走廊陆续南迁，采集、狩猎与游牧于四川、云南的西部地区。他们有的出于自然的原因，寻找狩猎资源，随畜迁徙，逐水草而居；有的则受其他民族、部落的压迫而迁离故地。

据司马迁《史记·西南夷列传》载，西汉时滇西（大理、保山等地）有两大民族群体，即"巂"和"昆明"。东汉时哀牢称雄，三国和两晋时，这里的大民族是叟、闽（缅）和濮。随着历史的发展，民族不断地融合与分化，隋唐时在滇西藏缅语族的缅语支中分化出"寻传"集团，主要住居在澜沧江、怒江上游和恩梅开江两岸，其他在今云南的丽江、永胜等县境内也有部落。元时统称他们为"峨昌"，是金齿区域的八种民族之一。明景泰《云南图经志书》卷五"云龙州"条明确指出"境内多蛾昌，即寻传蛮"。这些记载表明，阿昌先民远在唐代即在滇西地区形成一个住地广阔、人口较多的族体。

南诏王阁罗凤（749—779 年），"西开寻传"（今怒江州片古岗乡及缅甸恩梅开江和迈立开江两岸），在这里设立统治机构和驻军。南诏王由于军事上的需要，也征调他们的青壮年编入军队，为南诏王攻城略地。

据唐时史料记载，这里人口众多，土地肥沃，但政治经济比较落后，他们赖以生存的生活资料，主要靠狩猎和采集去获得。用豪猪牙装饰发髻。狩猎与战斗的工具是弓和箭，战斗时用藤竹制成的头盔保护头颅。

由于南诏、大理国的政治、经济、文化渗入阿昌先民中，加速了他们社会经济的发展，特别是云龙、永昌（今保山）、越赕（今腾冲）等地，位于交通沿线，容易接受先进的生产技术，从事旱谷和水稻的种植，促进了生产的发展，逐渐改变了经济生活中的原始落后因素。有些地区已形成较大的部落或部落联盟组织。宋元时，"阿昌"这个统一的称谓，已为其他民族所公认。

　　到了明代，史书对阿昌族的记载与过去有很大的不同，他们不再靠狩猎采集为生，而是以孳畜佃种为生了。云龙阿昌族住地接近云龙"八大盐井"，阿昌人在秋后农闲时，常背食盐到永昌（保山）、腾冲出售。景泰《云南图经志书》"腾冲司"条说阿昌"善孳畜佃种，又善商贾"。畜牧业、农业的发展，商业的兴起，促进了阿昌生产力的提高和财富占有的不平衡，社会出现了两极分化，史书多说他们"贫富有差"。这种财富的差别也渗透到婚姻关系中，夫妻不再是古代的自由结合形成，男子必须用牛、马作聘礼才能娶得妻子。衣服由兽皮转向棉、麻或丝织物。他们也捉蛇在市场上出售。保留着杀狗祭祀古风。

　　元朝在"金齿"区域实行土司制度，阿昌族隶属各地土司。到明洪武十五年（1382年），云龙漕涧阿昌族首领左纳被明朝廷授予土千总职，其世系直传到清朝咸丰年间。明永乐三年（1405年），茶山（今怒江州泸水县片古岗乡及缅北部分地区）、里麻（今缅北江心坡地）阿昌族首领不愿参与勐养和上江地区傣族土司的反叛，明朝廷嘉奖他们，于永乐五年（1407年），封茶山阿昌族首领早章为"茶山长官司长官"，里麻阿昌族首领早奔父辈为"里麻长官司长官"。茶山、里麻两长官司的后裔直传明代的天启年间（1621—1627年）才被其他部落首领所代替。

　　明初，为扫除元朝在云南的残余势力，调入大批军队，战事结束后有相当部分留下屯戍。正统时（1436—1449年）三征麓川，在德宏州境留下了许多驻军，陇川县户撒阿昌族乡坝头就有镇守云南的总兵沐氏建立的戍守城，遗址今尚存，人们称这个地方为"沐城坡"。三征麓川后明军在户撒设左哨把总，腊撒设把总，派其部属镇守，戍守军长期在阿昌民族地区生活，有的则融合于阿昌民族之中。明军生产武器的锻造技术也在阿昌民族中传播并得到发展。到明末和清乾隆时，已经阿昌族化了的明军把总后裔先后被封为"长官司长官"，成为阿昌族土司。在土司衙门之下，设有二级行政机构，称为"皖"和"作借"。皖有皖头，管理几个或十几个村寨，由土司委派有钱有势的人当任，不世袭，其任务是为土司衙门征收钱粮杂派，所收赋税的10%作为皖头的报酬，此外，在任职期间，免除对土司的负担。"作借"，相当于村长，是土司政权的基层代理人，由土司委派，为土司催收门户赋税，土司免收他们的公粮杂派。

住居梁河地区的阿昌人，是傣族土司的百姓，他们见到土司要叩头。土司到村里来，头人、乡老要设香案到村口迎接，酒肉招待，叫阿昌姑娘给他们唱山歌取乐。土司衙门里的各种官职，阿昌人无权当任，就是土司衙门的下属"约总"（相当于乡长）也难得有阿昌人。然而，阿昌人每年要给土司出地基银子、官租、官烟三大款，进贡木耳、竹笋等土特产。此外，土司还给一些阿昌族村寨规定永久性的劳役和负担。如马夫寨专为土司轮流当马夫。吹号寨专为土司吹大号（喇叭）、唢呐，有的分配给洗菜、煮饭、砍烧柴，有的又专为土司小姐、夫人们提供胭脂花粉等。

民国时期，除土司制度外，保甲制度逐步渗入。

总的说来，阿昌族较早地接受了汉民族的先进文化，内地商人很早就渗入到阿昌住地销售内地的先进产品和采购土特产品，有的把先进生产技术传授给阿昌人，教他们开辟水田，使粮食稳产高产，有些商人深得阿昌人的信任，娶阿昌妇女为妻，落籍阿昌族地区。随着汉文化的拓展、内地移民的增多，有些阿昌族汉化了，有些虽未汉化，但吸收了较多的汉文化成分。同时，在汉族地主经济和傣族领主经济的影响下，阿昌族也超越奴隶制阶段而逐步走上封建化的道路。

二、残留在阿昌族社会中的原始宗教

阿昌族古代社会的原始宗教全貌，我们已不知道了，原因是史书对这方面的记载十分简略，明代谢肇淛《滇略》卷九载："阿昌……性嗜犬，祭必用之，占用竹三十根。略如筮法。"康熙年间的《云南通志》卷二十七载："峨昌……祭以犬，占用竹三十三根，略如筮……"乾隆时《腾越州志》卷十一说："阿昌……性嗜犬，祭必用之。占用竹三十三根，略如筮法。"其他如道光《云南通志》、光绪《腾越厅志》等书记载均相同，唯有用竹三十三根或三十根之别。从这些跨越二百余年的记载中我们仅能看到两点：一是祭祀用犬，二是用竹签三十三根（或三十根）占卜。至于他们崇拜些什么鬼神？这些鬼神与他们的社会生活、精神文化有什么关系，以及他们的原始宗教观念等等，都无法从史书中得到。其次是新中国建立前，阿昌族都进入了封建社会，佛教和道教已在其间普遍流传，特别是南传佛教在户撒地区的广为流传，促使阿昌族的原始宗教衰落了。崇奉和祭献的鬼魂减少了。在阿昌族中流传着这样一个故事：远古的时候，有个皇帝，每到夜晚都有很多鬼在他的床前吵闹，他为了把这些鬼转嫁给百姓，就令部下通知百姓，说要赏给他们些银子，要他们选派身强力壮的人带上袋子去装。景颇族用袋子来背，一个不漏，所以景颇族的鬼多；阿昌族是用花篮去装，结果，分给阿昌族的鬼在路上漏掉了。故阿昌人除祭祖先鬼外基本不信什么鬼。

然而，阿昌族社会是从原始公社迈向封建社会的，原始社会的一些痕迹在阿昌族的社会中或多或少还是有表现的，原始宗教也如此。从中华人民共和国建立后对阿昌族的社会历史调查以及近年对阿昌族原始宗教的关注，我们仍可以从几个方面看阿昌族原始宗教的一些痕迹。

（一）鬼魂观念

阿昌族的"活袍"（原始宗教师）普遍认为，人有躯体和灵魂两个实体，二者可以结合，也可以分离；人死是气断了，断了的气是无法接起来的，也就是说不能呼吸的躯体是不能复活的，这是阿昌族的造物主在造天、造地、造人时就规定了的，但灵魂是不灭的。至于躯体断气后，附着的灵魂到哪里去呢？从活袍送魂情况看，一个魂在墓地，这是埋葬死者时活袍就把它随尸体送往山上的，另一个魂供在家堂祖宗位上。也有的说还有一个魂送往阴曹地府，但从"活袍"送魂时所念的经咒及举行的仪式中，没有送往阴曹地府的情节，这或许是受其他宗教影响的一种说法。

阿昌族的祖先崇拜观念浓厚，他们对亡故的先辈，一定要请"活袍"把他们的魂送走。他们认为，祖先魂送走后，一般不会来危害后代子孙，但在祖先魂遇到恶魔缠咬，经受不住折磨时就会回家危害子孙，向子孙后代要祭品。在这种情况下，家人得准备牲仪，请"活袍"来送家鬼和恶鬼。

在送魂方面，阿昌族还有一个特点，如死者属已婚女性，在埋葬后，她的后家（无论是兄弟或侄儿），要把她的魂接回娘家供奉。时间可五天一周或十天半月，由"活袍"占卜决定。在此期间，家人每日祭奠。到时间由死者的子女或丈夫把魂接回自己家供在家堂的祖先魂位处。这或许是反映了母系氏族时代的遗风。

此外，他们认为太阳、月亮、土地、山岭、水火、桥梁、道路都是有灵的，从观念上说，它们对人类的生产与生活，如疾病、谷物丰收或歉收、牲畜的瘟疫都有支配作用，但实际上它们在阿昌族原始宗教观念中的地位日益下降。太阳神和月亮神只有在某人头上生疮或耳朵的根部溃烂时才被解释为是太阳神抓头、是月亮神割耳朵，这时需要祭它们；其他祭祀场合已没有它们的地位了，而且祭品也很简单。

（二）对天公地母的崇拜

阿昌族的神话故事《遮帕麻与遮米麻》中说，天地起源之前，只有"混沌"，出现了一道白光之后，区分了黑白，也就有了阴阳，阴阳相生诞生了天公遮帕麻、地母遮米麻。遮帕麻腰上系着一根神奇的赶山鞭，他能驱使 30 员神兵背来银沙，令 30 员神将挑来金沙，令 3600 只白鹤鼓动翅膀，掀起狂风，下起雨。遮帕麻用雨水拌金沙造了个太阳，用雨水拌银沙造了个月亮。遮帕麻又用左手抓下右边的乳房，造了一座太阴山，用右手抓下左边的乳房，造了一座太阳山。他跨出一步就留下一道彩虹，喷出的气体就是满天的白云，又用珍珠、玛瑙、玉石、翡翠造成东南西北四边的天，并安置了守护天神。在遮帕麻造天时，遮米麻便织地，她摘下自己的喉骨做梭子，拔下脸上的毛做经纬线编织成东南西北方的大地。天地结合了，遮帕麻、遮米麻结合了，过了九年遮米麻生了一粒葫芦籽，葫芦籽发芽串藤结出一个大葫芦，从中出来了九个小娃娃。是遮帕麻教会他们狩猎和熟食，建造房屋；是遮米麻教会他们刻木记事，用占卜和咒语来驱赶疾病和灾难。后来，狂风和闪电孕育了一个最大的火神和旱神腊訇降落在大地的中心，它以毁灭人类幸福和制造灾难为乐，造了个假太阳钉在天幕上，不会升也不会降，使地面上只有白天而没有黑夜。天空变成了大蒸笼，地面比烧红了的铁锅还要烫，水塘烤干了，草丛、树叶枯萎了，水牛角被晒弯了，黄牛的背烤黄了。腊訇还不甘休，他又把在山上生活的动物赶下水，把水中的动物赶上山，强令树木倒着长，于是游鱼在山头打滚，走兽在水里漂荡，整个世界陷入一片混乱。腊訇搅乱了遮帕麻、遮米麻辛勤创造的美好世界，遮帕麻愤怒了，三次用法术战胜了腊訇，并用"鬼见愁"毒菌把他毒死了。腊訇死了，遮帕麻用黄栗树做了一张千斤弓，砍来大龙竹做成了九庹长的箭，射下了假太阳，拯救了大地和万物。

在这个神话故事中，遮帕麻、遮米麻是造天造地的巨匠，是阿昌族人民的始祖，也是保护阿昌族人免受最大恶魔之害的最有权威的神。活袍们都认为天公遮帕麻、地母遮米麻是阿昌族最原始的最有权威的两位大神，送鬼魂时只要请到他们或呼唤一声他们的名字，鬼魂就可以自行退去或被吓走。当阿昌族在举行大的庆典——"窝罗"节时，要为他们祝福和颂扬他们对人类的功绩。当活袍的，他们供的祖师就是遮帕麻、遮米麻，如有人家送大小家鬼，活袍在送走祖先鬼后，还要专门送"困刊"（恶鬼），并告诉它：献给你的牛、猪、鸡、鸭挑走得了，大江大河的水如路一样摆给你了，鲤鱼欢迎你们回去，山上的马鹿愿意你们回去，遮帕麻、遮米麻叫你们回去。所有的东西分发给你们了，而且是由某姓"活袍"分发的。还要给你们一对灰雀，这是遮帕麻、遮米麻送给你们的。现在遮帕麻、遮米麻带着他们的30个大兵将，30个小兵将来送你们了，"困刊"快上茅盘去。

户撒地区则普遍认为阿昌族中出现过一个三嘴怪（它一嘴吃天，一嘴吃地，一嘴吃人），就是腊訇的化身，最后是由阿昌族青年英雄腊亮为解脱人民之苦难，寻找到遮帕麻、遮米麻，找到圣洁的水和降魔的槌栗花，降伏了三嘴怪。这是把南传佛教泼水节时常用的槌栗花枝醮圣洁的水洒向人们表示祝福与阿昌族的原始宗教信仰联系在一起而形成的。

值得注意的是阿昌族崇拜的遮帕麻、遮米麻，景颇族的载瓦支也崇拜。潞西县（今芒市）西山乡的董萨（景颇族原始宗教师）们说，他们信奉的四个大鬼中有两个就是遮帕麻（又叫罗宠娃）和遮米麻（吴总早），他们被供在家里，家中有人结婚、生育时就清洗代表这两个鬼的竹筒，换入清水。董萨在祭祀这两个鬼时要穿长衫，有的虽不穿长衫，但腰间必须系一条白绸带，不挂刀和挂包，同时要用猪油衣做两柄扇子，董萨祭祀时使用（用后由主人家保存），以示对遮帕麻、遮米麻的尊敬。若祭祀他们，并向他们祈求赐予金银，在念到赐予金银时，董萨手心上垫一块芭蕉叶，双手恭敬地接住，表示干净与虔诚。载瓦支信奉的遮帕麻、遮米麻与阿昌族有相同之处，史书记载阿昌占卜用竹 33 根的方法，今天的阿昌人已不用了，但在载瓦支中仍常用。这些是可以从历史渊源上找到答案的。元明时期，载瓦与阿昌关系密切，他们操同一语支的语言，那时他们是阿昌人的一部分。从这个角度出发，今日保留在载瓦支中的原始宗教，对阿昌族古代的原始宗教研究有着重要的参考价值。

以上资料反映阿昌族神话故事中的天公遮帕麻、地母遮米麻，是阿昌族原始宗教所崇拜的最高神祇。

（三）现实生活中的几项原始宗教祭祀

1. 送 魂

阿昌族成年人死亡后，要请活袍（原始宗教师）为死者送魂，念"俎司袍"（送魂经），念的语言中要请出造天、造地、生育人类的遮帕麻、遮米麻，还要请跟随他们的一些大小兵将。要向死者言明生死的道理，说明有生有死是人世间本来就有的，死时年纪已几十岁了，在人间的食禄已完，气数已尽，千万不能责怪后代子孙。并要死者穿好衣服，整好行装，跟着祖先的脚步往山上走，向着太阳、月亮落下的地方放心地走去。人的生死如太阳、月亮的升起降落。

送魂的祭品准备就绪时，活袍念经，请死者的魂享受。祭献结束，把尸体和与尸体同在的魂送往埋葬地，留在家中的魂安放在供祖先处。

2. 献大、小家鬼

阿昌族献大、小家鬼是按姓氏划分的，李、赵、张三姓供奉"刊玛"（大家鬼），祭献时也只是祭献大家鬼，不祭小家鬼。曹、孙、们、杨、马等姓，供奉小家鬼（刊碴，又称阿考砸），故只献此鬼而不献大家鬼。

祭献大小家鬼没有固定时间，只是在某个家庭因人畜多病或死亡，家境出现明显的变迁，户主怀疑系鬼魂作祟时，便自己许愿去看卦，经占卜人占卜为家鬼作祟时，就得祭献它。祭大小家鬼的祭品都是固定的，先辈用什么，后辈也要用什么。献大家鬼的牺牲要用牛、猪、鸡、鸭，献小家鬼则用猪、鸡、鸭之类。祭献时活袍所表述的内容都是一致的，所不同的是在念经时，活袍要言明是某姓氏献鬼，献的是"刊玛"或"刊碴"，是由某姓的活袍来献的。

把大、小鬼送出家门时，活袍所表达的意思是要大、小家鬼远离村寨到更加富丽堂皇的龙宫、金殿去，不要再来百姓家，并规定它回来时必须要在一些特定条件下：如大江倒流，公牛下儿，石头开花，黄鳝出毛，树根朝天长等等。这是一些根本不存在的条件，之所以提出这些条件，目的在于从观念里堵住大、小家鬼再回来害人的路子，希望大、小家鬼永远离开人间，人们永久健康幸福。

3. 跳谷期

"谷期"，阿昌语，意为未婚的老姑娘，阿昌族崇拜的谷神，这是农业社会的产物，而且已完全人格化。故事说"谷期"是一位未婚妇女，种植五谷的能手。每个家庭在每年秋收时，都要选一株结双包的包谷秆，选一束穗长粒大的谷穗，一根挂棍，一丛芋头，把它们捆在一起置于中堂左上角，常年保护，不能触摸，只有在新的一年里新的象征物做好后再把旧的换下，否则它会导致人眼生病。当人眼有疾长期不愈，如请活袍占卜，确定为谷期危害时，就要献谷期。活袍念经时，要童男、童女若干伴随舞蹈，而且要求谷期不要对家人生气，家人会好好供奉她。谷期是长期供在家的，只有在家人对她不尊重，她不满意时才出走的，与其他鬼魂不同。

4. 活 袍

他们是阿昌族的原始宗教师，在阿昌族社会中，他们平时是普通劳动者，只有在宗教活动中才能显示出他们与众不同。传说，活袍与群众的区别在于他们有三根香骨棒，而常人则没有。他们的香骨棒在哪里？像什么样子？谁也没有见过。人们衡量有无香骨棒的标志是是否被祖师"缠着"。没有香骨棒的人，祖师不会去缠他。如某人出现神经错乱后恢复正常，在一段时间内语无伦次；或久病后康复等，便被认为是祖师来缠的象征。也有的是经老活袍选中后，常在宗教活动场合要他当助手，经老活袍培养出来的。这些人也是有香骨棒的，不然祖师不会叫老活袍选他当接替人。以上是从神祇的方面解释的。其实阿昌活袍与常人不同的，在于他们掌握了本民族的一些历史故事、神话传说，懂得送魂、念鬼、占卜、看卦的一些基本内容和程序。

现今，阿昌族的活袍，依然是适应阿昌族群众的祖先崇拜及鬼魂信仰而存在的，他们的职责是占卜、看卦，为死者送魂，或为人家送大小家鬼和谷神之类。送魂涉及每个死者，这是活袍的一项经常性活动。而送大小家鬼则是一年半载或几年才有一次，而且这类活动日趋减少。至于送饿痨鬼、太阳鬼、月亮鬼则一般老人都可进行，不再是他们的专业了。活袍中有的所崇拜的祖师中也有道教崇拜对象，但总的来说，他们不参加道士做道场活动，不念佛经，仍然坚持用阿昌族代代相传的原始口传经。

（原载吕大吉、何耀华总主编《中国各民族原始宗教资料集成·阿昌族卷》，中国社会科学出版社 1999 年版）

泰北民族发展计划的借鉴^①

一、泰北民族及其发展现状

泰国北部是一个民族众多的地区。在平原地区主要居住着泰人，在清迈府以北地区还居住着大量从西双版纳及缅甸迁去的傣、掸后裔，他们主要种植水稻，辅之以热带水果，社会及经济发展水平都比山区高。山上住着克伦、苗、瑶、拉祜、阿卡（哈尼）、傈僳及从云南迁去的汉人，6 种少数民族被统称为"山民"。据 1983 年统计，山民共有 41.6 万人，3128 个自然村。汉人，据当地官员估计有 3 万人左右，大多与当地山民一样种植陆稻。

从发展的角度而言，今天泰北各地区，民族间的发展差异是比较大的。坝区交通条件较好，开发早，因而发展水平较山区高。在此我们以地处清迈城西 20 千米的谷登村为例：据介绍此村属泰北中等发展水平，现共有 285 户，1050 人。居住区域全是平地，种植水稻及龙眼等经济作物。该村主要的经济收入靠出售龙眼，户均收入在 3 万铢左右。在社会发展方面，此村户户有厕所，有电视机，全村 80% 的家庭有摩托车。全村共有 24 辆汽车。村中有一所公办小学，5 名教师。按泰国的教育制度，小学教育全部免费。

山区少数民族的发展则相对较晚，近年来随着泰国的经济增长及安全、肃毒的需要，为坝子所环绕的山区及近坝区山寨基本修通了毛公路，

---

① 该文为作者与郑晓云共同署名发表。

建起了学校，种植了经济作物。原属传统种植鸦片的山区，已逐渐为经济作物所替代。

二、泰国促进北部民族地区发展的措施与方法

泰北民族地区的发展，受到泰国国内外的关注与参与。上至王室，下至大学等地方机构及联邦德国、瑞典、挪威等国外基金会都积极参与了这项活动，有效地推动了泰北的发展。

（一）通过发展计划的制订与实施，促进民族地区的发展

在泰北，发展计划的制订与实施是促进民族地区发展的重要手段。社会各界都积极参与了这一工作，泰王室就是农村发展计划的积极倡导者与实施者。

最大的几个"山民"发展计划，是与国外的合作项目。如"泰德山区发展计划"，是泰政府与西德政府合作的计划。由联邦德国投资 120 万马克，泰政府投资 1800 万株泰币。这项计划预计 13 年完成，自 1981 年开始，在这个过程中，将在选定的地区实施一系列教育、卫生、水利、农作等发展项目，在总的计划发展完成后，这些地区的发展将达到预期的水准。同时，也要求农民在这个过程中学会推进自身的发展。泰德计划在清莱府及夜丰颂府共选择了 23000 人口的 106 村作为发展试点区。此外，与国外合作的发展项目还有"泰挪威山区发展计划""泰瑞典发展计划""泰英泰北民族手工艺发展计划"等项目。

除了与国外的合作，国内的很多机构与集团也积极地参与农村发展，其中较有代表性的是一些宗教团体，如泰国基督教青年会，在农村中实施着数十个发展项目。他们在城市中兴办旅游业，开设宾馆、餐厅、商场、培训学校，然后把赚来的钱用于农村发展项目，如农村的妇幼卫生、公共饮水设施的改善，农村培训等，再如一些佛寺办的"水牛银行"，把信徒捐献给佛寺的水牛集中起来提供给农民使用。佛寺还兴办有民间手工艺技术培训中心等，培训当地农妇，使之广开生财之道。

云南文库·学术名家文丛

每个发展计划一般都在农村中选择一些村寨进行发展项目的实施，并有专人负责。如泰德、泰挪威发展计划的总部设在清迈，在农村设工作站，每个工作站负责几个或几十个村寨发展计划的推行，工作站的工作人员分别负责一个或几个村的发展，并且长住农村，与农民同食同劳，每个工作人员都有自己的年度计划。此外，农民按发展计划的要求而生产的产品，发展组织还要负责销售，联系市场。

发展计划的制订一般都是通过实地调查研究，并遵照当地农民的意愿制订的。泰德发展计划农村项目的制订程序是：调研—提出问题—分析—排出问题主次—制订不同层次的发展计划—实施计划—成效检查与评价。

泰北农村的很多地区因发展计划的实施而在近年内发生了显著的变化。泰德发展计划实施 6 年已取得了以下成绩：1. 山区粮食不足的问题已经解决，畜牧业的发展还保证了农民的肉食来源；2. 农民种植经济作物的收入已超过过去种鸦片的收入，鸦片已为经济作物所替代；3. 过去森林破坏严重，目前已制止了对森林的破坏，还新植林木 6000 余莱（每莱等于 2.4 市亩），并培训了 3000 多个森林保护人员，人们已认识到了爱护森林的重要性；4. 过去这里没有一所学校，现各村都建起了学校，还办了 6 所成人学校；5. 过去山区缺医少药，现已分别建立了卫生所，基本满足了山民的需要；6. 各村都建市了村民会，妇女组和养猪、种菜专业组等，带领农民搞发展；7. 很多地区都已规划并建立起一些旅游设施，开展旅游业。

（二）多层次、综合性地进行发展是促进农村发展的关键

发展不同于经济增长，因而经济增长不能概括为发展。只注重经济的增长而忽视了其他相关因素，经济增长也将受到限制。泰北农村的发展很好地把握了这一点，并取得了较好的效益。

首先，泰北有关部门在推行发展计划中注重层次性。在大的方面，帮助农民兴修水利，道路，桥梁，进行经济作物种植的推广，修建学校等；而从小的方面，教会农民修建、使用厕所，打扫环境卫生，乃至于教山民学会洗澡等。在发展项目上，只要是农村所必需的，不论大小都列入计

划。如泰国基督教青年会一项引以为自豪的项目，即是教一个缺水村寨的村民，学会制作水泥蓄水罐，克服了长途取水的辛劳，改善了饮水卫生。

其次，明确农民是实施发展计划的主体。促进农村发展的目的，在于让农民在合作中认识发展，学会自己促进本地区的发展。除在各个发展点兴办学校之外，还对农民进行培训，让农民积极参与发展计划的实施被列为首要的步骤。他们的格言是：给人一条鱼，他一天就能吃完，但教会他养鱼，他可以受用终身。这句话被印在其发展项目的各种计划说明书上。此外，为了打开农民的眼界，配合好发展计划的实施，每年还组织农民外出参观考察。泰瑞典发展计划甚至组织村寨负责人到美国参观考察。

综合性发展是泰北各主要发展计划重要的特点之一。例如泰德发展计划是由教育、公共卫生、农业、水利、道路、森林保护六个大的项目组成，在实施时注重这六个部分之间的协调发展。

（三）加强与外界的经济交往，参与国内经济循环

在泰北的发展中，不论是坝区的泰族村寨还是山区封闭的山民村寨，经济发展的一个重要步骤就是沟通与外界的经济交往，加入国内外市场循环，让市场带动这些地区的经济发展。各个发展计划实施之初，投巨资修通公路的主要目的即在于此。目前泰北地区与国内市场已有较密切的联系，并促进了经济的发展。农民种植的水果、咖啡、红豆、蔬菜等经济作物都能较快地进入国内外市场。同时，按照国内外市场的需求来安排生产，也使农民大为受益。例如红豆的种植，就是根据近年来国际市场的需求而开发的。

另一个典型的例子是传统手工艺品的开发生产。泰国与英国奥肯特基金会合办的发展计划，即是以开拓传统手工艺品的销售市场为主。基金会在西欧找到了商人和市场，并把商人提供的国际流行色及市场供求行情反馈农民，农民依此而进行生产，有的则请工艺美术师设计出图案及形状交农民依样制作。由基金会零星收购，统一交付订货商，产品即迅速进入国际市场。

三、泰北发展计划的基本特点

第一，综合发展观。泰北地区农村发展规划是由社会科学、宗教、农业、科技及政府有关人员参与制订的，充分重视综合性发展，是一种综合型的发展模式。如公共卫生：在泰北大多数坝区与山区居民中，已普遍使用家庭厕所或洗澡房，农村中集中处理垃圾、厩养猪鸡，村容整洁，减少了人畜致病频率。农村教育设施：泰北农村中小学的校舍一般都算得上村中较好或最好的房子，在心理上对学生有较强的吸引力。

第二，管理体制与发展计划相适应。首先，泰北的发展是由发展机构负责实施，经费跟着项目走。政府行政管理机构协助发展机构实施发展计划，发展机构统一使用经费，根据不同地区的实际制订实施发展项目。这种管理体制是与泰北的综合发展模式相适应的。其次，健全基层管理体制。在发展地区建立村管会、妇女组、科技组、治保组、计划检查组等基层组织，作为具体执行发展计划的手段，对实施发展计划起了积极的作用。

第三，大力发展商品经济。泰国除边境军事要地之外，对于民族地区采取全方位开放的政策。不仅允许、鼓励外国旅游者到民族地区旅游，还鼓励外国基金会及发展组织到泰国民族地区参与发展工作，吸引外国对第三世界发展所援助的资金。通过这种方位的开放，促进了泰国民族地区经济的发展。一是泰国中转运输环节少，直接沟通了农民与市场的交往；二是各种发展机构为农民提供市场信息，为农民的产品寻找出路；三是农民直接进入市场，他们组织公司，在大城市内设立代办机构。

第四，在发展工作中与民族特色相结合。泰国在民族地区发展工作中，一是在制订发展方针与发展计划时注意听取不同民族的意见，使发展计划与不同的文化背景相协调，至少不要互相抵触，取得好的效益；二是注意保护具有优良传统的物质文化，视之为一笔财富，加以开发。

四、对促进云南民族地区发展的几点建议

第一，加强政府与科研机构的协调。民族地区面临的问题往往是多种因素交织在一起的，需要用系统工程的方法来加以治理，改变目前民族地区行政体制上各管一方、相互间难以协调配合的状况。可吸收泰国发展工作的经验，每年通过对民族地区的调查研究，有计划地提出一些需要上马的项目，再拨专款，组织相对稳定的工作机构负责实施。

第二，改革与完善边疆民族补助费的使用途径。国家和省里每年用于边疆民族地区的补助费几千万元，过去分拨各级政府支配，有的取得很好效益，也有相当部分效益不佳。应加强使用监督和效益考核。建议今后从补助费中拨出20%—40%作专项开发费，有选择地解决民族地区的老大难问题。把需要解决问题、规划目标、项目开发人、经费统一起来。使经费跟着项目走，可以避免挪用、截留等改变投资方向的弊端。

例如云南41个贫困县的发展工作，应由省政府拨出专款，由省扶贫办约请各方面专家进行综合考察，提出近、中期发展规划，取得经验后全面推广实施。这些规划的实施由发展机构与当地政府有关机构共同负责，需要的各方面人才，由发展机构聘用，直至这些地区产生效益为止。这样，可以把调查研究与实际工作结合起来，而发展机构所具有的灵活性也将在发展工作中发挥高效益。

第三，强化基层行政管理体制。政府的基层政权是贯彻党和政府的方针政策，执行发展计划配合发展工作的基本保证。但由于近年包产到户的影响，基层行政管理体制所发挥的功效受到削弱，直接影响了民族地区的发展。因此，应采取措施，强化基层行政管理体系，发挥基层政权在农村发展工作中的功效与积极性。

第四，国家和省级有关部门在改革商品流通体制过程中，应把加强民族地区与内地市场的联系作为重要问题考虑。商品流通渠道是否畅通，与内地市场的关系是否密切，将直接影响到民族地区经济的发展。内地市场应当起好带动、调节民族地区经济发展的作用。昆明即可设立一个大型民

族工艺品展销中心，陈列展销各民族的服饰生活、娱乐、生产等方面的用具物品等，使之成为一个民族文化陈列、展销中心。这样不仅可以形成昆明独具风格的一景，吸引国内外旅游者，获得经济效益，同样也可以带动民族地区传统手工艺品的开发，给农民增加收入。

第五，扩大对外开放。云南民族地区的对外开放，不仅应放大对国内其他省区的口子，还应加快对国外开放的速度。让更多的民族地区成为旅游区，吸引国外游客，使民族文化资源优势转化为经济优势。同时，也应允许吸收国外发展机构来参与云南省民族地区的发展工作。吸收外国的资金。总之，只有全方位的开放才能较快地促进云南民族地区社会经济的发展。

（原载杜玉亭主编《传统与发展——云南少数民族现代化研究之二》，中国社会科学出版社 1990 年版）

图书在版编目（CIP）数据

桑耀华学术文选／桑耀华著．—昆明：云南大学
出版社，2015
（云南文库·学术名家文丛）
ISBN 978 – 7 – 5482 – 1839 – 5

Ⅰ.①桑… Ⅱ.①桑… Ⅲ.①滇（古族名）—民族历
史—文集 ②云南省—地方史—古代—文集 Ⅳ.
①K297．4 – 53 ②K289 – 53

中国版本图书馆 CIP 数据核字（2014）第 003750 号

出 品 人：周永坤
统筹编辑：柴 伟 陈 曦
责任编辑：陈 曦
责任校对：严永欢
封面设计：刘文娟

书　　名	桑耀华学术文选
作　　者	桑耀华 著
出　　版	云南大学出版社 云南人民出版社
发　　行	云南大学出版社 云南人民出版社
社　　址	昆明市翠湖北路 2 号云南大学英华园内
邮　　编	650091
网　　址	www. ynup. com
E-mail	market@ ynup. com
开　　本	787mm×1092mm 1/16
印　　张	23. 25
字　　数	357 千
版　　次	2015 年 2 月第 1 版第 1 次印刷
印　　刷	昆明卓林包装印刷有限公司
书　　号	ISBN 978 – 7 – 5482 – 1839 – 5
定　　价	70. 00 元